Kırm

Kırmızı Kedi Yayınevi: 754
İnceleme: 66

İmamın Ordusu
15 Temmuz Darbe Girişimi İncelemesiyle Birlikte
Ahmet Şık

Editör: Barış Zeren
Son Okuma: Füsun Güler
Kapak Tasarımı: Adnan Elmasoğlu
Grafik: Yasemin Çatal

Bu kitabın ilk basımı (*000KİTAP* adıyla) Postacı Yayınları tarafından 2011 yılında yapılmıştır.
Kırmızı Kedi'de Birinci Basım: Haziran 2017, İstanbul
ISBN: 978-605-298-103-0
Kırmızı Kedi Sertifika No: 13252

Baskı: Pasifik Ofset
Cihangir Mah. Güvercin Cad. No: 3/1 Baha İş Merkezi A Blok Kat: 2
34310 Haramidere/İSTANBUL
Tel: 0212 412 17 77 Sertifika No: 12027

Kırmızı Kedi Yayınevi
kirmizikedi@kirmizikedi.com / www.kirmizikedi.com
www.facebook.com/kirmizikedikitap / twitter.com/krmzkedikitap
kirmizikediedebiyat.blogspot.com.tr
Ömer Avni Mah. Emektar Sok. No: 18 Gümüşsuyu 34427 İSTANBUL
T: 0212 244 89 82 F: 0212 244 09 48

Ahmet Şık

İMAMIN ORDUSU

15 Temmuz Darbe Girişimi İncelemesiyle Birlikte

İÇİNDEKİLER

"Naziler komünistler için geldiğinde sesimi çıkarmadım; çünkü komünist değildim. Sosyal demokratları içeri tıktıklarında sesimi çıkarmadım; çünkü sosyal demokrat değildim. Sonra sendikacılar için geldiler, bir şey söylemedim; çünkü sendikacı değildim. Benim için geldiklerinde, sesini çıkartacak kimse kalmamıştı."

Martin Niemöller[1]

1 Alman ilahiyatçı Martin Niemöller (1892-1984), pişmanlığını dile getirdiği bu satırları yazdığında 1946 yılıydı ve dünyanın ikinci paylaşım savaşı sona ermişti. Alman Protestan Kilisesi'nin Nazilerle işbirliği yapmasına muhalefet eden İtiraf Kilisesi'nin (Bekennende Kirche) yöneticisi olan Niemöller, bugün Dünya Ökumen Kiliseler Konseyi diye anılan Dünya Kiliseler Konseyi'nin de başkanlığını yürütmüştü. Önceleri inanmış bir Nasyonal Sosyalist Alman İşçi Partisi seçmeni olan, Yahudi soykırımını destekleyen Niemöller, daha sonra kiliseler arası kavgalarda kendisini geliştirerek bu ırkçı fikirlerin karşıtı bir direnişçi olmuştu. Konuşma yasağına rağmen verdiği vaazlarla Nazilerin tepkisini çekti ve tutuklandı. İlk tutukluluk hali kısa sürse de, 1937'de yeniden tutuklanarak o da toplama kamplarını boylayanların arasında yerini aldı. Savaş sonrasında ise kiliseye dönerek bu kez Almanya'nın silahlanmasına karşı mücadele veren önemli isimlerden oldu.

Önsöz

Bu kitap Türkiye'de karanlık bir dönemin mücadele sembolü. *İmamın Ordusu* ismi, 15 Temmuz Darbe Girişimi'nden yedi yıl önce konuldu. Siyasi iktidardaki ortakları emniyet teşkilatını, yargıyı ve daha pek çok devlet kurumunu bu karanlık orduya altın tepside sunmuştu. Kumpaslarla binlerce insanı yıllarca hapsetmiş, kimilerinin ölümüne neden olmuşlardı.

İktidardakilerin "Fethullah Gülen Hocaefendileri"ne "ne istedilerse verdikleri" o günlerde Ahmet Şık bu kitabıyla hakikati anlatmaya çalışıyordu. Cezaevine doldurulmuş insanlar kurulan kumpasları, sahte delilleri, Cemaat'i işaret ederken AKP iktidarı, kumpas davaların savcısı, "bağırsaklarını temizleyen devletin" sözcüsüydü. Paralel yürüdükleri yollarda cumhuriyetle hesaplarını görüyor, "mehdi", "halife" rüyalarıyla peşinde koştukları din merkezli yeni Türkiye'yi beraberce inşa ediyorlardı.

O zaman da bugünler gibi hakikat tutukluydu; bütün muhalifler sabahın bir köründe polisin kapılarını çalacağı ihtimaliyle yaşıyordu. Cemaat'i eleştirmek, kumpas ve iftiraların hedefi haline gelmek için yeterliydi. Cemaatçi ve yandaş "tetikçi kalemşörler" "Tutuklanacaksınız" tehditleri savururken "Ahmet Şık"ın adını da anmaya başlamıştı. Nitekim Ahmet Şık, 3 Mart 2011'de sabaha karşı evinin kapısını çalan polislerce gözaltına alındı ve üç gün sonra tutuklandı.

İmamın Ordusu kitabı henüz taslak halindeyken, yani daha yayımlanmamışken mahkeme kararıyla yasaklandı. Savcılık, daha çıkmamış kitabın taslağını elinde bulunduranların ve teslim etmeyenlerin tutuklanacağını, "örgüte yardım ve yataklık"-tan yargılanacağını açıklıyordu. Postmodern bir kitap yakma girişimiydi bu. Gazetelerde, hukuk bürolarında, yayınevlerinde kitabın taslağı bilgisayarlardan polislerce silinirken Başbakan da Avrupa Konseyi'nde, televizyon programlarında bazı kitapların bombadan daha tesirli olduğunu anlatıyordu.

Ama birileri bütün tehditlere, iktidar ve devlet eliyle salınan korkuya rağmen kitabı kurtarma mücadelesi verdi. Kitap taslağı 31 Mart 2011'de, yazarı Silivri Cezaevi'ndeyken internette yayınlandı ve yüz binlerce insan tarafından indirilip sosyal medyada paylaşıldı. Cemaat ve AKP'nin ortaklığı devam ederken baskıya direnen insanlar "Postacı Yayınevi"ni kurdu. Hukuk süsü verilmiş mahkeme kararları nedeniyle *İmamın Ordusu* kitabı başka bir isimle, Ahmet Şık'ın bilgisayarında çalışırken koyduğu ve polislerin sildiği "000KİTAP" word dosyasının ismiyle 16 Kasım 2011'de Postacı Yayınevi'nden yayımlandı. Bu kez kitabı 125 gazeteci ve yazar imzalamıştı. İstanbul TÜYAP Kitap Fuarı'nda stantlarda yerini alan kitap böylelikle özgürleşmişti.

Ahmet Şık, tutuklandıktan 375 gün sonra, 12 Mart 2012'de Silivri Cezaevi'nden çıktığında kameraların önünde hakikati haykırmaya devam etti: "Bu komployu kuran, yürüten polisler, savcılar ve hâkimler bu cezaevine girecek... O Cemaat bağlantılı, o çete bağlantılı adamlar buraya girecek. Bunlara sesini çıkarmadığı için siyaseten sorumlu AKP hükümetidir."

Henüz kamuoyunun gözlerinden uzakta, devletin içinde AKP ile Cemaat kavgası başlamışken Ahmet Şık onların suç ortaklığını anlatan *Pusu* ve *Paralel Yürüdük Biz Bu Yollarda* kitaplarını yazdı. O sırada Cemaatçiler de AKP'liler de halen makamlarındaydı.

17-25 Aralık yolsuzluk operasyonlarından sonra suç ortakları arasında birbirlerinin suçlarını ifşa etmeye dayalı bir savaş başladı. AKP'liler, Cemaat'le birlikte oldukları dönemde eziyet ettikleri insanlar sanki hiç gerçeği haykırmamışlar gibi, o döneme dek bütün ülkenin konuştuğu bir hakikat sanki hiç dillendirilmemiş gibi "Kandırıldık" yalanına sığınıyordu. Suça ortaklık yapan AKP'liler Ahmet Şık'ı hapsedenin aslında Cemaatçiler olduğunu anlatıyor; o suçu televizyon ekranlarında, milyonların önünde nasıl savunduklarını unutturmaya çalışıyorlardı.

Toplumun, her söylediklerini kabul edecek kadar cahil ve aptal olduğuna inanarak utanma duygusunu, ahlakını yitirmiş böyle insanlarla nasıl mücadele edilebilir, bilmiyorum. Ama onlar utanmazca bu söylemlerine devam ettiler.

15 Temmuz Darbe Girişimi'nde uçakların bombaları, tankların paletleri, darbecilerin kurşun yağmurları altında yüzlerce insan katledildikten sonra da "post hakikat" dönemine yakışan vicdansız yalancılar oldular.

Ahmet Şık'ın 2012'de cezaevinden çıkarken söylediği oldu: O polisler, o savcı ve hâkimler o cezaevine girdi. Onların suç ortağı AKP'liler ise artık Avrupa'ya, Amerika'ya FETÖ'nün kötülüklerini anlattıkları raporlarda, Ahmet Şık'ın hapsedilmesini ve kitabının taslak halindeyken yakılmasını delil olarak gösteriyordu.

Üstelik iktidardakiler, kendi yarattıkları bu canavarın darbe girişimini kullanarak bütün muhalifleri susturacakları eşsiz bir ortama kavuştuklarını düşünüyorlardı. Akademisyenleri, siyasileri, gazetecileri, sosyal medyada fikrini paylaşanları cezaevlerine doldurdular. Sadece muhalif olduğu için binlerce insanı kamudaki işlerinden attılar.

Öte yandan AKP ile Cemaat'in suç ortaklığını anlatmaya devam eden Ahmet Şık'ın kapısı, 29 Aralık 2016 sabahı yine polislerce çalındı. Savcılık ve hâkimlikte yöneltilen suçlamaların dayanağı, Ahmet Şık'ın yazdığı tweet'ler, haberler ve bir röportajından ibaretti. Hâkimin "Tutuklanmasına..." ibaresiyle biten kararında aynen şöyle deniyordu: "Savunmasında da devleti ve devlet yetkililerini suçlayıcı nitelikte açıklamalarına devam ettiği hususları birlikte değerlendirildiğinde kuvvetli suç şüphesinin varlığını gösterir delillerin bulunduğu..."

Bir gazetecinin devlet ve yetkililerini eleştirmesi böylece suça dönüştürülüyor, gazeteci susması için tehdit ediliyordu.

AKP'lilerin Fethullah Gülen Cemaati'ne övgüler düzdüğü zamanlarda *İmamın Ordusu*'nu yazdığı için Cemaat'in kumpasıyla bir yıl hapsedilen Ahmet Şık, FETÖ ve PKK propagandası suçlamasıyla 30 Aralık 2016'da tutuklandı.

Şık, tutuklanmasından önce 15 Temmuz Darbe Girişimi'yle ilgili araştırmalar yapıyordu. Simgesel bir değeri ve bütünlüğü olduğu için, darbe girişimini incelediği yazılarını yedi yıl önce yazdığı *İmamın Ordusu*'yla birlikte basmaya karar vermişti. Türkiye'nin geldiği durumu çok iyi anlattığı için kitap bu kez gerçek ismiyle, *İmamın Ordusu* olarak çıktı. Kitapta hem yıllar öncesinden 15 Temmuz darbesine giden süreci hem de 15 Temmuz Darbe Girişimi'nin incelemesini bulacaksınız.

"000KİTAP" basıldığında Silivri Cezaevi'nde olan Ahmet Şık, bu kitabı yayımlandığında da dört aydır Silivri Cezaevi'nde, hakikati yazdığı, söylediği için tutuklu ve tecrit altında. Mektup alması ve göndermesi yasak. Kitap hakkı kısıtlı. Sekiz metrekarelik havalandırmasında gökyüzü jiletli tellerle örülü. Haftada sadece bir saat avukatları ve bir saat de birinci derece aile yakınlarıyla görüşebiliyor. Bu görüşler infaz memuru gözetiminde ve sesli-görüntülü kaydediliyor. Yazdığı bir metni vermesi yasak. Bu nedenle altı yıl önce olduğu gibi, kitabının önsözünü kendisi yazamadı.

Timur Soykan

İMAMIN ORDUSU

BÖLÜM 1
15 TEMMUZ KALKIŞMASI: TEK KAZANAN FAŞİZM

Siyasi tarihi başarılı ve başarısız çok sayıda askeri darbeyle dolu Türkiye, 15 Temmuz gecesi kanlı ancak başarısız kalan, bazıları içinse hâlâ kuşkular barındıran bir darbe girişimine daha tanık oldu. 248 kişinin cuntacılara direnirken öldüğü kalkışmanın önlenmesi kuşkusuz Türkiye'nin çok daha kanlı bir sürece girmesini de engelledi. Hükümet ve destekçileri, bu arada başka pek çok kişi, ordu içindeki Fethullah Gülen Cemaati'ne mensup askerlerce düzenlendiğini söylese/düşünse de son darbe girişimiyle ilgili söylenebilecek en doğru söz, ortalığa saçılan birçok bilgiye rağmen hâlâ karanlık yanlar bulunduğudur.

Üzerinden dört aydan fazla zaman geçen kanlı kalkışmanın daha ilk anlarından itibaren faili Gülen Cemaati ilan edildi. Fethullahçı Terör Örgütü (FETÖ) ismiyle anılmaya başlayan Gülen Cemaati kadrolarına yönelik büyük gözaltı/tutuklama/tasfiye harekâtı, zamanla AKP'ye muhalif olan herkesi kapsayarak genişletildi. Başta asker, polis, yargı mensubu, akademisyen ve öğretmen olmak üzere binlerce kişi kamu kurumlarından tasfiye edilirken yaklaşık 40 bin kişi de "darbe şüphelisi" olarak tutuklandı. Kitlesel tutuklama ve tasfiyeler, başta işkence olmak üzere idam çığırtkanlığıyla beslenen bir dolu insan hakları ihlali, "Engellenen darbe başarılı olsaydı acaba bugün yapılanlardan farklı olarak ne yapılırdı?" sorusunu doğal olarak akıllara düşürüyor. Darbe gecesinden bugüne uzanan süreçte yaşananlara bakıldığında, "Apoletli faşizm ile sivil faşizmin taht savaşında tek kazananın faşizm olduğu" hakikati gün gibi ortada duruyor.

Senaryo kuşkuları

Ancak darbe gecesi neler yaşandığı, öncesiyle sonrasıyla neler olduğu ve soruşturmanın neler içerdiği gibi konularda kamuoyu kesin bilgi sahibi değil; şu ana kadar yalnızca medyaya sızdırılan ve iktidar açısından kullanışlı kimi şüpheli ifadeler dolaşımda.

Darbe kalkışmasının saatinden, bir binbaşının darbeyi ihbarına rağmen Milli İstihbarat Teşkilatı'nın (MİT) gösterdiği zaaflara dek herkesin kafasında kuşkulara yol açan birtakım sorular ise olduğu yerde duruyor. Çelişkili iddia ya da ifadelere ve kamuoyuna söylenen yalanlara dayanılarak herkes "FETÖ'cü olmak" suçlamasıyla karşı karşıya bırakılırken, Fethullah Gülen Cemaati'ni iktidarına ortak edip suç birlikteliği yapan Adalet ve Kalkınma Partisi (AKP) eleştirilerden uzak tutuluyor.

Olası darbeleri önlemek için ordu güya sivilleştirilirken, AKP hükümetine yakın kişi ve gruplara silahlanma çağrıları yapılıyor. Dahası Türk Silahlı Kuvvetleri'nden (TSK) geçmişte emekliliğe zorlanan biri Cumhurbaşkanı danışmanı olarak atanıyor. Kanun Hükmünde Kararname (KHK) yoluyla devlet restore edilerek yeni rejim inşasına hız veriliyor. Bürokrasi kadroları evrensel hukuk ve demokrasi normlarıyla bağı olmayan bir biçimde, liyakat söz konusu bile edilmeyerek, yalnızca biat ölçütüne göre yeniden yapılandırılıyor. Amaçları için dini araçsallaştıran bir cemaat darbenin baş sorumlusu ilan edilirken devlet bürokrasisinde başka dini grupların mensupları istihdam ediliyor. Demokrasi söylemiyle yürütülse de aslında düşman ilan edilmiş bir cemaati kazımak amacıyla yapılan bu operasyonlardan yıllar sonra, başka isimde bir cemaatin/tarikatın devlet içinde nasıl güçlendiğinin de tartışılacağını söylemek kâhinlik olmaz.

Darbe yapmaya ihtiyacı var mıydı?

17/25 Aralık 2013 yolsuzluk soruşturmaları sonrasında terör örgütü ilan edilmesinin ardından Gülen Cemaati'ne yönelik başlatılan soruşturmaların sayısı, darbe kalkışmasından sonra doğal olarak artış gösterdi. Ortaya çıkan bir dolu iddianamenin ortak noktası ise Gülen Cemaati'nin ordu içindeki örgütlenmesinin 1970'li yıllarda başladığı, hız kazanmasının ise 1984'ten sonra gerçekleştiğiydi. 1990'lı yıllardan itibaren Fethullahçıların ordu, polis, yargı ve MİT'ten müteşekkil güvenlik bürokrasisi başta olmak üzere devlet içinde örgütlendiğine yönelik bir dolu haber, yazı, kitaba rağmen bu iddialara kulak asılmadığını da düşünürsek yanıtı aranması gereken en önemli soru karşımıza çıkıyor: Bu hakikat fark edilmemiş mi, yoksa fark edilmek istenmemiş mi? Hem sivil hükümetlerin hem de "laikliğin bekçisi" iddiasındaki ordunun böyle bir örgütlemeye karşı gevşek davranmasını kim nasıl açıklayacak? Yoksa bu gevşek tutum bilinçli bir tercih miydi?

Şu kesin ki, Gülen Cemaati birdenbire değil, gücünün doruğuna çıktığında tehlikeli oldu. Yaklaşık yarım asırlık bir zaman dilimine yayılan örgütlenmenin devlet ve toplum için yarattığı tehlikenin sorumlusu elbette tek başına AKP iktidarı değil. Ama Cemaat'in kimin iktidarı döneminde gücünün doruğuna vardığı da herkesin malumu. FETÖ'nün yanı sıra "paralel" diye de anılan Cemaat'in, aslında devletin kendisini "paralel" hale getirecek kadar güçlenmesi, AKP ile kurulan iktidar ve suç ortaklığı döneminin bir yansımasıdır kuşkusuz. Bu gerçekten yola çıkarak, yaşanan tutuklama ve tasfiyeler, haklarında dile getirilen ürkütücü iddialar göz önüne alındığında, "Gülen Cemaati ordu ve bürokrasi içinde gerçekten bu kadar iyi örgütlenmişse, darbe yapmaya ihtiyacı var mıydı?" diye de sorabilirsiniz. Ama daha önemlisi, Cemaat 7 Şubat 2012 tarihli MİT ve 17/25 Aralık 2013 tarihli yolsuzluk soruşturmalarında AKP ve Erdoğan'a yönelik niyetini açık ettiği halde, 248 insanın hayatını kaybetmesine yol açan darbe girişiminin neden önlen(e)mediği en meşru sorudur.

İktidar ve suç ortaklığından darbeye

Gülen Cemaati'ne tanınan sınırsız olanakların kaynağı olarak görülen, son 15 yılın hükümeti AKP ve onun doğal lideri Erdoğan'a yönelik tepkinin birçok haklı nedeni bulunuyor. Ancak Gülen Cemaati'nin devleti kuşatmasında tek sorumlunun AKP ve Erdoğan olduğunu söylemek haksız bir eleştiri. Gülen Cemaati'nin devlet içindeki örgütlenmesi kimi zaman engellerle karşılaşsa da AKP'den önceki 30 yılı da kapsayarak 45 yıl boyunca sürdü. Haliyle, Cemaat'in kuşatma sürecinin sorumluları arasında çok sayıda hükümet ve kişi bulunuyor. Ancak en büyük sorumlunun AKP olduğu da bir gerçek.

Ganimeti paylaşamadılar

1997 yılındaki 28 Şubat darbesinde Gülen Cemaati'nin üstlendiği rol nedeniyle ikili arasındaki en büyük kırılmayı yaratan da, zorunlu ittifakın önünü açan da asker olmuştu. 27 Nisan 2007'deki muhtıranın ardından AKP, ordunun siyaseten geriletilmesini sağlayacak olan Gülen Cemaati'yle ittifak yaptı. Cemaat'in polis ve yargı teşkilatındaki kadroları, bir dizi kumpasla dolu olan

Ergenekon/Balyoz soruşturma/davalarını AKP'nin siyasi desteğiyle başlattılar. AKP, iktidarına gayrıresmi ortak ettiği Gülen Cemaati'yle birlikte ortak düşmanların her birini birkaç yıl içinde ortadan kaldırdı. Böylece Cemaat bürokratik, finansal ve sosyolojik etki alanıyla AKP'nin zımni paydaşı olageldi. AKP hükümetinin kendisine tanıdığı sınırsız olanaklarla, devlet içindeki örgütlenmesinin zirvesine ulaştı. Polis ve yargının tek hâkimi olan Cemaat kendi kişisel hesaplarını da görmeye başladı. Nihayetinde ortada mücadele edecek düşman kalmayınca iki iktidar ortağı devlet gücünün ve ganimetinin paylaşımında birbirine düştü.

Çirkin boşanma başlıyor

İkili arasında kamusal alana çıkan ilk çatışma 7 Şubat 2012'de MİT soruşturması olarak bilinen olayla oldu. Görünürde MİT'in üst düzey yöneticilerine yönelik olsa da esas hedef, sonradan kendisinin de ifade ettiği gibi dönemin Başbakanı Erdoğan'dı. Bu ilk kriz fazla büyümeden, Cemaat'in de geri adım atmasıyla birlikte ateşkesle sonlandı. Bu olay AKP ve Cemaat arasında kıyılan "zoraki nikâhı" sona erdirmiş, 28 Şubat darbesinden sonraki en büyük kırılmayı yaratmıştı; artık ikili arasındaki "çirkin boşanma" süreci de başlamış oluyordu.

Cemaat'in en önemli insan ve para kaynağı durumundaki dershanelerin kapatılması girişimiyle başlayan savaş kısa süre sonra, 2013 yılında, 17/25 Aralık diye bilinen, hükümeti ve Erdoğan'ı hedef alan yolsuzluk operasyonları ve 2014 yılında MİT TIR'ları soruşturmalarıyla geri dönülemez bir meydan muharebesine dönüştü. Hemen ardından gelen yerel seçimlerde oy kaybetmesine rağmen birinci parti çıkan AKP, birkaç ay sonra doğal lideri Erdoğan'ı da cumhurbaşkanlığı koltuğuna taşıyınca Cemaat için sonun başlangıcına gelinmiş oldu. Erdoğan'ın talimatıyla devlet bürokrasisinin kilit noktalarından Cemaat kadroları tasfiye edilmeye başladı. Meclis'teki ezici çoğunluğuyla hukuku paspas edip yürütme ve yargıyı kendi sopası haline getiren AKP, Gülen Cemaati'ni adeta kazıyacak operasyonlara girişti. Emniyet teşkilatında Cemaat mensubu olduğu öne sürülen çok sayıda üst düzey polis ya tutuklandı ya görevlerinden alındı. Aynı şekilde, yargı içinde çöreklenmiş ve Cemaat mensubu olduğu bilinen birçok hâkim savcı da pasif görevlerle kızağa çekildi.

Operasyon başlayacaktı

Cemaat'in finansal kaynaklarını kurutmak için birçok holdinge, hükümete yönelik muhalif yayınlarına son vermek için medya organlarına kayyım atanarak el konuldu. 35 yıldan uzun zamandır ordu içinde örgütlenen Gülen Cemaati, Ergenekon/Balyoz gibi soruşturma ve davalar sayesinde TSK'nin komuta kademesini istediği biçimde şekillendirmekte hayli yol kat etmişti. Yakın geçmişteki siyasal ve toplumsal kumpas davalarıyla hatırı sayılır bir kitlenin nefret nesnesi haline gelen Cemaat, AKP ile giriştiği taht savaşı nedeniyle de İslamcı camianın tabanından dışlanınca giderek yalnızlaştı. AKP-Cemaat savaşının Erdoğan-Gülen figürlerinde bulduğu temsiliyet, kısmen de olsa Cemaat'in tabanında dahi kırılmaya yol açtı. Açılan soruşturmalarla güvenlik bürokrasisindeki örgütü giderek küçülen Cemaat'in on yıllar boyunca kendini en iyi gizlediği yer olan TSK'ye sıra gelmişti. İzmir ve Ankara merkezli yürütülen iki ayrı soruşturmada isimleri belirlenen birkaç yüz subay şüpheli olarak dosyalara girmişti. Hatta bu isimlerden birçoğu Genelkurmay'a da bildirilmiş ve yaklaşan Ağustos Şûrası'nda tasfiye edilmeleri istenmişti. İzmir merkezli soruşturmayı yürüten Savcı Okan Bato, eğer 15 Temmuz kalkışması olmasaydı ertesi sabah erken saatlerde TSK içindeki Cemaat örgütlenmesine yönelik büyük bir operasyon kararı almıştı. Birkaç yüz subayın bu operasyonlarda gözaltına alınacağı konuşuluyordu. İddia edilen o ki, söz konusu soruşturma ve gözaltılardan haberdar olan Cemaat mensubu askerler başka bir tarihte yapılması planlanan darbeyi öne çekmiş ve 15 Temmuz gecesi kanlı kalkışmayı başlatmıştı.

Kumpas davaları ve ordudaki terfiler

Gülen Cemaati, polis ve yargı teşkilatındaki güçlerini TSK içinde önlerine çıkan engelleri yok etmekte kullanıyordu. AKP iktidarıyla girilen iktidar ve suç ortaklığının getirdiği siyasal destekle kamusal, siyasal ve sosyal alanı tasfiye etmek için terör suçu tanımları uydurularak çeşitli örgüt davaları açıldı. Ergenekon'la başlayan süreç, ardından gelen Balyoz soruşturma/davalarıyla sonuçlandığında ordunun atama ve terfi sıraları baştan aşağıya değişmişti. Ergenekon'la başlayan hukuksuzluk zinciri özellikle 2010 sonrasındaki dönemde Balyoz, Askeri Casusluk, Poyrazköy gibi bir dizi kurmaca davayla devam etmişti. Bu davalar nedeniyle yüzlerce kurmay subay, sanık ya da mahkûm durumuna düştüğü için terfilerin kararlaştırıldığı YAŞ toplantılarında değerlendirme dışı kalarak sistem dışına çıkmıştı. Kumpas davaları sürecinde, Genelkurmay Başkanlığı'nın üç yıl art arda YAŞ toplantılarında emekli ettiği, sırasıyla 12, 37 ve 12 olmak üzere toplam 61 general ve amiralin arasında kumpaslarla sanık ya da mahkûm durumuna düşürülenler de bulunuyordu.

Bu şekilde yüzlerce kurmay subay sistemden dışlanırken, önü açılan ya da eksik rekabet koşulları sayesinde terfi eden diğer kurmay albayların büyük bir bölümünün darbe girişimine karışmış olması, bu kişilerin kurmaca davalardan nasıl yararlandıklarını çarpıcı bir şekilde gözler önüne serdi. Davaların yargılamaları sürerken kumpaslarda amacın orduda atama ve terfi sıralarını değiştirmek olduğunu söyleyenlere kulak asmayanlar, 15 Temmuz kalkışmasıyla bu hakikati öğrendiler. Kendi devrelerinin ilk sıralarında bulunan, liyakati tam olup general ve amiralliğe terfi edilmeyi beklerken Balyoz ve Askeri Casusluk gibi kurmaca davalarla önleri kesilen çok sayıda kurmay albay tasfiye edilmiş, sonradan 15 Temmuz kalkışmasında yer alacak general ve amirallerin önü böylelikle açılmıştı.

İlk hedef denizcilerdi

Tasfiyeler için en işlevsel olanı kuşkusuz Balyoz davasıydı. Balyoz davası her ne kadar Birinci Ordu Komutanlığı bünyesinde yapılan bir plan seminerini, yani karacı subayların faaliyetini konu alıyor görünse de, 194 sanık arasında çok sayıda denizci subayı vardı. Sanıklar arasında Deniz Kuvvetleri Komutanlığı'ndan 22 amiralin yanı sıra yine önemli bir bölümü amiralliğe terfi sırası gelmiş ya da gelmekte olan 90 kurmay albay yer alıyordu. Balyoz süreci daha sonra iki ek iddianameyle de genişletilirken, İstanbul ile İzmir'de açılan casusluk ve benzeri davalarla da 50 dolayında deniz kurmay albayı daha tasfiye planlarına eklenmiş oldu. Önce sanık daha sonra hükümlü durumuna düşürülerek terfilerde önleri kesilen yaklaşık 140 denizci kurmay albayın çoğu TSK'den ya atıldı ya da ayrılmak zorunda kaldı. Balyoz darbe planında görev almakla suçlanan bu subayların bazıları, iddiaya göre darbede görevlendirilmeyi kabul ettikleri ileri sürülen tarihlerde yurtdışında olduklarını da aleyhlerindeki delillerin sahteliğini de kanıtladıkları halde, bugün hemen hepsi FETÖ soruşturmalarından hapiste ya da firarda olan mahkeme üyelerini "ikna edememişlerdi."

Çok sayıda denizci kurmay albayın sanık konumuna düştüğü Balyoz iddianamesi 2010 yazı başında düzenlenmişti. Her yıl olduğu gibi Ağustos başında yapılan YAŞ toplantısında Deniz Kuvvetleri'nde 7 kurmay albay tuğamiralliğe terfi etti. Darbecilik gibi bir suçlama nedeniyle, o yılki YAŞ'ta amiralliğe yükselme sırası gelmiş olan çok sayıda kurmay albay ise sanık durumuna düşürülmüş ve YAŞ'ta değerlendirmeden çıkarılmıştı. Tasfiyelerin devreye sokulan bu ilk aşamasıyla Balyoz davasında isimleri geçmeyenlerin önü açılmış oldu. Kumpas soruşturma/davalar üzerinden işletilen tasfiye mekanizmasıyla, gelecek yıllardaki YAŞ toplantılarında da isimleri öne çekilen birçok kurmay albay, engellemelere takılmadan amirallik rütbesine terfi etmişti. Rakiplerinin planlı biçimde tasfiye edilmesiyle albaylıktan tuğamiralliğe terfi eden bu subayların önemli bölümü 15 Temmuz 2016 kanlı kalkışmasının da aktörleri arasına isimlerini yazdırdılar. Darbe kalkışmasından önce Deniz Kuvvetleri Komutanlığı'nda 51'i muharip 7'si diğer alanlarda olmak üzere amiral kadrosunda 58 kişi bulunuyordu. Cemaatin darbe öncesi dönemde Deniz Kuvvetleri'nin amiral kadrolarının yaklaşık yarısına hâkim olduğu tespitini yapmamızı sağlayan veri ise 24'ünün darbe girişimine katıldığı için tutuklu ya da firari durumda olması. Soruşturmalar ilerledikçe bu sayıların artış göstermiş olması da ihtimal dahilinde.

Balyoz ve benzeri kurmaca davalarla Cemaat mensubiyeti bulunmayan denizci kurmay subayların önü kesilirken, ileride darbe kalkışmasının şüphelileri olacak Fethullahçı amirallerin de önlerinin açıldığını söylemek mümkün. Albayların terfilerini engellemenin yanı sıra muvazzaf amirallerin yaklaşık yarısının tasfiye edilerek yukarı kademelerin boşaltıldığını da hesaba katarsak bu kurmaca davaların 15 Temmuz kalkışmasında ve o güne kadar gelinen süreçte ne kadar önemli bir işlev gördüğü de ortaya çıkmış olur.

Çatışmaya rağmen terfiler sürdü

Hürriyet gazetesinde Sedat Ergin, Balyoz kumpasından bu yana geçen altı yıl içinde YAŞ'ta kurmay albaylıktan amiralliğe terfi eden denizci subayların darbe girişimi içindeki rolleri konusunda "Burada çok düşündürücü bir nokta daha var. Cemaatin 17-25 Aralık sonrası dönemde hükümetle açık bir çatışma hali içinde olmasına karşılık, Deniz Kuvvetleri'ndeki kazanımlarını bu durumdan hiç etkilenmeden ilerlettiği ortaya çıkıyor," demiş ve şöyle devam etmişti:

2010 YAŞ: Dönemin Genelkurmay Başkanı Orgeneral İlker Başbuğ, Deniz Kuvvetleri Komutanı Oramiral Uğur Yiğit. YAŞ'ta amiralliğe terfi eden 8 kurmay albaydan biri olan Ömer Faruk Harmancık tutuklandı. Tuğamiralliğe birinci sırada terfi eden Ömer Faruk Harmancık, İstanbul'daki Kuzey Deniz Saha Komutanlığı Kurmay Başkanı olarak 15 Temmuz darbe girişiminin Deniz Kuvvetleri cephesindeki önde gelen aktörlerinden biri olarak tutuklandı. Görev yeri İstanbul olmasına rağmen, Tuğamiral Harmancık darbenin Ankara'daki ana merkezi olan Akıncılar Hava Üssü'nde yakalanmıştı.

2011 YAŞ: Genelkurmay Başkanı Necdet Özel, Deniz Kuvvetleri Komutanı Murat Bilgel. Bu şûrada tuğamiralliğe terfi eden 7 kurmay albaydan 2'si darbe girişimine katıldıkları için geçen hafta tutuklandı, 2'si ise firari. Daha ilginci bu devrede terfi eden iki tuğamiral, Aydın Şirin ve Nihat Doğan kalkışma sırasında darbeciler tarafından tutuklandı ve daha sonra kurtarıldılar.

2012 YAŞ: Genelkurmay Başkanı Necdet Özel, Deniz Kuvvetleri Komutanı Murat Bilgel. Bu şûrada tuğamiralliğe 8 kurmay albay terfi etti. Darbe sonrası bu devreden 3'ü tutuklanırken birisi firarda.

2013 YAŞ: Genelkurmay Başkanı Necdet Özel, Deniz Kuvvetleri Komutanı Murat Bilgel. Bu şûranın cemaat açısından bir rekor yılı olarak geçtiği anlaşılıyor. Çünkü albaylıktan tuğamiralliğe terfi eden 8 kurmay subaydan 7'si bugün darbe girişimiyle ilişkili olmakla suçlanıyor; 6'sı tutuklu, 1'i firari. Önemli bir nokta, bu şûrada tuğamirallikten tümamiralliğe terfi ettirilen Hakan Üstem de darbe girişiminden sonra tutuklandı.

2014 YAŞ: Genelkurmay Başkanı Necdet Özel, Deniz Kuvvetleri Komutanı Bülent Bostanoğlu. Bu şûrada terfi eden 8 tuğamiralden 2'si darbe girişimine katıldığı gerekçesiyle tutuklu. Ayrıca bir diğer tutuklu Ömer Faruk Harmancık'ın görev süresi uzatıldı.

2015 YAŞ: Genelkurmay Başkanı Necdet Özel, Deniz Kuvvetleri Komutanı Bülent Bostanoğlu. Cemaat açısından bir başka verimli yıl. Bu yıl tuğamiralliğe terfi eden 7 denizciden 5'i darbeye katılmakla suçlanıyor. Ayrıca halen ABD'de firari durumda olan Mustafa Zeki Uğurlu da tümamiralliğe terfi ettirilmiş bu YAŞ'ta. Uğurlu 2011 YAŞ'ında tuğamiral olmuştu. O yıl yükselen diğer 3 tuğamiral de geçen yılki şûrada uzatma almış. Yani bir şekilde sistem içinde tutulmuşlar.[1]

Ergenekon / Balyoz davalarının başladığı dönemde suç ortağı olan Cemaat ve AKP hükümeti ile onların tezlerini tartışmasız doğru kabul eden kimi "kanaat önderleri" bunları varlığı kesin bir darbe girişiminin davası olarak tanımlamışlardı. Öte yanda ise hukukun sahte delillerle ayaklar altına alındığına, soruşturmalardaki sayısız usulsüzlüklere, bu davalarda darbe ve darbecilerle hesaplaşmak değil, yeni bir rejim inşa edilmek istendiğine dikkat çeken siyasetçiler, gazeteciler, yazarlar kolaylıkla "darbeci" suçlamasına maruz kalıyorlardı. Ancak gelinen noktada asıl Ergenekon'la başlayıp Balyoz ve Askeri Casusluk davalarıyla devam eden, KCK ve Devrimci Karargâh gibi davaları da bünyesine katan kurmaca davaların bir darbe girişimini başlıbaşına hazırladığını, ortaya saçılan kanlı kanıtlarla herkes öğrenmiş oldu.

Karacılarda Cemaat'in yükselişi

Kurmaca davalarla Deniz Kuvvetleri'ne yönelik tasfiye dalgası Kara Kuvvetleri için de söz konusuydu. 15 Temmuz Darbe Girişimi'nden tutuklanan generallerin önemli bölümü, özellikle 2013 ve ayrıca 2014 ve 2015 yıllarındaki Yüksek Askeri Şûra (YAŞ) toplantılarıyla terfi etmişlerdi. Darbe kalkışmasından sonra tutuklanan 21 generalden 18'i 2013 YAŞ'ında albaylıktan terfi eden tuğgenerallerdi.

Dikkat çeken nokta, ilk dokuz sırada terfi eden subayların hepsinin de 15 Temmuz sonrası tutuklanmış olmasıdır. 2014 YAŞ'ta, 1'i kalkışma sırasında öldürülen 19 ve 2015 YAŞ'ından ise 22 general darbe girişiminin şüphelisi olarak tutuklandı. 2011-2015 dönemi YAŞ kararlarıyla tutuklanan generallerin listesini karşılaştırarak yapılan çalışma şöyle bir tablo ortaya çıkarıyor:

2011 YAŞ: Genelkurmay Başkanvekili ve Kara Kuvvetleri Komutanı Orgeneral Necdet Özel. Bu şûrada korgeneralliğe terfi eden 5 generalden biri olan Yıldırım Güvenç darbe girişiminden sonra tutuklandı. Güvenç 2015 şûrasında da temdit almıştı. Aynı şûrada tuğgenerallikten tümgeneralliğe terfi eden 11 generalden 2'si, Satı

1 Sedat Ergin, "O albaylar gitti darbeciler geldi" *Hürriyet*, 22 Temmuz 2016.

Bahadır Köse ve Mustafa Özsoy darbe girişimden dolayı tutuklu. Her ikisi de 2015 şûrasında korgeneralliğe terfi ettirildi. 2011 şûrasında toplam 22 kurmay albay generalliğe terfi etti; bunlardan yalnızca 3'ü tutuklu. Bu sayı, 2011 YAŞ toplantısının adı darbeye karışan generaller açısından düşük bir oran olduğunu gösteriyor.

2012 YAŞ: Genelkurmay Başkanı Orgeneral Necdet Özel, Kara Kuvvetleri Komutanı Hayri Kıvrıkoğlu. Bu şûrada korgeneralliğe terfi eden 5 tümgeneralden bir ve ikinci sırada terfi eden 2 tümgeneral, Metin İyidil ve Erdal Öztürk, 15 Temmuz'dan sonra tutuklandı. Aynı şûrada 12 tuğgeneral tümgeneral oldu. Bunlardan 2'si darbeye karıştıkları gerekçesiyle tutuklu. 2012 YAŞ'ında 21 kurmay albay tuğgeneral oldu. Bunlardan 6'sı 15 Temmuz sonrasında tutuklanmış bulunuyor. Bu dönemin terfileri içinde darbe girişimine katılım oranı açısından sınırlı bir artış var.

2013 YAŞ: Genelkurmay Başkanı Orgeneral Necdet Özel, Kara Kuvvetleri Komutanı Hayri Kıvrıkoğlu. Bu şûrada 5 tümgeneral korgeneral rütbesine terfi etti. Bunlardan yalnızca İlhan Talu tutuklandı. Tuğgeneral rütbesinden tümgeneral rütbesine terfi eden 11 generalden yalnızca 2'si darbe girişiminde tutuklandı. Aynı şûrada tuğgeneralliğe terfi eden 21 kurmay albay vardı. Bunlardan 18'i 15 Temmuz darbe girişimi sonrasında tutuklandı. Dikkat çeken nokta, ilk dokuz sırada terfi eden subayların hepsinin de tutuklanmış olmasıydı. Örneğin, bu dönem birinci sırada terfi eden, bu devrenin birincisi olan Denizli 11. Komando Tugay Komutanı Kâmil Özhan Özbakır da tutuklu.

2014 YAŞ: Genelkurmay Başkanı Orgeneral Necdet Özel, Kara Kuvvetleri Komutanı Hulusi Akar. Bu YAŞ'ta bir korgeneral, Âdem Huduti, orgeneral rütbesine terfi etti. Darbe girişimi sırasında İkinci Ordu komutanı olan Huduti tutuklandı. Bu şûrada 5 tümgeneral korgeneral rütbesine çıktı. Bunlardan İbrahim Yılmaz ve Salih Ulusoy, 15 Temmuz sonrasında tutuklandı. Aynı toplantıda 11 tuğgeneral tümgeneral oldu. Bunlardan 5'i bugün tutuklu. Bu şûrada 21 kurmay albay paşalığa terfi etti. Bu 21 tuğgeneralden, yüzde 57 oranına tekabül eden 12'si bugün tutuklu bulunuyor. Bu devrenin birincisi olan ve darbe girişiminin önde gelen isimlerinden biri olan Tuğgeneral Semih Terzi 15 Temmuz akşamı Özel Kuvvetler Karargâhı'nı bastığında kendisine direnen astsubay Ömer Halisdemir tarafından vurularak öldürüldü.

2015 YAŞ: Genelkurmay Başkanı Orgeneral Necdet Özel, Kara Kuvvetleri Komutanı Hulusi Akar. Bu YAŞ'ta 6 tümgeneral korgeneral rütbesine çıktı. Bunlardan 2'si bugün tutuklu. Bu korgeneraller 2011 YAŞ'ında tümgeneralliğe terfi ettirilen Satı Bahadır Köse ve Mustafa Özsoy'du. 2015 şûrasında tuğgenerallikten tümgeneralliğe terfi eden 9 generalden 2'si tutuklu. Bunlardan biri Mehmet Dişli. Geçen yılki YAŞ'ta kurmay albaylıktan tuğgeneralliğe terfi eden 26 tuğgeneralden yüzde 70 oranına tekabül eden 18'i 15 Temmuz sonrası tutuklu bulunuyor.

Bu veriler yan yana getirildiğinde, 2013, 2014 ve 2015 YAŞ toplantılarının darbe girişimine karışan generallerin önünü açan bir işlev gördüğü ortaya çıkıyor. Sadece bu üç şûra toplantısında generalliğe terfi eden kurmay subayların toplamı 48'e ulaşıyor. Biri öldürülen şüpheli toplam 90 tutuklu karacı, toplamda subaylar içinde belirgin bir ağırlık oluşturuyor. 2013 YAŞ toplantısında Hava Kuvvetleri Komutanlığı'nda tuğgeneralliğe terfi eden 9 subaydan 4'ü de darbe kalkışmasının şüphelisi olarak tutuklandı.

Gülen Cemaati'nin ismi darbe girişimine nasıl bulaştı?

Gülen Cemaati'ni 45 yıla yayılan örgütlenmesinde herhangi bir şiddet eylemiyle ilişkilendirilecek aleni bir örnek yoktu. Aralarında başlayan savaştan sonra AKP hükümeti yanlısı medya organlarında, Cemaat'in bazı suikast ve cinayetlere karıştığına yönelik çeşitli iddialar dile getirildi. Cemaat'in adeta kamikaze dalışı olan darbe girişimine neden kalkıştığı sorusu ise Türkiye siyasetini, yakın geçmişin iki önemli güç odağının ilişkilerini ve aralarındaki gerilim dolu savaşı izleyenler için anlamlı değil. Çünkü darbe girişimi olmasaydı, Cemaat'in en iyi gizlendiği yer olan TSK, birkaç yıldır AKP'yle süren şiddetli savaşın son cephesi olacaktı. 15 Temmuz gecesinden bu yana herkesin aklını karıştıran sorulardan bir diğeri ise, ordu içinde örgütlenme geçmişi 1980'lerin başına kadar uzandığı düşünülen Cemaat'in darbe girişiminde bulunabilecek kadar güçlü olup olmadığıydı.

"2003'ten sonra ihraç yok"

Darbe kalkışmasından birkaç gün önce Ankara Cumhuriyet Başsavcılığı'nca hazırlanan "Gülen Yapılanması" ana iddianamesinde de Cemaat'in TSK içindeki örgütlenmesine ilişkin kimi savlar dile getiriliyordu. "Türk Silahlı Kuvvetleri içindeki FETÖ yapılanması endişe verici boyutlara ulaşmıştır," tespiti yapılan iddianameye göre, Cemaat'in ordu içindeki örgütlenme faaliyetlerinin 1984'ten sonra hız kazandığı ve TSK içerisine yerleştirilen öğrencilerin birçoğunun kurmay albay veya general rütbesine kadar yükseldiği anlatılıyordu. 1983-2014 arasında toplam 400 TSK personelinin Gülen Cemaati üyesi oldukları gerekçesiyle Yüksek Askeri Şûra (YAŞ) kararıyla ordudan ihraç edildiği belirtilen iddianamede, "Ancak TSK, 2003 yılından sonra Fetullahçı olduğunu bildiği hiç kimsenin ilişiğini kesmemiştir. Bundan sonra inisiyatif örgüte geçmiş ve TSK içinde bu örgütten olmayan veya muhalif olan herkesi tasfiye etmeye başlamıştır. Ergenekon ve diğer askeri davalar sivil siyaset üzerindeki askeri vesayetin kaldırılması için değil, örgütün TSK üzerinde egemen olması için gerçekleştirilmiştir. Bugün TSK içerisinde önemli oranda kurmay subay olarak FETÖ mensubu bulunmaktadır. Ordunun Cemaatleşmesi, kontrol altına alınması, örgütün siyasi hedefleri için zorunlu ve birinci görevidir. Askeri disiplin ve hiyerarşinin dışında bir de örgütlü TSK Cemaat yapılanması bulunmaktadır" tespiti yapılıyordu.

Cemaat itirafları

AKP hükümetine ve Türkiye medyasının bütününe bakılırsa bu kanlı darbe girişiminin sorumlusu Fethullah Gülen Terör Örgütü (FETÖ) mensupları. Bu tezi destekleyen en önemli bulgular ise darbe girişiminde rol aldığı öne sürülen bazı askerlerin savcılıkta verdiği ifadeler. En önemli ifadelerden biri ise Genelkurmay Başkanı Orgeneral Hulusi Akar'ın yaverliğini yapan Yarbay Levent Türkkan'a ait. Medyaya sızdırılan ifadelerinde Yarbay Türkkan Cemaat mensubu olduğunu, darbeyi Gülen Cemaati'nin planladığını ve Orgeneral Akar'ı da makam odasına kendi yerleştirdiği cihazla dinlediklerini anlattı. Ancak şu söylenmelidir ki, büyük önem atfedilen bu ifadenin sahibi Yarbay Türkkan işkence gördüğünü belirtti. Yine medyaya sızan haberlerde, çeşitli rütbelerdeki bazı subayların Cemaat mensubu olduklarını söyledikleri, darbe kalkışmasının ardında da Gülen Cemaati'nin bulunduğunu anlattıkları öne sürüldü. Çeşitli soruşturmalar nedeniyle meslekten atılmış ya da görevden uzaklaştırılmış olup Gülen Cemaati'ne mensubiyeti öne sürülen bazı polislerin darbecilerle birlikte yakalanması da Cemaat'le ilgili kuşkuları güçlendirdi. Bu polislerden biri, eski Emniyet İstihbarat Daire Başkan Yardımcısı Gürsel Aktepe'ydi. Savcılık ifadesine göre Aktepe, darbe girişimi gecesi telefonuna "Darbe oldu herkes destek için çıksın daha önce çalıştığı yerin yakınına geçsin, General Mehmet'le irtibata geçsin" mesajı gelmesi üzerine harekete geçtiğini anlattı.

Darbe girişiminin Gülen Cemaati'yle bağlantısına dair en çarpıcı ifade ise Genelkurmay Başkanı Hulusi Akar'ınkiydi. Soruşturmada mağdur olarak savcılığa verdiği ifadesinde Akar, 15 Temmuz gecesi rehin alındıktan sonra darbe bildirisine imza koyması istenirken, "Dilerseniz sizi kanaat önderimiz Fethullah Gülen'le görüştürürüz," denildiğini anlattı. Akar, kendisine bu teklifi yapan ismin, darbenin Ankara'daki merkezi olan Akıncı Hava Üssü'nün komutanı Tuğgeneral Hakan Evrim olduğunu, ancak kendisinin *"Ben kimseyle görüşmem,"* diyerek tuğgenerali terslediğini söyledi. Tuğgeneral Evrim ise kendisinin de darbeciler tarafından rehin alındığını belirtiyor, hem Akar'ın ifadelerini hem de suçlamaları reddettiği ifadesinde "Fethullah Gülen'i tanımam," diyordu.

Hazırlıklar Ocak'ta başladı

Böylesine bir darbe kalkışmasının birkaç gün içinde planlanıp organize edilmesi elbette güç. Ancak şu ana kadar medyaya sızdırılan bilgiler ve bazı şüpheli ifadelerinden yola çıkarak tahminlerde bulunmak mümkün.

Darbe soruşturmasının ana merkezi olan Ankara'da, Terörle Mücadele (TEM) Şube Müdürlüğü polisleri dijital veri incelemesi, görüntüler, telefon bağlantıları, itirafçılar ve şüpheli durumundaki askerlerin ifadelerinden yola çıkarak darbenin planlanmasına dair taslak fezlekeyi hazırladı. Henüz son şekli verilmeyen polis fezlekesine göre, darbenin altyapısı için çalışmalar 2016 Ocak ayında başlamıştı.

İddiaya göre darbe talimatı Fethullah Gülen tarafından, örgütün TSK imamı olduğu öne sürülen ilahiyatçı Profesör Adil Öksüz'e iletilmişti. Bu süreçte sürekli yurtdışına gidip gelen Öksüz, darbeyle ilgili planları darbeye katılacak komutan düzeyindeki generallere aktarıyordu. Bu hazırlıklar sırasında Öksüz'ün, Türk Silahlı Kuvvetleri (TSK) içerisindeki darbeci askerlerle Ankara'da çeşitli tarihlerde ve farklı evlerde toplantılar yaptığı da iddialar arasındaydı. İzmir Cumhuriyet Başsavcılığı tarafından yürütülen soruşturmada ifade veren "Kuzgun" ve "Şapka" kod isimli gizli tanıkların anlattıklarına göre de darbe planlamaları Ankara'da bir villada yapılmıştı. Gizli tanıklar, "FETÖ/PDY örgütü içerisindeki üst düzey imamlar" olduğunu öne sürdükleri asker ve sivillerin toplantılara katıldığını iddia ediyorlardı. Darbe hazırlıkları Haziran-Temmuz döneminde hayli yoğunlaşmıştı. Fezleke taslağına göre Fethullah Gülen'in talimatlarını ileterek askerlerle darbe planlaması yapan Adil Öksüz ve 15 Temmuz gecesi Akıncı Üssü'ndeki askerlere talimatlar verirken görüntüleri ortaya çıkan Kemal Batmaz, darbenin sivil ayağındaki ilk iki isimdi.

Polise göre cuntanın askeri lideri

Terörle Mücadele polislerinin tespitlerine göre cuntanın askeri lideri, darbe gecesi Yıldırım Harekât Planı'nı imzalayarak ülke genelindeki birliklere gönderen, Genelkurmay Başkanlığı Personel Plan Yönetim Daire Başkanı Tuğgeneral Mehmet Partigöç'tü. TRT'de silah zoruyla okutulan "Yurtta Sulh Konseyi" bildirisinde de imzası bulunan Partigöç, darbe gecesine ilişkin Genelkurmay Karargâhı'nda iç hat telefon görüşmelerini ve dijital verileri kapsayan incelemelere göre darbenin emir-komutasını Türkiye genelinde elinde tutan askerdi. Kalkışma gecesi talimatları verdiği belirlenen Partigöç'ün, aynı zamanda darbeye katılan komutanlara darbe öncesi görev alacakları yerleri ve emirlerinde çalışacak diğer askerlerin listelerini ilettiği iddiaları da dosyada yer aldı. Sıkıyönetim ilan edilecek illerde komutanlığı yürütecek subayları belirten listenin de Partigöç tarafından hazırlanarak ilgili kişilere iletildiği de öne sürüldü.

Polise göre Adalet ve Kalkınma Partisi (AKP) Genel Başkan Yardımcısı Şaban Dişli'nin kardeşi Tümgeneral Mehmet Dişli de darbenin askeri ayağında ikinci sırada gelen kişiydi. Genelkurmay Proje Yönetim Daire Başkanı Dişli'nin kalkışma gecesi görevi ise darbeye karşı koyacak komuta kademesinin derdest edilip darbeye katılımlarının sağlanması için ikna edilmesiydi.

1774 şüpheliden 1668'i darbeci çıktı

Darbe kalkışmasının ardından, ihbarlara rağmen Gülen Cemaati'nin TSK içindeki varlığına yönelik etkili çalışmalar yapmamakla suçlanan eski Genelkurmay Başkanı Necdet Özel en çok eleştiri yöneltilen isim olmuştu. Suçlamalar için "asılsız" diyen Özel, bütün ihbar ve iddiaların hem adli hem de idari yönden incelendiği, buna ilişkin belgelerin de Genelkurmay arşivlerinde bulunduğu yanıtını vermişti. Ancak darbe soruşturmasına giren bir belge, Necdet Özel'i yalanlayacaktı.

Darbe girişimi sonrası Genelkurmay Personel Başkanlığı'nda yapılan aramada ele geçirilen belge, istihbarat birimlerinin rapor ve uyarılarına rağmen Cemaat'in TSK içinde örgütlenmeye devam edebildiklerini kanıtlıyordu. Belge, "FETÖ bağlantılı personel" denilerek isimleri bildirilen 1774 askerle ilgili Genelkurmay Personel ve İstihbarat Başkanlıklarının yaptığı araştırmanın sonuçlarını içeriyordu. İsimler, kumpas davalarının mağdurları olan askerlerin ifadelerinden ve yürütülen bazı soruşturmaların savcıların bulgularından yola çıkılarak, Milli İstihbarat Teşkilatı (MİT) ile Emniyet'in 17/25 Aralık süreci sonrasında yaptığı çalışmalarla belirlenmişti.

Genelkurmay Başkanı'nın onayına da sunulan 4 Ocak 2016 tarihli belgede, isimleri bildirilen askerlerden 1277'sine yönelik bir bulguya rastlanmadığı, 457'sinin ise detaylı araştırılması gerektiği rapor edilmişti. Darbeden sonra başlatılan soruşturmalarda ise isimleri aylar öncesinden belirlenen ancak göreve devam eden 1774 askerden 1668'inin kalkışmaya katıldığı tespit edilecekti. Zaten, askerle ilgili "temiz" raporunun altında imzası bulunanlar da darbe şüphelisi olarak tutuklanmıştı. Raporda imzası bulunan ve darbecilikle suçlananlar Genelkurmay İstihbarat Daire Başkanı Korgeneral Mustafa Özsoy, Genelkurmay Başkanlığı Personel Başkanı Korgeneral İlhan Talu ve Genelkurmay Personel İşlem Daire Başkanı Tuğgeneral Uğur Şahin'di. 1984-2009 yılları arasında, "dini değerleri istismar eden gruplarla bağlantılı olarak TSK'de faaliyet yürüttüğü" tespit edilen 1166 askerin YAŞ kararıyla ilişiği kesildiği belirtilen raporda şu tespitlere yer veriliyordu:

> Bunların çoğunluğuna yasal düzenlemelerle eski hakları iade edilmiştir. İlişiği kesilen 400 FG (Fetullah Gülen) mensubundan 392'si eski haklarını kazanmış, 6'sı hiç başvuruda bulunmamış, 2'sinin ise başvurusu uygun bulunmamıştır. 17/25 Aralık 2013 sonrası "paralel yapılanma" ile ilişkili olduğu yönünde ihbar edilen toplam bin 774 personelden, bin 734'ünün kuvvet komutanlıkları nezdinde araştırma ve incelemesi tamamlanmış, bunlardan 1277'sine yönelik herhangi bir tespit yapılamamış; 457'sinin detaylı araştırılmasına

karar verilmiştir. (MİT'ten 347 personel hakkında, EGM'den 88 personel hakkında bilgi gelmiştir. Bunlardan 5 personel hakkında MİT'ten, 3 personel hakkında EGM'den kayıt bildirilmiştir.) Halihazırda 40 personelin incelemesi ise devam etmektedir. Sadece Kara Kuvvetleri Komutanlığı'ndan PDY (Paralel Devlet Yapılanması) kapsamında yapılan çalışmalar sonucunda, hakkında ihbar gelen 404 personelden 171 personelin ataması yapılmıştır.

2014-2015 eğitim ve öğretim yılında TSK'ye alınan askeri öğrencilerden 189'u hakkında işlem yapılmıştır. 2015-2016 eğitim ve öğretim yılında ise bugüne kadar toplam 186 askeri öğrenci hakkında işlem yapılmıştır. Bu husustaki çalışmalar devam etmektedir.

8 Temmuz'da darbenin dumanı tütüyordu

Ortaya çıkan bilgilere bakarak, darbe hazırlıklarının daha Cemaat'in orduyu ele geçirme hedefiyle yola çıktığı yıllarda başladığını söylemek yanlış olmaz. AKP'yle iktidar ve suç ortaklığı sona erdikten sonra başlayan taht savaşı olmasaydı, Cemaat'in birkaç yıl içinde komuta kademesi başta olmak üzere orduyu ele geçirmesi kuvvetle muhtemeldi. Şiddet dozu yüksek iktidar savaşında Cemaat'in, elindeki son kaleyi kaybetmemek üzere darbe hazırlıklarına ne zaman giriştiğine ilişkin şu ana kadarki tek bilgi kaynağı ise bazı şüphelilerin savcılık ifadeleri.

Bu ifadelere göre, darbenin Ankara'daki merkezi olan Akıncı 4. Ana Jet Üs Komutanlığı'nda 11 Temmuz'dan sonraki dört gün boyunca her akşam toplantı yapılmıştı. Cuntacıların İstanbul'daki darbe planlama toplantılarının merkezi ise Yeşilköy'deki Hava Harp Okulu binasıydı. Eldeki verilere göre, 8 Temmuz'da TSK içinde darbenin dumanı tütmeye başlamıştı. 11 Temmuz'dan itibaren belli gruplar içinde hummalı biçimde konuşulmaya başlanan darbe, kalkışmadan bir gün önce bütün cuntacılar tarafından öğrenilmişti. Bu ifadeleri göz önünde tutarak öncesi ve sonrasıyla ortaya çıkan darbenin kronolojisi şöyle:

8 Temmuz, Ankara

Darbenin ilk kez 8 Temmuz'da konuşulmaya başlandığı Yarbay Murat Bolat'ın ifadelerinde yer alıyordu. Ankara'daki Güvercinlik 1. Kara Havacılık Alayı'nda bakım tabur komutanı olan Yarbay Bolat, kendisini akıllı telefonundan görüntülü olarak arayan Alay Komutan Yardımcısı Yarbay Halil Gül'den darbeyi öğrenmişti. İfadesinde, izinli olduğu 1-16 Temmuz tarihleri arasında Alay Komutanı Albay Fevzi Okka ile Yardımcısı Yarbay Gül'ün kendisini arayarak tatilini yarıda kesmesini istediklerini, ancak bunu reddettiğini belirten Bolat, "8 Temmuz günü yaptığım görüntülü konuşmada Gül, eliyle sus işareti yaparak, dudak hareketleri ile 'durum çok ciddi' dedi ve bana 9 mm çapında mermi gösterdi. O zaman ciddi bir şey anlatmaya çalıştığını anladım," dedi.

8 Temmuz, Ankara, saat 18.15

Kalkışma günü Marmaris'te bulunan Cumhurbaşkanı Recep Tayyip Erdoğan'a suikast yapacağı öne sürülen Muharebe Arama Kurtarma (MAK) timi personeli Binbaşı Taner Berber'in ifadelerine göre, darbe planlamasına çok önceden başlanmıştı. Binbaşı Berber, Eskişehir yolu üzerinde bulunan bir pastanede buluştuğunu söylediği, Marmaris timini yöneten şüphelilerden Hava Kuvvetleri Komutanlığı Müşterek Hedef Analiz Yönetim (MÜHAYM) Başkanı Tuğgeneral Gökhan Sönmezateş'in kendisine darbe gününe dair görev verdiğini anlatıyordu. İfadeye göre Sönmezateş, "Bir hafta sonra cuma ya da cumartesi günü Hava Eğitim Komutanı Korgeneral Hasan Küçükakyüz tutuklanacak," dedikten sonra Berber'i tutuklamayla görevlendirerek Küçükakyüz'ün Çiğli'ye getirilmesine refakat etmesini istemişti. Sönmezateş, 13 Temmuz günü Harekât Komutanı Albay Ramazan Elmas'a da konudan bahsederek beklemede kalması talimatını vermişti.

8 Temmuz, İzmir

Aynı gün uçakla İzmir'e giden Taner Berber, Çiğli İkinci Ana Jet Üs Komutanlığı Harekât Eğitim Komutanı Albay Ramazan Elmas ve Başçavuş Zekeriya Kuzu'ya aldığı talimatları iletmişti. Başçavuş Kuzu da MAK personeline hafta içerisinde bir görev çıkabileceğini söyleyerek, herkesten telefonlarını açık tutmasını isteyecekti.

"Bu jargon bizde ihtilali çağrıştırmaktadır"
11 Temmuz, Ankara

Marmaris timine komuta eden Tuğgeneral Gökhan Sönmezateş ise Taner Berber'in ifadeleriyle çelişerek darbeden ilk kez 11 Temmuz günü haberdar olduğunu iddia ediyordu. İfadesinde,

"11 Temmuz'da Milsec adlı güvenli hattan, rutinde olduğu gibi Özel Kuvvetler'den Tuğgeneral Semih Terzi beni aradı. Ancak bu sefer benimle PKK ile ilgili konuşmadı. Ülkenin zor günler geçirdiğini, rahatsızlık duyduğunu, benim de onun gibi düşünüp düşünmediğimi sordu" diyen Sönmezateş, "Bana ihtilalden bahsetmedi. Ancak bu jargon bizde ihtilali çağrıştırmaktadır," diyordu. Bunun üzerine başka kimlerin aynı şeyi düşündüğünü öğrenmek istediğini belirten Sönmezateş, "Özel Kuvvetler Komutanı Zekai Aksakallı Paşa'nın, Genelkurmay Komutanı'nın, diğer kuvvet komutanlarının da bu düşünceye destek verip vermediklerini sordum. Onların da bu şekilde düşündüklerini söyledi," dedi.

11 Temmuz, İstanbul

İstanbul Samandıra'daki 4. Kara Havacılık Alay Komutanlığı Komutan Yardımcısı Albay Ali Aktürk, aynı yerde Birlik Bakım Tabur Komutanı Yarbay Davut Uçum'a, "kimseyle paylaşılmaması" gerektiğini söylediği şu bilgiyi veriyordu: "Önümüzdeki günlerde özel bir operasyon yapılacak, hazırlıklı ol."

12 Temmuz, Ankara

Bazı şüpheli ve gizli tanık ifadelerine göre darbenin Ankara'daki merkezi olan Akıncı Hava Üssü'nde de bir grup darbeci, toplantılar yapıyordu. Bu toplantılarda kalkışmada kimin nerede görevlendirileceği, hangi birliklerin kalkışmaya katılacağı, kimlerin gözaltına alınacağı gibi ayrıntılar üzerinde konuşuluyor, giderek daha çok subayın bilgi sahibi olduğu darbenin hazırlıkları hızla sürüyordu. Cumhurbaşkanlığı Muhafız Alay Komutanlığı'nda görevli Yarbay Ümit Gençer de kalkışmayı üç gün önce öğrenmişti. Hâkimlik ifadesine göre Gençer, 12 Temmuz'da kendisini çağıran Albay Enver Topal'ın, "Bir görev aldık, cuma günü gece 03.00 civarı darbe olacak," demesiyle kalkışmayı öğrenmişti. Yarbay Gençer, 15 Temmuz gecesi 20.30'da, Cumhurbaşkanı Muhafız Alay Komutanı Albay Kutsi Barış'tan da görevini öğrendi: "Eline tutuşturulan Genelkurmay imzalı sıkıyönetim emrini içeren darbe bildirisi TRT'de okunacaktı."

12 Temmuz, İstanbul, saat 19.00

Darbeyle ilgili İstanbul Cumhuriyet Başsavcılığı'nca hazırlanan iddianameye göre, Maltepe'deki General Nurettin Baransel

Kışlası 2. Zırhlı Tugay Komutanlığı'nda kalkışmayla ilgili üç gün boyunca toplantı yapıldı. Sabiha Gökçen Havalimanı'nı işgale giden askerlerle ilgili, 28'i rütbeli 62 şüphelisi bulunan iddianamede 12, 13 ve 14 Temmuz'daki toplantıya İstanbul'daki birliklerin katıldığı kamera görüntüleriyle tespit edildi. İddianamede, darbecilerin kullandığı "Yurtta Sulh" ismi verilen WhatsApp grubunun da, 12 Temmuz'da saat 19.00'da başlayıp 14 Temmuz saat 01.30'da sona eren toplantıda oluşturulduğu öne sürüldü. Toplantıya katılanlar arasında, Tuğgeneral Özkan Aydoğdu, Tümgeneral Eyüp Gürler, Kuleli Askeri Lisesi eski komutanı Mürsel Çıkrıkçı ve Kahramanmaraş Garnizon Komutanı Uzay Şahin'in de olduğu yine kamera görüntülerinden tespit edildi.

13 Temmuz, Ankara

İfadelere göre Tuğgeneral Gökhan Şahin Sönmezateş ile Silopi'deki 1. Tugay Komutanı Tuğgeneral Semih Terzi arasındaki bir sonraki konuşma 13 Temmuz'da gerçekleşti. Semih Terzi, yine güvenli hattan aradığı Sönmezateş'e bu kez darbenin gerekçelerini anlattı. Sönmezateş, Semih Terzi'nin geçmiştekilere benzeyecek bu kalkışmanın çok hızlı gerçekleşeceğinden söz ettiğini belirterek, "Cumhurbaşkanı ve kabine üyelerinin öncelikle alınıp mahkemeye sevk edileceklerini, yargılama konularının da çözüm sürecindeki hatalar, rüşvet iddiaları, IŞİD'in her yere elini kolunu sallayarak gitmesi gibi iddialar olacağını söyledi. Görevimin ne olduğunu açık anlatmasını istedim. Kendisinden o tarihte Cumhurbaşkanı her nerede bulunuyorsa oradan alıp refakatçi olarak Ankara'ya getirmek olduğunu öğrendim," diyordu.

"Darbe filan mı yapıyorsunuz?" 13 Temmuz, Ankara Güvercinlik

Yarbay Murat Bolat, mermi gösterilerek anlatılmaya çalışılan "ciddi şeyin" darbe olduğunu 13 Temmuz'da öğrendi. İfadesine göre, mesaiye başladığı o gün sabah 07.45'te Yarbay Gül kendisini aramış ve Yarbay Özcan Karacan'la birlikte beklediğini söylemişti. Sonrasını şöyle anlatıyordu: "Gittiğimde masada birlikte oturuyorlardı. 'Nedir konu?' diye sorduğumda, Gül, 'Sence ne olabilir?' diye karşılık verdi. Ben de şakayla 'Darbe filan mı yapıyorsunuz?' dedim. 'Aynen öyle' dedi. Ben hâlâ ciddi olabileceklerini düşünmedim, 'Nasıl olacak peki?' dediğimde ise 'Sen şimdilik olacağını bil, gerisini daha sonra öğrenirsin' yanıtını verdiler."

13 Temmuz, İstanbul Beykoz

Su Altı Taarruz (SAT) Grup Komutanlığı'nda görevli Yüzbaşı Özay Cödel, darbe hazırlıklarını öğrendikten iki gün sonra Yüzbaşı Haldun Gülmez'i telefonla arayarak irtibat noktasının Şükrü Seymen olacağı bir operasyonun planlandığını anlattı. Yüzbaşılar Cödel ve Gülmez, ertesi gün buluştukları Üsteğmen Ali Sarıbey'e de planlardan bahsetmişlerdi.

13 Temmuz, İstanbul Kartal

Darbe planlarından haberdar olan bir diğer isim İstanbul Kartal'daki 2. Zırhlı Tugay Komutanı Tuğgeneral Özkan Aydoğdu'ydu. Kahramanmaraş 5. Zırhlı Tugay Komutan Yardımcısı Albay Uzay Şahin, İstanbul'a gelerek 13 Temmuz'da makamında ziyaret ettiği Tuğgeneral Aydoğdu'ya "Yurtta Sulh Harekât Planı"nı anlattı. İfadesine göre, üst komutanlık tarafından onaylı olduğu söylenen harekât planında Aydoğdu'nun komuta ettiği tugaya da görev verilmişti. Planlarda, sıkıyönetim komutan yardımcısı ilan edileceği belirtilen Tuğgeneral Aydoğdu'nun görevi, emrindeki tanklarla çeşitli yerlerin tutulup emniyet altına alınmasıydı. Aydoğdu'ya Sabiha Gökçen Havalimanı, FSM ve Boğaziçi köprülerinin Anadolu Yakası, Üsküdar Çevik Kuvvet Amirliği, Birinci Ordu Komutanlığı'nın takviye edilmesi, Ümraniye Avea, Acıbadem Telekom binalarının emniyet altına alınması görevleri verilmişti. Aydoğdu'nun ifadesine göre, bir asker olarak doğru olduğuna inandığı emirleri uygulamıştı. Çünkü kendisine anlatılan planlar, 15 Temmuz günü 18.30 sıralarında Genelkurmay Başkanlığı'ndan gelen sıkıyönetim planlamasıyla bire bir uyuşuyordu. Gizlilik numarası da bulunan evrakın altında ıslak olmasa da Genelkurmay Başkanlığı imzası vardı.

14 Temmuz, Ankara Güvercinlik

Yarbay Murat Bolat'ın ifadelerine göre, üç yarbay arasındaki darbeye dair konuşmalar ertesi gün de sürdü. Halil Gül ve Özcan Karacan'dan saldırı helikopterleri için mühimmat meselesinin halledildiğunu öğrenen Bolat, ifadesinde "Bana, 'Kara Havacılık Okul Komutanı'nın darbe günü Kara Havacılığın başında olacak ve mühimmat işini halledecek' dediler" diyordu. Bolat, kendisinden istenen üç şeyi ise ifadesinde şöyle sıraladı:

> "İlk olarak MİT Başkanlığı'na hava indirme harekâtını benim yapmamı söylediler. Ben de bu fiili uçuş görevini kabul etmedim. İkinci olarak ise darbenin yapılacağı gün helikopterleri dışarıda bırakmamı istediler. Normalde helikopterler hangarda durur. Üçüncü olarak ise Skorsky helikoptere, havadayken içindeki personelin iple yere iniş yapmasını sağlayan hızlı indirme teşkilatı kurmamı istediler. Helikopterleri kullanacak pilotlar ile teknisyenlerin listelerini de bana gösterdiler. Bu iki isteği kabul ettim."

TSK yönetime el koyacak
14 Temmuz, Ankara

Tuğgeneral Gökhan Şahin Sönmezateş, kalkışmadan bir gün önce, Marmaris timine komuta edenlerden olan Özel Kuvvetler Komutanlığı'ndan (ÖKK) Binbaşı Şükrü Seymen'le Ankara'da görüşmüştü. Binbaşı Seymen'in ifadesine göre kendisi gibi ÖKK'de görevli Albay Osman Kılıç'la buluştuktan sonra Sönmezateş'le adresini hatırlamadığı bir evde konuşmuşlardı. Bu görüşmede Tuğgeneral Sönmezateş, "Sen dahil 12 kişilik tim hazırla. Silahı, teçhizatı, helikopteri ben tedarik edeceğim, TSK emir-komuta zinciri içerisinde yönetime el koyacak. İhtiyaç halinde Davut Uçum da helikopterle sizi intikal ettirebilir," talimatı vermişti.

14 Temmuz

Her ne kadar Binbaşı Şükrü Seymen ifadesinde darbe kalkışmasından 14 Temmuz günü haberdar olduğunu söylemişse de telefon görüşmelerini içeren HTS kayıtları, kendisinin 11 Temmuz'dan itibaren konudan haberdar olduğuna yönelik şüpheler doğuruyordu. Geriye dönük üç aylık HTS kayıtlarına göre, o tarihe kadar aralarında herhangi bir telefon irtibatı bulunmadığı halde Binbaşı Seymen'in, 11 Temmuz'dan itibaren SAT'çı Yüzbaşı Özay Cödel'le dokuz kez görüşme yaptığı tespit edilmişti. Görüşmelerin altısı ise kalkışma günü akşam saatlerinde gerçekleşmişti. Marmaris timinde görev alan SAT'çı Yüzbaşı Haldun Gülmez de ifadesinde, kalkışmadan bir iki gün önce Özay Cödel'in kendisini aradığını, bir operasyon yapılacağından söz ettiğini ve irtibat kişisi olarak da Binbaşı Şükrü Seymen'in ismini verdiğini söylüyordu.

14 Temmuz, Genelkurmay Karargâhı, saat 10.00 sıraları

Planlar değiştiği için darbenin başlangıç yeri olan Genelkurmay Karargâhı'ndaki kilit isimlerden biri, Genelkurmay Başkanı Orgeneral Hulusi Akar'ın yaveri Piyade Yarbay Levent Türkkan'dı. Komutanı Akar'ı etkisiz hale getirmekle görevlendirilen Yaver Türkkan, savcılıkta verdiği ifadelere göre darbe yapılacağını 14 Temmuz 2016 saat 10.00-11.00 sıralarında Genelkurmay Başkanı Başdanışmanı Albay Orhan Yıkılkan'dan öğrenmişti. Türkkan, "Kurmay Albay Orhan Yıkılkan bana darbe planladıklarını, cumhurbaşkanı, başbakan, bakanlar, genelkurmay başkanı, kuvvet komutanları ve orgenerallerin tek tek alınacağını, sessiz sedasız işin biteceğini, bu işin 15 Temmuz'u 16 Temmuz'a bağlayan gece 03.00'te yapılacağını söyledi. Beni sigara içmek için dışarı çağırdığı sırada sadece ikimiz varken bu bilgiyi verdi. Darbenin yapılacağı gün görevimin Hulusi Akar Paşa'yı etkisiz hale getirip işi kolaylaştırmak olduğunu söyledi. Yine söylediğine göre Hulusi Akar Paşa'yı etkisiz hale getirdikten sonra Özel Kuvvetler gidip alacaktı" diye ifade verdi. Türkkan bu konuşmadan bir gün önce de Albay Yıkılkan'ın, "Cumhurbaşkanı'nın, Başbakan'ın, Efkan Ala'nın, MİT müsteşarının evlerini biliyor musun?" diye sorduğunu ancak o zaman bu soruya bir anlam veremediğini ekliyordu.

14 Temmuz, Ankara Dikmen

Darbe girişiminde en önemli rolü üstlenecek birimlerden olan Özel Kuvvetler Komutanlığı'nda (ÖKK) kalkışmadan haberi olanların sayısı bir hayli fazlaydı. Bunlardan biri de Piyade Yarbay Emin Güven'di. Emin Güven, ifadesinde darbeyi "Cemaat ağabeylerinden" Hami'den öğrendiğini söylüyordu. Telefonla çağrılması üzerine 14 Temmuz günü gittiği Dikmen'de, "Hami ağabeyi" ve yanında gelen 14. Tabur Komutanlığı'ndan iki üsteğmenle buluşmuştu. Hep birlikte Dikmen 1206 Sokak'ta bulunan eve gitmişler, burada Kurmay Albay Fırat Alakuş ve adını bilmediği bir kişi daha aralarına katılmıştı. İfadeye göre elinde operasyon yapacakların olduğu bir liste bulunan Albay Alakuş toplantıda kendilerine, "Bir ağabeyimiz MİT tarafından kaçırıldı ve işkence görüyor, onu kurtarmak amacıyla özel operasyon yapacağız," diyordu. Operasyon için 15 Temmuz saat 18.30'da Akıncı Hava Üssü'nde toplanılacaktı.

"Hadi başlıyoruz"
14 Temmuz, Ankara Ostim

Aynı gün 19.00'da üç yarbay, kendilerine katılan Kara Havacılık Harekât Eğitim Şube Müdürü Binbaşı Okan Kocakurt'la birlikte, iki araçla Ankara OSTİM'de bir sitede bulunan daireye gitti. Bolat'ın ifadesine göre evde isimlerini bilmediği ama ÖKK'den olduğunu tahmin ettiği dört kişi daha vardı. Bolat'a göre, kendisinin dahil edilmediği bu toplantıda yedi subay darbenin son koordinasyonu üzerinde konuştular. Plan uyarınca Cumhurbaşkanı Erdoğan, Başbakan Binali Yıldırım, MİT Müsteşarı Hakan Fidan ve İçişleri Bakanı Efkan Ala kaçırılacaktı. Erdoğan'ın kurtarılmak istenmesi halinde öldürülmesi emri verilmişti. Bolat'ın gece boyunca üzerine konuştuklarını söylediği plan 16 Temmuz gecesi saat 03.00'te devreye girecekti. Ancak, 15 Temmuz günü saat 18.00 sıralarında üslerde yapılan üst düzey denetimler sırasında deşifre olduklarını düşünen Bolat, plandan vazgeçilmediğini, kendisini yanına çağıran Yarbay Halil Gül'ün "Hadi başlıyoruz," sözleriyle anladı.

14 Temmuz, İstanbul

İddiaya göre Ankara'dan İstanbul'a gelen Türk Hava Yolları'na ait TK 2163 sefer sayılı uçağın 168 ve 170 numaralı koltuklarında Tuğgeneral Gökhan Sönmezateş ve Binbaşı Şükrü Seymen oturuyordu. İki darbeci, Ankara'daki toplantılarının ardından Sönmezateş'in kredi kartıyla satın alınan biletlerle, aynı uçağa binerek İstanbul'a gelmişti. Binbaşı Seymen, İstanbul'a geldikten hemen sonra, Marmaris baskınında ÖKK personelinden kimleri görevlendireceğini belirlemek için Yüzbaşı Ergün Şahin ve Üsteğmen Murat Köse'yle buluştu. Bu askerlerin söylediği, Cemaat'ten olanların yanı sıra yeteneklerine göre baskında yer alacağını düşündükleri isimleri not etti. Seymen, Şahin ve Köse'den, belirlenen personele onları bir gizli göreve çağırdığını söylemelerini istedi.

14 Temmuz, İstanbul Yeşilköy, saat 19.53

Tuğgeneral Gökhan Sönmezateş'in de İstanbul'da gideceği yer, darbenin İstanbul'daki toplantı üssü olan Yeşilköy'deki Hava Harp Okulu'ydu. Diğer şüpheli ifadeleri ve güvenlik kamerası görüntülerinden de Sönmezateş'in Yeşilköy'deki Hava Harp Okulu'nda darbenin o gün yapılan son toplantısına katıldığı tespit edildi. Kamera kayıtlarına göre cuntacı general 19.53'te Hava Harp Okulu Ana Komuta binasından giriş yaptı. Ardından darbe planlamasında yer alan 20 general ile subay "Sönmezateş'in misafiriyiz," diyerek İstanbul'daki darbe merkezine giriş yaptı. Yapılan incelemelerde Yeşilköy'deki harp okulu binasının kamera sistemlerinin üç ay öncesinden iptal edildiği, kamera izleme odasının da dinlenme odasına çevrildiği tespit edildi. Okula girişte, hatta misafirler için kayıt tutulması zorunluluğuna da uyulmamıştı. Okul aylar öncesinden planlama merkezi olarak kullanılmaya başlamıştı.

14 Temmuz 2016, saat 18.00 sıraları

İfadesine göre Yaver Türkkan, darbe olacağını kendisine söyleyen Orhan Yıkılkan'ın kalkışmada verdiği görevi sorgulamadan kabul etmişti. Mesai saatinin bitiminde Cemaat'in kendisinden sorumlu "Murat Abisi"nin evine gittiğini anlattığı ifadesine şöyle devam ediyordu:

> Konya yolunda Opet'in arka tarafındaki eve gittim. Bu konuyu duyunca, biraz da darbe haberini alınca neler olduğunu anlamak için merak üzerine gittim. Rutin görüşmemiz yoktu. Normal zamanda Abi'nin evine haberleşerek gideriz, gitmemiz gerekir, ancak önemli bir durum olduğu için bu defa habersiz gittim. Orada daha önceden tanıdığım Adil ve Selahattin abiler vardı, ev Murat Abi'nin olmasına rağmen o yoktu. Selahattin Abi, Murat Abi'nin bir üst sorumlusu, Adil Abi ise Selahattin Abi'nin bir üst birim sorumlusu olan kişilerdir. Bana niye geldiğimi sordular. Darbeyle ilgili herhangi bir bilgi vermediler. Ben onlara "Yarın akşam bir faaliyet olacak bilginiz var mı?" diye sordum. Bana kızdılar, "Sen nerden biliyorsun? Bundan kime bahsettin? Sana bunu kim söyledi?" dediler. Ben de Albay Orhan Yıkılkan'ın söylediğini onlara bildirdim. Orhan Yıkılkan'ı tanıyorlardı. Nereden tanıdıklarını bilmiyorum. Bana sıkı sıkı tembih ettiler. "Bu konuyla ilgili hiç kimseye, hiçbir yerde, hiçbir şey söylemeyeceksin, olay çok gizli şekilde devam edecek, deşifre olmayacak,"

dediler. Bana verilen görevle ilgili herhangi bir şey söylemediler. Bu şekilde oradan ayrıldım. Başta unuttuğum için ifade etmedim, Mehmet Akkurt da benimle Murat Abi'nin evine gelmişti. Evde Adil Abi, Selahattin Abi ben ve Mehmet Akkurt olmak üzere 4 kişi vardık, başka kimse yoktu.

15 Temmuz, İstanbul Yeşilköy, saat 06.54

Marmaris timinin komutasını üstlenecek olan Gökhan Sönmezateş ve Şükrü Seymen, gün yeni başlamışken Yeşilköy'deki Hava Harp Okulu misafirhanesinde yeniden bir araya geldi. Eylemle ilgili son planlamaları yaptılar. Binbaşı Seymen, saat 06.54'te Pilot Yarbay Davut Uçum'u arayarak, suikast timinin akşam saatlerinde İstanbul'dan helikopterle İzmir Çiğli Üssü'ne helikopterle nakledileceğini iletti. Uçum da bir saat sonra bu bilgiyi aynı yerde çalıştığı Albay Ali Aktürk'e iletecekti.

Genelkurmay Karargâhı, 15 Temmuz öğleden sonra

Levent Türkkan, bir gün önce darbe yapılacağını kendisine söyleyen Albay Orhan Yıkılkan'la birlikte, kendisi gibi Cemaat mensubu olduğunu söylediği Tümgeneral Mehmet Dişli'nin odasında toplantıdaydı. Türkkan'ın savcılık ifadelerine göre Dişli yapılacakları şöyle anlatmıştı:

> Odada sadece üçümüz vardık. Girer girmez darbeye ilişkin mevzuyu konuşmaya başladık. Tümgeneral Mehmet Dişli darbe teşebbüsü başladığında ilk önce Hulusi Akar Paşa'nın odasına kendisinin tek başına gireceğini, ona darbeyi tebliğ edeceğini, onun kabul etmesi halinde darbe faaliyetinin başına geçirileceğini bize söyledi. Bunu söylerken bize "Genelkurmay Başkanı'na Kenan Evren olacak mısın, olmayacak mısın diye soracağım" şeklinde beyanda bulundu. Ayrıca Genelkurmay Başkanı'na darbeyi tebliğ ederken kendisini sevdiğimizi, saydığımızı, kabul etmesi halinde darbenin başına geçireceklerini söyleyeceğini bize bildirdi. Elinde bir not kâğıdı vardı. Oraya Genelkurmay Başkanı'na söylediklerini tek tek yazmıştı. Söylediğine göre Hulusi Akar darbe faaliyetinin başına geçmeyi kabul ederse Genelkurmay 2'nci Başkanı Orgeneral Akın Öztürk olacaktı. Gece yarısı 03.00'te faaliyet başlayacağı için 02.30'da Genelkurmay Başkanı'nın konutunda buluşacağımızı kararlaştırdık. Aramızdaki konuşmalara göre Akar teklifi kabul etmezse, ben ve ekibim etkisiz

hale getirecektik. Bu konuda eski Özel Kalem Müdürü Albay Ramazan Gözel ve yeni Özel Kalem Müdürü Yarbay Hakan Öcal'ın bana yardım edeceğini söylediler.

Ankara Akıncı Üssü, 15 Temmuz, 14.00

Darbenin merkezi olan Akıncı'da, Hava Kuvvetleri'nin karargâh filosu olarak bilinen 141. Filo'nun personeli, plan gereği öğleden sonra "Bugün filo komutanının emriyle erken paydos edilecek," denilerek lojmana gönderilmişti. Personel saat 14.00'te ayrıldıktan sonra darbeciler de son toplantısını yaptı. Çiğli İkinci Ana Jet Üs Eğitim Merkezi Komutanı Tümgeneral Kubilay Selçuk da eşinin rahatsız olduğu bahanesiyle görev yerini terk edip Ankara'ya gelmiş ve komuta merkezinin başına geçmişti.

MİT'teki ihbarcı meçhul binbaşı
Ankara Yenimahalle, 15 Temmuz, 14.45

Genelkurmay Karargâhı'nda hummalı hazırlıkların sürdüğü saatlerde, Kara Havacılık Okulu'nda binbaşı rütbesiyle görev yapan O.K. isimli meçhul bir subay da Ankara Yenimahalle'deki MİT merkezine gelip kendini tanıttıktan sonra önemli bir konuda ihbarda bulunacağını söylüyordu.

Ankara Yenimahalle, 15 Temmuz, 15.00

Kısa süreli bir bekleyişten sonra Binbaşı O.K. karşısına çıkarıldığı yetkililere bildiklerini anlattı. Ancak ihbar, bugüne dek bilinenlerin aksine darbe olacağına dair değildi. Binbaşı, MİT'e baskın yapılarak Hakan Fidan ya da üst düzey birilerine suikast yapılacağını söylemişti.

İstanbul Harp Akademileri Komutanlığı, 15 Temmuz, 15.00

Yüzbaşı Ergün Şahin ve Üsteğmen Murat Köse, Marmaris baskını için görevlendirilebilecekler konusunda Binbaşı Şükrü Seymen'le bir gün önce belirledikleri isimleri ziyaret ettiler. Söz konusu isimlerin hepsi, iki hafta sonra Akademi'deki kurmaylık eğitimleri tamamlanacak olan ÖKK personeliydi. Şahin ve Köse, aldıkları talimat gereği Marmaris'e gidecek timin diğer üyeleri olan Mehmet Cantaz, Mehmet Öztürk, Mehmet Demir, Enes Yılmaz, İsmail Yiğit, Bahadır Sagun, Mustafa Serdar Özay, Burkay

Karatepe ve Muammer Gözübüyük'e gizli bir göreve yazıldıklarını bildirmişlerdi. İfadelerinde görevin neyle ilgili olduğunu bilmedikleri savunmasını yapan öğrenci subaylar, komuta yetkisinin de saygı duydukları bir isim olan Binbaşı Şükrü Seymen'de olduğunu öğrenince soru da sormamışlardı. Hızlıca hazırlandıktan sonra saat 17.30 gibi üç ayrı arabayla Yeşilköy'deki Atatürk Havalimanı'na doğru yola çıktılar.

15 Temmuz, İzmir Çiğli

Tuğgeneral Gökhan Şahin Sönmezateş, Cumhurbaşkanı Erdoğan'ı hedef alan en önemli görevin son ayrıntılarını konuşmak için Çiğli Üssü'ne gelmişti. Albay Ramazan Elmas'ın makam odasında bulunan Taner Berber ve Zekeriya Kuzu, kendileri de dahil olmak üzere 13 MAK personelini operasyon için hazır edeceklerini söyledi. Tuğgeneral, akşam saatlerinde İstanbul'dan ÖKK timinin geleceğini söyleyip silah ve teçhizat hazırlanmasını emretti. Baskına katılacaklar için üssün depolarından 27 kişilik silah, kask, çelik yelek, gece görüş dürbünü ve çeşitli teçhizat hazırlandı.

15 Temmuz, Ankara Çankaya, 15.30

Cumhurbaşkanı'nın Marmaris'te hangi otelde kaldığı bilgisini darbeci Fırat Alakuş'a iletecek kişi Erdoğan'ın Başyaveri Ali Yazıcı'ydı. Kalkışmanın en önemli aşamasına dair son planlamayı yapmak için Fırat Alakuş ve Emir Güven, 15 Temmuz saat 15.30'da Cumhurbaşkanlığı Muhafız Alayı'na giderek Ali Yazıcı'yla buluştu. Yaver Yazıcı'nın masasında bazı turistik tesislerin işaretlendiği, üzerinde Marmaris yazan uydu görüntüleri ve planlar bulunuyordu. Güven'in ifadesine göre Yazıcı, "Cumhurbaşkanı'nın yanına gider, yerini öğrenirim. Benden şüphelenmezler," demişti. Bir sıkıntı olması durumunda ise Yazıcı elindeki boş zarfı göstererek, "Genelkurmay'dan gelen Paralel Yapı'ya ilişkin önemli bilgiler içeren bir zarfı getirdiğini" söyleyecekti.

15 Temmuz, Ankara Yenimahalle, 16.03

MİT'te Binbaşı O.K. ile mülakat sürerken, bu meçhul ihbarcının kim olduğu da araştırılmış, daha önceden devamlı bilgi alınan bir kaynak olmayan O.K.'nin, evliliğinin Cemaat ilişkileriyle olduğu öğrenilmişti. İhbarcı O.K. kendisi dışında bu operasyonda görev aldıklarını bildiği iki subayın daha ismini söylemişti.

Sonunda, ihbarın içeriğinden emin olunduktan sonra, bilgiler Müsteşar Hakan Fidan'a aktarıldı.

15 Temmuz, Genelkurmay'a haber verildi, Ankara Yenimahalle, 16.21

MİT Müsteşarı, telefonla görüştüğü Genelkurmay İkinci Başkanı Yaşar Güler'e, akşam saatlerinde Kara Havacılık Okulu'ndan üç helikopterin görevlendirilmesiyle illegal bir faaliyet icra edileceği yönünde ihbar aldıkları bilgisini iletti. Müsteşar, bilgiyi Genelkurmay'a aktarırken ihbarcı binbaşının ikinci sorgusu da başlamıştı.

15 Temmuz, İstanbul Bağcılar, 17.04

Meclis'in darbe girişimini araştırmak için kurduğu komisyona ifade verenlerden biri kalkışma sırasında darbecilere direnirken vurulan Albay Davut Ala'ydı. Darbe girişimi öncesinde 66. Mekanize Piyade Tugayı'nda Disiplin Kurulu Başkanı ve Emniyet-Kaza Önleme Subayı olarak görev yapan Albay Ala, ifadesinde ilginç bir detayı anlattı. Gazi albay, darbe günü cep telefonuna "15-16-17 Temmuz günleri Ayasofya, Taksim, Sultanahmet, Marmaray, metro ve vapur seferleri. Sancaktepe, Fatih, Kartal... eylem ikazı" içeren bir mesajın geldiğini söyledi. Bu mesajın kuşkulu olduğunu belirten Ala, "Neredeyse İstanbul'un her yeri eylem ikazı haline dönmüş. Normalde eylem ikazı gelir ama belirli bir bölge için olur. Üç gün boyunca İstanbul'un her yerinde eylem ikazı. Bir hazırlık süreci olduğu buradan belli," dedi. Ala, 15 Temmuz günü kışlada silah kaybolduğu şeklinde şaibe yayıldığını da belirterek, "Gündüz vakti silah kaybolmaz ya çalınır ya da başka bir şey olur. Bunu bir sebep olarak ortaya sunmuşlar. Komutanlık karargâhından kimseye ulaşamadık. Belli bir süre geçtikten sonra bize normalde silahın kaybolduğuyla ilgili emir gelmesi lazım. Silah kaybolduktan sonra bulunana kadar o kışlanın personeli kışlayı terk etmez ve gidişat hakkında bilgi verir. Ama hiçbir şey yapılmadı. Daha sonra silahın bulunduğunu öğrendim ve personele çıkış verdim," dedi.

Ala'nın kuşkulandığı bir mesajın o gün kimlere, hangi komutanlara ve birliklere gittiğini şu anda bilen yok. Ancak aynı saatlerde konudan zaten haberdar olan MİT'in Genelkurmay'la paylaştığı bilgi, Ala'nın cep telefonuna gelen mesajın mahiyetini de açıklamış oluyordu.

15 Temmuz, Ankara Genelkurmay Karargâhı, 17.00

Genelkurmay Başkanı Hulusi Akar'ın ifadesine göre Genelkurmay İkinci Başkanı Orgeneral Yaşar Güler, MİT'ten iletilen bilgiyi aktararak MİT'ten bir heyetin de konuyu görüşmek üzere yola çıktığını söyledi. Orgeneral Akar MİT'ten iletilen bilgiyi ciddiye alarak Yaşar Güler ve Kara Kuvvetleri Komutanı Salih Zeki Çolak'la birlikte alınacak tedbirlerle ilgili toplantıya başladı.

15 Temmuz, Ankara Genelkurmay Karargâhı, 17.30

Binbaşı O.K.'yi sorgulayan Müsteşar Yardımcısı, Genelkurmay'a giderek edindikleri bilgiyi komutanlara bu kez yüz yüze konuşarak aktardı.

15 Temmuz, Ankara Genelkurmay Karargâhı, 18.00

MİT Müsteşarı Hakan Fidan da Genelkurmay'a gelerek Orgeneral Akar'la toplantıya girdi.

Önlemler alınıyor

15 Temmuz, Ankara Genelkurmay Karargâhı, 18.30

Hakan Fidan'ın da katıldığı toplantıda alınacak önlemler belirlenmişti. Tüm Türkiye hava sahasında bulunan askeri helikopter ve uçaklara uçuş yasağı getirilirken, havada bulunanlara da üsse dönme emri verilmesi kararlaştırıldı. İkinci Başkan Yaşar Güler'in söz konusu emri Hava Kuvvetleri Komutanlığı Harekât Merkezi'ne iletmesiyle tüm askeri hava araçlarının uçuşlarının durdurulması emri tüm üslere ulaştırıldı. Akar ifadesinde, olası hareketliliğe yönelik tedbirler kapsamında Kara Kuvvetleri Komutanı (KKK) Salih Zeki Çolak'a, Merkez Komutanlığı'ndan ve Adli Müşavirlik'ten personeller alıp Kara Havacılık Okulu'na gitmesini, olayı tereddüde yer bırakmayacak şekilde çözüp, idari ve adli tedbirleri ivedi bir şekilde alması talimatını verdiğini de söyledi.

"Değerlendirmelerimizde gelen bilginin daha büyük bir planın parçası olabileceğini mütalaa ettik," diyen Akar, alınan tedbirlerle yetinmeyerek, Ankara Garnizon Komutanı Korgeneral Metin Gürak'ı da telefonla arayarak görevlendirdi. Buna göre Gürak, Etimesgut Zırhlı Birlikler Tümeni'ne gidecek, hiçbir tank ve zırhlı aracın hiçbir sebeple birlik dışına çıkmasına müsaade edilmemesi yönünde tedbirler alacaktı.

15 Temmuz, Ankara Genelkurmay Karargâhı, 18.50

Karargâhta toplantı devam ederken, Kara Kuvvetleri Komutanı Salih Zeki Çolak, Genelkurmay Başkanı Akar'ın emri üzerine Kurmay Başkanı İhsan Uyar'la birlikte MİT'e yönelik helikopter saldırısının başlatılacağı yer olan Kara Havacılık Komutanlığı'nda bir bahaneyle denetime gitmişti. Saat 19.45 sıralarında Metin Gürak da diğer komutanlara katılmıştı. Kara Havacılık Komutanlığı'ndan herhangi bir uçuş planı olmadığı bilgisini öğrenen komutanlar saat 21.15'e kadar "denetim" görevlerini yerine getirmişti.

15 Temmuz, Ankara Etimesgut, 19.00

Korgeneral Metin Gürak, bizzat Orgeneral Akar'ın 18.30 sıralarında telefonla verdiği talimatlar üzerine, Kara Havacılık Komutanlığı'ndan önce Etimesgut Zırhlı Birlikler Okulu'na gitmişti. Gürak yoldayken Kara Havacılık Okulu Komutanı Tümgeneral Hakan Atınç'a da telefonla uçuş yasağı emrini bildirmişti. 19.00 sıralarında Etimesgut'a ulaşan Gürak, "İkinci bir emre kadar tank hareketi olmayacak," emrini ilettiği Zırhlı Birlikler Okulu Komutanı Tümgeneral Erdoğan Akyol'un, "Her yıl bu dönemde böyle darbe olacak diye söylenti çıkıyor. Bu da bizi çok üzüyor. Bize güvenilmiyor mu? Bundan alınıyorum," dediğini ifadesinde söyledi.

15 Temmuz, Ankara Genelkurmay Karargâhı, 19.26

Genelkurmay'ın emirleri doğrultusunda uçuşların durdurulması işlemleri tamamlandı. Karargâhın uçuşların durdurulması ve havadaki görevli uçakların indirilmesine ilişkin talimatı Hava Kuvvetleri Harekat Merkezi'ne iletilip, bu direktif, Eskişehir'deki Hava Harekât Merkezi tarafından tüm birliklere tebliğ edildi.

15 Temmuz, Ankara Genelkurmay Karargâhı, 19.56

Genelkurmay'ın 15 Temmuz kalkışmasıyla ilgili yaptığı açıklamaya göre alınan kararların tüm birliklere ulaştığından emin olunmak için direktif ve emirler teyiden bir kez daha gönderildi.

15 Temmuz, Ankara Genelkurmay Karargâhı, 20.00

Genelkurmay Karargâhı'nda komutanların MİT yöneticileriyle toplanmasının nedenini anlayan darbeciler de karşı hamleye girişmişlerdi. İlk önce kendilerine direneceğini düşündükleri askerleri karargâhtan uzaklaştırmak istediler. Bunlardan biri Genelkurmay Başkanı Orgeneral Hulusi Akar'ın koruma ekibinden Astsubay Mahir Eser'di. Polis ve savcılıkta verdiği ifadelerde neler yaşandığını Eser şöyle anlatıyordu:

> Komutanının makam odasının önünde nöbet tutarken 20.00 sıralarında telsizden çıkış hazırlığı için anons yapıldı. Koruma araçları ve Akar'ın makam arabası geldi. Ama kısa süre sonra emir astsubaylığından bütün koruma araçlarının garaja çekilmesi talimatı geldi. Araçlar geri çekildi. Yanıma gelen Keşif Unsur Tim Komutanı İsa Başçavuş, "Artık çıkış olmayacakmış," diyerek nöbeti devraldı. Ben, koridorda yürürken Genelkurmay İkinci Başkanı'nın bulunduğu karşı koridorda Özel Kuvvetler'de bilgisayar işlerine bakan Talha Astsubay'ın sivil olarak Akar'ın emir astsubaylığının makamına doğru geldiğini gördüm. Şaşırdım. Çünkü normalde bir astsubayın o koridorda bulunması imkânsızdır. Emir astsubayları, Talha Astsubay'ı samimi bir şekilde karşıladıktan sonra birlikte makamlarına geçtiler. Kuşkulandım ve biraz oyalandım. Sonra koruma müdürü izinli olduğu için onun yerine bakan Başçavuş Muharrem Uzun'un yanına gidip ona sordum. "Ben de bilmiyorum' yanıtını verdi."

15 Temmuz, İstanbul Atatürk Havaalanı, 20.00

Binbaşı Şükrü Seymen'in komutasındaki ÖKK personeli 12 kişilik tim, teamüllere de aykırı bir biçimde yer aldıkları gizli görevleri için Atatürk Havaalanı'nın askeri portunda toplanmışlardı. Yine Şükrü Seymen'in talimatıyla SAT timlerinden Ali Sarıbey ve Haldun Gülmez de aynı sıralarda gelmişlerdi. Grubu bir araya getiren Binbaşı Seymen, subaylara kamuflajlarını giyerek hazırlanmaları talimatını verdikten sonra cep telefonuyla yoğun bir görüşme trafiği içine girmişti. İsmail Yiğit ve Haldun Gülmez'in ifadelerine göre bir süre sonra Binbaşı Seymen, gizli görevin ne olduğunu ekibine açıklamıştı: "Bu gece darbe yapılacak ve ordu yönetime el koyacak. Bizim görevimiz de helikopterle İzmir'e gidip birini paketlemek."

Kuvvet ve ordu komutanlarının bilgisi yok
15 Temmuz, Ankara Genelkurmay Karargâhı, 20:31

MİT Müsteşarı Hakan Fidan Genelkurmay Karargâhı'ndan ayrıldı. Emir teyidi için üçüncü kez talimatlar tüm birliklere gönderildi. Ancak, her türlü hava ve kara hareketliliğinin yasaklandığına yönelik emirler birliklere duyurulmasına rağmen, ilginç biçimde bu talimatlardan haberdar olmayan bazı kuvvet ve ordu komutanları İstanbul ve Ankara'daki iki ayrı düğüne ya da evlerine gidiyorlardı.

15 Temmuz, Ankara Genelkurmay Karargâhı, 20.45

Yarbay Levent Türkkan'ın ifadesine göre Hakan Fidan çıktıktan sonra operasyon başlamış, ÖKK'den tam teçhizatlı 20 asker karargâha girmişti. Bu sırada Tümgeneral Mehmet Dişli, "Faaliyet başlıyor, gece 03.00'ten şimdiye alındı," dedikten sonra Hulusi Akar'ın odasına yöneldi. Karargâhın 1-A Kapısı'nda görevli uzman çavuş, Yaver Türkkan'ın emriyle tabur komutanlarını anons ederek, 1-A Kapısı'nda hiçbir rütbeli personel kalmaması anonsunu yaptı. Genelkurmay Destek Kıtaları Grup Komutanlığı'nda takım komutanı olan Üsteğmen Fahri Kafkas yaşananları Genelkurmay Görüntü İzleme Merkezi'ndeki monitörlerden izliyordu. Üsteğmen Kafkas, kendi ifadesine göre ilk anda tatbikat olduğunu düşünüyordu. Karargâhın içinde Tümgeneral Mehmet Dişli, Tuğgeneral Mehmet Partigöç, Albay Ramazan Gözel, Yarbay Levent Türkkan, Yarbay Oktan Felekoğlu, Yarbay Bünyamin Tüneri koridorlarda sürekli konuşarak geziyorlardı. Bu sırada ÖKK timi katlara dağılmıştı.

15 Temmuz, Ankara Genelkurmay Karargâhı, 20.46

Hulusi Akar'ın koruma ekibinden Astsubay Mahir Eser bu sırada hâlâ koruma müdürünün odasında beklemekteydi. Telsizden, kuşkularını daha da artıran "İki manga geliyor," anonsunu duyunca girişe çıktığında iki grup halinde tam teçhizatlı askerlerin geldiğini gördü. Başlarında ÖKK'den tanıdığı Halit Albay ile Fırat Alakuş Albay vardı. ÖKK timi, Türkkan'ın talimatının ardından boşaltılan 1-A Kapısı'ndan komutan katına giriş yaptı. Mahir Eser, karargâha giren askerlerin peşinden makama çıkmaya çalışırken, Akar'ın emir subayı ile özel kalem müdürü, "Sakin olun, bu bir tatbikat. Komutanın bilgisi var. Yanlış bir şey yapmayın," dedi. Ancak Eser, makam katına çıktığında ÖKK'den tanıdığı Binbaşı Abdürrahim Aksoy'u da sivil kıyafetler içinde elinde M5 silahıyla gördü.

15 Temmuz, Ankara Genelkurmay Karargâhı, 20.47

Orgeneral Akar, ifadelerinde Dişli'nin odasına gelişini "Tam emin olmamakla birlikte muhtemelen saat 21.00'e doğruydu," diye belirterek şöyle anlatıyordu:

> Arkam kapıya dönük bir şekilde yuvarlak toplantı masasında çalışırken kapı çaldı. Ben "Gir" dedim ve hatta, "Kimsin, bu saatte?" gibi bir şey de söyledim. Baktığımda Karargâhta görevli Tümgeneral Mehmet Dişli'nin geldiğini gördüm. Dişli, oturmakta olduğum masadaki sandalyelerden birine oturup heyecanlı ve geçmişte bildiğim, alışık olduğum ruh halinden farklı bir tarzda "Komutanım operasyon başlıyor, herkesi alacağız, taburlar, tugaylar yola çıktı. Biraz sonra göreceksiniz," gibi şeyler söyledi. Ben ilk önce anlamlandıramadım. Cümle içinde belki "uçaklar" demiş olabilir. Ancak bunun bir kalkışma olarak ifade edebileceğim bir operasyon olduğunu anladım ve hiddetle "Ne diyorsun ulan sen, ne operasyonu, sen manyak mısın, sakın ha!" şeklinde bağırdım. Genelkurmay İkinci Başkanı ve diğer komutanların nerede olduğunu sordum. Bana, "Heyecanlanmayın, rahat olun, gelecekler," gibi laflarla karşılık verdi. "Benim seninle, bir başkasıyla böyle işlerin içerisinde olanlarla hiçbir işim olamaz. Sen benimle ne biçim konuşuyorsun? Kim bunlar? Siz kimsiniz?" gibi soruları sürekli, hiddetle sıraladım. Çok öfkelenmiştim. Gittikleri yolun yanlış olduğunu, büyük bir bataklığa battıklarını, cezasını çekeceklerini, hiç olmazsa bir erkeklik gösterip başkalarını bu işe bulaştırmadan ve ölüm kalım olmadan bu işi sonlandırmalarını, hemen giriştikleri bu girişimi durdurmalarını söyledim. Fakat ikna edemedim. Kendisi, benim böyle hiddetli karşı çıkmama rağmen sinirlerine hakim olmaya çalışıyordu ve sakin görünerek, "Komutanım bu iş bitti ve herkes yola çıktı," anlamında şeyler söylüyordu. Arkam kapıya dönük olduğu için kapının açık olup olmadığını fark etmedim. Bir ara Mehmet Dişli, sanırım dışarıya doğru hareketlendi.

"Ortada. Girin!"

15 Temmuz, Ankara Genelkurmay Karargâhı, 20.50

İfadelerine göre Yaver Türkkan, makam odasının kapısı önünde Albay Orhan Yıkılkan, Özel Kalem Müdürü Albay Ramazan Gözen, Yüzbaşı Serdar Tekin, koruma timinde görevli Astsubay Başçavuş Abdullah Erdoğan'la birlikte bekliyordu. Yanlarında ÖKK'den gelen tam teçhizatlı, eğitim kıyafeti giymiş, silahlı, miğferli askerler de vardı. Dişli ile Akar arasında ne konuşulduğunu duymuyorlardı. Yaver Türkkan, Mehmet Dişli'nin odaya girdikten beş dakika sonra dışarı çıkarak kendilerine hitaben, "Ortada. Girin!" talimatı verdiğini açıklıyordu.

15 Temmuz, Ankara Genelkurmay Karargâhı, 20.50

Türkkan'ın ifadelerine göre Dişli'yle birlikte Orgeneral Akar'ın en yakınında görev yapan subaylar, arkalarında ÖKK'den gelen tam teçhizatlı askerlerle birlikte komutanlarının odasına girdiler. Orgeneral Akar kendilerine "Yanlış yapıyorsunuz, bu böyle olmaz," dediyse de elinde Akar'a doğrultulmuş bir tabanca tutan Yaver Türkkan, "Komutanım otur, kalkma. Sakin olun, zorluk çıkartmayın," diye bağırdı. Bu sırada birinin kendisini iterek sandalyeye oturttuğunu belirten Akar, darp edilişini ifadesinde şöyle anlattı: "O esnada arkadan bir başkası el havlusu tarzında bir şeyle hem ağzımı hem burnumu kapatarak nefes almamı engelledi. Kolunu boğazıma doladı, sıktı. İp türü bir cismin boğazıma sürtünmesiyle, nefes almakta güçlük çektiğim için debelenirken bir başkası plastik kelepçeyi bileklerime taktı. Benim bu şekilde direnmem üzerine burnumu açacak şekilde ağzımı kapattılar."

İfadesinde komutanın ağzını kapatanın Yüzbaşı Serdar Tekin olduğunu belirten Yaver Türkkan, elindeki tabancayı bir kenara bıraktıktan sonra Akar'ı koltuklardan birine oturttu. Akar, istediği su verilip içtikten sonra Genelkurmay Karargâhı'ndaki olağanüstü gecenin en olağandışı talebinde bulundu: O koşullar altındayken dahi aptes alıp namaz kılmak istediğini söyledi. Yaver Türkkan'ın ifadesine göre Akar, yanında Yüzbaşı Serdar Tekin ve Başçavuş Abdullah Erdoğan varken makam odasının arka kısmındaki bölümde üzerini değiştirip namazını kıldı.

15 Temmuz, Ankara Genelkurmay Karargâhı, 20.55

Bu arada karargâhta yaşanan olağandışılık nedeniyle sürekli aşağı yukarı inip çıkan koruma ekibinden Mahir Eser bir ara Akar'ın makam odasının aralık duran kapısından içerideki şu manzarayı görüyordu: Akar sandalyede oturuyordu. Emir subayı elindeki tabancayı Akar'a yöneltmiş, Özel Kalem Müdürü de elinde açık vaziyette plastik kelepçe tutuyor ve Akar'a bir şeyler anlatıyordu. Mahir Eser yeniden aşağı inip, koruma ekibine durumu bildirdi. Kısa bir süre sonra darbeciler alt kattaki personeli toplamaya başlayınca da telefonla bir yerlere haber vermek için kapıdan çıktı. Bu esnada nizamiye bölgesinden gelen silah seslerini duyan Eser, yanına Akar'ın ambulans şoförü olan eri alarak destek kıtalarının alt katındaki bir odaya saklandı. Gizlendikleri odada önce ÖKK Zekai Aksakallı'nın emir astsubaylarından Başçavuş Kâmil Işın'ı aradı ve "Buraya Özel Kuvvetlerden timler geldi, herkesi sapır sapır vuruyorlar. Bize yardım edin," çağrısında bulundu. Mahir Eser bir ismi daha aramıştı. Aksakallı'nın diğer emir astsubayı Başçavuş Makbul Uluğ'du bu kişi. Eser, telefonun diğer ucundaki Uluğ'a "Senin kimden olduğunu bilmiyorum, ama kendi arkadaşlarımız bize sıkıyor. Eğer siz de bunlardansanız hakkımı helal etmiyorum. Değilsen Zekâi Paşa'yı koruyun," dedi.

Emir astsubayının haber vermesiyle Tümgeneral Zekâi Aksakallı da darbe kalkışmasından haberdar olmuştu. Darbecilerin kendisini oyalamak için "hediye çekini verecek komutan" sıfatıyla gönderdikleri düğünden Aksakallı kuşkulanarak ayrıldı. Sonrasında kahramanlık payesini canı pahasına hak eden Ömer Halisdemir'e, darbeci Tuğgeneral Semih Terzi başta olmak üzere "Geleni vurun," talimatını da bu sayede verdi.

15 Temmuz, Ankara Genelkurmay Karargâhı, 21.30

İfadelere göre Genelkurmay Başkanı Hulusi Akar, cuntayla işbirliğine yanaşmamıştı. Karargâhın içine dağılan ÖKK timi, bazı sivillerin ve onlarla hareket eden darbeci askerlerin işaret ettiği herkesi kelepçeleyip gözaltına alıyordu. Saat 21.30 sıralarında Genelkurmay İkinci Başkanı Yaşar Güler de, emir subayı Mehmet Akkurt'un yönetimindeki bir grup ÖKK mensubu tarafından makamında tartaklanarak gözaltına alındı. Bu sırada karargâhın dışında darbecilerle komutanların korumaları arasında çatışma da çıkmıştı.

15 Temmuz, İstanbul Samandıra, 21.30

Cumhurbaşkanı Erdoğan'ı almaya gidecek timi İzmir aktarmalı olarak Marmaris'e götürecek olan helikopter, halen firarda olan Taarruz Helikopter Tabur Komutanı Yarbay Özcan Karacan'ın talimatıyla havalandı. Samandıra'daki 4. Kara Havacılık Alay Komutanlığı'ndan kalkış yapan Skorsky tipi helikopterin pilotları 4. Kara Havacılık Alay Komutanlığı Komutan Yardımcısı Albay Ali Aktürk ve aynı yerde Birlik Bakım Tabur Komutanı olan Yarbay Davut Uçum'du. Skorsky helikopter, kısa sürede ulaştığı Yeşilköy'deki havaalanında ikisi SAT, 12'si ÖKK personeli 14 kişilik timi alarak Çiğli İkinci Ana Jet Üssü istikametine gitmek üzere yeniden havalandı.

Karargâhta silah sesleri

15 Temmuz, Ankara Genelkurmay Karargâhı, 21.35

Kalkışmanın başladığından habersiz olan Orgeneral Salih Zeki Çolak, Yaver Levent Türkan'ın telefonu üzerine Genelkurmay Karargâhı'na gelmişti. Türkkan, "Komutanım Genelkurmay Başkanımız sizi ve özellikle Kurmay Başkanımız İhsan Uyar'ı Karargâh'a bekliyor," demiş, o da talimata uymuştu. Çolak, karargâha girdikleri sırada gördüğü ÖKK askerlerinin tatbikat amaçlı bulunduklarını düşünürken birden silah sesleri duydu. Bu kez aklına gelen, dışarıdan bir saldırı olduğu ve ÖKK timlerinin de koruma amaçlı karargâhta bulunduğuydu. Aracından indiği sırada, darbecilerin safında olduğunu bilmediği Genelkurmay Başkanı Özel Kalem Müdürü Kurmay Albay Ramazan Gözel'in kendisinden binaya girmesini isteyen sesini duydu. Çolak, Kurmay Başkanı İhsan Uyar'la birlikte içeri girer girmez ÖKK timlerinin kafalarına silah dayayıp kendilerini yere yatırmasıyla ne olduğunu anladı. Timlere müdahale etmek isteyen emir astsubayı Piyade Başçavuş Bülent Aydın da bu sırada öldürüldü. Komutanlar Çolak ve Uyar götürüldükleri Orgeneral Yaşar Güler'in odasında el ve ayakları kelepçelenip, kafalarına torba geçirilerek beklemeye bırakıldılar.

15 Temmuz, Ankara Genelkurmay Karargâhı, 21.40

Genelkurmay Başkanı Akar'ın koruma ekibi ile Basın ve Halkla İlişkiler Daire Başkanı Tuğgeneral Ertuğrulgazi Özkürkçü elleri ve gözleri bağlanarak gözaltına alındı.

15 Temmuz, Ankara, 21.40

Genelkurmay Başkanlığı yerleşkesinden silah sesleri duyulduğu bilgisi Başbakanlık Koordinasyon Merkezi'ne iletildi. Silah seslerini duyarak bilgiyi ileten Başbakanlık Kızılay binasındaki koruma personeliydi. Telefonla aranan Silahlı Kuvvetler Komuta Harekât Kontrol Merkezi (SKHKM) yetkilileri, "Ani müdahale mangaları tarafından tatbikat yapılıyor," yanıtını verdi.

15 Temmuz, Ankara, 21.45

F-16'ların kaldırılması için düğmeye basıldı; bu uçaklar kalkışmada en ağır tahribatlara yol açan hava saldırılarında kullanılacaktı. Genelkurmay Başkanı Akar'ın uçuş yasağı emrine rağmen, saat 21.45'ten itibaren bazı askeri üslerden değişik tanıtıcı kodlar ve çağrı isimleri kullanılarak kalkış yapılmaya başladı. İddiaya göre hava operasyonlarını yöneten isim Tuğgeneral Hakan Evrim ve Akın Öztürk'ün damadı olan Akıncı Üssü'ndeki 141. Filo'nun komutanı Hava Pilot Kurmay Yarbay Hakan Karakuş'tu.

Jetlerin sesini duyana kadar darbeyi anlamadı
15 Temmuz, Ankara Genelkurmay Karargâhı, 22.00

Denetlemelerden sonra Kara Havacılık Okulu'ndan ayrılan Metin Gürak'a, "Genelkurmay'da patlamalar oluyor, silah sesleri duyuluyor," bilgisini veren, telefonla arayan Ankara Valisi Mehmet Kılıçlar oldu. Neler olduğunu anlamak için hızla karargâha gitse de, Gürak'ın Genelkurmay forsu taşıyan makam aracına kapılar açılmadı. Gürak aracından indiğinde, megafonla yapılan "Durma, vururuz. Aracınıza binip gidin," uyarısını işitti. Ellerini kaldırıp "Ben Garnizon Komutanı Korgeneral Metin Gürak'ım. Ne oluyor, ona bakmaya geldim," dese de uyarı tekrarlandı. Uyarılara aldırış etmeyen Gürak'ın yaya giriş kapısından içeri girdiğinde ilk gördüğü, yerde yatan sivil giyimli bir erkek cesedi oldu. Korgeneral, nizamiye binasına kadar yürüyüp telefonla emniyet müdürünü aradı ve kendisine olayı öğrenmeye çalıştığını söyledi. Bu sırada askerlere neler olduğunu sorsa da gelen yanıtlar farklıydı. Kimi "İçeride bir suikast var," derken kimi "Dışarıdan teröristler girdi, çatışma sürüyor," diyor, bir başkası ise tatbikat olduğunu söylüyordu. O sırada beş kişilik bir ÖKK timinin yanına geldiğini belirten Gürak, ifadesinde şunları anlattı:

> Düşmanca bir tavırla üzerime yürüyerek, "Sen kimsin? Nereden girdin?" diye kabaca sordular. "Rütbelerimi görmüyor musun? Garnizon komutanıyım. Ne oluyor burada?" dediğimde içlerinden biri beni tanıdığını söyleyerek yakama yapıştı. "Korgeneral morgeneral dinlemem. Otur burada," diyerek beni bir sandalyeye oturttu. Sonra da "Artık garnizon komutanı değilsin," diyerek beni ayağa kaldırdılar. 4 kişi yumruklarla bana saldırdı ve beni yere indirdiler.

İfadesine göre Gürak durumun vahametini ancak alçak uçuş yapan jetlerin seslerini duyduğunda anlamıştı. Sonrasında gözleri bağlanıp elleri kelepçelenen Gürak, kendisi gibi gözaltında alınanlarla aynı odaya konuldu. Bir süre bekletildikten sonra da helikopterle Akıncı Üssü'ne götürülenlerin arasına katıldı.

15 Temmuz Ankara, 22.05

Genelkurmay Karargâhı'nda komuta kademesinin rehin alındığının bildirilmesinden sonra darbeciler de harekete geçti. Karargâhtan silah sesleri yükseldiği sıralarda, başkent semalarında savaş uçakları kimi zaman ses hızını aşan alçak uçuşlar yapıyordu. Türkiye Büyük Millet Meclisi ve Genelkurmay Karargâhı'nın bulunduğu bölgede F-16'ların alçak uçuş yapmaya başlaması üzerine Silahlı Kuvvetler Komuta Harekât Kontrol Merkezi (SKHKM) bir kez daha arandı. Bir kez daha, tatbikat yapıldığı yanıtı verildi. Oysa aynı dakikalarda F-16 savaş uçakları Gölbaşı'nda bulunan Polis Özel Harekât Başkanlığı ile Havacılık Dairesi Başkanlığı'na düzenlenecek hava saldırısı için hazırlanıyordu.

İstanbul'da tanklar köprüleri kapattı
15 Temmuz İstanbul, 22.05

Başkentte jetlerin alçaktan uçmaya başladığı sıralarda İstanbul'da da Boğaziçi ve Fatih Sultan Mehmet köprülerinin Anadolu yakaları tanklarla geçişe kapatıldı. Hazırlıkları da güya önleme hamleleri de gün boyunca kapalı kapılar ardında süren darbe kalkışması, İstanbulluların sosyal medya araçlarıyla tankların sokakta olduğu haberini yaymasıyla artık tüm ülkede duyulmuştu.

15 Temmuz, Ankara Genelkurmay Karargâhı, 22.30

Darbecilerce ve onların arasındaki en yakın emir subaylarınca gözaltına alınan üst düzey komutanlar cuntanın merkezi Akıncı Üssü'ne götürülecekti. Tümgeneral Mehmet Dişli'nin "Gidiyoruz," talimatıyla ÖKK askerleri, Hulusi Akar'ı bir helikoptere bindirdiler. Helikopterde, silahlarını Akar'a doğrultmuş halde duran askerlerin yanında Mehmet Dişli de vardı. 22.30 sıralarında bir başka helikoptere de Salih Zeki Çolak ve İhsan Uyar bindirildi. 20 dakikalık bir uçuştan sonra Çolak ve Uyar da, gözaltına alınan diğer komutanlar gibi Akıncı'ya getirilmiş oldu. Onların dışında Tuğgeneral Atilla Gökçeoğlu ve Tuğgeneral Ertuğrulgazi

Özkürkçü de Genelkurmay Karargâhı'nda gözaltına alındıktan sonra Akıncı'da tutuluyorlardı.

15 Temmuz, Ankara 22.30

Başlangıçta terör saldırısı sanılan olayların darbe girişimi olduğu ve Genelkurmay komuta kademesinin rehin alındığı, televizyon kanallarının olağanüstü yayınlarıyla duyuruldu. Twitter, Facebook gibi sosyal medya araçlarından ve internet haber sitelerinden, Beylerbeyi Sarayı önünde bazı askerlerin ağzından ordunun yönetime el koyduğunun duyurulduğu görüntüler yayınlanıyordu. Bir süre sonra olağanüstü her durumda olduğu gibi hükümet yine internete kısıtlama getirdi. Ancak, vatandaşların darbenin karşısında tutum alacağı düşüncesiyle yasak kısa süre sonra kaldırıldı.

Jetler havada, paşalar düğünde
15 Temmuz İstanbul Moda, 22.30

Genelkurmay Karargâhı'nda öğleden sonra başlayan hareketlilikten de alınan bir dizi önlemden de bazı kuvvet ve ordu komutanlarının haberi bile olmamıştı. Ülke hava sahası askeri uçuşlara kapatılmış olmasına rağmen Hava Kuvvetleri Komutanı (HKK) Orgeneral Abidin Ünal'a nedense bu emirle ilgili bilgi verilmemişti. Komutan Ünal da rutin programını bozmamış ve davetlisi olduğu silah arkadaşı Hava Korgeneral Mehmet Şanver'in kızının İstanbul'da Moda Deniz Kulübü'ndeki düğününe gitmişti. Hava Kuvvetleri'nin üst düzey komuta kademesini oluşturan generaller ile diğer yüksek rütbeli komutanlar da düğün için İstanbul'a gelmişti. Nikâh şahidi olması teklif edilmesine rağmen eski HKK Komutanı Orgeneral Akın Öztürk gelemeyeceğini bildirmiş, gündüz saatlerinde tebrik telefonu açmıştı. Düğün davetine icabet etmeyen bir diğer isim ise, darbecilerin merkezi olan Akıncı 4. Ana Jet Üssü'nün Komutanı Tuğgeneral Hakan Evrim'di.

Emekli Hava Pilot Tuğgeneral Levent Taştan'ın oğlu, pilot okulu son sınıf öğrencisi Toykan Necdet Taştan ile gelin Çiçek Şanver'in üst bahçedeki düğünü sürerken, darbe gecesinin en önemli silahlı gücü olan jetler Ankara'da alçaktan uçuşlarını sürdürüyordu. Eşinin telefonla arayıp haber vermesi üzerine Orgeneral Ünal bir şeylerin ters gittiğini öğrenmişti. Orgeneral Ünal, davetlisi olduğu düğüne katılmayan 4. Ana Jet Üssü Komutanı Tuğgeneral

Hakan Evrim'e "Ankara üzerindeki uçaklar sizden mi kalktı?" diye sordu ve "Evet" yanıtı aldı. Komutan Ünal, uçakların derhal indirilmesi emri vermesine rağmen Tuğgeneral Evrim'den "Mecburum, siz de ben de hayati tehlike içindeyiz," karşılığını alınca onun da darbeciler arasında olduğunu anlamıştı.

Darbeyi haber alan Orgeneral Ünal ile düğünde bulunan 24 general, bir süre sonra derdest edileceklerinden habersiz, kulübün bir odasına çekilip durum değerlendirmesi yapmaya başladılar. Orgeneral Ünal "Herhangi bir üsten uçuş olursa oranın komutanı Divan-ı Harp'liktir," uyarısı da yaparak yanında bulunan üs komutanlarının hepsinden üslerini arayarak durumu kontrol etmelerini istedi. Sonrasında neler olduğunu Abidin Ünal'ın savcılık ifadesinden okuyalım:

> Düğünde bulunan üs komutanları üslerini arayarak bir faaliyet olmadığını teyit ettiler, Diyarbakır'daki jet üssü hariç. Bu üssün komutanı Tuğgeneral Deniz Kartepe, Diyarbakır'daki üsten 6 adet F-16'nın kalkışa hazır şekilde beklediğini söyledi. Ben kalkışın engellenmesi emrini verdim. Kendisi sürekli soyadı Akgülay olan harekât komutanı albayı aradı ve uçuşun durdurulması emrini verdi. Ancak bir müddet sonra uçakların emri dinlemeyerek kalktığını söyledi. Kuleden uçakların inmelerini emrettim, ancak Diyarbakır kulesi uçaklardaki pilotların bu emre karşı cevap vermediklerini ilettiler.

İstanbul'da bulunan dört general Eskişehir'deki Harekât Merkezi'ne gitmek üzere yola çıkarken düğün sahibi komutan Mehmet Şanver de eski komutanı Akın Öztürk'ü aradı. Şanver, emre rağmen hava trafiği olduğunu, alçak uçuş yapıldığını aktarınca Öztürk bir şeyden haberi olmadığını söyledi; oysa tam da Akıncı Hava Üssü'nde bulunuyordu. Orgeneral Ünal telefonu alarak Akın Öztürk'e, "Ankara'da uçak uçuruyorlar. Ne oluyor oralarda? Senin emirlerin hilafına darbe mi yapıyorlar?" diye sordu. Darbenin merkez üssündeki Öztürk'ün cevabı ilginçti: "Ben sadece gece uçuşu olduğunu zannediyorum, bir araştırayım."

Bu arada komutanlar, darbecilerin kontrolünde olduğu anlaşılan Ankara'daki Hava Harekât Merkezi'nin etkisiz hale getirilmesi için uğraşmaktaydı. Askeri uçuşlara yönelik emirlerin artık Ankara'dan değil, Eskişehir'deki Hava Harekât Merkezi'nden alınması gerektiği tüm üslere duyuruldu. Kısa süre içinde Ankara Akıncı, Adana İncirlik ve Balıkesir'deki üs dışında hiçbir yerde kontrolsüz uçuş kalmamıştı.

O sırada İstanbul'daki düğünde bir yandan komutanların olağanüstü toplantısı, diğer yandan davetlilerin birçoğunun yaşananlardan habersiz eğlenceleri sürüyordu. Ancak 23.30 sıralarında kulübün otoparkına Cougar tipi bir askeri helikopter indi. Helikopterin içinden tam teçhizatlı, kamuflajlı üniformalarıyla inen MAK timi, kulübe girerek toplantı halindeki generallere "Güvenliğiniz için buradayız" dedi. Orgeneral Ünal'ın, "Benim böyle bir emrim yok, uzaklaşın," demesine rağmen emre itaat edilmedi. Bir süre sonra helikopterler, darbeci time takviye için bir grup asker daha getirdi. Bütün generaller derdest edilip kelepçelendiler. Kendilerine karşı çıkmak isteyenleri korkutmak için havaya ateş eden darbeci askerler, 24 generali helikopterlerle Akıncı Üssü'ne götürdüler.

15 Temmuz İstanbul, 22.35

İstanbul Atatürk Havalimanı, tanklarla gelen askerler tarafından ele geçirildi. Havalimanına giriş çıkışlar kapatılırken, kontrol kulesinin denetimi de darbecilere geçti. Aynı sıralarda Sabiha Gökçen Havalimanı'nda da benzer bir baskın yaşanıyordu.

15 Temmuz Ankara, 23.00

MİT'in Yenimahalle'deki merkezine helikopterle hava saldırısı düzenlendi. Nizamiye bölgesine yapılan hava saldırısına MİT korumalarının karşılık vermesiyle çatışma çıktı. Bu arada Meclis çevresinde de askeri helikopterler uçmaya başlamıştı.

15 Temmuz İzmir Çiğli, 23.00

SAT ve ÖKK'den 14 kişilik bir suikast timiyle birlikte Yeşilköy'den kalkan Skorsky helikopter bir saatlik uçuşun ardından İzmir Çiğli'deki İkinci Ana Jet Üssü'ne iniş yapmıştı. İzmir Gaziemir 3. Kara Havacılık Alay Komutanlığı'ndan kalkan ve 13 kişilik MAK timini taşıyan Cougar tipi iki helikopter ise 45 dakika önce inmişti.

İlk helikopterin pilotları 15 Temmuz sabahı 3. Kara Havacılık Alay Komutanlığı görevini devralan Albay Murat Dağlı ve Yarbay Yücel Ekizoğlu'ydu; teknisyenliğini ise aynı birlikte görev yaptıkları astsubay üstçavuşlar Ahmet Koçan ve Aydın Özsıcak yapıyordu. Astsubay Üstçavuş Murat Gösterit'in teknisyenlik yaptığı ikinci Cougar helikopterin pilotları ise Murat Dağlı'nın selefi Kurmay Albay Zeki Göçmen ve Üsteğmen Haydar Murat Özden'di. İfadeler ve HTS kayıtları incelemelerinden Murat Dağlı'nın darbe kalkışmasındaki görevini Ankara Kara Havacılık Okul Komutanı Tuğgeneral Ünsal Coşkun'dan öğrendiği, kendisinin de Zeki Göçmen'i görevlendirdiği tespit edilmişti. Tuğgeneral Gökhan Şahin Sönmezateş'in talimatıyla Binbaşı Taner Berber ve Astsubay Zekeriya Kuzu'nun liderlik ettiği MAK timine Erkan Çıkat, Abdülhamit Gülerden, Serkan Elçi, Selman Çankaya, Muhammed Burak İpek, Hasan Aslanbay, İlyas Yaşar, Gökhan Güçlü, Ekrem Benli, Ömer Faruk Göçmen ve Yakup Özcan seçilmişti. Üs içinde bulunan depoya götürülen SAT, ÖKK ve MAK birimlerinden seçme 27 kişilik tim, kendileri için hazırlanmış silah ve teçhizatları herhangi bir zimmet işlemi yapmadan kuşanmaya başlamışlardı.

Başbakan darbe girişimini duyuruyor 15 Temmuz, 23.05

Ankara ve İstanbul'da patlama ve silah sesleri duyulduğu haberleri sosyal medyadan yayılırken, darbe girişimi olduğunu açıklayan ilk yetkili isim Başbakan Binali Yıldırım oldu. NTV kanalına telefonla bağlanan Başbakan Yıldırım, olayları "kalkışma" diye niteleyerek, TSK içerisinde bir grubun darbe girişiminde bulunduğunu duyurdu. Bu arada Meclis'te grubu bulunan tüm partilerden darbe girişimini kınayan açıklamalar yapılıyordu. İstanbul ve Ankara'dan patlama ve silahlı çatışma haberleri gelirken bazı yerlerde darbeye karşı çıkan siviller de sokaklardaydı.

15 Temmuz Ankara Gölbaşı, 23.16

Kalkışma sırasında darbecilerin en kanlı saldırısı Gölbaşı'ndaki Polis Özel Harekât Daire Başkanlığı'na yönelik oldu. Hava operasyonu düzenleme ve darbecilere karşı silahlı direnişte bulunma kabiliyetine sahip en önemli birim olan Özel Harekât'ın merkezine ilk saldırı saat 23.16'da gerçekleşti. Darbecilerce helikopter pistinin hedef alındığı ilk hava saldırısında 7 polis hayatını kaybetti. F-16'larla düzenlenen ikinci bombalı saldırı ise, daha ilk saldırının yangını dahi söndürülememişken 23.58'de gerçekleşti ve esas büyük can kaybına neden oldu. Darbecilere karşılık vermek üzere kaldırılacak helikopterlere yakıt ikmali yapıldığı ve Polis Özel Harekât timlerinin hazırlıklarını sürdürdüğü sırada gerçekleşen bu saldırıda da 43 polis can verdi.

16 Temmuz İstanbul, 23.45

Taksim Meydanı asker tarafından trafiğe kapatıldı. Sayıca hayli az olan askerler, çok sayıda vatandaşın destek verdiği polisler tarafından birkaç saat içinde silahları teslim alınarak gözaltına alındı.

16 Temmuz İzmir Çiğli, 00.05

Cumhurbaşkanı Erdoğan'ın kaldığı yerin kesin koordinatlarını Marmaris timine verecek kişi olan Cumhurbaşkanı Başyaveri Albay Ali Yazıcı da bu sırada otomobiliyle üsse giriş yapmıştı. İddiaya göre, Tuğgeneral Gökhan Şahin Sönmezateş, Okluk Körfezi'ndeki Cumhurbaşkanlığı konutunda kaldığı düşünülen Erdoğan'ın yer değiştirdiğini ve yeni adresin Grand Yazıcı Turban Otel olduğunu Başyaver Yazıcı'dan öğrenmişti. Bilgiyi kesinleştirmek isteyen Tuğgeneral Sönmezateş askeri hat üzerinden Akıncı Üssü'nü aradı. Telefonun diğer ucundaki kişi HKK Plan Harekât Daire Başkanlığı Harekât Şube Müdürü Yarbay Hüseyin Yılmaz'dı.

16 Temmuz Ankara, 00.13

TRT'nin Ankara stüdyolarını basan bir grup darbeci, "Yurtta Sulh Konseyi" imzalı darbe bildirisini okuttu. Yurt genelinde sıkıyönetim ve sokağa çıkma yasağı ilan edildiği duyurulan bildirinin okutulmasından kısa süre sonra TÜRKSAT, TRT'nin yayınını kesti. TSK'nin internet sitesine de konulan darbe bildirisinde askerin yönetime el koyduğu belirtiliyordu.

16 Temmuz Ankara, İl Emniyet Müdürlüğü, 00.21

Darbecilerin bir diğer hedefi olan Ankara Emniyet Müdürlüğü girişi, olası saldırılara karşı önlem için TOMA'larla kapatılmıştı. Darbeciler 00.21'de ele geçirmek istedikleri Emniyet Müdürlüğü önüne gelip TOMA'ları tanklarla iterek kapatılan yolu açmaya başladı. Bu sırada yoğun silah sesleriyle birlikte çatışma başlasa da kısa süre içinde tanklar müdürlük girişini ele geçirmişti. Darbeciler çatışma sırasında "Teslim ol" çağrıları yaptıkları polislerin yanı sıra kendilerine karşı direnmek isteyen vatandaşların üzerine de ateş açtı. 00.40'ta tank atışı yapılan Emniyet

Müdürlüğü binasına 00.56'da ise F-16'larla bombalı saldırı gerçekleşti. 02.40'ta ise jetler ve helikopterlerle ikinci hava saldırısı yapıldı.

16 Temmuz Marmaris, 00.24

Çeşitli bahanelerle her gün kameraların karşısına çıkıp konuşma adeti olan Cumhurbaşkanı Erdoğan, şaşırtıcı biçimde 9 Temmuz'dan bu yana ortalıkta görünmüyordu. Darbecilerin öncelikli hedefi olan Erdoğan, gece boyunca yaşanan onca hengâmeye rağmen süren sessizliğini bozmaya karar verdiğinde saatler gece yarısını geçmişti. Güvenlik önlemleri alındıktan sonra Marmaris'teki yerel kanalların ve gazetecilerin karşısına çıkan Erdoğan'ın açıklamalarını hiçbir televizyon kanalı ve haber ajansı yayınlamadı. Bu ilk açıklaması birtakım teknik problemlerden ötürü yayınlanamadığı söylenen Erdoğan, ulusal yayın yapan bir televizyon kanalında ilk kez göründüğünde saat 00.24'tü gösteriyordu. CNN Türk Ankara Haber Müdürü Hande Fırat, akıllı telefonlarla görüntülü konuşma özelliği sağlayan Facetime uygulaması aracılığıyla Erdoğan'ı canlı yayına bağlamıştı. Açıklamasında, kendisinden öncekiler gibi "TSK içindeki küçük bir azınlık" vurgusuyla darbe girişiminde bulunulduğunu belirten Erdoğan, kalkışmanın failini de "Paralel yapılanmanın teşvik ettiği harekettir," diyerek Gülen Cemaati olarak ilan etti. Erdoğan açıklamasında, kent meydanlarına ve havaalanlarına çağırdığı vatandaşlardan darbeye karşı direnmelerini de istedi. Darbe kalkışmasını kimin kazanacağı artık belli olmuştu...

16 Temmuz İzmir Çiğli, 00.30

Cumhurbaşkanı Erdoğan'ın nerede kaldığının kesinleşmesini beklerken Tuğgeneral Gökhan Sönmezateş ile Binbaşı Şükrü Seymen de planı gözden geçiriyorlardı. Plana göre ÖKK timleri Cumhurbaşkanı Erdoğan'ı gözaltına alma operasyonu gerçekleştirecek, MAK ekibi ise güvenliği sağlayacaktı. Binbaşı Seymen'e göre, Cumhurbaşkanı ve yanında bulunan 3-4 kişilik koruma ekibi "tatil modunda oldukları için" 27 kişilik tim operasyonu kolaylıkla yapacaktı. Darbeci tuğgeneral, teçhizatlarını kuşanmakta olan timlerin yanına geldi. Geçmişteki askeri başarıları efsane gibi dilden dile dolaşan ve baskın timindeki subayların her birinde hayranlık ve saygı uyandıran Tuğgeneral Sönmezateş beklenen haberi verdi: "Türk Silahlı Kuvvetleri ülke çapında yönetime el koydu. Sıkıyönetim ilan edildi. Bundan sonra emirler, benim de irtibatlı olduğum Genelkurmay Başkanlığı'ndan bizzat verilmektedir."

Sönmezateş bu arada cep telefonundan, TRT ekranlarından darbe bildirisinin okunduğu âna dair artık internet sitelerine de yayılmış kayıtları izletiyordu. İddiaya göre "Görevimiz Cumhurbaşkanı'nı bulunduğu yerden almaktır," diyen Sönmezateş, elinde tuttuğu, Okluk körfezindeki Cumhurbaşkanlığı konutunun uydu fotoğraflarını da gösteriyordu. Kendisinin helikopterden yöneteceği operasyonun tim komutasının Şükrü Seymen'de olduğunu belirten Sönmezateş, "Teslim ol" çağrısına silahla karşılık verilmesi durumunda çatışmaya girileceği emrini de verdi.

16 Temmuz Dalaman Havaalanı, 00.40

Darbecilerin hâlâ nerede olduğunu kesinleştirmeye çalıştıkları ve gerekirse çatışarak gözaltına almak istediği Cumhurbaşkanı Erdoğan, televizyon yayınından kısa süre sonra Marmaris'ten ayrılmak için hazırlıkları tamamlamıştı. Beklenen haber sonunda geldi. Erdoğan'ı Marmaris'ten alarak İstanbul'a götürmek üzere İzmir Adnan Menderes Havaalanı'ndan kalkan uçak Dalaman Havaalanı'na inmişti. Hava trafiğini izlediklerinden kuşkulanılan darbecileri yanıltmak için Cumhurbaşkanlığı'na ait TC-ATA uçağına THY-8451 koduyla sivil uçak görünümü verilmişti. Cumhurbaşkanı Erdoğan televizyon kanalının canlı yayınına bağlanarak İstanbul'a gideceğini duyurmuş olmasına rağmen, operasyon timi hâlâ Marmaris'e gitmek için haber bekliyordu.

Erdoğan İstanbul'a, suikast timi Marmaris'e
16 Temmuz İzmir Çiğli, 01.30

Tuğgeneral Gökhan Sönmezateş'in en çok ihtiyaç duyduğu bilgi nihayet gelmişti. Akıncı Üssü'ndeki darbecilerden Yarbay Hüseyin Yılmaz, Cumhurbaşkanı'nın Marmaris İçmeler bölgesindeki Grand Yazıcı Club Turban Otel'de olduğunu bildirmişti. Aynı dakikalarda, operasyon timinin gitmek istediği adresten havalanan ve rotası Dalaman Havaalanı olan bir helikopterin yolcu koltuklarında ise Cumhurbaşkanı Erdoğan ve ailesi vardı.

16 Temmuz Dalaman Havaalanı, 01.43

Cumhurbaşkanı Erdoğan ve ailesi ile yanında bulunan diğer kişileri taşıyan helikopter herhangi bir sorunla karşılaşmadan Dalaman Havaalanı'na inmişti. Erdoğan ve beraberindekilerin hızlı bir şekilde binişi sağlanan TC-ATA uçağı, darbecilerden gizlenmesi için bu kez de THY-8456 koduyla sisteme girilmişti. Hava trafiğinde sivil uçak görüntüsü verilen uçak, önemli yolcularını İstanbul'a götürmek üzere havalandığında saat 01.43'tü.

16 Temmuz İzmir Çiğli, 02.00

Cumhurbaşkanı Erdoğan'ın İstanbul'a uçtuğu sırada, Çiğli'deki operasyon timi ise yola çıkmak için hazır bekliyordu. Operasyon ekibine cep telefonlarının kapatılması talimatı verilmişse de bu emre uymayanlar vardı. Gaziemir'deki alaydan getirilip silah konuşlandırılmış iki Cougar ve bir Skorsky helikoptere eşlik edecek iki ayrı helikopterin pilotları, uymadıkları bu emir sayesinde darbeci olarak hapse atılmaktan kurtulmuşlardı. Pilotlardan Yarbay Bahattin Akgül, ifadesine göre, PKK yöneticilerinden birinin teslim alınacağının söylenerek göreve çağrılmıştı. Ancak Yarbay Akgül, cep telefonuyla bağlandığı internetten darbe kalkışmasını öğrenmiş, ailesiyle yaptığı telefon görüşmeler sonunda yaşananları kavramıştı. Akgül, birtakım teknik müdahalelerle helikopterini devre dışı bırakmayı başararak Marmaris'e gitmekten kurtulmuştu.

Diğer refakatçi helikopterin ikinci pilotu olan Üsteğmen Serkan Çoban da kalkışmayı internetten öğrenince bekleme sırasında motorları durdurmuş, böylelikle en az 15 dakikalık zaman kaybı yaratmayı hesaplamıştı. Darbecilerin kendisine öfkelenmesi üzerine de Üsteğmen Çoban, "Bu yasadışı görevde yer almayacağım," diyerek uçmayacağını söylemişti. Bunun üzerine 27 kişilik operasyon timi, silah konuşlandırılmış çalışır durumdaki helikopterlere dağıtılmıştı. Binbaşı Şükrü Seymen, Akıncı Üssü'nde irtibat halinde bulunduğu darbecilerden Albay Osman Kılıç'a göreve devam edilip edilmeyeceğini soruyor, ama cevap olarak çelişkili bilgiler alıyordu. Birkaç kez görevin iptal edildiği söylenen ekibe, Cumhurbaşkanı Erdoğan'ın Marmaris'ten ayrılmasından sonra operasyonun başlatılması talimatı verilmişti. Uzun süre çalışır durumda bekletildiği için yakıtı azalan helikopterler sonunda havalandığında saatler 02.00'yi gösteriyordu.

16 Temmuz İstanbul, 03.18

Kalkışma başladıktan bir saat kadar sonra giriş çıkışları tanklarla kapatılan Atatürk Havalimanı'nın uçuş kontrol kulesi de darbecilerin eline geçmiş ve uçuş trafiği durdurulmuştu. Cumhurbaşkanı Erdoğan'ın televizyon ekranından yaptığı çağrı karşılığını bulmuş ve İstanbul'da sokaklara dökülen binlerce vatandaşın gittiği en önemli adreslerden biri de Atatürk Havalimanı olmuştu. Saatler 01.00 olduğunda ise darbeciler tankları havalimanının önünden çekmiş, uçuş kontrol kulesini ele geçiren askerler de polis tarafından gözaltına alınmıştı. Erdoğan ve beraberindekileri taşıyan uçak, Atatürk Havalimanı Hava Trafik Kontrol Kulesi'nin darbecilerden temizlendiği bilgisi verildikten sonra Dalaman'dan hareket etmişti. Darbeci timinin Marmaris'te Erdoğan'ı aradığı saatlerde, İstanbul Atatürk Havalimanı'nın karartılan pist ışıkları, onu taşıyan uçağın inebilmesi için açılmıştı. Saatler 03.18'i gösterirken, TC-ATA uçağının tekerleri İstanbul'daki piste değiyor, Cumhurbaşkanı Erdoğan'a suikast düzenleyecekleri iddia edilen timleri taşıyan helikopterler ise Marmaris'e alçalmaya başlıyordu.

16 Temmuz Marmaris, 03.20

Operasyon timini taşıyan helikopterler bir saatten uzun süren bir uçuş sonunda Marmaris'e ulaşmıştı. Pilotlar verilen koordinatlara uygun olarak, tutuklamaya geldikleri Cumhurbaşkanı'nın kaldığı otelin yakınına inmiş, daha sonra helikopterler yakıt ikmali gerektiği için bölgeden ayrılmıştı. Çevrede birikenlerin dağılması için birkaç el havaya ateş ettikten sonra ilerlemeye başlayan operasyon timi, yerini bilmedikleri Grand Yazıcı Club Turban Oteli'ni aramaya koyuldular. Yol üzerinde karşılaştıkları Atilla Barbaros Teoman'ın verdiği ifadeye göre timde yer alanlardan birisi "Şerefsiz Tayyip'in villaları nerede?" diye sormuş o da korkarak yeri tarif etmişti. Darbeci timi, vatandaş yardımıyla bulduğu ve Cumhurbaşkanı'nın kendileri gelmeden çok önce terk ettiği otele giriş yaptığında saat 03.30 olmuştu.

"Allah'ın lütfu"
16 Temmuz İstanbul, 03.25

Darbeci timlerin Marmaris'te kendisini aradığı dakikalarda Cumhurbaşkanı Erdoğan da Atatürk Havaalanı'nın VIP salonunda kendisini bekleyen basın ordusunun karşısına çıkıyordu.

Kalkışmanın failinin Gülen Cemaati olduğunu sıklıkla belirttiği, hem emirleri veren "üst aklın" hem de planları yapıp uygulayanların en ağır bedeli ödeyeceğini vurguladığı konuşmasında Cumhurbaşkanı Erdoğan iki önemli şey söylemişti. Konuşmasının başında, kalkışma hazırlıklarının saatler öncesinden tespit edildiği anlamına gelen "Bugün bildiğiniz gibi öğleden sonra bir hareketlilik ne yazık ki silahlı kuvvetlerimizin içinde mevcuttu," cümlesini belki de ağzından kaçırmıştı. Erdoğan'ın ağzından kaçanlar bununla da sınırlı kalmamış, darbeden sonra OHAL ilanıyla ve kanun hükmünde kararnamelerle devletin yeniden inşa sürecinin başlayacağının işaretini de vermişti: "Bu hareket, Allah'ın bize büyük bir lütfudur."

16 Temmuz Marmaris, 03.30

Otele giren timler, hedeflerini bulamayacaklarından habersiz villayı ararken Cumhurbaşkanlığı Koruma Daire Başkanlığı Emniyet Amiri Murat Bayrak'ın, "Silahlarınızı bırakın teslim olun. Biz polisiz," diye bağırdığını duydular. Ancak operasyon timinin aynı çağrıyı polislere yapması üzerine cayırtı kopmuştu. Silah seslerinin yankılandığı otelin 1782 numaralı villasına sığınanlardan Mehmet Çetin çatışmada ölen ilk polis olmuştu. Şüphelilerin bazılarının ifadelerine göre polis memuru Çetin'i öldüren atışı Binbaşı Şükrü Seymen yapmıştı. Yapılan kriminal incelemelerde de vücudunda dört mermi yarası bulunan polis Çetin'i öldüren kurşunlardan birinin Binbaşı Seymen'in silahından çıktığı tespit edilmişti.

Silah üstünlüğü askerlerdeydi. Bir arkadaşları ölen, sığındıkları odaya atılan gaz bombası nedeniyle bir diğeri de yaralanan polisler teslim ol çağrısına uymuştu. Elleri havada teslim olan polislerin ifadelerine göre Binbaşı Seymen kendilerine, "Cumhurbaşkanı nereye gitti? Nerede o hırsız? Hırsıza kulluk ediyorsunuz. Cumhurbaşkanı'nın nereye gittiğini çabuk söyle yoksa bacağına ateş ederim. Neden buraya geldiniz? Size kim bilgi verdi?" diye sorular yöneltiyordu. Emniyet Amiri Murat Bayrak ise Cumhurbaşkanı Erdoğan'ın otelden bir saat önce ayrıldığı yanıtını veriyordu.

Bu sırada boşaltılan binada başka polis olup olmadığından emin olmak isteyen İsmail Yiğit ise odanın penceresinin önünde el bombası patlatmıştı. Binbaşı Seymen eğer içeride kalan varsa roket atacakları şeklinde, blöf olduğu anlaşılan bir tehditte bulununca yan villada kalan tüm polisler çıkarak teslim olmuştu. İfadelere göre, yatırıldıkları yerde kelepçelenip kimisi darp edilen polislere Astsubay Zekeriya Kuzu, "Cehennemi yaşatacağız size. Bunlar daha yeni başlıyor, hırsızın piçleri," deyip ölümle tehdit edip küfürler savurmuştu. İfadelerde iddia edildiğine göre Astsubay Kuzu, "Hani inlerimize girecektiniz, biz sizin ininize girdik," diye de bağırmıştı. Bu sözler, olayla ilgili iddianamede Kuzu'nun Gülen Cemaati'yle bağını ortaya koyan delil cümlesi olarak değerlendirilmiş, operasyon timindeki şüpheli askerlerden Serkan Elçi'nin ifadelerinde de doğrulanmıştı.

16 Temmuz Marmaris, 04.30

Seçkin askerlerden kurulu Marmaris timi, bir saatten uzun bir süre aradıkları Cumhurbaşkanı'nın otelde bulunmadığını sonunda anlamıştı. Binbaşı Şükrü Seymen'in telefonla "hedefin otelde olmadığını" söylemesi üzerine Tuğgeneral Gökhan Şahin Sönmezateş çekilme talimatı verdi. Kelepçeledikleri polislerin silahları ve cep telefonlarını bir torbaya doldurup kendilerini alacak helikopterin ineceği yere doğru kaçmaya başladılar. Bu sırada Binbaşı Taner Berber de, darbeci generali telefonla aramış ancak Gökhan Şahin Sönmezateş yakıtlarının bitmek üzere olduğunu belirterek, ikmal yapıp geleceğini söylemişti. Tim üyeleri, helikopterden indikleri ilk noktaya doğru gitmeye çalışırken Casa De Maris isimli otelin önüne geldiklerinde yolu kapatmış olan çok sayıda polisin önce "Teslim ol" çağrılarını arkasından da silah seslerini duydular.

Çatışma, çevredeki arabalar, ağaçlar ve binaları kendilerine siper eden askerlerin de ateş etmeye başlamasıyla alevlendi. Marmaris Emniyeti'nden polis memuru Nedip Cengiz Eker de bu çatışma sırasında hayatını kaybederken birkaç polis de yaralanmıştı. Kendilerini otelin içine atan askerler, sahile inen arka çıkış kapısından çıkarak kaçmayı da başardılar. Helikopter sesi duyana dek bir eve sığınan askerler, Dalaman Deniz Hava Üs Komutanlığı'ndan yakıt ikmali yaptıktan sonra kendilerini almak üzere dönen Skorsky helikopterin sesini duyunca kumsala indiler. Binbaşı Seymen, telefonla bulundukları yeri tarif ederken timdeki bazı askerler de flaşörlerle pilota yerlerini işaret ediyorlardı. Helikopter sesini duyan polis, flaşörlerin ışıklarını da görmüştü.

Davut Uçum ve Ali Aktürk'ün pilotluğunu yaptıkları helikopter alçalmaya başladığı anda polislerin kurşun yağmuru da başladı. Haldun Gülmez'in helikopterdeki makineli tüfekten, yerdeki timler de bulundukları yerden polislere atış açınca üçüncü çatışma da başlamış oldu. Ancak bu çatışmada polisler değil, havadaki makineli tüfeği kullanan Haldun Gülmez yaralanmış, helikopter de hasar almıştı. İniş yapamayan ve kaçmak üzere yeniden yükselmeye başlayan helikoptere son kez ateş eden ise kendilerini almadan gitmelerine sinirlenen Binbaşı Seymen olmuştu.

Tim üyeleri açık hedef oldukları kumsaldan çıkmak için koşmaya başladılar. Ormanlık alana nasıl gideceklerini askerlere söyleyenler, kumsalda karşılaştıkları ve silah doğrultup "Biz devletin askeriyiz, yardımcı olun bize," dedikleri, bahçıvan Ramazan Yıldırım ve güvenlik görevlisi Cafer Özalan'dı. Yıllardır aldıkları eğitimle ormanlık alana ulaşmaları uzun sürmemişti. Kısa süreli bir dinlenme anında Binbaşı Şükrü Seymen'in talimatıyla, teknik izlemeyi engellemek için cep telefonları olanlar bataryalarını çıkardı ya da kırdı. Kimi zaman beraber kimi zaman ayrılarak hareket eden 23 askerin, peşlerindeki polis ordusundan toplamda 15 gün sürecek kaçışları böylece başlamıştı.

Sır Küpü'nden 15 Temmuz'un bilinmeyenleri

Türkiye'yi bir karanlığın içine sürükleyen 15 Temmuz kanlı kalkışmasının sürdüğü saatlerdi. Cumhurbaşkanı Recep Tayyip Erdoğan, Marmaris'ten geldiği İstanbul'da, Atatürk Havalimanı'nda kameraların karşısındaydı. "Allah'ın bize büyük bir lütfu," diye tanımladığı darbe kalkışmasına dair gazetecilere bilgi veriyordu. Bu konuşmasında kalkışmadan ne zaman haberdar olunduğunu da ilk kez açıkladı; ilginçtir, Erdoğan sonradan farklı tarihlerde bu bilgiyi değiştirecek, tam beş kez değişik saatler dile getirdikten sonra en son "Enişte haber verdi," diyerek 21.30'da karar kılacaktı. İşte olayın sıcaklığı içinde, saatler 04.22'yi gösterdiği sırada yaptığı konuşmada Erdoğan, belki de ağzından kaçırarak şu sözleri sarf etti: "Öğleden sonra bir hareketlilik ne yazık ki Silahlı Kuvvetlerimizin içinde mevcuttu." Bu açıklama o günden sonra, ne Erdoğan ne de bir başkası tarafından gündeme getirildi. Hem de, hükümetin darbeden haberdar olduğu tezine sarılan hatırı sayılır bir kalabalık olmasına rağmen.

Erdoğan'ın, öğleden sonra tespit edildiğini söylediği hareketliliği fark edenin ise Milli İstihbarat Teşkilatı (MİT) olduğu kısa zamanda ortaya çıktı. Daha doğrusu kendilerine yapılan bir ihbar neticesinde MİT'in bir şeylerden haberdar olduğu anlaşıldı. MİT'in neyi öğrendiğini ilk açıklayan ise Başbakan Binali Yıldırım oldu. Başbakan, darbe kalkışmasının yaşandığı gece ortaya koyduğu performansla iktidarla aralarındaki buzları eriten Doğan Medya Grubu'na ait CNN Türk ve Kanal D televizyonlarının ortak yayınına 2 Ağustos gecesi konuk oldu. Programda Doğan TV Ankara Temsilcisi Hande Fırat'ın sorularını yanıtlayan Yıldırım, MİT'in neyi öğrendiğini şöyle anlattı:

> Bir binbaşı önemli bir bilgi için Milli İstihbarat Teşkilatı'na geliyor. Daha erken saatlerde geliyor. Biraz bekliyor. Saat 15.00 civarında da kabul ediliyor. Binbaşı; "Ben izindeydim. Beni geri çağırdılar bir görev için geldim, dediler ki saat 7'de burada hazır ol. Senin görevin helikopterle gideceksin Milli İstihbarat Teşkilatı'nı bombalayacaksın, Hakan Fidan'ı alıp geleceksin," demiş, olay bu. Gelen arkadaş ne anlattı, detayını bilmiyorum. MİT Başkanı'ndan dinlediklerimi söylüyorum. Onun üzerine Genelkurmay Başkanı Hakan Bey'i çağırıyor. 8'e kadar bir arada oluyorlar ve o ara Genelkurmay Başkanı sağa sola talimatlar gönderiyor. Sonrası malum.

Aynı söyleşide Başbakan, "MİT Müsteşarı'na bana neden haber vermediğini sordum. 'Başbakan'ın, Cumhurbaşkanı'nın haberi yok, nasıl olur' dedim. 'Genelkurmay Başkanı'na gidip söylemeniz doğal, ama Başbakan'a da söylemeniz gerekirdi' dedim. Cevabını vermedi," diyerek MİT'in darbe kalkışmasında sadece istihbarat zaafı yaşamadığının da altını çiziyordu. Darbe kalkışmasının üzerinden henüz iki hafta geçtikten sonra bizzat Başbakan tarafından yapılan bu açıklamaların hemen ertesinde konu, iktidara yakın gazetecilerden biri olan Abdülkadir Selvi'nin *Hürriyet* gazetesindeki köşesinde de işlendi. Herkesin kolaylıkla kahraman ilan edildiği o günlerde Selvi, 4 Ağustos tarihli yazısında, meçhul binbaşının darbeyi ihbar etmiş olmasına rağmen TSK'den ihraç edildiğini duyuruyordu. Selvi, zaman zaman MİT'le ilişkide olan isimlerden biri olduğu iddiasında bulunduğu Kara Havacılık Komutanlığı'nda görevli O.K. isimli binbaşının, "Gece MİT basılacak, bunun için 7 helikopter görevlendirildi. Bana da MİT basıldıktan sonra Hakan Fidan'ı kaçırma görevi verildi," ihbarında bulunduğunu yazıyordu. Selvi'nin yazdığına göre, "15 Temmuz darbesi, MİT'e gelerek bizzat ihbarda bulunan Binbaşı O.K. sayesinde öğrenilmişti."[1]

Yazısında, ihbarı ciddiye alan MİT Müsteşarı Hakan Fidan'ın saat 16.00'da Genelkurmay Başkanı Orgeneral Hulusi Akar'ı arayarak darbe ihbarı hakkında bilgilendirdiğini belirten Selvi, "Saat 16.30'da müsteşar yardımcısını Genelkurmay'a gönderen Hakan Fidan saat 18.00'de ise kendisi Genelkurmay Karargâhı'na giderek Org. Hulusi Akar'la darbeyi önlemek amacıyla toplantı yapmıştı. MİT Müsteşarı'nın Genelkurmay Karargâhı'na gelerek komutanlarla toplantı yapması üzerine darbeciler, gece saat 03.00'te başlatmayı planladıkları darbeyi saat 21.00'e çekmişlerdi," diye yazdı. Selvi, darbe süreci hakkında önceden bilgisi olduğu ve darbecilerin hazırladığı isim listesinde yer aldığının tespiti üzerine pilot binbaşının TSK'den ihraç edildiğini de belirtiyordu.

Darbe kalkışmasından MİT'in haberdar olup olmadığı, yaşanan istihbarat zaafında teşkilatın sorumlu olup olmadığı halen karanlıkta kalan soruların başında geliyor. MİT'e darbe ihbarı mı yapıldı? Eğer öyleyse neden engellenemedi? Bu soruların yanıtı Müsteşar Hakan Fidan'da, ama kendisi bugüne dek herhangi bir açıklama yapmadı. 15 Temmuz kalkışmasını araştırmak için Meclis'te kurulan komisyonun CHP'li üyelerinin talebine rağmen Fidan, henüz dinlenecek tanıklar arasında da yok. Cumhurbaşkanı Erdoğan'ın "sır küpüm" diye nitelediği Müsteşar Fidan, göreve geldiği ilk günden bu yana basınla mesafeli bir tutum sergiledi. Fidan, 15 Temmuz kalkışmasında da ketumluğunu korudu. Daha doğrusu öyle biliniyordu.

Aslında Fidan, bir gazeteciye, iktidar yanlısı *Sabah* gazetesinin Ankara Temsilcisi Okan Müderrisoğlu'ya konuyla ilgili bildiklerini anlatmıştı. Fidan ve Müderrisoğlu, 4-5 Eylül 2016'da Çin'de 11. G-20 Zirvesi'nde Erdoğan'a eşlik edenler arasındaydı. O toplantılar sırasında ikili arasındaki görüşmede konuşulanlar Müderrisoğlu'nun kaleminden patronu Serhat Albayrak'a rapor olarak sunulmuştu. Fidan'dan edindiği bilgilerin, okurların bilmesini istediği kısımlarını gazetedeki köşesinde yazan Müderrisoğlu,

1 Abdülkadir Selvi, "Darbeyi MİT'e İhbar Eden Binbaşı İhraç Edildi", *Hürriyet*, 4 Ağustos 2016.

kamuoyundan gizlenenleri de patronuna aktarıyordu. Müderrisoğlu'nun raporu, Red Hack isimli bilgisayar korsanlarının ele geçirerek internetten sızdırdığı Enerji Bakanı Berat Albayrak'a ait e-postalar arasındaydı. 9 Eylül 2016 tarihli e-posta Serhat Albayrak tarafından kardeşi Bakan Albayrak'a da gönderilmişti.

"Çin'in Hangzhou kentindeki G 20 Zirvesi sırasında konakladığımız otelde, ismini bildiğiniz yetkili ile yaptığımız sohbetten hatırladığım notlar, 'serbest nazım düzeninde ve yorumsuz' şöyle," diye başlayan e-postada Müderrisoğlu ismini vermeden Hakan Fidan'ın anlattıklarını "15 Temmuz..." başlığı altında aktarıyordu:

> MİT'e gelen binbaşının bilgisi "Darbe ihbarı değil!" Devamlı bilgi aldığımız bir kaynak da değil. Mülakatı devam ederken, iki isim daha veriyor. MİT Müsteşarı, Genelkurmay İkinci Başkanı'nı arıyor. Kara Havacılık Komutanlığı'ndaki pilot subaylarla ilgili araştırma başlatılıyor. Binbaşının, FETÖ'nün belirlediği bir kadınla evlilik yaptığı teyit ediliyor.
>
> Daha sonra MİT Müsteşar Yardımcısı da Genelkurmay Karargâhı'na gidiyor. O sırada Genelkurmay'da generallerin katıldığı güvenlik toplantısı devam ettiği için bir saat bekliyor.
>
> Ve saat 18.00 sularında MİT Müsteşarı Genelkurmay'a geçiyor. Genelkurmay Başkanı'nın odasında, Genelkurmay İkinci Başkanı da bulunuyor.
>
> Kara Kuvvetleri Komutanı'na da Kara Havacılık Okulu Komutanlığı ile Zırhlı Birlikler Komutanlığı'nda denetleme yapma görevi veriliyor. Genelkurmay Başkanı, o gece MİT'e baskına geleceği bildirilen iki ismin tespit edilip tutuklanmasını emrediyor!

Yani, meçhul binbaşının ihbarı darbeyle değil, MİT'e yönelik bir baskın yapılacağıyla ilgiliydi. Satır aralarına sıkışan, "Binbaşının, FETÖ'nün belirlediği bir kadınla evlilik yaptığı teyit ediliyor," bilgisi ise Binbaşı O.K.'nin ihbara rağmen neden TSK'den ihraç edildiğini açıklıyordu. MİT Müsteşarı Fidan'ın saat 20.31'e kadar karargâhta kaldığı belirtilen e-postada, "O dakikaya kadar üç emir yayınlanıyor. MİT Müsteşarı gerek karargâha gitmesinin gerekse TSK emirlerinin yayınlanmasının, darbecilerde 'deşifre olduk' telaşına yol açtığını ve saat 03.00'te harekete geçecek unsurların saat 21.00'de kalkışmayı başlatmasının, darbenin bastırılmasında kritik önemi olduğunu savunuyor," diye devam ediyordu. Fidan'ın, "bu emirleri neden Cumhurbaşkanı veya Başbakan'la paylaşmadığı" sorusuna ise, "Zaten o emirler Cumhurbaşkanlığı ve Başbakanlık haber merkezlerine de düşüyor," açıklamasını yapıyordu.

Müderrisoğlu'yla yaptığı görüşmede Fidan, kalkışma gecesi Cumhurbaşkanı ve Başbakan'ın televizyonlara bağlanmasını önerdiğini ve güvenli bir yere geçmeleri için çalıştığını da anlatmıştı. Müderrisoğlu'nun raporuna göre Fidan, "bilgi ve istihbarat paylaşımında şüphe çeken yetersizlikleri" ise "sistemik sorun" olarak niteliyordu: "Ona (Fidan'a) göre, 'Türkiye, hikmetle değil, musibetle öğrenen bir ülke. Ama bunun maliyeti fazla oluyor. O ana ilişkin çözüm üretiliyor, bu kez sorunlar nitelik değiştiriyor.' 700 bin kişilik Ordu'da, tankların hareketlendiğini, helikopterlere sıradışı görev verildiğini gören bir asker bile haber vermez mi? Verilmedi. Sistemde körlük söz konusu."

Darbenin karşısında yer aldığını açıklayarak kalkışmanın seyrini değiştirecek bir rol üstlenen Birinci Ordu Komutanı Ümit Dündar'ın Genelkurmay Başkanvekili atanması Fidan'a göre dönüm noktasıydı. Ama MİT Müsteşarı'nın en önemli iddiasını Müderrisoğlu "Ve bam teli..." diyerek belirtiyordu: Darbe sonrasında terfi ettirilerek korgeneralliğe yükseltilen Genelkurmay Özel Kuvvetler Komutanı Zekâi Aksakallı, Müsteşar Fidan'a göre olağan şüphelilerden biriydi. Raporda şöyle anlatılıyordu:

> Özel Kuvvetler'in yarısı bu işin içinde ama komutanı terfi ettirildi!!? ÖKK personeli Genelkurmay'ı ve MİT'i teslim alacaktı. ÖKK'ye, "Genelkurmay'a git," denildiğinde, "Beni de kıstırdılar, canımı zor kurtardım," dedi!!?"

Meclis'teki Darbe Araştırma Komisyonu'nun CHP'li üyesi Aytun Çıray, kanlı kalkışmayla ilgili MİT'in üzerindeki sis perdesini aralamaya çalışanlardan biri. Darbe gecesi MİT'in nasıl bir bilgiye sahip olduğunu aydınlatmaya çalışan Çıray, komisyonun tanık olarak dinlediği ve 15 Temmuz'dan sonra terfi ettirilen Genelkurmay İkinci Başkanı Orgeneral Ümit Dündar'a şu soruyu yöneltti:

"MİT, Genelkurmay Başkanı'na bir darbe istihbaratı değil, kendisine yapılacak bir suikast ihbarı getirmiş, aldığım bilgi bu. Bu konuda ne diyorsunuz?"

Orgeneral Ümit Dündar ise "Şimdi, iki kişi arasında geçen konuyu tam olarak bilmem mümkün değil. Ancak, belki şöyle bir yorum yapabilirim: Samimi olarak ifade ediyorum gelen bilginin ne olduğunu bilmiyorum. Ancak bilgi herhangi bir darbeye yönelik olmuş olsaydı, Sayın Genelkurmay Başkanımız tarafından daha farklı emirlerle de bunun destekleneceğini değerlendiriyorum," yanıtını vererek 15 Temmuz gecesi bir darbe kalkışmasını önlemeye yönelik emirler yayınlanmadığını söylüyordu.

Darbe gecesi Jandarma Genel Komutanı olan Orgeneral Galip Mendi ise Çıray'ın yönelttiği aynı soruya, "Ben de basında okudum Sayın Milletvekili," dedikten sonra şu yanıtı veriyordu: "Bir defa eğer öyle bir darbe girişimi haberi aldıysa Genelkurmay, otomatikman bütün kuvvet komutanlarını haberdar etmesi lazım, muhtemelen öyle bir şey değildi, bilemiyorum. Ancak, bana 16.00'da ne davetiye geldi, Genelkurmay Karargâhı'ndan ne de herhangi bir kurumdan bir bilgi geldi. Olağanüstü bir durum yoktu. Zaten olağanüstü bir durum olsa düğüne gitmem mümkün değil yani hani. Dolayısıyla, bilgim olmadı."

Saat 14.45'te, Gülen Cemaati mensubu olduğu sonradan anlaşılan bir binbaşının ihbarıyla MİT'in öğrendiği ordu içindeki hareketlenme, 16.30'da Genelkurmay'a da bildirilmesine, her türlü hava ve kara hareketliliğinin yasaklandığına yönelik emirler verilmesine rağmen Türk Silahlı Kuvvetleri'nin üst düzeydeki iki komutanına bilgi dahi verilmemişti. Darbe kalkışmasında en çok tahribatı yaratan kuvvet durumundaki Hava Kuvvetleri'nin komutanı, hava harekâtları yasaklanmasına rağmen durumdan bilgi sahibi edilmemişti. Aytun Çıray doğal olarak MİT Müsteşarı'nın Genelkurmay Başkanı'na ilettiği bilginin ne olduğu sorusuna yanıt arıyordu. Genelkurmay Başkanı Orgeneral Hulusi Akar'ın, nedense ifadelerinde yer bulmayan yanıt, bir siyasi parti liderine söylenmişti: "MİT'e yapılan ihbar üst düzey birisine suikast yapılacağı yönündeydi." Binbaşı O.K.'nin "MİT'e baskın yapılacağı" şeklindeki ihbarı ciddiye alınsa da darbe girişiminde bulunulacağı akıllara gelmemişti. Ya da hem yetkililer hem de kamuoyu buna inandırılmak isteniyordu.

Üstelik Genelkurmay'ı bunca "önlem" almaya iten haberlere rağmen, suikast hedefinin kendisi olduğunu düşünen MİT Müsteşarı Hakan Fidan o gece rutin programını da bozmamıştı. Fidan, 20.31'de Genelkurmay Karargâhı'ndan ayrıldıktan sonra Diyanet İşleri Başkanı Mehmet Görmez ve Suriyeli muhalif liderlerden Muaz el-Hatib'le Çankaya'da bir lokantada yemeğe gitmişti. Ankara'da konuşulan iddialara göre Özel Kalem Müdürü yemek sırasında iki kez Fidan'ın yanına gelerek, "Havada hareketlilik var," bilgisini de vermiş ancak uyarısı ciddiye alınmamıştı. Fidan uyarıyı ancak Cumhurbaşkanı ve Başbakan'ın birkaç girişim sonunda kendisine ulaşabilmesinden sonra ciddiye alacaktı.

15 Temmuz'un yanıt bekleyen soruları

Kanlı 15 Temmuz kalkışmasından sonra AKP ve Recep Tayyip Erdoğan muhaliflerinin hatırı sayılır bir kısmı, yaşananların bir senaryo olduğu tezini savundular. Darbenin saatinden, hiçbir siyasetçinin hedef alınmamasına dek kalkışma gecesi yaşanan birtakım gariplikler, muhaliflerin hâlâ ısrarcı oldukları bu tezin dayandığı argümanlardı. Darbecilere direnirken öldürülen yaklaşık 250 kişi varken bu tezin ne kadar doğruyu yansıttığı tartışmalı. Sızdırılan birçok bilgi ve ifade, kafalardaki soruları yanıtlamak yerine daha da çoğaltınca doğal olarak, "Kuşkulananlar haklı olabilir mi?" sorusu da ortaya çıkıyor. Darbe gecesine ilişkin, kuşkuları artıran iki karanlık periyot bulunuyor. İlki saat 14.45 ile darbecilerin harekete geçtiği 21.00'e kadar geçen süre. Diğeri ise 21.00 ile Cumhurbaşkanı Erdoğan'ın televizyon kanallarında ilk kez göründüğü 00.24 saatleri arası. Bu iki karanlık periyotta neler olduğu, kimlerin kimlerle konuştuğu ortaya çıktığında bu kanlı darbe kalkışmasının hem neden önlenemediği hem de nasıl önlendiği ortaya çıkacak. O güne kadar belki ilgilileri çıkıp yanıtlar diyerek sorularımızı sıralayalım:

Hükümetin 15 Temmuz Darbe Girişimi'nden daha önceden haberi var mıydı?

AKP yanlısı *Türkiye* gazetesinin yazarlarından Fuat Uğur'un Nisan ayında kaleme aldığı iki ayrı yazı kuşkulara hak verilmesine yol açan bilgiler içeriyordu. Kalkışmadan üç ay önce 2 ve 21 Nisan tarihlerindeki yazılarında Uğur, TSK içindeki Cemaat bağlantılı üst düzey askerlerin Ankara'da darbe toplantıları yaptığını öne sürüyordu. Ordu içindeki Cemaatçi subayların birbirleriyle koordine halinde olduğunu belirten Uğur, "Bizzat Dursun Çiçek'in ıslak imzalı belgesini bile üreten bu şebeke bir MÜDAHALE emrini emir-komuta zinciri içerisinde tüm kuvvet komutanlıklarına ve alt birimlerine gönderse ne olur düşünebiliyor musunuz? O emrin manipülasyon olduğunu anlayana kadar iş işten geçmez mi?" diye yazdı.[1]

Uğur'un 21 Nisan'daki "Cemaatçi askerlere son uyarı: Tavuk 'Tar'da Sayılır!" başlıklı ikinci yazısı ise çok açık biçimde darbe planının izlendiğini aktarmaktaydı. "Devlet onları izliyor. İstihbaratıyla, tüm silahlı kuvvetler hiyerarşisi olarak komuta kademesiyle, hükümetiyle, emniyetiyle, halkıyla, siyasetçisiyle, STK'larıyla bir bütün olarak devlet 'suç' işlemelerini bekliyor. Yani TAR üzerinde hizalanmalarını. Teker teker sayacaklar hepsini," diye yazan Uğur, darbe hazırlıklarının bilindiğini anlatıyordu.[2]

Bir darbe olacağına ilişkin kuşkular, son bir yıldır Ankara'da sıklıkla konuşulan konulardandı. Siyaset koridorlarında, zamanını bilmemekle birlikte bir darbe girişiminde bulunulacağından AKP iktidarının emin olduğu da iddialar arasında. Fuat Uğur'un yazısının ise, hükümetin zamanı bilmese de darbe kalkışmasına hazırlıklı olduğu ya da "kontrollü kaos," "kontrollü darbe" yapıldığı yolundaki kuşkuları beslediği muhakkak.

Yüzlerce üst düzey subayın yer aldığı bir darbe kalkışmasını Genelkurmay, MİT ve polis istihbarat neden öğrenemedi?

Kalkışmanın ardından başlatılan soruşturmalarda TSK'nin general kadrosunun 1/3'ü başta olmak üzere çok sayıda subay darbe şüphelisi olarak tutuklandı. Birkaç bin subay da Gülen Cemaati mensubu olduğu iddiasıyla ordudan ihraç edildi. Hazırlıkları uzun süre devam eden kalkışmadan bir hafta öncesinde yoğun toplantı trafiği olduğu da bazı şüphelilerin ifadelerinde yer aldı. Gülen Cemaati'nin ordu içindeki örgütlenmesine yönelik İzmir ve Ankara merkezli soruşturmalarda isimleri belirlenen çok sayıda şüpheli de MİT'in teknik takibi altındaydı. İddialara

1 Fuat Uğur, "Cemaat'in "Hususiler"i Darbe İçin Ankara'da Toplandı" *Türkiye*, 2 Nisan 2016.

2 Fuat Uğur, "Cemaatçi Askerlere Son Uyarı: Tavuk 'Tar'da Sayılır!" *Türkiye*, 21 Nisan 2016.

göre, telefonları dinlenen subaylardan çoğunun, kalkışmada aktif rol aldığı belirlenecekti. Ancak tüm bunlara rağmen, isimleri tespit edilen telefonları ve elektronik haberleşmeleri de izlenen darbeci subayların bir kalkışma hazırlığı içinde olduğunu MİT tespit edememişti.

İhbarcı Binbaşı O.K. kim? 15 Temmuz günü saat 14.45'te MİT'e gelerek teşkilata baskın yapılacağını söylemesine rağmen darbe neden engellenemedi?

Darbe istihbaratını alamayan MİT, kalkışmanın yaşandığı gün, saatler öncesinde bazı hazırlıklar yapıldığını kendilerine yapılan bir ihbarla öğrendi. Binbaşının ihbarının darbeyle değil, Hakan Fidan'ı hedef alan bir operasyonla ilgili olduğu artık biliniyor. İhbar üzerine alınan tedbirlerin medyada darbeyi engelleme amaçlı olduğu, medyada işlense de bu, işe yaramadığı birkaç saat sonra anlaşıldı. Görünüşe bakılırsa, MİT de askeri yetkililer de darbe olacağını anlamamışlardı; tabii anlamadıklarını özellikle düşünmemiz istenmiyorsa. Akar, MİT'in istihbaratı üzerine özellikle Kara Havacılık Okulu'ndaki araştırmada "gelen bilginin daha büyük bir planın parçası olabileceğini mütalaa ettiklerini" ifadesinde söylemişti. Yurt çapında tank ve diğer zırhlı araçların kışlalarından çıkmaması, hava trafiğinin kapatılması talimatı verilmesine rağmen, "daha büyük bir planın parçası olabilecek" tehlikeye karşı birlikler hazır tutulmadı. Öte yandan TSK'nin açıklamasına göre, MİT'in haber vermesiyle ordu içinde yasadışı bir hareketlilik olduğu/olacağı saat 16.00'da öğrenilmişti. Öyleyse Orgeneral Akar, haber vermek için süresi de varken hava ve deniz kuvvetleri ile ordu komutanlarını neden bilgilendirmedi? Komutanların neden haberleri yoktu?

Hakan Fidan Genelkurmay'dan ayrıldıktan sonra ne yaptı?

Hakan Fidan, Genekurmay Karargâhı'ndaki toplantıdan 20.31'de ayrıldıktan sonra rutin programını bozmadı. Fidan, Ankara Çankaya'da, Diyanet İşleri Başkanı Mehmet Görmez ve Suriyeli muhalif liderlerden Muaz el-Hatib'le yemeğe gitti. Kendisinin hedefte olduğu bir baskının ihbarı da yapılmış olmasına rağmen Fidan'ın yemeğe neden gittiği ve darbe kalkışmasına rağmen Cumhurbaşkanı ya da Başbakan'la neden uzun süre temas kurmadığı halen karanlıkta. Öte yandan, Hakan Fidan'ın Genelkurmay'dan ayrılmasından kısa süre sonra cuntacıların karargâha baskın yapması, darbecilerin hedefinde olduğu söylenen birinin orada teslim alınamaması bir başka kuşkulu nokta. Bu durum, Fidan'ın gitmesine izin mi verildiği sorusunu da akla getiriyor.

Hakan Fidan, Cumhurbaşkanı Recep Tayyip Erdoğan ve Başbakan Binali Yıldırım'ı neden bilgilendirmedi?

Müsteşar Fidan bağlı bulunduğu Başbakan Binali Yıldırım'a da kendisini "sır küpüm" diye tanımlayan Cumhurbaşkanı Erdoğan'a da konuyla ilgili bilgilendirmede bulunmadı. Darbe kalkışmasının başladığı 21.30'dan sonra, hem Cumhurbaşkanı Erdoğan hem de Başbakan Yıldırım gece yarısına kadar MİT Müsteşarı Hakan Fidan'a ulaşamadığını da açıklamışlardı. Fidan'ın neden telefonlara çıkmadığı ya da ulaşılamadığı ise hâlâ gizemini koruyor. Hal bu iken MİT Müsteşarı Hakan Fidan'ın darbe girişiminin engellenme(me)sinde üstlendiği rolün ne olduğu da kafaları kurcalayan bir başka sorudur.

Cumhurbaşkanı Tayyip Erdoğan darbe girişimini ne zaman öğrendi?

Darbe girişiminin ilk hedefi olan Cumhurbaşkanı Erdoğan, kalkışmayı ne zaman öğrendiğine dair farklı tarihlerde yaptığı açıklamalarda tam beş değişik saat verdi. Her açıklamasıyla birlikte kuşkular da arttı. Kalkışma sürerken Marmaris'ten Atatürk Havaalanı'na 16 Temmuz 2016 saat 04.22'de geldiğinde Erdoğan, "Öğleden sonra bir hareketlilik ne yazık ki Silahlı Kuvvetlerimizin içinde mevcuttu," demişti. Bununla çelişen ilk açıklamayı ise 18 Temmuz 2016'da CNN International kanalında katıldığı televizyon yayınında yaptı. Erdoğan, "O gece saat 20.00 civarında bir haber aldım, bazı bölgelerde gelişmeler olduğunu öğrendim. Biz de harekete geçmeye karar verdik," dedi. 20 Temmuz 2016'da El-Cezire televizyonunun yayınına katılan Erdoğan, bu kez de TSK içindeki hareketliliği "eniştesinden" öğrendiğini söylüyordu. Saat vermeyen Erdoğan, "Açık ki burada bir istihbarat zaafiyeti var," diye de ekledi. 21 Temmuz 2016'da Reuters'a yaptığı açıklamada ise bambaşka bir ifade kullanan Erdoğan, buna göre saat 16.00-16.30 civarı kendisini arayan eniştesinden, Beylerbeyi civarında hareketlilik olduğunu, köprüye girişlerin engellendiğini öğrenmişti. En son 30 Temmuz'da ATV-A Haber ortak yayınında konuşan Erdoğan, "O gün 21.15 civarında falan, Ankara ve İstanbul'da askeri araç gereçlerin bir hareketlenme içerisinde olduğuna dair böyle bir şeyin başladığını duyuyoruz. 21.30'da eniştem beni arıyor ve diyor ki 'Beylerbeyi Sarayı'nın orada bir hareketlilik var. Asker orada araçlarla geldi ve sivil araçların köprüye girişini engelliyor, durdurdular," diyordu.

Cumhurbaşkanı Erdoğan, öne sürdüğü gibi darbe kalkışmasından saat 21.30'da haberdar olduysa TV'de göründüğü 00.20'ye dek neler oldu? Öte yandan *Yeniçağ* gazetesi yazarı Ahmet Takan ise 10 Ağustos günü yayımlanan yazısında, Cumhurbaşkanı'na darbe kalkışmasını haber verenin bir siyasi lider olduğunu iddia etti. Ne doğrulanan ne de yalanlanan bu yazıda Takan, isim vermeden Devlet Bahçeli'yi tarif ederek saat 18.00'i biraz geçe Erdoğan'ın haberdar edildiğini öne sürdü.[1] Bahçeli ya da değil, bu siyasi lider darbe kalkışmasından nasıl haberdar oldu?

Darbe Harekât Planı nerede?

Türkiye'nin darbeler tarihinin de kanıtladığı gibi her darbenin ardından hayata geçirilen Darbe Harekât Planı henüz ortaya çıkmış değil. Darbe girişiminin lider kadrosunun kimler olduğunu, başarılı olunması halinde iktidarın kimler tarafından hangi hiyerarşi ve işbölümü içerisinde kullanılacağını, devlet yönetiminin kimlerden oluşacağını, hangi kurum ve kuruluşlara kimlerin atanacağını gösteren ayrıntılı planlara ulaşılamadı. Ancak, kendilerine "Yurtta Sulh Konseyi" adını veren darbecilerin hazırladığı ve 15 Temmuz saat 15.22'de ele geçirdikleri Genelkurmay birimlerinden TSK mesaj sistemine girerek gönderilen "sıkıyönetim belgesi" soruşturma dosyasında mevcut. Tuğgeneral Mehmet Partigöç ve Kurmay Albay Cemil Turhan imzalı darbenin amaç ve nedenlerinin de sıralandığı 3 sayfalık 20 maddeden oluşan bildiride sıkıyönetim komutanlıkları, sıkıyönetim mahkemelerinde görevlendirilecek personel listeleri, Ankara ve İstanbul Asayiş ve Takviye Planı ile diğer atama kararları bulunuyor. Bunun dışında, Bursa'da darbe şüphelisi olarak gözaltına alınan İl Jandarma

1 Ahmet Takan, "'Eniştem' Değilmiş!.." *Yeniçağ*, 10 Ağustos 2016.

Komutanı'ndan ele geçirildiği öne sürülen, darbe sonrasına ilişkin görevlendirme listesi dışında herhangi somut bir belge şu ana dek ortaya konulmuş değil.

Darbenin siyasi temsilcisi kim olacaktı? Soruşturma hangi siyasi partilere uzanacak?

Darbe Harekât Planı bulunmadığı ya da varsa bile henüz soruşturma makamlarından sızmadığı için darbenin siyasi temsilcisinin kim olduğu halen sır. AKP içinden kimi isimler darbenin siyasi temsilcisi olarak kulaktan kulağa fısıldansa da bu konuda net bir şey ortaya çıkmış değil. Aralarındaki iktidar savaşı başlayana dek Cemaat'in suçlarının siyasi destekçisi ve iktidarının ortağı yapmış olmalarına rağmen AKP cenahı, kendileri dışında tüm siyasi yapıları Fethullahçı olmakla suçluyor. Bir cadı avına dönüşen soruşturmalar, "FETÖ her yere sızmış," açıklamalarıyla savunuluyor. Ancak 45 yıldan uzun süren örgütlenmesiyle her yere sızabilen Cemaat'in, yakın geçmişin iktidar ortağı olduğunu da düşünürsek AKP içine sızmadığını söylemek ne kadar doğru?

Darbenin "1 Numara"sı kimdi?

Darbe kalkışmasının Ankara'daki merkezi olan ve derdest edilen komutanların da getirildiği Akıncı 4. Ana Jet Üssü'ydü. Savcılık kaynaklarından sızan bilgilere göre Orgeneral Akın Öztürk, Tuğgeneral Mehmet Partigöç ve AKP'nin kurucularından Şaban Dişli'nin kardeşi olan Tümgeneral Mehmet Dişli, Akıncı Üssü'ndeki komutayı elinde tutan isimlerdi. İlk günlerin hengâmesinde Akın Öztürk adı üzerinde yoğunlaşılsa da darbeye komuta eden ve kısaca "1 Numara" diye anılan isim halen bilinmiyor.

Darbe gecesi, Genelkurmay Karargâhı'nda Hulusi Akar'a ilişkin "ortada" denmesinin anlamı nedir?

Hulusi Akar'ın başyaveri Levent Türkkan'ın medyaya yansıyan ifadelerine göre Tümgeneral Mehmet Dişli darbeye katılmaya ikna etmek için Hulusi Akar'ın odasına girmiş, çıkarken de kendilerine "Ortada, girin" demişti. Kendisine darbe bildirisi imzalatılmak istendiğini ancak reddettiğini söyleyen Akar için "ortada" denmesi emir-komuta zinciri içindeyken vazgeçilen bir darbe kalkışması olduğu iddialarını güçlendiriyor.

Genelkurmay Başkanı Hulusi Akar ile Hava Kuvvetleri Komutanı Abidin Ünal'ın, darbe şüphelisi olduğu öne sürülen Akın Öztürk'e sahip çıkan açıklamalarının nedeni nedir?

Eski Hava Kuvvetleri Komutanı Akın Öztürk, ilk günden itibaren darbenin bir numaralı şüphelisi ilan edilmiş; Öztürk'ün Muharip Hava Kuvvet ve Hava Füze Savunma Komutanı Korgeneral Mehmet Şanver'in kızının düğününe nikâh şahidi olduğu halde gitmeyip darbe gecesi Akıncılar Üssü'nde bulunması şüpheli bulunmuştu. Darbeci mi yoksa arabulucu mu olduğu hâlâ anlaşılamayan Öztürk, kendi ifadesine göre darbe günü torununu görmek için Akıncı Üssü'ndeki lojmanlarda bulunuyordu. Öztürk verdiği ifadede suçlamaları reddetti ve Hava Kuvvetleri Komutanı Abidin Öztürk'ün telefonla araması üzerine darbeden haberdar olduğunu, bunun üzerine kalkışmayı önlemeye çalıştığını anlattı. 21 Temmuz'da Genelkurmay'dan darbe kalkışmasıyla ilgili yapılan açıklamada da, anlattıkları inandırıcı bulunmayarak tutuklanan Orgeneral Öztürk'ün savunmalarını destekleyen ifadeler yer aldı. Genelkurmay Başkanlığı'nın açıklamasında, "Hava Kuvvetleri Komutanı, Ankara'da Akıncı Üssü lojmanları bölgesinde bulunan Orgeneral Akın Öztürk'ü arayarak kendisine Dördüncü Ana Jet Üssü Akıncı'dan kalkan uçakların yasadışı olduğunu, ivedilikle Akıncı'ya giderek oradaki kalkışmada bulunanları ikna etmesini istemiştir," denildi. Ancak Hulusi Akar'ın ifadelerinde bu bilgi yer almadı. Ayrıca Mehmet Dişli de, Akar'ın isteği üzerine Akın Öztürk'ü aradığını, bunun üzerine Öztürk'ün sivil kıyafetlerle Akıncılar Üssü'ne geldiğini söyledi. Dişli'nin bu iddiası da Akar tarafından doğrulanmadı. Genelkurmay'ın Öztürk'e sahip çıkan açıklaması hükümet kanadında da rahatsızlığa neden oldu. *Hürriyet* gazetesinde isim verilmeden, "Hakkında soruşturma olan biriyle ilgili kamuoyuna açıklama yapmak yanlıştır. Bir tanıklığınız varsa bunu soruşturmayı yapan savcılara, mahkemelere iletebilirsiniz," tepkisinin Genelkurmay'a iletildiği haberi yer aldı. Savcılık ve hükümet nezdinde "darbeci" olduğu düşünülen Akın Öztürk'e Genelkurmay neden sahip çıktı? Akın Öztürk, iddia edildiği gibi masumsa neden tutuklu?

Darbeci olduğu öne sürülen Mehmet Dişli, Hulusi Akar'la birlikte neden helikopterdeydi?

Hükümet yetkilileri, Hulusi Akar'ın özel kuvvetlerce düzenlenen bir operasyonla kurtarıldığını açıklamıştı. Oysa Akar'ın, 16

Temmuz sabahı başarısız olduklarını anlayan darbecilerin Akıncılar'da bulunan bir helikopteri vermesiyle kendiliğinden Çankaya Köşkü'ne gittiği anlaşıldı. Garip olan ise, cuntacılar arasında olduğu öne sürülen Mehmet Dişli'nin de Akar'la birlikte helikoptere binerek Başbakanlık binasına gitmesiydi. Hulusi Akar bu konuda isteğin Dişli'den geldiğini iddia etti. Akar, helikoptere ateş edilmemesi için Dişli'nin "Ben telefonla buna karşı irtibat kuracağım," diyerek helikoptere bindiğini kaydetti. İfadeye göre Dişli helikopterdeyken bazı yerleri de aramıştı. Peki Genelkurmay Başkanı'nı darbeye katılmaya ikna etmek için çabalamış bir darbeci general neye / kime güvenerek o helikoptere bindi?

Darbe emir-komuta zinciri içinde miydi?

Darbenin sürdüğü sıralarda en yetkili ağızlardan kalkışmanın ordu içinde küçük bir azınlığın girişimi olduğu yönünde açıklamalar yapıldı. Bazı kuvvet komutanları da televizyon kanallarından darbenin karşısında olduklarını duyurdular. İlginç olan ise sürekli "ordu içinde küçük bir grup" vurgusu yapılmasına rağmen geri kalan büyük grubun ortalıkta gözükmemesiydi. Darbecilere karşı polisler ve silahlı-silahsız siviller çatışırken TSK'nin en tepeden en aşağıya, geride kalan o büyük çoğunluğu neredeydi? Ordunun geri kalan kısmı bu işe neden karşı çıkmamış / çıkamamıştı? Darbeyi durdurmak sivillerin işi midir? Savaş görüntülerine sahne olan Ankara ve İstanbul gibi şehirlerde ordu ve kolordu komutanlıkları, darbeyi desteklemediklerini açıklamalarına rağmen darbecilere karşı kışlalarından çıkmadılar. Eskişehir, Balıkesir, Diyarbakır, Bandırma ve Merzifon hava üslerinde 100'den fazla F-16 bulunmasına rağmen TBMM bombalanırken müdahale edilmedi. Kalkışma sonrasında darbeye karıştıkları gerekçesiyle orduda general / amirallerin yüzde 42'si, subayların yüzde 3'ü, astsubayların yüzde 1'i tutuklanarak ihraç edildi. Darbe gücü 35 uçak, 37 helikopter, 246 tank ve zırhlı araç ve 3 gemiyle sınırlı kaldı. İlginç olan ise İkinci Ordu Komutanı Orgeneral Adem Huduti ve Üçüncü Kolordu Komutanı Korgeneral Erdal Öztürk'ün de darbeci oldukları şüphesiyle tutuklanmalarıydı. Kalkışma sürerken darbenin karşısında olduklarına yönelik açıklamalar da yapan ve 200 binden fazla askeri personele hükmeden bu iki komutan, eğer iddia edildiği gibi darbecilerse, emirleri altındaki askerleri neden darbeye katmadıkları da yanıtını arayan bir başka soru.

15 Temmuz Darbe Girişimi'ne sadece Cemaat mensubu olduğu öne sürülen askerler mi katıldı? Bir darbeciler ittifakı var mıydı?

15 Temmuz'da, TSK'nin bir siyasal bütünlüğü bulunmadığı kadar Cemaat'in etkinliğine rağmen tek başına darbe yapabilecek gücü olmadığı da ortaya çıktı. Darbe girişimiyle ilgili şu ana dek gözaltına alınan/tutuklanan binlerce kişi FETÖ üyesi olmakla suçlandı. Tutuklananlar ya da tutukluluğa gerekçe yapılan, görevlendirme listeleri gibi darbe belgelerinde Cemaatçi olmayanların da bulunması Fethullahçıların darbe kalkışmasında yalnız olmadığını gösteren emareler. Darbenin başarılı olamamasının nedenlerine ilişkin en önemli açıklama, darbe ittifakının dağılmış olabileceği varsayımı. İttifakın dağıldığı, TSK'nin peş peşe duyurduğu "Emir-komuta zinciri içinde olmayan bir kalkışma," açıklamalarıyla ortaya çıktı. Zaten bu açıklamayı yapan ve kimisi Cemaatçi olmayan bazı rütbeliler şu anda darbe girişimi suçlamalarıyla tutuklu durumda. Tüm bunlar hem Cemaat'in darbe kalkışmasında yalnız olmadığına hem de ortada bir darbeciler ittifakının bulunduğuna dair tezleri de güçlendiriyor. Ancak şu ana dek sadece Cemaat'i tek fail gibi gösteren, hükümet açısından kullanışlı bazı ifadeler dışında medyaya bir şey sızdırılmadı. Başka bir deyişle Cemaat dışı kadroların kimler olduğu ya da hangi siyasal angajmana sahip oldukları gizleniyor.

Cemaatçi olmayan askerlerin siyasal aidiyetleri, destekçileri, sivil uzantıları kimlerdir? Bunlar hangi saiklerle bu kalkışmaya katılmışlardır? Daha da önemlisi eğer var idiyse darbeciler koalisyonu neden ve nasıl dağıldı? Hükümetin gündüz saatlerinde darbe kalkışmasından haberdar olmasından sonraki süreçte yürütülen birtakım pazarlıklar sayesinde koalisyonun parçalanması sağlanmış olabilir mi? Kimler kimlerle ne tür pazarlıklar yaptı?

Eski Genelkurmay Başkanı Necdet Özel kimlerle ne tür bir telefon diplomasisi yürüttü?

Başbakan Yardımcısı Numan Kurtulmuş, *Hürriyet* gazetesinden Verda Özer'le yaptığı söyleşide eski Genelkurmay Başkanı Necdet Özel'in kalkışma gecesi darbeyi engellemek için "iyi bir telefon diplomasisi yürüttüğünü" söylemişti. Telefon diplomasisinden kastedilen nedir? Necdet Özel, Cumhurbaşkanı ve Başbakan ile hükümet yetkililerinin ulaşamadığı Genelkurmay'dan yetkililere ya da darbecilere ulaşabilmiş de onlarla mı iyi diplomasi yürütmüştür? Onlara ulaşamadıysa "iyi diplomasiyi" kimlerle ne tür konuşmalar ya da pazarlıklarla gerçekleştirmiştir? Darbeciler ittifakının bölünmesinde bu telefon diplomasisinin rolü nedir? İkna edilerek saf değiştiren darbeciler kimlerdir? Nerededirler?

15 Temmuz gecesi Genelkurmay Karargâhı'nda ve Akıncılar Üssü'nde neler yaşandı?

Genelkurmay'da neler yaşandığına ilişkin şu ana kadarki tek veri, şüpheliler ve rehin alınan bazı komutanların ifadeleri. Bir de karargâhtaki güvenlik kamerası görüntülerinden, ifadeleri destekleyen kısımlar video ve fotoğraf halinde montajlanarak medyaya servis edildi. Ancak bu montajlanmış görüntülerden yaşananların bütününe dair bir yorum yapmak mümkün değil. Başka bir deyişle, görüntüler olayın tamamını anlatacak biçimde değil, yerleştirilmek istenen algıyı kuvvetlendirecek biçimde seçilmiş ve servis edilmiş durumda. Soru işaretlerinin gece boyunca kayıt yapan güvenlik kamerası görüntülerinin eksiksiz yayınlanmasıyla giderileceği bilindiği halde bu yapılmıyor. Aynı şekilde Akıncı Üssü'ndeki güvenlik kameralarının ham kayıtları da yayınlanmış değil. Özellikle hakkında ciddi kuşkular bulunan ve işkence görmesine rağmen iddiaları reddeden Akın Öztürk'ün ifadelerini doğrulayacak/yalanlayacak görüntülerin olup olmadığı merak konusu. Eğer Akın Öztürk'le ilgili şüpheleri güçlendirecek görüntüler varsa "Genelkurmay komuta kademesi bir darbe şüphelisine neden sahip çıktı?" sorusu da ortaya çıkacak.

Darbe girişiminin kilit ismi Adil Öksüz...

Darbenin askeri ve siyasi ayağındaki bilinmeyen kişiler kadar, darbenin sivil lideri olduğu öne sürülen Adil Öksüz de gizemini koruyan konulardan biri. Darbe kalkışmasının en önemli sivil aktörü, iddiaya göre Cemaat'in ordu imamı olan akademisyen Adil Öksüz'dü. 16 Temmuz sabahı darbenin Ankara'daki merkez üssü olan Akıncı Hava Üssü'nde yakalanan Öksüz, iki günlük gözaltının ardından hâkim tarafından serbest bırakıldı. Savcının tutuklama talebine rağmen serbest bırakılan Öksüz sırra kadem bastıktan sonra hakkında yeniden yakalama kararı çıkarıldı. Öksüz'ü serbest bırakan Hâkim Köksal Çelik ve savcılığın tahliyeye itirazını reddeden Hâkim Çetin Sönmez görevden uzaklaştırılıp haklarında inceleme başlatıldı. Darbe sabahı çatışmalar halen sürerken Akıncılar Üssü'nde bulunmasını "Arsa bakmaya gitmiştim," diye açıklayan ve tutuklanmaktan kurtulan Öksüz'ün serbest kalması, kaçışının özellikle mi planlandığı şüphelerini doğurdu. Dahası Öksüz'ün tutuklanmasını istemeyenler kimdi ve neden bu kişiyi kurtarmışlardı?

AKP içinde ByLock ve Eagle yazılımlarını kullananlar yok mu?

Medyaya sızdırılan haberlere göre darbe soruşturmalarının en önemli delili, kamuoyunun kısmen bilgi sahibi olduğu Bylock isimli haberleşme yazılımı. Aynı işleve sahip bir diğer yazılım ise Eagle. Darbe girişimi öncesinde MİT'in teknik izleme birimlerince fark edildiği için Cemaat kadroları ByLock üzerinden haberleşmeyi kesmişlerdi. Bu nedenle, söz konusu yazılımda kalkışmaya ilişkin yazışmalar bulunmuyor. Bunun yerine devreye sokulan Eagle isimli yazılımı kullananlarınsa darbe kalkışmasına ilişkin haberleşmelerde bulunduğu öne sürülüyor. Akıllı telefonlarında ya da taşınabilir bilgisayarlarında ByLock yazılımı bulunanların birçoğu kullanım sıklığı gözetilerek şüpheli oldu. Asker, polis ve yargı mensubu çok sayıda kişi bu nedenle tutuklandı. Savcılık kaynaklarına göre bu yazılımlar soruşturmaların en önemli delilleri arasında. Soruşturmayı yürüten Ankara Cumhuriyet Başsavcılığı Anayasal Düzene Karşı İşlenen Suçlar Soruşturma Bürosu, MİT'ten bu iki yazılımla ilgili ellerindeki ham bilgileri talep etmesine rağmen bu istek yerine getirilmedi. Henüz tüm kullanıcı bilgilerini iletmeyen MİT'in, AKP'li isimleri eleyerek savcılığa bildirdiğine yönelik iddialar muhalefet partileri tarafından dile getirilmişti.

Gülen Cemaati mensubu binlerce polis olduğu bilinmesine rağmen bu polisler darbe kalkışmasına neden katılmadılar?

Gülen Cemaati'nin güvenlik bürokrasisi içinde en eski örgütlenme geçmişine sahip olduğu yer polis teşkilatıydı. 17/25 Aralık 2013 yolsuzluk soruşturmaları sürecinden başlayan tasfiye ve tutuklamalar darbe kalkışmasının ardından hız kazandı. 15

Temmuz sonrasında yaklaşık 17 bin 615 polis meslekten atıldı, 10 bin 253 polis ise açığa alındı. 8367 polis tutuklandı. 4480 polis adli kontrol şartıyla serbest bırakıldı. Açığa alındıktan sonra haklarında yapılan soruşturmaların ardından 3310 polis ise görevlerine iade edildi. Yani FETÖ'cü olmakla suçlanan yaklaşık 28 bin polis içinde 8000'den fazlası tutuklu. Ancak bu yüksek sayıya rağmen darbe kalkışmasına çok az sayıda polisin katıldığı ortaya çıktı. Asker içinden katılımın az olduğu ortadayken, Gülen Cemaati mensubu olduğu için meslekten atılan ve kimisi tutuklanan bu kadar çok sayıda silahlı polis gücü neden kalkışma sırasında darbecilerin safında yer almadı?

BÖLÜM 2
DEVLET İSLAMCILARA HEP İHTİYAÇ DUYDU

Fethullahçıların 1980'lerin ortalarından başlayarak sistematik biçimde örgütlendiği Emniyet teşkilatının, bugün itibariyle büyük çoğunlukla Cemaatçilerin elinde olduğu artık herkesin malumu. Bir diğer önemli tespitte bulunmak gerekirse, şimdi "Fethullahçılık" diye anılan özellikle asker başta olmak üzere devletin gözünde "İslamcı tehlike" olarak adlandırılan bu yapının, yıllar öncesinden, 12 Eylül 1980 Darbesi'yle birlikte bizatihi şimdi kendilerini tehlike olarak gören cuntacılar tarafından palazlandırıldığını söylemek yanlış olmaz.

28 Şubat 1997 postmodern darbe[1] süreci ve sonrasında Milli

---

1 28 Şubat 1997'de yapılan Milli Güvenlik Kurulu toplantısı sonucu açıklanan ve Türkiye siyasi tarihine geçen kararlar, "postmodern darbe" diye anılmaktadır. Necmettin Erbakan liderliğindeki RP, 1995 genel seçimlerinden az farkla da olsa ikinci DYP ve üçüncü olan ANAP'ın önünde birinci parti olarak çıkmıştı. Seçimlerin ardından kurulan DYP-ANAP koalisyon hükümeti, RP'nin güvenoylaması hakkında hukuksal inceleme yapılması için Anayasa Mahkemesi'ne yaptığı başvuru haklı görülerek geçersiz sayıldığından dağılmıştı. Bunun üzerine TBMM'de birinci parti durumunda olan RP ile ikinci parti olan DYP arasında kurulan ittifakla Refah-Yol hükümeti 8 Temmuz 1996'da güvenoyu aldı. Ancak hükümetin, kendilerinden zaten rahatsız olan askerlerin istediği biçimde davranacak kimi tutumları ve birtakım karanlık komplolar sonucu 28 Şubat süreci hayata geçti. Milli Güvenlik Kurulu'nun 28 Şubat 1997'deki toplantısında da, "Rejim Aleyhtarı İrticai Faaliyetlere Karşı Alınması Gereken Tedbirler" başlığıyla resmen bir muhtıra yayımlandı. Muhtırada 8 yıllık eğitim, tarikatlar, laiklik karşıtı hareketler, TSK'dan irticacılık suçlamasıyla atılan personelin RP'li belediyelerde istihdamı, bazı tarikatçıların cüppe ve sarıklarıyla kimi eylemlerde bulunması örneklerle anlatılıp, "TSK'nın rejimin bekçisi olduğuna" bir kez daha vurgu yapılıyordu. Kısa süre sonra da Refah-Yol hükümetinin Başbakanı Necmettin Erbakan, "havada yakıt ikmali" olarak tanımladığı başbakanlık görevini hükümet ortağı DYP Genel Başkanı Tansu Çiller'e vermek amacıyla 18 Haziran 1997'de istifasını Cumhurbaşkanı Süleyman Demirel'e sundu. Ancak Demirel, hükümet ortaklarının arasındaki protokolü dikkate almadı ve hükümeti kurma görevini TBMM'de çoğunluğu olmayan muhalefet lideri ANAP Genel Başkanı Mesut Yılmaz'a verdi. Daha sonraki bir aylık müddet zarfında, Cumhurbaşkanı Demirel, birçok DYP milletvekilini bizzat arayarak partilerinden istifa etmeleri gerektiğini, etmezler ve Mesut Yılmaz hükümeti güvenoyu alamazsa askeri darbe olacağını tehdit olarak öne sürerek parti grubunun parçalanmasını sağladı. 12 Temmuz'da Mesut Yılmaz başkanlığında ANAP-DSP-Demokrat Türkiye

Güvenlik Kurulu'nun (MGK) başında Cumhurbaşkanı olarak Süleyman Demirel bulunuyordu. Darbenin ikinci yıldönümünde kendisiyle yapılan bir röportajda, "Bu bir süreçtir. Yani Cumhuriyet'in kurulmasıyla başlamış, devam eden bir süreçtir. Devam da edecektir. Bu böyle gidecek,"[1] diyordu. MGK'nin asli unsuru ve belirleyici gücü olan orduya komuta eden dönemin Genelkurmay Başkanı Orgeneral Hüseyin Kıvrıkoğlu da 28 Şubat sürecinin 1923'ten bu yana sürdüğünü ifade ederek, "İrtica ne zaman palazlansa bu süreç kendini gösterir... İrtica tehdidi bin yıl sürse 28 Şubat süreci de bin yıl devam edecektir. Bitmiş değildir"[2] diye konuşmuştu. Birbiriyle neredeyse tıpatıp aynı olan ve "Cumhuriyet"in ilanından bu yana irticaya karşı mücadelenin sürdüğü ve süreceği' söylemleri ne kadar gerçeği yansıtmaktadır? Ya da durum gerçekten öyle midir bakalım.

Aslında devletin ne irticayla mücadelesinde bir süreklilik ne de her fırsatta ifade edilmesine karşın rejime karşı tehdit olarak görülen bu tehlikeyi yok etmek gibi bir derdi oldu bu ülkede. Kıvrıkoğlu'nun da altını çizdiği gibi İslamcılar palazlandıkça ordu tırpanlıyordu. Zaten 2000'li yıllara kendi iradeleriyle değil, devletin ihtiyaç duyduğunda tedavüle sokmak üzere verdiği izin ve destekle palazlanabilen İslamcılar ihtiyaç olmaktan çıktığı anda da hep budanarak hizaya sokuldu.

Kızıl kuşağa karşı yeşil kuşak projesi

Türkiye'de başarılı darbelerin tümünün arkasında büyük sermaye ve emperyalizmin olduğu gerçeğinden hareketle, 12 Eylül 1980 Darbesi'nin sadece IMF'nin 24 Ocak 1980 tarihini taşıyan, geniş yığınları daha da yoksullaştırmaya dayalı ekonomik

---

Partisi arasında kurulan 55. hükümet TBMM'den güvenoyu aldı. 18 Nisan 1999 seçimlerine kadar işbaşında kalan bu hükümet zamanında 28 Şubat kararları harfiyen yerine getirildi. 8 Yıllık Kesintisiz Eğitim Kanunu TBMM'de kabul edildi. Bu kanunla imam hatip liseleri (İHL) dahil meslek liselerinin ortaokul bölümleri kapatıldı. Ayrıca İHL'lerin önünün kesilmesi için meslek liselerinden mezun olanların üniversiteye giriş sınavından aldıkları puanla kendi bölümleri dışında tercih yapmaları halinde ortaöğretim başarı puanlarının daha düşük katsayıyla hesaplanması kararı alındı. Yargıtay Cumhuriyet Başsavcısı Vural Savaş tarafından RP hakkında açılan kapatma davası da 17 Ocak 1998'de Anayasa Mahkemesi'nde sonuçlandı. RP'nin, "laik cumhuriyet ilkesine aykırı eylemleri saptandığı" gerekçesiyle kapatılmasına karar verildi. Necmettin Erbakan ve 6 partiliye de 5 yıl siyaset yasağı getirildi.

1 *Milliyet*, 29 Şubat 2000.

2 *Akit*, 28 Şubat 2000.

programını uygulamak ve büyük sermayenin krizini çözmek için değil, Türkiye'yi küresel sermayenin çemberine dahil etmek ve ABD'nin Ortadoğu'daki ileri karakolu haline dönüştürmek amacı taşıdığı olgusal bir gerçek. Ancak bu tespiti yaparken 12 Eylül Darbesi'nin temel saiklerinin arasında Türkiye'deki sosyalist devrimci mücadelenin yükselişinin durdurulamaması gerçeğini de görmek gerekiyor.

Bu "tehlikenin" tam da sermayenin çıkarları doğrultusunda tehdit olmaktan çıkarılması gerekiyordu ve gereken 12 Eylül günü yapıldı. Ülkenin üzerinden bir silindir gibi geçen 1980 Darbesi sonrasında, tek tehlike olarak görülen solun pasifize edilmesi için, İslamcı cenahın alkışlarla karşıladığı darbeyi yapanlar "komünizm tehlikesi"ni bertaraf etmek için ABD üretimi "kızıl kuşağa karşı yeşil kuşak" projesini hayata geçirdi. İnşa edilecek yeni sistemin adı Türk-İslam senteziydi. Sol kadroların ordu içinde bile örgütlendiğini gören cuntacılar, daha 12 Eylül öncesinde kendi kurumlarında başlattıkları milliyetçi ve dinci düşüncelerin gelişmesi çabalarını darbe sonrasında devletin tüm kurumlarında ve ülkenin dört bir yanında hayata geçirdi. Din ve İslam'ın sol, sosyalist fikriyatın egemen olmasının engellenmesinin en önemli aracı olarak kullanılmasında elbette ki İslamcıların devlet tarafından kullanılmaya açık ve hazır olmaları gerçeği de vardı. Tarafların birbirlerini karşılıklı olarak kullanmasına dayalı dogmatik bir çıkar ilişkisiydi bu.

Nur cemaatinden gelen itiraf

Nur cemaatinin önemli isimlerinden olan *Yeni Asya* gazetesinin sahibi Mehmet Kutlular, devletin İslamcıları kullandığını, İslamcıların da bunu kabul ettiğini Ruşen Çakır'la yaptığı röportajda şöyle itiraf ediyordu:

> Derin devlet denen şeye dayanıyor bunun ucu. 1980'den sonra devletin politikası değişti. Eskiden anarşist ve Marksistler tehlikeliydi, sonra dindarlar oldu. Öyleyse bu dindar gruplarla temas kurmak, onlarla beraber çalışmak gerekecekti. Amaç onları devletle barıştırmaktı. Bu amaçla görevlendirdikleri insanlar cemaatlerin ileri gelenleriyle temas kurdular. Cemaate (Fethullah Gülenciler) daha ziyade istihbarattan olanlar gitti. Bana da geldiler; "Yurtdışında Milli Görüş ve Süleymancılara karşı birlikte çalışalım" dediler, ama ben reddettim... Bu "derin devlet" dediğimiz büyük ölçüde bütün İslami

gruplarla anlaşma içine girdi. Burada menfaatler karşılıklıdır. Her iki tarafın maksadı ayrıdır. Devlet bu gruplara, "Atatürk'e saygılı olun biz de size yardımcı olalım," demiştir. Bakın bazı İslami gruplara, 12 Eylül'den sonra birden palazlandılar. Acaba kendi güçleriyle mi palazlandılar? Hayır.[1]

"Cemaat milliyetçidir"

Bu konuyla ilgili benzer bir tespiti Galatasaray Üniversitesi öğretim üyesi Prof. Dr. Ahmet İnsel de ifade etmişti. *Taraf* gazetesinden Neşe Düzel'le yaptığı ve AKP hükümetinin demokrasi karnesini değerlendirdiği söyleşide[2] İnsel, "Devlet kadroları özellikle mi milliyetçilerle dolduruluyor?" sorusuna, "Doldurulmuştu zaten. Şu anda yönetici ve seçici kadrolar onlar. Zaten bugün Milli Eğitim Bakanlığı'nda Alevilerin Sünni İslam içinde nasıl misyonerce eritilmeye çalışıldığını görüyoruz. İçişleri Bakanlığı'nda da aynı kadrolaşma var. Poliste Fethullah Gülen çevresinin kadrolaşması var. Adalet Bakanlığı'na da kısmen girdiler. Ve askerler, denetim elimizden gidiyor endişesiyle bunları 28 Şubat'ta biraz temizlemeye kalktı. Çünkü kendi yarattıkları ucubeden korktular," yanıtını veriyordu.

Bunun üzerine Neşe Düzel'in, "Derin devletin yarattığı ucube Fethullahçılar mı?" sorusunu da İnsel şöyle yanıtlayacaktı:

> Evet. Çok açık bir biçimde 1970'lerde desteklenen ve 1980'lerde güçlenmesi için adımlar atılan bir mekanizma bu. Desteklenenler arasında sadece Fethullahçılar yok. Türk-İslam sentezinin başka unsurları ve başka tarikatlar da var. Bu çevreler kendileri için çalışır hale geldikleri için şimdi askerlerle çatışır durumdalar. Bunların hepsi milliyetçidir. Fethullah Gülen milliyetçidir. Komünizmle mücadele derneklerinde yetişmiş ve siyasallaşmış bir kişidir. 1960'ların komünizmle mücadele derneklerinin bir ürünüdür Gülen. Derin devlet, kendi denetimi altında oldukça her şeyi makbul görür. Bir şey onun denetimi dışına çıktığı anda tehdit unsuru haline gelir. Gülen'in altın nesil yetiştireceğiz diye bir iddiası var. Burada inanılmaz bir Müslüman Türk elitizmi söz konusu. Aynı Cizvit papazları gibi... "Biz okullarda altın nesil yetiştireceğiz. Sonra bu elit nesille dünyaya hâkim olacağız, dünyayı yöneteceğiz" düşüncesi bu.

1 *Milliyet*, 26 Haziran 1999.
2 *Taraf*, 14 Ocak 2008.

Atatürkçü Evren'den inciler

Bu tespitlerin doğruluğunu 12 Eylül Darbesi'nin lideri Kenan Evren'in icraatları açıkça ortaya koyuyor. Bunlardan bazı örnekleri hatırlayalım:

ABD menşeli darbe sonrasında Atatürkçülüğü kimselere bırakmayan Kenan Evren, 13 Kasım 1980'de ölen Nakşibendi Şeyhi Mehmed Zahid Kotku'nun Süleymaniye Camii'nin yanındaki şeyhlerin bulunduğu özel yere gömülmesi için başkanlığını da yaptığı MGK'den özel izin çıkarmıştı. Tüm yurdu tavaf eden Evren gezilerinde yaptığı konuşmalarda Kuran'dan ayetler ve hadisler aktarıyordu.

14 Ekim 1980, Diyarbakır konuşması: "Dinsiz millet düşünülemez. Dinimize sımsıkı sarılmalıyız."[1]

17 Ocak 1981, Hatay konuşması: "12 Eylül yönetimi sadece sözlerle yetinmedi. MSP'lilerin bile başaramadığı, din derslerini okullarda mecburi hale getirdi."[2]

15 Ocak 1981, Konya konuşması: "Tanrısı bir, Kuranı bir, peygamberi bir, aynı sesleniş ve yakarışla namaz kılanları birbirinden koparmaya imkân yoktur."[3]

Cuntanın din atılımı

Cuntacı Evren bu söylemleri nedeniyle kendisini eleştirenlere de, "Ben arada sırada vatandaşı ikna edebilmek için ayet okuyorum. Bunu da bazı yazarlarımız tenkit ediyorlar. 'Cumhurbaşkanı ayet okur mu?' diye. Sanki Kuran-ı Kerim'i okumak günahmış gibi, laikliğe aykırıymış gibi,"[4] diyerek karşılık veriyordu.

15 Mayıs 1981'de de cunta yönetimi "Din İstismarını İnceleme Alt Grubu" adıyla bir komisyon/kurul oluşturdu. Genelkurmay, Adalet, İçişleri, Dışişleri, Milli Eğitim, Gençlik ve Spor bakanlıkları, Diyanet İşleri bakanlığı ve MİT Müsteşarlığı temsilcilerinin bulunduğu bu kurul hazırladığı raporunda mevcut imam hatip liselerinin var olan haliyle on yılda bile din görevlisi ihtiyacını karşılamada yetersiz olduğu tespitini yapmıştı. Soner Yalçın'ın *Hangi Erbakan?* kitabında yer alan bilgilere göre, "Yeni imam hatip okulları, ilahiyat fakülteleri, yüksek islam enstitüleri

---

1 Soner Yalçın, *Hangi Erbakan?*, Kırmızı Kedi Yayınevi.
2 Soner Yalçın, *Hangi Erbakan?*, Kırmızı Kedi Yayınevi.
3 Soner Yalçın, *Hangi Erbakan?*, Kırmızı Kedi Yayınevi.
4 Faik Bulut, *Ordu ve Din*, Berfin Yayınları.

açılmalıdır. Din bilgisi dersleri, ilkokullardan başlayarak ilk ve orta öğretimde mecburi olarak okutulmalıdır. Halkın basılı dini yayın ihtiyacı tespit edilmeli, her yaş ve kültür seviyesinden insanın ihtiyacı olan dini neşriyatın yaygınlaştırılmasına önem verilmelidir. TRT'de yapılan dini yayınlar güçlendirilmelidir. Yeni camiler yapılmalı, kadrosu bulunmayan 18 bin köy camisine kadro verilmelidir..."[1] diye sıralandı öneriler. Vakit kaybetmeden hayata geçirilen bu kararların gerekçesi de, "Biz hurafelerle çocuklarımızın beyni yıkanmasın diye okullarımıza mecburi din dersi koyma kararı aldık,"[2] olacaktı.

Asker tüm yurdu imam hatiplerle ördü

12 Eylül cunta idaresi dönemiyle devam eden süreçte 1982 Anayasası'nın 24. maddesiyle din eğitimi devlet güvencesi altına alınıp seçmeli olarak okutulan din dersleri, ilk ve orta dereceli okullarda zorunlu hale getirildi. 1979-80 döneminde Süleyman Demirel'in açtığı 36 imam hatip lisesine, darbenin hemen ardından askeri yönetim 35 tane daha ekledi. 1982'ye kadar sadece bir tane İlahiyat Fakültesi varken 1982'den sonra hızla artarak sayı 21'e çıkarıldı. 1983'te 1739 sayılı Milli Eğitim Temel Yasası'nda değişikliğe gidilerek imam hatip lisesi mezunlarına tüm fakülte ve yüksekokullara girme hakkı tanındı. Böylece imam hatip lisesi mezunlarına bürokrasinin tüm kapıları açıldı. Klasik imam hatip liselerine İngilizce eğitim veren Anadolu imam hatip liseleri eklendi. 1984-97 arasında 235 imam hatip lisesi açıldı.[3] İmam ihtiyacının karşılanması için açıldığı iddia edilen imam hatip

1 Soner Yalçın, *Hangi Erbakan?*, Kırmızı Kedi Yayınevi.

2 Faik Bulut, *Ordu ve Din*, Berfin Yayınları.

3 İmam hatip liseleri, her iktidar döneminde siyasetin ana malzamelerinden biri oldu. 1951-1959 Adnan Menderes Hükümeti 19 adet, 1962-1963 İsmet İnönü Hükümeti 7, 1965-1971 Süleyman Demirel Hükümeti 46 adet, 1974-1975 Bülent Ecevit Hükümeti 29 adet, 1975-1978 Süleyman Demirel Hükümeti 233 adet, 1978-1979 Bülent Ecevit Hükümeti 4 adet, 1979-1980 Süleyman Demirel Hükümeti 36 adet, 1984-1989 Turgut Özal Hükümeti 90 adet, 1990-1992 Mesut Yılmaz Hükümeti 23 adet, 1992-1994 Süleyman Demirel Hükümeti 12 adet, 1994-1995 Tansu Çiller Hükümeti 13 adet, 1995-1997dönemi hükümetleri zamanında ise 97 adet imam hatip lisesi açıldı. Üniversiteye girişteki katsayı uygulaması nedeniyle bir dönem bazıları kapanan ve öğrenci sayıları düşen bu okullar, 2004 yılında AKP'nin "Katsayı uygulaması değişecek," vaadiyle yeniden cazibe merkezi oldu. Bu dönemde 500'ün üzerinde imam hatip lisesinde okuyan toplam öğrenci sayısı 100 binin üzerine çıktı. Eğitim-Sen'in yaptığı bir araştırmaya göre ilahiyat fakültelerinde de 10 binin üzerinde öğrencinin öğrenim gördüğü Türkiye'nin 5 bin imama ihtiyacı bulunuyor.

liseli öğrenci sayısındaki astronomik artış bir yana, imamlık yapması mümkün olmayan kız öğrencilerin de imam hatip okulu ve liselerine alınması serbest bırakıldı. 8 yıllık eğitimin şart koşulmasına kadar olan sürede sayıları 600'ün üzerinde olan imam hatip liselerinde 60 binin üzerinde öğrenci bulunuyordu. 1982-84 yılları arasında yurtdışında bulunan hemen tüm Diyanet İşleri Başkanlığı kadrolarına verilen aylık 1100 doların Rabıta (İslam Dünyası Birliği) tarafından ödenmesi kabul edildi. Rabıta, ABD-Suudi Arabistan şirketi ARAMCO tarafından kurulmuş ve tüzüğünde amacının İslam ülkelerinde şeriatı getirmek olduğunu ilan etmiştir. Yine Rabıta tarafından kurulan İslam Konferansı Örgütü (İKÖ) bünyesinde yer alan Ekonomik ve Ticari İşbirliği Daimi Komitesi'nin (İSADAK) dördüncü yöneticisi de cunta lideri Kenan Evren oldu. Faysal Finans'a, Al Baraka'ya, İslam Kalkınma Bankası'na çalışma izni verildi. 1984'te Al Baraka-Türk kuruldu. "Sivil" hayata geçiş için yapılacak seçimlerde cuntacıların General Turgut Sunalp'e kurdurdukları Milli Demokrasi Partisi'nin seçimleri kazanması için tarikatlarla ilişki geliştirmesi de destekleniyordu. Sunalp, 1983 seçimleri öncesinde İstanbul'daki Nakşibendi Dergâhı'na gidip şeyhlerle ayine katılmakta sakınca görmemişti.

TSK'dan itiraf

12 Eylül rejiminin dinle, İslam ve İslamcılarla kurduğu ilişki bir haberde bizzat TSK'nın kendisi tarafından da itiraf edilecekti. Harp Akademileri Komutanlığı'nın yayınladığı Türkiye Cumhuriyeti'nin Laiklik İlkesinin Devamlılığının Sağlanması İçin Yapılması Gereken Faaliyetler isimli kitapta şeriatçılığın 1951'de DP ile başlayıp MNP, MSP ve RP ile sürdürüldüğü vurgulanarak, "12 Eylül müdahalesinden sonra da din rüzgârının, hızını arttırdığı ve dönemin partilerinin koruyucu kanatları altında yürümeye" devam ettiğinin altı çiziliyordu. Harp Akademileri Komutanlığı'nın hazırladığı kitapta "İslami tehlike"yle ilgili olarak yer alan saptamada şunlar yazıyordu:

> Asıl tehlike, geleceğin seçmen ve yöneticilerinin din eğitimiyle yetiştirilme ve yönlendirilmeleri, gelir dağılımındaki dengesizliğin irticai faaliyetlere etkisi, irticanın hortlaması için elverişli ortam yaratmasıdır... Yapılan hesaplara göre, 2 bin ile 2 bin 500 arasında

ihtiyaç varken yılda 52 bin mezun veren imam hatip lisesi, kurslar vb. engellenmediğinde 2000'li yıllarda 6-7 milyon oya ulaşacak olan irticai kesim tek başına iktidar olacaktır.[1]

Askerin yaptığı tespit doğru çıkacak, 2000'li yıllarda ordu bizzat kendi yaratıp büyüttüğü bu "canavara" karşı mücadele eder hale gelecekti.

İslamcıların darbe sevgisi

Bu tespiti, Ruşen Çakır'ın *Yeni Asya* gazetesi sahibi Mehmet Kutlular'la yukarıda aktardığımız röportajının diğer bölümlerinde de okuyoruz. Kutlular kendisi gibi Nurcu[2] kökenli olan Fethullah Gülen'i devletin desteklediğini, Gülen'in de bunu ifade ettiğini, 28 Şubat sonrasında asker tarafından Refah Partisi'nin karşısına çıkarılmak istendiğini ve işi bitince de saldırdıklarını anlatıyordu.[3]

Kutlular'ın böyle konuşmasında başta Gülenciler olmak üzere İslamcı cemaatlerin, ordu tarafından yapılan darbeleri, stratejik çıkarları bakımından genellikle desteklemiş olmalarının payı büyük elbette. Çeşitli tarikat ve cemaatler altında örgütlenen İslami yapılar ideolojik olarak Kemalizme karşı dursalar da, her zaman devletin politik yapısını savunan, koruyan ve destekleyen güçlerdi. Çünkü tarikatların stratejik çıkarlarına hizmet eden her darbeyle, bu yapıların kendilerine rakip olabilecek bütün ilerici ve devrimci kuvvetler eziliyordu.

1971 darbesinin Mohaç'tan gelen sesi

Bir dönem Said-i Nursi'nin avukatlarından olan ve cemaat içindeki etkinliğiyle tanınan Bekir Berk'in, *Yeni Asya* gazetesinin 10 Şubat 1971 tarihli sayısında, ordunun verdiği 1971 muhtırası üzerine yaptığı değerlendirme tam da bu tespitimizi doğrular nitelikteydi:

---

1 *Radikal*, 9 Ocak 1999.

2 Fethullah Gülen, Ankara 2 No'lu DGM'de gıyabında yargılandığı ve Nurculuk faaliyeti yürütmekle de suçlandığı davada avukatları aracılığıyla yaptığı savunmada, "Müslüman olmak dışında Nurculuk vb. hiçbir akıma mensup değilim... Şimdiye kadar 'ci, cu' gibi değerlenmelerin ayrımcılık manasına geldiğini, bu bakımdan Müslüman olmak dışında hiçbir akıma mensup bulunmadığımı ve dolayısıyla Nurcu olmadığımı defalarca ifade ettim... Ben kimsenin halifesi değilim," dedi.

3 *Milliyet*, 26 Haziran 1999.

Bu ses tarihimizin sesidir. Bu ses sanki Mohaç'tan gelen sestir. Bu ses Malazgirt'ten yükselen bir sestir. Bu ses Kanije gazilerinin sedasını aksettirmektedir. Bu ses hürriyet ve istiklalimizin, bu ses din ve imanımızın, şerefimizin ve hasiyetimizin bekçileri şerefli paşalarımızın, erlerimizin tek kelimeyle Mehmetçiğimizin sesidir... Bu ses, sağa da sola da gelişigüzel yumruk sallayanların değil, tehlikenin nereden geldiğini bilen, gören ve onun üstüne yürüyen ve onlara son defa "Hizaya gel," komutunu verenlerin sesidir. Bu ses meseleleri kanunların çerçevesinde halletmek isteyenlerin, bu ses millet iradesini korumayı ahdedenlerin sesidir...[1]

Gülen'den Ziverbey övgüsü

Fethullah Gülen, fikri önderi olan Said-i Nursi'nin avukatının destek çıktığı 1971 muhtırası döneminde Türk Ceza Yasası'nın 163. maddesinde tanımlanan irticai çalışmalarından dolayı yedi ay tutuklu kalsa da askere bağlılığını şöyle anlatmıştı:

27 Mayıs sol güdümlü bir harekettir. 12 Mart da öyle olsun isteniyordu. Fakat ihtilale beş kala hadiseye el koyan Memduh Tağmaç ve arkadaşları muhtıranın macerasını birilerinin güdümünden kurtardı. Ondan böyle bir atak beklemeyen solcular ne yapacaklarını şaşırdılar. Onlarda görülen 12 Mart aleyhtarlığı, biraz da yetişemediğine ekşi diyenin durumu gibi bir tavır. Eğer 9 Mart'ta yapılmak istenen harekâta mâni olunmasaydı, yapılacak ihtilal çok başka olacak ve "Devrim Anayasası" adıyla hazırlanan taslak yürürlüğe girecek, Türkiye isim olarak olmasa bile sistem olarak tam bir komünist ülke haline getirilecekti... Bu, solcu güçler ve onların akıl hocalığını yapan devrimbaz sivillerin ortak arzusuydu. Nitekim Ziverbey soruşturmasında hepsinin maskesi düşmüş ve menfur düşünceleri bir bir ortaya çıkmıştır. 12 Mart, bir ihtilal ve darbe değildir. Hükümeti belli konularda uyaran bir ikazdır. Elbette askeri olması yönüyle tasvip edilemez. Hür iradeyi güç kullanmak suretiyle dize getirmenin tasvip edilmesi mümkün değildir de ondan. Fakat çok daha kötü bir hareketi önlemesi bakımından bu harekete iyimser bakmak mümkündür. Yani, kötüdür ama çok daha kötüye göre o kadar kötü değildir.[2]

---

1 *Çağ ve Nesil,* sayı 9, Mayıs 1984.
2 http://tr.fgulen.com/content/view/3500/128/

Darbe çağrısı

1980 Darbesi yaklaşırken ise devlet elden gidiyor diye fetvalar veren Fethullah Gülen, devletin bütün kurumlarını siyasal sürece müdahale etmeye çağırıyordu. Elbette ki göreve çağırdığı kurumların başında da asker geliyordu. *Sızıntı* dergisinin 1979 Haziranı'nda yayımlanan "Asker" başlıklı yazısında, "Her milletin tarihinde askeri bir tepe varlıktır... Bir de anadan doğma asker millet vardır. O, asker doğar, askerlik türkülerinden ninniler dinler ve asker olarak ölür. Âşıktır askerliğe, serhat boylarına, akına ve kavgaya... Onun süngüsü, yüz defa iniltimizi dindirdi ve ateşimize su serpti. Yakın tarihimizde dahi kaç defa onda mazinin tebessüm eden çehresini ve yıldırımlaşan celadetini gördük... Eğer, atik davranıp da yıllardan beri hazırlanan karanlık emellerin önüne geçilmeseydi, bütün bir millet olarak inkisar içinde ağlamadan başka çaremiz kalmayacaktı. Tuğa selam, sancağa selam ve ölçülerimiz içinde onu tutan yüce başa binlerce selam..." diyordu.[1]

12 Eylül Darbesi'ne alkış

Derken beklenen ve Gülen'in de istediği olmuş, darbe gerçekleşmişti. Cemaatin *Sızıntı*'sı, 12 Eylül Darbesi'ni de Ekim 1980'de yayımlanan Gülen'in 'Son Karakol' başlıklı yazısında belirttiği gibi büyük bir sevinçle alkışladı:

> Millet teknesi, sağa sola yalpa yapan bir vapur gibi, batması her an mukadder görünüyordu. Dillerde binbir yabancı türkü, dudaklarda binbir öldürücü şarap... Kimi erotizmle sarhoş, kimi libidoyla kimi egzistansiyalizmden medet umuyor, kimi hezeyan felsefesine dilbeste... Tatmin edilememiş, doyurulamamış ve hatta terk edilmiş bir neslin, çeşitli kamplara ayrılması ve birbirini kıran kırana öldürmesi gayet normal değil mi?.. Bugüne kadar onun iç inkırazını sezebildik mi? Onu soysuzlaştıran sebeplere inebildik mi? Halbuki, ona canavarlık öğreten tiranlar karşısında, siyanet meleği gibi onun yanında olmalı değil miydik?.. Yıllardan beri, binbir saldırıyla rehnedar olmuş bir bünye, böyle hemen bir mualece ile iyi edilemeyeceği de muhakkaktı. Daha köklü ve daha gönülden bir hareket gerekliydi ki, milli bünyeyi kemiren yıllanmış seretanlar

1 *Sızıntı*, sayı 5.

(kanser) bertaraf edilebilsin. Ve işte şimdi, binbir ümit ve sevinç içinde, asırlık bekleyişin tuluû saydığımız, bu son dirilişi, son karakolun varlık ve bekasına alamet sayıyor; ümidimizin tükendiği yerde, Hızır gibi imdadımıza yetişen Mehmetçiğe bir kere daha selam duruyoruz... Sahnenin bu rengârenk aldatıcılığı, ortalığı inleten valsin korkunç uyutuculuğu ve kostümün göz bağlayıcılığı karşısında, oynanan oyunun gerçek yüz ve vahşetini ilk sezen, son karakolun kahraman bekçileri oldu. Bu sezme, ümit dünyamızda yeniden kendimize gelmemizi ve kendi kendimizi idrak etmemizi temin etti. Aslında buna bir sezme demek de uygun değildir. Bu, düşmanı kıskıvrak yakalama ve bir zaferdir. İçtimai bünyenin, harici bir kısım erâciften temizlenme, arındırılma ve aslına ircâ zaferi. Bu zafer, kendinden ümit edilenleri getirdiği takdirde, Türk'ün zaferler hanesinde en muallâ yeri işgal edecektir. Böyle bir ilk tefahhüs ve sezişe, başka bir yazımızda selam durulmuş ve gaziler ocağının yiğit eri Mehmetçiğe teşekkürler sunulmuştu.[1]

28 Şubat'a tam destek

12 Eylül Askeri Darbesi'ne övgüler düzen Fethullah Gülen yıllar sonra postmodern darbeyi de destekledi. 28 Şubat darbesinde yine üzerine düşen rolü oynuyordu. 17 Nisan 1997 tarihinde Kanal D'de yayınlanan televizyon programında Erbakan hükümetinin beceremediğini söyleyerek gitmesi gerektiğini vurgulayan Gülen programda şunları ifade etmişti:

> Şimdi Türkiye'yi idare edenler, ekonomi ve anarşi konusunda ve dış politikada başarılı olsalar da, muhalefetle iyi geçinmeyi becerememişlerdir. Dini, şov malzemesine çevirip istismar etmişler ve ülkeyi gerilime sürüklemişlerdir. Türkiye'de Kâhtı Rical (yetişmiş ve yetenekli yönetici) kıtlığı çekilmektedir. Bu hükümet derhal bırakıp gitmelidir... Şeriat Kuran'da sadece bir yerde geçmektedir. Şeriatın yüzde 95'ini oluşturan iman, ibadet ve şahsi muamelat kısımlarını bugün Türkiye'de tatbikini engelleyen bir durum yoktur. Geri kalan yüzde 4-5 kadarı da hukuk kısmıdır ki bu sadece idarecileri ilgilendirir. Fertle alakalı değildir... Kesintisiz 8 yıllık eğitim zannedildiği gibi bir tehlike değildir. İsteyen ortaokuldan sonra da imam hatibe gidebilir. Bu girişim şer gibi görünse de ileride belki de hayırlara vesiledir.

1 *Sızıntı*, sayı 21.

Sadece Erbakan'ın başbakanlığı döneminde tek bir imam hatip açılmamıştır. Bu bir nasip meselesidir. Diğer bütün başbakanların döneminde açılmıştır. Şu anda imam hatiplerde ihtiyacın çok üzerinde bir yığılma görülmektedir. Bu ihtiyaç fazlası farklı merkezlere yönelerek rejim için tehlike arz edebilir. Rejimi korumakla görevli kurumların haklı hassasiyeti de bu yüzdendir.

Cumhuriyet ve laiklik şimdiye kadar hiçbir dönemde bu denli tehlikeye girmediği için, onu korumakla görevli kesimler, haklı olarak sesini yükseltmektedir. Milli Güvenlik Kurulu bir anayasal kurumdur ve kendi içtihatları gereği ülke ve rejim için tehdit ve tehlike gördükleri hususlarda tedbir ve teklif getirmeleri elbette sorumlulukları gereğidir ve bu içtihatları yanlış bile olsa kendilerine sevap getirir. Bu konuda daha çok söylenecek söz vardır. Ama toplumun bazı kesimleri bunları hazmetmeye henüz hazır değildir.[1]

"28 Şubat, Türkiye'de demokrasinin yerleşmesini de hızlandırdı"

Yine *Zaman* gazetesi yazarlarından İsmail Ünal'ın, kendisiyle yaptığı söyleşi kitabında da Gülen, "28 Şubat, ülkenin daha iyi bir noktaya gelmesi adına Türkiye'de bazı süreçleri geciktirdi mi?" sorusunu, "Geciktirmedi; aksine hızlandırdı. Hatta 28 Şubat, Türkiye'de demokrasinin yerleşmesini de hızlandırdı"[2] diye yanıtlıyordu. 28 Şubat darbesinin dördüncü yıldönümünün hemen ertesinde *Zaman* gazetesi yazarlarından ve aynı zamanda Cemaat'in Türkiye'deki sözcüsü konumunda bulunan Hüseyin Gülerce köşesinde şöyle yazıyordu:

> Şimdi biraz şaşırtıcı gelecek; ama böyle bir zamanda 28 Şubat her iki bakımdan da yararlı oldu. Hem içte ve dışta rahatlama sağlayarak olumlu değişimi hızlandırdı, hem de samimi, mazbut büyük İslami çoğunluk ile İslamcı adını lekeleyen, kullanan, yüce dinimizi vahşete alet etmek isteyen zavallıları ayırdı. Hem "siyasal İslam" diyenlerin gözü açıldı, hem milletimizin gözü açıldı. İslamcı kesim artık şunu anladı. Din siyasete alet edilmemeli...[3]

---

1 Kanal D, 17 Nisan 1997 Yalçın Doğan'la Güncel programı
2 İsmail Ünal, *Fethullah Gülen'le Amerika'da Bir Ay*, Nil Yayınları
3 *Zaman*, 29 Şubat 2000.

Susurluk ve Gülen

Cemaat'in askerle yakınlığının bunların dışında da örnekleri bulunuyor. Ancak biz Cemaat'in derin devlet konusunda geçmişteki tavrına bir göz atalım.

AKP'nin ikinci kez tek başına iktidar koltuğuna oturmasından sonra başlatılan Ergenekon soruşturmaları sırasında ordunun birbiri ardına ortaya çıkan darbe planlarıyla TSK'nın halk nezdindeki itibarı yerlerde sürünmeye başlamıştı.

İtirazlara ve muhalefetlere rağmen kararlı bir şekilde yürütülen ve bir noktadan sonra eleştirilemez hale gelen Ergenekon soruşturmalarına en çok sevinen kesim kuşkusuz ki Cemaat yanlılarıydı. TSK o güne dek görülmemiş biçimde eleştiriliyor, haklı olarak her türlü hukuksuzluğu sorgulanabiliyordu. Liderleri Gülen'in, 28 Şubat darbesi sırasında ordunun yanında saf tuttuğunu "unutan" Cemaat'in kalemşörleri de her fırsatta 28 Şubat'ta nasıl mağdur olduklarından dem vuruyordu. Halbuki benzer bir süreç Susurluk Skandalı sırasında da yaşanmış, başlatılan soruşturma ve araştırmalar kışlanın kapısına kadar gidebilmiş ve o noktadan sonra kesintiye uğramıştı. Hoca Efendi'nin bu konudaki görüşleri de Kutlu Esendemir'in haberinde yer alacaktı. 29 Mart 1997'de Cemaat'e ait Samanyolu televizyonunda katıldığı ve daha sonra da Dr. Osman Özsoy tarafından *Fethullah Gülen Hocaefendi ile Canlı Yayında Gündem* adıyla kitaplaştırılan konuşmalarında Gülen şu görüşleri savunuyordu:

> Susurluk meselesi bir ayıptır. Bunun üzerine gidilmeliydi. Fakat üzerine gidilirken aynı zamanda düşünülmeliydi. Devletin de içtihat hataları içinde bulunan bir hadiseyse, o hadise teşhir masasına yatırıldığında devleti, devletçiliği devlet mülahazasını da delme söz konusu olabilirdi. Bu meselenin açıktan açığa yürütülmesi iyi bir devletçilik anlayışıyla telif edilebilir miydi? Susurluk'la bir cinayet işlenmiş, bir toplum suçu işlenmişse şayet bunun örtbas edilmesini ben de istemem. Fakat üslubu her zaman, her yerde, her platformda münakaşa edebilirim. Bunun temelinde bizim milli birliğimize, milli bütünlüğümüze devlet telakkimize eğer dokunacak bazı şeyler varsa, bu kapı aralanmamalıydı. O kapıdan girilince şayet askere olan güvenimiz sarsılacaksa, güvenlik kuvvetlerine güven sarsılacaksa, Meclis'e olan güven sarsılacaksa, insanlara olan güven sarsılacaksa, bunun üzerine biraz daha farklı bir yöntemle gidilmeli

ve mesele öyle çözülmeliydi. Suçlular ortaya çıkarılmalı ve ceza verilmeliydi. Medya savcı olmamalıydı, hâkim olmamalıydı. Bir üslup hatası yapıldı. Bilemiyoruz biraz da reyting endişesi var mıydı? O kadar seyirci ben de bulayım mülahazası oldu. Vatansever insanların böyle önemsiz, basit mülahazalardan dolayı devletin temelini sarsabilecek devlet mülahazamızı delebilecek teşebbüslere gireceğine ihtimal vermek istemiyorum.[1]

1 *Habertürk*, 8 Mart 2009.

BÖLÜM 3
SAİD-İ NURSİ'NİN İZİNDE BİR VAİZ

Cemaat'in polis teşkilatı başta olmak üzere bürokrasi içinde nasıl örgütlendiğine geçmeden önce, Fethullah Gülen'in kim olduğuna bakmakta fayda var. Türkiye'de, legal siyasal İslam'ın yükselişe geçtiği 1990'ların sonu ile AKP'nin iktidar olduğu 2000'li yılların başından bu yana en çok tartışılan isim kuşkusuz ki Fethullah Gülen oldu. İslamcı düşünceyi toplumun geneline yayarak etkin kılınması için önemli bir çaba içerisinde olan Gülen Cemaati, kendisini dönemin sosyopolitik koşullarına uyarlayarak gelişti. Gülen Cemaati 1980'lerden bu yana ideolojik çehresini ciddi biçimde değiştirirken koruduğu en önemli özelliği AKP öncesinde de AKP iktidarında da, dönemsel iktidar dengelerini iyi okuyarak siyasi partilerden özerk kalmaya özen göstermek oldu. İdeolojik olarak kendine yakın duran partilerin iktidar ortağı ya da tek başına hükümet olmasıyla da devletin her kurumunda ciddi bir güç elde etti. Said-i Nursi'nin fikirlerinin takipçisi olduğunu iddia etse de Gülen, Nursi'nin görüşlerini kendisine özgü bir tarzda yorumlayarak bugünkü politik gücüne ulaştı. Said-i Nursi'nin izinden giden Nur cemaatinin önemli birkaç liderinin arasındayken hükmettiği para miktarının bilinemez boyutlara ulaşması ve devlet kadrolarındaki örgütlenmesiyle neredeyse tek adam pozisyonuna kadar ilerledi.

1970'lerde ortaya çıkmasının ardından bugün itibarıyla geldiği noktada bu cemaate, tarikata ya da liderinin adıyla anılan bu organizasyona ne isim verilmesi ya da nasıl tanımlanması artık din bilginlerinin değil sosyolojinin alanına girdiği bir gerçek. Din-politika-para üçgeninde bir organizasyon olarak ABD'de çok fazla benzeri bulunan bu cemaat ya da şeffaf olmayan organizasyonu artık kendileri de dahil herkes Fethullahçı diye anıyor.

"Nur parçaları"

Fethullah Gülen'i anlamak için önce onun içinden çıktığı

Nur cemaatinden bahsetmekte fayda var. Kürt olan Said-i Nursi 1878'de Bitlis'in Hizan ilçesinde dünyaya geldi. İslam âlimi ve filozofu olarak anılır. 130 kısım ve yaklaşık 6000 sayfadan oluşan Nur Risalelerini yazdı. Yaşamının bir bölümünde siyasetle ibadet edebileceğini savunduğu için İstanbul ve o zamanlar Osmanlı topraklarında bulunan Selanik'te politik faaliyetlerde bulundu, bu nedenle defalarca cezaevine düştü ve sürgün edildi. Van valisinin himayesinde risalelerine uzun yıllar devam etti.

Verdiği vaazlar ve örgütlenme faaliyetleri sonucunda 1950'lerde Said-i Nursi geniş bir cemaate sahip olmuştu. Onun takipçilerine Nurcular, Nur Talebeleri deniliyor. Onların görevi, amacı ve bir nevi ibadeti Risale-i Nur Külliyatı'ndaki fikirleri dünyaya yaymak olarak özetlenebilir. Bu da tabii ki kendilerine göre İslam'a uygun bir yaşam tarzını insanlara benimsetmek ve hâkim kılmak için bir araç.

Said-i Nursi'nin ölümünden sonra tarikatta yaşananları ise kısa bir yayın hayatı sürdüren *NTV Mag* dergisinde Tolga Çelik imzasıyla yayımlanan haberden[1] okuyabiliriz:

> Said-i Nursi 23 Mart 1960'ta Şanlıurfa'da yaşamını yitirince, tarikatı, "Bundan sonra ne olacak?" kaygısına düştüler. Nurcuların bir kesimi, cemaatin başına bir kişinin seçilmesini isterken, bir kesimi de Said-i Nursi'nin en yakınlarından oluşan bir İstişare Heyeti'nin kurulmasını ve bu "Ağabeyler Konseyi"nin hareketi yönlendirmesini uygun görüyordu. Bazıları ise siyasi bir teşkilat kurmayı, bazıları da devlete başkaldırıp silahlı mücadele verilmesini önerdi. Tahiri Mutlu, Mustafa Sungur, Ceylan Çalışkan, Hüsnü Yeğin, Bayram Yüksel, Mehmet Fırıncı gibi Nur cemaatinin ağabeyleri, içlerinde en cevval ve en fedakâr gördükleri Zübeyir Gündüzalp'i bu hareketin başına seçtiler. Kendileri de, Zübeyir Gündüzalp'in altında bir istişare heyeti oluşturdular. Zübeyir Gündüzalp'in lider seçilmesi, cemaatin içindeki tartışmaları bitirmedi. Nursi'nin sağlığında başlayan "Yazıcılar- Okuyucular" bölünmesi bu kez açıkça ortaya çıktı. Said-i Nursi'nin ölümünden ve 27 Mayıs ihtilalinin gerçekleşmesinden sonra bu karışıklık daha da büyüdü.
>
> "Yazıcılar", Hüsrev Altınbaşak önderliğinde ayrı bir grup haline dönüştü. Altınbaşak, Tahiri, Hulusi Bey, Demirel'in de akrabası olan İslamköylü Hafız Ali, Mübarek Mustafa, Santral Sabri gibiler 1930 ve

1 *NTV Mag*, 6 Ekim 2000

1940'larda, Said-i Nursi'nin yazmış olduğu risaleleri bizzat elyazısıyla kaleme alarak çoğaltmışlardı. Bu yazma ve yazarak çoğaltma işini yapanlar Nurcular arasında "Yazıcılar" diye anıldılar.

Zübeyir Gündüzalp, Ceylan Çalışkan, Mustafa Sungur, Bayram Yüksel, Mehmet Fırıncı, Mehmet Emin Birinci ve Bekir Berk gibi isimler ise ikinci kuşaktan Nurculardı. Cemaate sonradan katılmışlardı. Bu ekip, Nursi'nin eserlerini Latin harfleriyle kitap halinde basıyordu. Bu nedenle onların adı "Okuyucular"a çıkmıştı.

Bir başka lider adayı Mehmet Kayalar, etrafındakileri silahlandırma çabası gösteriyordu. O, "okumakla-yazmakla" değil, "silahla" Nurculuğun yaygınlaşacağı inancındaydı. Mehmet Kayalar gibi düşünen bir başka isim de Elazığ'dan Müslüm Gündüz'dü. Gündüz'ün Kayseri tarafında yandaşlarıyla atış talimleri yapacak kadar işi ileri götürdüğü söyleniyordu. Bir başka aday Ankara'dan Said Özdemir'di. Nurcular için önemli bir "ağabey" olan Said Özdemir, cemaat içinde oldukça etkili bir isimdi. Daha sonra Nurculuğun "Tenvir" kolunu oluşturacak olan Said Özdemir'in Ankara'da adamlarıyla silahlı dolaştığı söylentisi de yaygındı.

Fethullah Gülen'in cemaatle tanışması

Said-i Nursi 23 Mart 1960 tarihinde öldüğünde Fethullah Gülen 19 yaşındaydı. 1941 yılında Türkiye'nin doğusunda bulunan ve muhafazakâr yapısıyla ünlü Erzurum ili Pasinler ilçesine bağlı Korucuk köyünde doğdu. Babası imamdı ve babasının okul olmayan bir köye tayini çıkması nedeniyle ilkokulu yarım bıraktı. Ancak babasından Arapça dersler alıyordu. Kendisine dini anlamlar yükleyen kendi ifadelerine göre dört yaşında Kuran-ı Kerim'i hatim etmiş, henüz on yaşındayken Kuran-ı Kerim'i baştan sona ezberlemiş, hafız olmuştu.

Daha sonra dini eğitimine çeşitli medreselerde devam eden Fethullah Gülen Nur cemaatiyle tanışmasının ise 1957 yılında gerçekleştiğini çeşitli röportajlarında anlattı. Gülen o tarihte 16 yaşındaydı ve Erzurum'da Said-i Nursi'nin yanından gelen Muzaffer Arslan'ın[1] sohbetlerine katıldı. Kendisi bu görüşmeyi şöyle anlatıyordu:

1 Nur cemaatinin yayılması sırasında Said-i Nursi'nin yanında yer alan Muzaffer Arslan 2007'de 80 yaşında öldü.

Bediüzzaman Hazretleri, Muzaffer Arslan'a "Şark'ı bir dolaş gel" demiş o da Sivas, Erzincan ve Erzurum'u dolaşmaya gelmişti. 15 gün kadar Erzurum'da kaldı. İlk gece Hücumat-ı Sitte okundu. Ertesi gün Beşinci Şuâ'dan ders yapıldı. Bizimle gelen mollalardan bazıları, oradaki tevillere itiraz ettiler ve bir daha gelmediler. Fakat anlatılanlar beni iyice sarmıştı. Bilhassa Muzaffer Arslan'ın bir sahabe hayatı yaşaması, sadeliği ve samimiyeti bana çok tesir etti. Ben zaten sahabe âşığı bir insandım. Onu görünce "İşte aradığım insanları buldum," dedim ve bir daha da ayrılmayı düşünmedim. Muzaffer Arslan'ın pantolonunun iki dizi de yamalıydı. Ceketi de işte ona göreydi. Tabii ki bu sadelik bana apayrı duygular ilham ediyordu. Ayrıca ibadette derinlik vardı. Namaz kılışları, dua edişleri bana bambaşka görünmüştü. Derse gelip gidenlerden Çiğdem Bakkalı'nın sahibi bir Zeki Efendi vardı. Onun dua edişi de çok hoşuma giderdi. Yürekten dua etmesine bayılırdım. Ne kadar zaman geçti bilmiyorum; fakat kısa bir müddet zannediyorum. Üstat'tan Erzurum'a bir mektup geldi. "Mektup kime hitaben yazılmıştı? Üstat bu mektubu kime dikte ettirmişti?" hatırlamıyorum. Fakat selam gönderdiği isimler vardı. Sonunda da Fethullah ile Hatem'e de selam deniyordu. Ben adımın zikredildiğini duyunca ayaklarım yerden kesildi zannettim; o kadar sevinmiştim. Hayatımda o derece sevindiğim çok az vakidir. Şimdi o mektup nerdedir, kimdedir, onu da bilmiyorum. Ancak bu bana yetmişti. Sohbetlere gitmeyi bir daha terk etmedim.[1]

İlk faaliyeti: Komünizmle mücadele

Gülen henüz 19 yaşındayken babasından öğrendiği Arapça ve hafızlıkla imam olarak görev almaya hazırdı ve ilk görev yeri Türkiye'nin batı sınırındaki Edirne oldu. Gülen Edirne'de imamlığa başlamasından 2 yıl sonra 1961'de askere gitti. Usta erlik dönemini geçirdiği İskenderun'da verdiği bir vaaz nedeniyle mahkemeye sevk edilse de aklandı ancak verilen disiplin cezası uyarınca on gün askeri hapishanede yattı. Askerliğini bitirdiği 1963 yılından sonra yaklaşık bir sene Erzurum'da ailesinin yanında kalan ve dini hassasiyetleri nedeniyle komünizme karşı mücadeleyi öncelikli görevleri arasında gören Gülen bu dönemde memleketinde Komünizmle Mücadele Derneği kuruculuğunu yaptı. İdeolojik ve politik olarak komünizmin dünya görüşüne karşı olan İslami

---

1 http://tr.fgulen.com/content/view/3158/132/

hareketin bütün stratejisi, en genel anlamda sosyalist hareketin gelişmesini engellemekti. Gülen hareketinin ideolojik gıdası da zaten Türk İslam sentezi ve komünizm düşmanlığıydı. Gülen, "Büyük çoğunluğu itibarıyla bu nesil kozmopolitleşti, ateizme yelken açtı ve komünizm, sosyalizm erozyonlarıyla her bir vadiye sürüklenip gitti... Mesela, Karl Marx bir Yahudi'dir; ortaya attığı komünizm, kapitalizm karşısında ilk bakışta iyi bir alternatif gibi görünür ama esasen o, balın içine karıştırılmış öldürücü bir zehirdir..."[1] yazar kitaplarının birinde. 4 Aralık 2001 tarihli "Müşterek Nokta" başlıklı yazısında da Gülen bu ideolojik düşmanlıkla hayata geçirilen derneğin nasıl açıldığını şöyle anlatır:

> ...Ve yine bu devreye ait bir teşebbüs de Erzurum'da Komünizmle Mücadele Derneği'ni açma teşebbüsümüz oldu. O güne kadar sadece İzmir'de vardı. İkincisi de Erzurum'da bizim gayretlerimizle açılacaktı. İsmi Ali'ydi, bir arkadaşı İzmir'e gönderip tüzük getirttik. Derneği kuracaktık. Ben bir vaazdan sonra anons ettim ve gençlerle Caferiye Camii'nin önünde toplandık. Gayemiz komünizme karşı örgütlenmekti. Dernek ve cemiyet işlerinden anlayan bir akrabam vardı. O gelip bizi uyardı, bize yol gösterdi... Tabii, o gün için içimizde kanunları bilen de yoktu. Zaten Erzurum'daki arkadaşlar da, benim derneklerle bu kadar içlidışlı olmamı biraz fazla buluyorlardı. Benim hareketlerimden rahatsız oldular. "Bu Komünizmle Mücadele Derneği de nerden çıktı? Sen, Nurları oku. Bundan iyi mücadele olmaz," dediler. Daha sonra da "Meğer biz yanılmışız," diyecekler ve Komünizmle Mücadele Derneği'ni onlar kuracaklardı. Fakat o gün için benim teşebbüslerim yadırganıp tenkit konusu yapılıyordu...[2]

Kendi cemaatini oluşturuyor

Memleketinde Komünizmle Mücadele Derneği kuruculuğu yapan Gülen'in daha sonra Nur cemaati içinde kendine yer bulmasının hikâyesini *NTV Mag* dergisindeki Tolga Çelik'in haberinden okumaya devam edelim:

> Fethullah Gülen 1963-66 yılları arasında Edirne ve Kırklareli'nde görevli olduğu dönemde, camilerde yaptığı konuşmaları yoluyla etrafında insanlar toplamaya başlamış, Nurcuları ve diğer dini çevreleri etkilemişti.

1 Fethullah Gülen, *Fasıldan Fasıla-1.*
2 http://tr.fgulen.com/content/view/3163/157/

Hep ağlayan, bazen kendini yerden yere atan konuşma tarzıyla dikkatleri üzerine çekiyordu. Okuyuculuk, yazıcılık, silahlı mücadele gibi tarzlardan ayrı olarak "hitabet" yoluyla etkiliyordu çevresindekileri. Bir başka tarz daha geliştirdi: Açıkça Nurcu olduğunu söylemedi, Nurcu ağabeyleriyle hep mesafeli bir temas içindeydi, konuşmalarında Said-i Nursi'nin adını pek kullanmadı.

Daha Edirne ve Kırklareli'ndeyken cemaatin içinde yeni bir tarzın temsilcisi olmayı, etrafında yetiştirdiklerini devletin önemli kademelerine yerleştirmeyi hedefliyordu. Diyanet İşleri Başkan Yardımcısı Yaşar Tunagör'ün teşvikiyle Fethullah Gülen 1966'da İzmir'e tayin edildi ve orada hedefine uygun ve kendine has bir örgütlenme içine girdi.

"Yazıcılar"ın lideri Hüsrev Efendi, hareket içinde saygın bir kişiydi. Onun etkisiyle "Yazıcılar" Denizli, Kütahya, Eskişehir, İzmir gibi yerlerde ağırlıklarını hissettiriyordu. Ege bölgesi Yazıcıların kalesi oluvermişti. Fethullah Gülen ve yeni oluşan çevresi de, "Yazıcılar"la birlikte hareket ediyordu.

Fethullah Gülen Nur cemaatinin içinde Said-i Nursi'nin ölümünden sonra başlayan ve gittikçe keskinleşen ayrışmanın belirli ölçüde dışında kalarak kendi cemaatini yavaş yavaş oluşturuyordu. Yazıcılar grubuna sırtını yaslayan Fethullah Gülen, o sırada İzmir ve Ege bölgesinde vaazlarıyla ağırlığını hissettirmeye başlamıştı.

Yıllarca Fethullah Gülen'in sağ kolu olan ancak daha sonra Cemaat'ten ayrılarak İşçi Partisi'ne geçen Nurettin Veren'in anlatımlarına göre örgütlenmesinin ilk tohumlarını atan Gülen, Nefi Akyazılı'nın bir apartman dairesinde beş-altı arkadaşıyla birlikte kalıyordu. Onların faaliyetlerini görerek sempati duyan Nefi Akyazılı Işık Evleri'nin ilk oluşumunu görmüş ve "Bu böyle olmaz, kiralık evle bu zor olur. Ben size, *Çalıkuşu* romanının yazıldığı Pembe Köşk benim, orayı size vereyim, benim adıma dernek kurun" demişti. Fethullah Gülen ve 12 arkadaşı böylece Akyazılılar Vakfı'nı kurdu. Burası beş katlı bir öğrenci yurduydu.

Işık Evleri

Bu şekilde tohumu atılan Cemaat faaliyetinden sonra Fethullah Gülen Işık Evleri diye anılacak dershanelerini oluşturmaya başladı. Üstelik bu evlerde Said-i Nursi'nin kitaplarından çok kendisinin vaazları dinleniyordu. Fethullah Gülen'in konuşmaları kasetlere alınıyor ve kasetler cemaatine, onların eliyle de daha geniş kesimlere dağıtılıyordu. Cemaat içinden yükselen "Bantla hizmet olmaz," tepkilerine karşın Gülen örgütlenmesinin merkezine bu bantları koymuştu.

Fethullah Gülen, Nurculuğun içinde bir "Fethullahçılık" oluşturma çabasına girmişti. Üstelik Fethullah Hoca vasıtasıyla Cemaat'e katılanların bazıları Fethullah Hoca'ya Mehdi, Hz. İsa, Kahtani[1] gibi manevi sıfatlar yakıştırıyorlardı.

Fethullah Gülen'le birlikte 30 yıl boyunca Cemaat'in oluşturulmasında birlikte çalışan ve onun sağ kolu olduğunu öne süren Nurettin Veren Gülen'le yolları ayrıldıktan yıllar sonra yazdığı bir kitapta Işık Evlerinin örgütlenmesini kaleme almıştı. Nurettin Veren'in iddialarına göre Gülen Cemaati'nin temel taşı olan Işık Evleri'nin oluşumu ve prensipleri şöyleydi:

> Işık Evleri, belli bir disiplin içinde namaz kılan, içki ve sigara içilmeyen, Risale-i Nur okunan evlerdi. Hatta, Fethullah Gülen'in kendisi de haftada bir defa gelip Risale-i Nur okuyordu evlerde. Gülen bir süre sonra, bu evlerin disiplini için bizi yemin etmeye çağırdı: "Bakın bu, ciddi bir iştir. Bugün beş-on ev olabilir ama ileride sayı artabilir," dedi. 18 maddelik kuralları kâğıda kendisi yazmıştı. Bunun yanında yemin metni hazırladı. Yemin edenler, hazırlanan prensiplere uymakla mükellef olacaktı.[2]

Veren'in kitabında anlatılanlara göre Fethullah Gülen'in yazdığı ve Işık Evleri'nde uygulanan yemin metni ve 18 maddelik prosedür şöyleydi:

> Gücüm yettiği kadar Kuran'ı (bu orijinal metinde Fethullah Gülen'i idi. Sonra tepki çeker, uygun olmaz görüşüyle Kuran olarak değiştirildi) hayatıma gaye edineceğime; kardeşlerime karşı sadakat izinde bulunacağıma; halkın ve talebe arkadaşların izzet ve onurlarını izzetim ve onurum kadar yükseltmeye çalışacağıma; kusurlarımın hatırlatılması karşısında memnuniyet ihzar edeceğime. Dahilden ve hariçten gelen bilumum taarruz ve tenkitleri nefsime yapılmış gibi ret edeceğime, bilumum karar listesindeki esaslara riayette bulunacağıma;

1 Mehdiden sonra gelecek kurtarıcı.
2 Nurettin Veren, *Kuşatma-ABD'nin Truva Atı Fethullah Gülen Hareketi,* Siyah Beyaz Yayınları.

hizmet adına uhdeme aldığım vazifeleri veya kararla bana tahmil edilen mükellefiyetleri itirazsız yerine getirmeye çalışacağıma; Kuran'a (bu orijinal metinde Fethullah Gülen'e iken, sonradan değiştirilmiştir) sadakatten hiçbir surette ayrılmayacağıma; münferit hareket edip bu kararlara muhalif davrandığım an ihtiyarımla bu kadrodan kendimi iskat edip herhangi bir talebe gibi dershanede gibi vazifeme devam edeceğime Vallah-Billah kasemleriyle yemin ediyor ve bu yeminin La Yenkatı olmasına Cenab-ı Hakkı istişhadda bulunuyorum.

- Finansman kaynaklarının tekele verilmesi, şahsi tasarruflar yapılmaması;
- Finansman kaynaklarının derneğe verilmesi;
- Lüksten kaçınmak, israf yapmamak;
- Dershanelere nezaret eden arkadaşlar, evde kalanlara her türlü adap ve edep kaidelerini öğretecek;
- Şahsi işlerimizi dahi görüşüp kararın varıldığı istikamette işleri yapmak;
- Dahilde ve hariçte kim vazifelendirilirse o vazifeye o gidecek, başkası o işe karışmayacak;
- Herkesin nereye, ne zaman gideceği bir sisteme bağlı olarak yürütülecek (dışarıya gitmeler, içteki ziyaretler);
- Kusurlarını birbirine hatırlatmak için kardeş edinme;
- Bu kadroyu etrafa empoze etme, kuvvet kazandırma, çok kuvvetli gösterme (içte ve dışta olacak);
- Arkadaşların birbirlerini kabul ettirmesi ve ittifak ettikleri o mevzuda aynı şeyleri söylemesi;
- On beş günde bir, bir araya gelip arıza ve pürüzlere bakılması (pazar günü ikindi-akşam arası);
- Bilumum dışarıya giden arkadaşların tenkidinin 15 günlük toplantıda görüşülmesi;
- Acil durumlarda o mevzu ile alakalı olan arkadaş toplantı gününü beklemeksizin Hocaefendi'ye duyurabilir;
- Şeriat fikrinin müdafii olma, Risale-i Nur ve Üstadı şeriata muvafık şekliyle arzetme, Tesbihat ve evrad ü ezkara ehemmiyet verme, bunların büyüklüğünü anlatma;
- Karara bağlanan bir şeyin hiçbir zaman aleyhinde bulunmama (ima ihsas yoluyla dahi olsa). Aksine fikir olursa hakk-ı hayat tanımama;
- Her arkadaşın resmi, gayriresmi bir işinin olmasına ihtima;

• İstişareden sonra fikir beyan etmeme, alınan kararları infaz etme. İstişareyi kimlerle yapacağını bilme (Ashab-ı rey);

• Kendi kardeşlerimize hakta öncelik tanıma. Bir kardeşin aleyhinde söylenecek söz vs'de onu müdafaa, söyleyeni de toplu olarak istintaka tutma, şiddetle bu iftirayı reddetme.

Not: Bu şartlardan birine riayet etmeyen kendi kendini azletmiş olacak, talebe durumuna düşecek. Bu kadro evdekilerden ve halktan gizli tutulacak, kimse bilmeyecek.[1]

Gülen'in Işık Evi tanımı

Fethullah Gülen yıllar sonra 1992'de *Sızıntı* dergisinde kaleme aldığı "Işık Evleri-2" başlıklı yazısında ise Işık Evleri'nden şöyle bahsedecekti:

> Bu ülkede yıllar ve yıllar matemle inlemeye itilmiş nesiller, ruhlarındaki kasvetleri dağıtıp tali'lerinin önünü kesen karanlıkları yırtacak ve onları alıp aydınlıklara çıkaracak fevkalâdeden bir inâyet eli düşleyip durmuşlardı. Işık evler, gökler ötesine açık o nûr efşan iklimleriyle, hülya ve ümit, tahassur ve hicran, ıstırap ve hafakan dolu bütün sinelerin böyle bir beklentisinin cevabı oldu. İşte bu dönem, dev nebülözler gibi, her yana kollarını salmış bulunan ışık komplekslerinin, bütün zulmetleri bir bir yırtma, topyekûn karanlıklarla hesaplaşma, inanan insanlar arasında her türlü alakaya merkez, bütün rûhanî zevklere kaynak, umum manevi ihtiyaçlara merci ve her seviyedeki insanı, akli, rûhi, kalbi ve hissi beklentileriyle kucaklama dönemidir.[2]

Cemaat'in partilere bölünmesi

Fethullah Gülen'in Işık Evleri yaygınlaşırken her zaman olduğu gibi Nur cemaati siyasi partiler tarafından oy deposu olarak görülüyordu. Bu yolla siyasi iktidarlardan tavizler koparan Cemaat'in de bundan hiç şikâyeti yoktu. 27 Mayıs 1960 Darbesi'nden sonra CHP'ye karşı tek seçenek olarak Demokrat Parti'nin devamı olan Adalet Partisi görülmüştü. Demokrat Parti'deki pek çok siyasetçi bu yeni partinin çatısı altında birleşmiş ve oylarını korumuşlardı. Nur cemaatinin desteği de arkalarındaydı. Said-i

---

1 Nurettin Veren, *Kuşatma-ABD'nin Truva Atı Fethullah Gülen Hareketi*, Siyah Beyaz Yayınları.

2 *Sızıntı*, Şubat 1992, sayı 157.

Nursi'nin ölümünün ardından Nur cemaati içindeki bölünme 1969 genel seçimlerinde keskinleşiyordu.

Adalet Partisi'nin Genel Başkanı Süleyman Demirel İslami görüşleriyle geniş çevrelerin ilgisini çekmeyi başarmış Necmettin Erbakan'ı Odalar Birliği'nden attırdı. "Mason" olarak yaftalanan Demirel'in bu tavrı bütün İslami çevreler gibi Nur cemaatinden de büyük tepki gördü. Süleyman Demirel'in Adalet Partisi'nin tek başına iktidar olduğu bu dönemde başörtülü bir kadın öğrencinin[1] İlahiyat Fakültesi'nden atılması yeni bir ayrışmayı başlattı.

Artık Nur cemaati içindeki gruplardan bazıları Adalet Partisi'ne desteğin çekilmesini savunuyordu. Okuyucular grubu Adalet Partisi'ne destek verilmesi konusunda ısrarlı davranırken bazı gruplar merkez sağ partilerden çok daha dindar bir duruş sergileyen Necmettin Erbakan önderliğinde yeni bir partinin kurulmasını savunuyordu.

Ege Bölgesi'nde çok güçlü olan Yazıcılar grubu ise Milliyetçi Hareket Partisi'ne destek vererek kendilerine yeni bir kanal açmayı hedefledi. Fethullah Gülen Cemaati'nin temellerini attığı bölgede güçlü olan Yazıcılar'la birlikte Milliyetçi Hareket Partisi'ne desteğini açıkladı. Gülen görüşlerine yakın olan dinci partileri değil, çıkarlarına hizmet edecek partileri destekleyeceğinin ilk işaretini böylece vermişti.

1969 seçimlerinde Nur cemaatinin bütünlüklü desteğini kaybetmiş olsa da Süleyman Demirel'in Adalet Partisi birinci parti olarak sandıktan çıktı. Necmettin Erbakan ise Konya'dan bağımsız milletvekili olarak Meclis'e girmişti.

1970 yılında Fethullah Gülen'in seçimlerde desteklemediği, onun yerine MHP'yi tercih ettiği Necmettin Erbakan parlamentoda önemli bir hamle yaptı. Diğer partilere göre daha dindar kimliğini sürekli vurgulayan Erbakan ile Meclis'teki bazı sağ parti milletvekilleri yakınlaştı ve 26 Ocak 1970'te Milli Nizam Partisi'ni (MNP) kurdu. Anayasa Mahkemesi'nin MNP hakkında kapatma davası açması da o güne kadar partiye mesafeli duran birçok Nurcunun "İslam'ın partisi olduğu tescil edildi," diyerek, MNP'ye yönelmesinde etkili oldu. Bilhassa küçük şehirlerdeki, kasaba ve köylerdeki Nurcular, MNP'nin saflarında faal olarak çalışıyordu.

1 1967 yılında İlahiyat Fakültesi öğrencisi Hatice Babacan'ın başörtüsü yüzünden İlahiyat Fakültesi'nden kovulması İslamcıları ayağa kaldırmıştı.

1971 Darbesi'nde tutuklandı

12 Mart 1971 Muhtırası sonrası Nur cemaati askerin 27 Mayıs 1960'taki gibi bir darbe mi yaptığını, kendilerinin hedef olup olmadığını anlamaya çalışıyordu.

Yine de cemaatin ileri gelenleri askere övgüler sıralamaktan geri durmadı. Fethullah Gülen 1971 Muhtırası döneminde Türk Ceza Yasası'nın 163. maddesinde tanımlanan irticai çalışmalarından dolayı "laikliğe aykırı olarak devletin içtimai, iktisadi, siyasi, hukuki temel nizamlarını kısmen de olsa dini esas ve inançlara uydurmak amacıyla cemiyet tesis, teşkil, tanzim veya sevk ve idare etmek, böyle cemiyetlere girmek veya girmek için başkasına yol göstermek" suçundan tutuklandı. Fethullah Gülen bu davada verdiği ifadelerde "Nurcu" olduğunu kabul etmedi, ancak üç yıl hapis cezası aldı. Gülen 1974 yılında Bülent Ecevit'in başbakanlığındaki 37. hükümet döneminde çıkarılan af yasasıyla yedi ay tutukluluktan sonra özgürlüğüne kavuştu.

Erbakan'la yakınlaşma yıldızını parlattı

Necmettin Erbakan ve arkadaşları ise 12 Mart'tan sonra Milli Selamet Partisi'ni (MSP) kurdu. Fethullah Gülen, Erbakan'ın yükselişini fark etmiş ve orada bulacağı yerin kendisine yeni yollar açacağını görmüştü.

Tolga Çelik daha önce de yer verdiğimiz *NTV Mag* dergisindeki yazısında Fethullah Gülen'in Erbakan'la yakınlaşmasının yarattığı avantajı ve Işık Evlerinin yayılmasını sağlayacak bu süreci şöyle anlatmıştı:

> Erbakan, kurmaylarına "Fethullah Gülen Hocamıza sahip çıkın, onun etrafında bulunun, yardımcı olun," talimatı verdi. İşte bu yakınlaşmayla Fethullah Gülen'in yıldızı parlamaya başladı. Temelini attığı, altyapısını oluşturduğu cemaat bir anda hareketlendi. İzmir Bornova Camii'ne her taraftan akın akın insanlar gidiyor, cuma vaazları veren Fethullah Hoca'yı dinliyordu. Vaazdan sonra misafirler, Gülen Cemaati'ne ait dershanelerde ağırlanıyor ve teyp kasetlerinden yine Fethullah Hoca'nın önemli vaazları dinletiliyordu.
>
> ... MSP teşkilatları Fethullah Gülen Cemaati'nin gelişmesinde hayli etkindi. MSP'liler her yerde Fethullah Gülen'in propagandasını yapıyorlardı. MSP'lilere göre, Fethullah Gülen, diğer Nurcular gibi değildi, aslında MSP'liydi ama açıkça siyaset yapmıyordu.

... En büyük avantajı, hitabeti, gözyaşı dökmesi, etkileyici yapısıydı. Kendi cemaati de artık kamplara, dershanelere, dergiye, yurtlara, en önemlisi zenginliğe sahipti... Fethullah Hoca'nın gözü yaşlı vaazları çok etkili oldu. MSP'lilerin teşkilatlarının desteği de buna eklenince Fethullah Gülen ve cemaati etkili bir cemaate dönüşmeye başladı. Yeni Asya cemaatinden kopan, ama MSP'nin gölgesinde kalan Fethullah Gülen Cemaati, bu hamlelerle cemaatler arasında üçüncü sıraya yükseldi. Yazıcılar ve diğer Nurcu gruplar zaman içinde etkinliklerini yitirmiş, çoğu Fethullah Hoca'nın cemaatinde yer almaya başlamıştı. Fethullah Gülen yeteri kadar güçlendiği inancına varınca MSP'lilikten de kurtulması gerektiğine karar verdi. Yurt müdürlüğü, Cemaat'in çeşitli kurumlarındaki görevler, dershane sorumlulukları gibi çekirdek kadrolar, MSP'li olanların elinden alınıyor ve kendisini Fethullahçı kabul edenlere devrediliyordu. Çoğu kimse bu dönüşümün farkında değildi. Yapılan değişiklikler "hizmette nöbet değişimi" olarak sunuluyor ve öyle değerlendiriliyordu.[1]

Sızıntı dergisi

Darbeden kısa süre önce Fethullah Gülen MSP'nin desteğiyle Işık Evlerini örgütlemeye devam ediyor, "Altın Nesli"nin ilk mezunu olacak gençleri bu evlerde yetiştiriyordu.

Bu günlerde Fethullah Gülen her zaman çok önem vereceği yayın faaliyetinin ilk adımını attı. Cemaatini bir arada tutacak ve fikirlerini yayacak *Sızıntı* dergisini kurdu. İlk çıktığı yıllarda, Cemaat'ten olmayanlara da bedava dağıtılarak hemen her eve giren derginin Yayın Yönetmeni Arif Sarsılmaz 2006 yılında kaleme aldığı "Sızıntı Mektebi" başlıklı yazısında çıkış sürecini şöyle anlatıyor:

Sene 1979. Ülkemiz anarşi ve kaosun karanlıklarında. Dış ve iç mihrakların tahriklerine kapılmadan, hiçbir anarşik hadiseye karışmadan okuma gayretinde olan küçük bir grup ise haftada bir gün kendilerine cami kürsüsünden nasihat eden büyüklerini dinleyerek bu kaotik ortamdan kurtarabilecekleri insanlara ulaşma derdinde... Bu gençlerin de pek çoğunun yolu birkaç sene önce diğerlerinden ayrılmış. Üniversiteyi harp sahasına çevirenlerin arasından Allah'ın lütfuyla sıyrılan bu talihliler, o güne kadar hiç alışık olmadıkları bir

1 *NTV Mag*, 6 Ekim 2000.

üslupla hitap eden, Darvinizm, termodinamik, atom, entropi gibi biyoloji ve astrofiziğe ait mevzuları, üniversitedeki derslerin materyalist yorumunun tam tersi istikametinde şerh eden Zat'ı dinleyerek kalplerini aydınlatmaktalar. Ülkenin kurtuluşunun ve istikrarının nasıl bir insan modeliyle gerçekleştirileceğini, bu insan modelinin yetiştirilmesi için ne gibi faaliyetler yapılması gerektiğini teşhis eden Muhterem Büyüğümüz akıl ve kalpleri ikna ederek tedavi için çareler arıyor... Saf, temiz ve berrak bir şekilde ince ince sızarak gönüllere girmeyi hedefleyen bu dergi, 1979'un Şubatı'nda yola böyle çıkmıştı.[1]

Sarsılmaz'ın "o zat" ve "büyük insan" diye bahsettiği kişi Fethullah Gülen'den başkası değildir elbet.

Fethullah Gülen-Erbakan kapışması

Fethullah Gülen yayın organı ve Cemaat'iyle Türkiye'nin dört bir yanına kök salarken Necmettin Erbakan'ın partisi MSP'ye ihtiyaçlarını da asgari düzeye indirmişti. MSP'lilerin yerine kendi kadrolarını yurtlara ve evlere yerleştirmekle yetinmeyerek açıktan isyan bayrağını açması gerektiğine karar verdi.

Fethullah Gülen 24 Haziran 1980'de yaptığı bir vaazda isim vermeden MSP'yi ve MSP'nin yayın organı *Milli Gazete*'yi eleştirdi. Karşılıklı politik hesaplarla nezaket sınırlarını hiç aşmayan bu kapışma devam ederken 12 Eylül 1980'de tanklar sokaklara çıktı.

1980 Darbesi: Altı yıl kaçak yaşadı!

Alkışlar tuttuğu 1980 Darbesi döneminde, İzmir Bornova'da vaiz olan Gülen, iddiasına göre şartlarının ağırlaşması üzerine işini istediği gibi yapamadığı gerekçesiyle sürekli doktor raporları alarak görevine gitmiyordu. Derken 1980 Kasım ayında tayini Çanakkale'ye çıksa da yine doktor raporuyla görevine başlamadı. 20 Mart 1981'de vaizlik görevinden istifa etti. Burada ilginç olan ise 12 Eylül Darbesi'nin ertesi günü gözaltına alınacaklar listesinde adı bulunan Gülen hakkında arama kararı bulunmasıydı. Ülkede darbeyi gerçekleştirerek devlet yönetimine el koyan cunta kendi memurunu arıyor ama bulamıyordu.[1] Bir milyondan fazla kişinin gözaltına alınıp tutuklandığı bir süreçte

---

1 *Sızıntı*, sayı 28.

bir türlü bulunamayan Gülen, iddiasına göre 1986 yılına dek Anadolu'yu dolaştı. Derken 12 Ocak 1986'da Burdur'da gözaltına alındı. Fethullah Gülen'in bu "kaçak yılları"nı ise Faruk Mercan'ın *Fethullah Gülen* isimli kitabından alıntılayarak anlatalım:

> 12 Eylül dönemiydi ve Fethullah Gülen, gözaltına alınması gerekenler listesindeydi... İzmir'deki Güney Deniz Saha Komutanı Koramiral Fahrettin İçmiz, Gülen'i tanıyordu. Fakat 12 Eylül 1980 İhtilali'nden kısa süre önce bu komutan Ankara'ya tayin oldu. Bu komutanın İzmir'den ayrılması Gülen için sıkıntılı bir dönemin başlangıcı oldu. Çünkü İzmir'deki bir tugay komutanı olan Tuğgeneral Hayri Terzioğlu Gülen'e karşı önyargılıydı ve ihtilal gecesi kaldığı eve baskın düzenledi. Böylece ihtilalin ertesi günü Sıkıyönetim emriyle aranan bir kişi durumuna düşen Gülen, ihtilal şartlarında uzun süre cezaevinde kalırım endişesiyle teslim olmadı. Ankara'da Milli Güvenlik Konseyi Genel Sekreteri Orgeneral Haydar Saltık'ın yardımcısı Tuğgeneral Hasan Sağlam devreye girdi ve Gülen için İzmir'deki komutan Terzioğlu'nu aradı. Ancak daha sonra tümgeneralliğe terfi eden Terzioğlu'nun Gülen'e karşı tutumunda bir yumuşama olmadı... Böylece altı yıl boyunca aranan Gülen bu süreçte hep Türkiye'deydi, hiç yurtdışına çıkmadı. Nihayet 12 Ocak 1986 günü Burdur'da gözaltına alındı. Bunun üzerine dönemin Başbakanı Turgut Özal devreye girdi. Özal'ın, "Memlekette hâlâ sıkıyönetim mi var. Bir suçu varsa mahkemeye sevk edilsin, suçu yoksa serbest bırakılsın," demesi üzerine bir gece Burdur Emniyeti'nde gözaltına alınan Gülen ertesi gün İzmir'e götürülüp serbest bırakıldı.[1]

İlk göz ağrısı Yamanlar Koleji

Gülen, tokadını yemese de darbeye giden süreçten çıkardığı dersleri cemaatine de aktarıyordu. Fethullahçılar, komünistlerle de devletle de çatışmayıp kan akıtmayacaktı. Çünkü nihai hedefe sadece dört bir yanda örgütlü bir eğitimle dini hassasiyeti kuvvetli, mütedeyyin kadrolar yetiştirerek de ulaşılabilirdi.

Gülen'in ilk bölümde anlattığımız gibi 1980 Darbesi'ne sevinmesinin ardındaki neden kuşkusuz ki önünün açıldığını görmesiydi. Hoca Efendi, daha sonra kendisine düşman olacak askerin boşalttığı meydanda eğitim hamlesini de başlatmıştı. Dini

1 Faruk Mercan, *Fethullah Gülen*, Doğan Kitap.

hassasiyetleri kullanıp, "Çocuklarınızı bedava ve millî değerlerinize bağlı olarak okutmak istiyorsanız bize verin," ajitasyonuyla alıp şimdi her biri Türkiye'yi yönetenlerin arasında olan kadrolarının yetişmesini sağladı.

Bunun yolunu açan da Turgut Özal oldu. Yukarıda da belirttiğimiz gibi 1980 Darbesi sonrası yükselen dinci-gerici fikri akımlar içinde Fethullahçılar mayası en iyi tutan örgüttü. Bunda hem darbe döneminin hem de Turgut Özal liderliğindeki sözüm ona sivil ANAP iktidarı döneminin tüm nimetlerinden faydalanmasının etkisi de yadsınamaz bir gerçek elbet. Zaten biyografisinde de Gülen, 12 Eylül 1980'den bir hafta önce, son kez vaaz verdiği camiye kendisini dinlemeye Turgut Özal'ın geldiğini, sonra da baş başa konuştuklarını anlatmıştı.[1] İşte o Özal 1986'da başbakanken, açılışını Cumhurbaşkanı olarak Kenan Evren'in yaptığı "Kendi Okulunu Kendin Yap" kampanyasını başlatmıştı. Özal vakıfların ve derneklerin de özel teşebbüs olarak okul açabilmesi için yasal düzenlemeye gidince, Gülen'in İzmir Bozyaka'da imamlık yaparken yakından ilgilendiği Kuran kursu öğrencileri için 1977'de açtığı yurt, Yamanlar Koleji adıyla okula çevrilerek yıllar sonra tüm dünyaya yayılacak okullar zincirinin de başlangıcı oluyordu. Sonra halkaların devamı geldi.

Ömer Laçiner *Birikim* dergisinde Ağustos 1995'te yayımlanan, "Postmodern Bir Dini Hareket: Fethullah Hoca Cemaati" başlıklı yazısında Gülen okullarına ilişkin yaptığı değerlendirmede şöyle yazıyordu:

> Fethullah Hoca ve çevresi için devletin ve toplumun sinir merkezlerini, hayati faaliyetlerini, kısaca en genel anlamıyla yönetim ve yönlendirme ağını oluşturacak gayet seçkin bir kadroyu yetiştirmek, onların nezdinde iktidarı elde etmenin öncesinde kesinlikle tamamlanmış olması gereken bir etap, iktidar olmanın önkoşuludur. Hatta bu koşul henüz gerçekleşmemişken iktidarı elde etmenin vahim bir yanılgı olduğunu düşündüklerini dahi söyleyebiliriz.[2]

Yani Gülen'in, nihai hedefine ulaşma yolunda "Altın Nesil" olarak tanımladığı geleceğin ülkeyi yönetecek ve böylece kendi mutlak iradesini de sağlayacak İslamcı kadroları bu okullarda yetiştirilecekti.

---

1 http://tr.fgulen.com/content/view/3499/5/

2 *Birikim*, sayı 76.

28 Şubat ve Fethullah Gülen

Gülen hareketi 1990'lara gelindiğinde içinden çıktığı fikri akımın, Nurculuğun bile önüne geçen, en büyük dini topluluklardan biri oldu. Siyasal İslam legal alanda yükseldikçe Fethullahçılar da daha bir görünür olmaya başladı. Turgut Özal'ın açtığı yola sosyalistler hariç yelpazenin her yanında bulunan diğer siyasetçiler de girmekte zorlanmayınca medyada Fethullah Gülen adının ünlü politik şahsiyetlerle birlikte anılmasıyla daha sık karşılaşır olundu. Öyle ki lideri olduğu Cemaat günün şartlarına göre Bülent Ecevit'i bile desteklerken İslami partileşme sürecinin mimarı Necmettin Erbakan'a sırtını dönerek 28 Şubat 1997 darbesinin yanında saf duracaktı.

AKP iktidarıyla birlikte yürütülen ve Türkiye'de bir derin devlet temizliği yapıldığına inanmamız istenen Ergenekon soruşturmalarının bugün itibarıyla geldiği nokta devletin bağırsak temizliğinden çok 28 Şubat'ın rövanşıdır aslında.

İlginç olan ise bu rövanşist operasyon ve soruşturmaları yürütenlere yönelik Fethullahçılık suçlamaları yapılmasıdır. Konunun ilginçliği Fethullah Gülen'in 28 Şubat darbesinde takındığı tutumdan kaynaklanmaktadır. Çünkü 28 Şubat'a İslamcı kesimden destek verenlerin başında, kuşkusuz ki ABD menşeli ılımlı İslam'ın temsilcisi Fethullah Gülen Cemaati bulunuyordu. 12 Eylül Darbesi'ni de alkışlarla karşılamış olan Gülen, askerden kendisinden daha fazla yararlanmasını isteyen sözlerle adeta cadı avı yaşanan o karanlık günlere ilerlenirken 28 Şubat sonrasında televizyon ekranlarında MGK'nın ağzından Erbakan'a sesleniyordu. Bir televizyon kanalındaki programa konuk olan Gülen'in söylediği "Hükümet gitsin," sözleri ertesi gün tüm gazetelerin manşetindeydi.

Medyaya servis edilen Fethullah Gülen kasetleri

Ancak Gülen'in postmodern darbeye verdiği destek de onu hedef olmaktan kurtaramayacaktı. TSK, özellikle 28 Şubat 1997'deki postmodern diye anılan darbe sonrasında her alanda iktidarı ele geçirmişti. Siyasal alanda ağırlığını ve demokrasi üzerindeki gölgesini fazlasıyla hissettiren ordunun en büyük desteği aldığı dönemin medyasının yaptığı haberlerle ülkede adeta cadı avı başlatılmıştı.

Tıpkı bugünlerde, sistemin işine gelmediği herkesin Ergenekoncu olarak fişlenmesine benzer bir şekilde siyasetçisinden öğretmenine, bürokratından sermaye sahibine kadar herkes şeriatçı, tarikatçı ya da cemaatçi olmakla suçlanıyor, bu suçlamalar da yürütülen psikolojik savaş unsurlarıyla destekleniyordu.

O dönemin emniyet kadroları tarafından, devleti ele geçirmeye çalıştığı ve cemaatini ileride laik Cumhuriyet'e karşı bir kalkışmaya hazırladığı iddiasıyla hakkında rapor hazırladığı Nur cemaatinin lideri Fethullah Gülen'in müritlerine yönelik yaptığı konuşma kasetleri yürütülen savaşın taktiği olarak medyaya sızdırıldı. 18 Haziran 1999'da televizyonda yayınlanan iki ayrı kaset görüntülerinde yargı ve mülkiyede örgütlenmenin önemini belirtiyordu. ATV ana haber bülteninde yayınlanan görüntülerde,[1] yandaşlarına devlet kadrolarının ele geçirilmesinin önemini anlatan Gülen özellikle mülkiye ve adliyedeki kadrolaşmanın genişletilmesi gerektiğini vurguluyordu. Yürütülen savaşın unsurlarından biri olarak medyaya sızdırılan görüntülerde Cemaat üyelerine sivri çıkışlarda bulunmamaları tavsiyesinde bulunan Gülen, aksi takdirde Türkiye'deki hareketlerinin sonunun Cezayir olacağı uyarısında bulunup, "aynı cephede sayılabilecekleri" DYP ve RP çizgisindeki siyasal örgütlenmelerle ilişki kurulması gerektiğini anlatıyordu. Kasette yer alan konuşmalarında Gülen şunları söylüyordu:

"İslam'ın geleceği adına örgütlenin"

Arkadaşlarınızın mevcudiyeti, İslam'ın geleceği adına bu işin garantisidir yani. Bu açıdan Adliye'de, Mülkiye'de veya başka bir hayati müessesede bizim arkadaşlarımızın mevcudiyeti, öyle ferdi mecburiyetler şeklinde ele alınıp öyle değerlendirilmemelidir. Yani bunlar gelecek adına bizim o ünitelerde garantimizdir. İstikbale yürümek için, sistemin püf noktalarını keşfedin. Hâlâ bu sistem devam ediyor. Bu sistem içinde arkadaşlarımız istikbale yürüyeceklerdir.

Öyleyse o sistemin püf noktalarını bilmeleri lazım, keşfetmeleri lazım. Aşmaları lazım. Bu da meselenin diğer bir yanıdır. Kuvvet dengesi olmadığı bir yerde kuvvete başvurmayacaksınız. Teknik-taktik yerinde sizin kalbiniz önemli. Dıştan bizi bazıları korkaklıkla itham edecekler. Fırsat bulup, hep yolunuza devam ediyorsanız, yine orada o esnekliği gösterecek, o eksantriği kullanacak, geriye çekiliyor gibi

1 O dönem ATV'de görev yapan gazeteci Mahmut Övür yıllar sonra söz konusu kasetlerin sonraki süreçte Ergenekon sanığı olan Ergün Poyraz tarafından getirildiğini açıkladı.

yapacak, fakat adımlarınızı daha açıp ileriye gideceksiniz. İster Mülkiye'de çalışan arkadaşlarımız olsun, ister Adliye'de çalışan arkadaşlarımız olsun herkes için sözkonusudur bu. Sivrilmeden, mevcudiyetinizi hissettirmeden çok ilerlere gitmek. Mutlaka riayet edilmesi lazım. Müslümanların belli bir noktaya ve kıvama gelecekleri âna kadar bu şekilde hizmete devam etmeleri şarttır. Erken vuruş diyeceğim çıkışlar yaparlarsa, dünya Cezayir'deki gibi başlarını ezer. Zayiata meydan verilmemeli. Bu açıdan bizim ister o dairede, ister diğer dairede arkadaşlarımızın korunması çok önemlidir. Cezayir'i, Suriye'yi, Mısır'ı yaşamayalım. Çok dikkatli ve çok tedbirli, temkinli hareket etme mecburiyeti var.

Bu hizmetin içinde bulunanlar, bu hizmete göre hizmet vermek isteyenler, her birisi dünyayı idare edebilecek birer diplomat gibi hareket etmeli. Kendi planında meseleleri çözdükten sonra, ülkesinde çözmeye çalışmalı. Bazı arkadaşlar birtakım cesaretli ruhları cesaretlendirmek, şecaatlendirmek, birtakım ruhları heyecanlandırmak için belki kahramanca tavırlara da ihtiyaç vardır, diye düşünebilirler. Fakat ben kuvvet dengesi olmadığım için şahsen o yol yerine, böyle kendi düşüncemi yayma, kendi düşünce sistemim adına varlığı, her tarafı fethetme, ele geçirme yolunu şahsen tercih ederim. Hususiyetle öyle devlet memuru olarak arkadaşlarımız kahramanlık yapamazlar, fuzuli kahramanlık olur. Gereği yoktur o tür şeylerin. O sahada daha verimli nasıl olacaklarsa dinimiz adına, İslami düşüncemiz adına. Ne yapabiliyorlarsa, ben ve onları yapmalıdırlar.

Başka kuvvetler var bu ülkede. Oysaki usulünce gidilebilirdi, onların hissiyatları alınabilirdi. Onlara sorularak, onları arkamıza alarak yapabilirdik ve yürürdük orada. Bir şerri aşardık Allah'ın inayetiyle; geriye dönmezdik, falso yaşanmazdı. Bu Adliye için de aynen söz konusudur. Yani siz hâkim değilsiniz. Başka kuvvetler var bu ülkede. Değişik kuvvetleri hesap ederek, böyle dengeli, dikkatli tedbirli, temkinli yürümekte yarar var ki, geriye adım atmayalım yani. Aynı cephe sayılabilecek, bize sıcak bakabilen bir çerçeve içinde mütalaa edebileceğimiz siyasiler vardır. Refah'tan bugünkü manasıyla DYP'ye kadar uzanan siyasi yelpazedir. Bu insanlarla çatışmadan onlarla aramızdaki farklı müşterekleri ortaya koyarak, o çizgide belli bir münasebet tesisinde yarar var bence. Hatta gerek hukuki sahada gerekse mülki sahada icraatlarını diyalog içinde yürütmelerinde yarar olur.

Zıplayacaksın yerinde. Duruyor gibi yapmayacaksın. Müslüman durmaz yani. Hep akar, çağlar. Baktın ki koşamıyorsun, yerinde zıplayacaksın. İşler öyle hesap edilmeli ki, en kötü duruma göre, en handikap hale göre hesap edilmeli. Gerçekten adımlarınızı açarak, iyi bir maratoncu gibi koşacaksın. Ve hazırız, gerilimdeyiz, tam bir metafizik gerilim içinde, bir boşluk bulunca yeniden maratona geçeriz. Bazen hasımdan kaçmak bile çok önemli bir manevradır.

Şef dönemi onlar bir kısım şiirlerin mısralarında var. Bir kısım nesir kitaplarında var, göreceksiniz. Dinlerseniz zulüm dosyalarında var. Başına çarşaf geçirdiğinden dolayı Erzurum'da Cumhuriyet caddesinde kadınların asıldığı dönemde, "Niye çarşaf giydiniz?" diye demokrasinin rafta, istibdadın milleti kırıp geçirdiği bir dönemde. Medrese zaviye gibi işleyen "şarj evleri"... Bu evler meçhul evlerdir. Bu evler sizin bildiğiniz gibi evler, minaresi olan, ezan okunduğu zaman herkesin içine gittiği malum evler değildir. Meçhul ev. Kelime karakteristik olarak seçilmiştir. Belirsiz evlerdir. Bunlar belirli olamazlar, çünkü o evlere girip çıkıp insanlar yakın takiptedir. Elden geldiğince evde kamufle edilmelidirler.

Benim kimseye bir şey tavsiye edecek durumum yok. İmana ve Kuran'a hizmet düşüncesini evlerimizde gerçekleştirmeye çalışıyoruz. Sizin de aşina olduğunuz Işık Evleri'nde, Işık komplekslerinde gerçekleştirmeye çalışıyoruz. Arkadaşlarımız, tanıma imkânı ve fırsatını buldukları bu hizmeti benimsiyorlar, beğeniyorlarsa kendi dünyalarında da bu sistemi yaşayabilirler. Yanlış bir şey yapan, kıvama ulaşılmadan özleriyle tam bütünleşmeden gereken mesafe alınmadan bir kısım erken huruç diyebileceğim çıkışlar yaparlarsa, dünya başlarını ezer. Anayasal müesseselerdeki kuvveti cephenize çekmeden her adım erken. Kıvama ereceğiniz âna kadar dünyayı sırtınıza alıp, taşıyabilecek güce ulaşacak âna kadar, o kuvveti temsil edeceğiniz şeyler elinizde olacağı âna kadar, Türkiye'deki devlet yapısı ölçüsüne göre bütün anayasal müesseselerdeki kuvveti cephenize çekeceğiniz âna kadar her adım erken sayılır. Biliyorum ki elinizdeki meyve sularının boş kutularını dışarı çıkarken çöp kutusuna attığınız gibi bu düşünceleri de açık olma yanıyla çöp kutusuna atıp gideceksiniz...[1]

Bu kasetteki konuşmalarla ilgili soruşturma sürerken İzmir'de askeri okul öğrencileri kendi cemaatine bağlı Işık Evi'nde basıldı. Emniyet'in yürüttüğü bir soruşturma sonunda hakkında

1 ATV Haber, 18 Haziran 1999.

dava açılmasını takiben Fethullah Gülen 21 Mart 1999'da "sağlık kontrolü" gerekçesiyle ABD'ye "hicret" etmek zorunda kaldı.

AKP iktidarıyla gelen sıçrama

Türkiye'deki politik gücünü, daha görünür olduğu 1990'lı yıllardan itibaren genelde iktidara aday kimi partilere sağladığı destekle artıran ve dolayısıyla mevcut gücüne ulaşan bu yapı, desteğinin karşılığını da her zaman gördü. Gülen hareketi daima ülkenin hem görünürdeki hem de gerçekteki "iktidarına" yakın durmayı seçti.

Askerler 28 Şubat'tan sonra bin yıl sürecek bir döneme girildiğini söylese de iktidardan indirdiği RP'nin küllerinden doğan AKP'yle siyasal İslam 2002 yılında yeniden, hem de tek başına iktidar oldu. Erbakan'a rağmen kurulan bu partinin iktidar olmasında, İslamcı hareketin devlet içerisinde örgütlenerek iktidarı ele geçirme stratejisinin en iyi uygulayıcılarından olan Gülen Cemaati'nin verdiği destek önemli bir rol oynadı.

AKP'nin iktidara gelmesini ve sonraki seçimlerde iktidarda kalmasını sağlayacak Cemaat oylarına duyduğu ihtiyaç, Cemaat'in de devlet kadrolarında örgütlenmesini sağlayacak iktidara olan ihtiyaçla birleşince bu pragmatik çıkar ilişkisi devletin idari yapısında yıllardır süregelen örgütlenmenin AKP iktidarıyla hızlanmasını da sağladı. Aynı zamanda ekonomik ve sosyal alanda da aktif olan Cemaat üyelerinin ilişkileriyle de kamusal alanda daha fazla görünür olan Gülen Cemaati, Ergenekon soruşturmalarının en olumlu sonucu olarak askerin demokratik siyaset alanından kısmen de olsa çekilmesinin yarattığı boşluğu da değerlendirerek son yıllarda Türkiye'nin iç politikasında ciddi bir etkinliği olan bir güç haline geldi.

AKP iktidarının sistem içerisinde örgütlenmede ciddi bir avantaj yarattığı İslamcı akımlar bütün bakanlıklarda kadrolaşmasını en tepeden en alta kadar tamamladı. Başta Milli Eğitim ve İçişleri Bakanlığı olmak üzere Sağlık, Ulaştırma, Bayındırlık, Tarım ve Köyişleri ve hatta son dönemde sol gelenekten gelen Ertuğrul Günay'ın başında bulunduğu Kültür Bakanlığı ile bunlara ait bütün genel müdürlüklerin, bölge ve il müdürlüklerinin çok önemli bir kesimi değiştirildi. Atananların tamamı İslamcı gelenekten gelen kadrolardı.

Yapılan tasfiyelerle gönderilenlerin yerine gelenler ise geçmiş dönemlerde İslamcı oldukları iddiasıyla görevden alınan bürokrat ve memurlardı.

Cemaat küçük bir devlet oldu

Fethullahçılar 1980'ler boyunca baskıyla karşılaşmadıkları için fikren, iş yaşamında da adeta masonik bir ekonomik örgütlenme modeliyle kendilerine yer buldu. "Küçük hayırlarla" ekonomik olarak hayli yol kat edip "büyük finanslar" elde etmeyi başardılar. Finans ve banka sektöründen tutun da metalürjiden otomotiv yan sanayisine, enerji üretiminden kimya sanayisine, gıda sanayisinden hizmet sektörüne kadar birçok alanda faaliyet yürüten Cemaatçiler 1990'lardan itibaren de azımsanmayacak bir parasal güce hükmetmeye başladı.

Fethullah Gülen'in 1966 yılında İzmir Kestanepazarı'nda Diyanet görevlisi bir imamken başlattığı hareketin günümüzde özellikle finansal hacmi konusunda net bir bilgi yok. Kendileri açıklamadığı müddetçe kimse de bilemeyecek. Elbette ki bunda Cemaat'in finansal kaynaklarının şeffaf olmaması da etken. Belli bir hiyerarşi içinde hareket eden Cemaat, mahalleler bazında bile Türkiye'nin hemen her yerinde örgütlü. Bu örgütü oluşturan en küçüğünden en büyüğüne dek her birimin en becerikli ve eğitimli olanlarının arasından seçilen "imam" diye adlandırılan sorumluları ve yörenin esnafından oluşan mütevelli heyetleri de bulunuyor.

Zaten Cemaat'in ilk ortaya çıktığı günden bu yana finans kaynaklarının belkemiğini de "himmet" adı altında yapılan esnaf bağışları oluşturuyordu.[1] Artık, "alaylı" diyeceğimiz bir kuşağı geride bırakan Cemaat'in şu anki görünen yüzünü temsil eden "eğitimli" kuşağın son yıllarda birbiri ardına açtığı şirketler ve

---

1 Prof. Doğu Ergil'in hazırladığı Timaş Yayınları'ndan çıkan *100 Soruda Fethullah Gülen ve Hareketi* kitabında yer alan, "Hareketin finans kaynakları nelerdir? Bağışlar şeklinde başlayan kaynak temini, küresel bir etkinlik ağını şu anda nasıl ayakta tutmaktadır?" sorusuna Gülen şu yanıtı veriyordu: "Bu projenin arkasında Türkiye'nin bütün köy, kasaba, ilçe ve illerindeki hayırsever insanların desteği ve ülkemizin en gözde üniversitelerinden mezun olarak burs miktarı bir maaşla çalışan gencecik öğretmenlerin alınteri var. Benim sadece müşevviki bulunduğum bu gayretlerin bir halk teşebbüsü olduğunu ve 'değirmeninin suyu'nun da Anadolu'nun tertemiz bağrından geldiğini aslında herkes çok iyi biliyor. Ne var ki, bu Anadolu pınarını istedikleri yöne akıtamayanlar kıskançlık, haset ve kinle onu kurutmaya çalışıyorlar."

holdinglerle bağlı bulundukları bu hareketi artık kâr eden bir yapıya dönüştürdüğü de kesin. Adını koymak gerekirse Gülen hareketi, milyonlarca ortağı bulunan, finansal büyüklüğünü kimsenin söyleyemediği ulusötesi bir "cemaat holdingi" haline geldi.

Öyle ki güçlü finans kaynakları ve sermaye birikimleriyle Türkiye ekonomisi üzerinde ciddi bir ağırlığa sahip olan İslamcı sermaye gruplarının içinde özellikle Gülenciler ekonomik olarak tekel oldu. Günümüzde Cemaat bağlantılı şirketlerin zenginliği sadece tahmin edilebiliyor. Dünyanın birçok ülkesine yayılan okullar üzerinden yürütülen misyonerlik faaliyetleri ve gönüllülük çalışmalarıyla Gülen Cemaati küresel ölçekte ciddi bir toplumsal ve siyasal güç elde etti.

Türkiye'yle en çok ilgilenen ve Türkiye'nin de en çok ilgilendiği iki başkentte Washington ve AB'nin kalbi Brüksel'de lobi çalışmaları yürüten ekonomik ve siyasi grupları bulunan Cemaat; dünyanın birçok yerinde televizyon, gazete ve dergilerden oluşan medya organları, finans kuruluşları, üniversiteler de dahil olmak üzere çoğu burslu 2 milyondan fazla öğrencisi bulunan okul, yurt ve dershaneleriyle[1] küçük bir devlet gibi çalışıyor aslında. Gülen Cemaati'nin mali gücünün halkı etkilediği kadar, pek çok okumuş yazmış insanı, entelektüeli, solcuyu, muhalifi, ulusalcıyı etkilemesinde bu iktisadi gücün rolü olduğunun da akılda tutulması gereken bir anekdot olarak kaydetmekte fayda var.

Medyanın önemi

Cemaat'in en etkin olarak yer aldığı sektörlerden biri de medyaydı. Uzun yıllar aylık ve haftalık olarak yayımlanan dergiler aracılığıyla politik sürece dahil ya da müdahil olmaya çalışan Cemaat'in *Sızıntı* dergisiyle başlayan, aradaki bir iki ufak dergiyle birlikte *Zaman* gazetesiyle süren yayıncılık hayatları da 1990'larda patlama yaptı. Çok hızlı ve ciddi bir gelişme eğilimi

---

1 Fethullah Gülen, Ankara 2 No'lu DGM'deki davasında avukatlarının yazılı olarak sunduğu savunmada, "Adıma izafe edilen okullarla ilgili olarak sadece belirli kişilerle değil bütün topluma yönelik biçimde vatandaşlarımızın eğitim-öğretim alanında yatırım yapmalarını tavsiye etmekten başka bir münasebetim olmadığı ortadadır. Türkiye'deki özel okulların sahiplerinin kimler olduğuna ilişkin bilgiler, bu okulların kurulmasına izin veren ve onları denetleyen resmi makamlardan, okulların ait olduğu şirketlere ilişkin ve herkese açık olan ticaret sicillerinden kolaylıkla öğrenilebilir. Buralarda yapılacak araştırma ve incelemelerde şahsımın herhangi bir okul ya da eğitim kuruluşuna sahip olmadığı ortaya çıkacaktır," dedi.

gösteren ancak mevcut yayın politikasının bu gelişime ayak uyduramadığını fark eden Cemaat yeni ve sürece uygun politikalar üreterek toplumsal gelişmelere hâkim olmak ve yön vermek için öncelikle var olan gazete ve dergilerinde içerikten yayın politikasına dek ciddi değişikliğe gitti.

Hemen ardından da Samanyolu TV başta olmak üzere birçok televizyon kanalı, radyo istasyonu, dergiler, yeni gazeteler ve gelişen teknolojiyle birlikte internet sitelerini de medya ağına kattı.[1]

Çünkü medya hem gündelik politik sürece müdahale etmede hem de psikolojik savaşın yürütülmesinde, dezenformasyon ve bilgi kirliliği yaratılarak toplumu yönlendirmede de çok önemli bir araçtı. AKP iktidarının kimi zaman azgın bir totaliterlik sergileyerek sadece kendi yandaşları ve Fethullahçıların hâkim olmasını istediği medya sektörünün, 2010 yılına gelindiğinde yarıdan fazlası bu zihniyetin eline geçmişti. Kalanlarsa zaten medya sermayesinin çetrefilli yapısı ve hükümetlerle girdiği akçeli işler ve vergi kaçakçılığı gibi defoları nedeniyle sesini çıkaramaz hale geldi.

Sağ kolunun Cemaat iddiaları

Fethullah Gülen'i 1966 yılında İzmir Kestanepazarı Camii'ndeki vaizliğinden beri tanıyan, Cemaat'in bugünlere gelmesinde büyük yeri olan Akyazılı Vakfı'nı kuran 12 kişinin arasında olan ve birlikte çıktıkları yolda yıllarca beraber hareket edenlerden biri de Nurettin Veren'di. 30 yıl boyunca, iddiasına göre Gülen'in sağ kolu olarak çalışan, Cemaat içinde en etkin isimlerden biri olan Veren 2004 yılı sonunda Hoca Efendisi'ne "ihanet" ederek birçok iddiada bulundu.

Veren, başta İşçi Partisi'nin (İP) *Aydınlık* dergisi ve Ulusal Kanalı olmak üzere yazılı ve görsel çeşitli yayın organlarındaki ifşaatlarında Fethullah Gülen'i CIA ile ortaklık ve Türkiye'nin aleyhinde çeşitli faaliyetlerde bulunmakla da suçlayacaktı. 1 Kasım 2005'te İşçi Partisi'ne üye olan Veren'in Fethullah Gülen ve cemaati hakkındaki iddialarından bazıları şöyleydi:

---

1 Fethullah Gülen, Ankara 2 No'lu DGM'deki davasında avukatlarının yazılı olarak sunduğu savunmada bu konu hakkında da, "Bir medya grubunun, finans, sigorta vs. gibi ticari şirketlerin sahibi olduğum doğru değildir. Toplumda bazı insanların tavsiye ve düşüncelerime daha fazla itibar edip, o yönde faaliyet göstermesi, benim ne onlarla ne de onların kurdukları ticari, mali kuruluşlarla hususi bir alakamın bulunduğu manasına gelmez" dedi.

• Fethullah Gülen, Amerika'da bulunmasını önce hastalık, sonra "hicret"e bağladı. Buna kendisi de inanmıyor.

• Fethullah Gülen, cemaatine Atatürk'ü yıllardır din düşmanı ve deccal olarak göstermiştir.

• Gazeteci ve Yazarlar Vakfı ile Samanyolu TV'de sahte imzalarla yönetim kurulu kararları alınıyor, hisseler el değiştiriyor.

• 1990 öncesi halktan toplanan himmet ve talebe bursu adı altında her vilayetten, her ay, kayıtsız ve makbuzsuz olarak toplanan paraların yüzde 15'i "Kutsal Hoca'nın hakkı olarak" örtülü ödenek tahsisiyle kendisine bölge imamları aracılığıyla gidiyordu. ABD'deki çiftlik de bu paralarla alındı.

• Orduda Fethullahçılar vardır. Yüksek Askeri Şûra (YAŞ) kararıyla Kurmay Binbaşı seviyesinde atılan pek çok asker arkadaşların isimleri ilgili makamlarda mevcuttur. Bu kişilerle Fethullah Gülen'in kaldığı her yerde görüşmeler oluyordu. Ben de tanığıyım. Bu isimleri öğrenciliğimden bu yana tanıyorum.

• Emniyet teşkilatındaki örgütlenmeyi de K.Ö. Hoca yürütüyor.

• 1990 öncesinde bir gün Gülen beni odasına çağırdı, elinde 100 sayfalık kâğıt ve dört-beş tane teyp kasedi vardı. Bunları bana gösterdi. "Bak Nurettin Bey, bunlar sizin ve pek çok kimsenin telefon dinleme kasetleri ve raporları," dedi. Aldım, baktım. Dinlenen telefonlar, başta benim, İlhan İşbilen'in ve kendisiyle beraber hareket eden bizim arkadaşlarımızın telefonlarıydı. Ben de kendisine "Bu dinlediklerinizin içinde ne gibi mahsurlu bir şey var ki... Bunu bize sorabilirsiniz. Fakat Müslümanlıkta, değil telefon dinlemek, birisinin penceresinden içeriye bakmak bile günahtır. Bunu siz anlatmıştınız," dedim. Sözlerim üzerine Gülen, şu karşılığı verdi: "Ben sizin cüzdanlarınıza bile baktırırım. Bu benim hakkım." İşte Gülen, eskiden bu yana çok büyük bir istihbarat ağını kurmuştu. Fakat biz çok geç anlamıştık. Bu durumu İlhan İşbilen'e gidip anlattım. Telefonlarımızı dinlettiğini söyledim. O da 35 senedir, Gülen'le beraber aynı binada, Altunizade'de ve Bornova'da kalan ilk arkadaşlardandır. Dedi ki "Odalarımıza bile dinleme cihazı konulmuş. Ben buldum," dedi ve bunu bana gösterdi. Ben o zaman anladım ki, Fethullah Gülen korkunç bir istihbaratçı ve teşkilatçıydı.

Fethullah Gülen: "Veren şantaj yapıyordu"

Veren'in iddialarının yer aldığı her basın organına Fethullah Gülen'in avukatları tarafından gönderilen açıklamalarda ise konunun iftiralardan oluşan yalanlar olduğu söyleniyordu. Gülen'in marjinal çevrelerce karalama kampanyalarına ve iftiralara maruz kaldığı belirtilen açıklamada, Nurettin Veren'in iddialarının uydurma ve itfira olduğu belirtildi.

Veren'in bu iddialarına o dönemde avukatları aracılığıyla yanıt veren Fethullah Gülen, *Milliyet* gazetesinden, Mehmet Gündem'in kendisiyle yaptığı röportajda1 da konuyla ilgili soruları yanıtlamıştı. "Nurettin Veren Şantaj Yapıyordu" diye duyurulan söyleşinin ilgili bölümü şöyleydi:

"Beni kendi halime bırakın, kendi işime bakmak, zengin olmak istiyorum demiş ve ayrılmıştı; uzun zamandır görüşmüyorduk. Doğrusu ben de kırılmıştım. Hizmete olan güven kredisini şahsi işleri hesabına kullanıyor, yalan söylüyor ve şantaj yapıyordu. Bir dönemde bazı arkadaşların fikrini bulandırmış, milletvekili olma, bir siyasi partinin içinde yer alarak daha güzel hizmet edileceğine inandırma gibi çabalara girmişti. Sonra bazı arkadaşlar gelip özür dilediler, "Hocam Allah senden razı olsun, bizi kandırıp siyasetin içine çekeceklerdi" dediler. Oysa siyasete girmeme, bütün partilere aynı uzaklıkta durma gibi temel disiplinlerimiz vardı. Bu sebeple kızmış, tavır koymuştum."

"Altın Nesil"

Hakkında iddialar hiç eksik olmayan Fethullah Gülen'in yaklaşık 40 yıllık örgütlenmesinde her daim gözyaşları içinde dile getirdiği "Altın Nesil" yaratma ülküsüdür. Fethullah Gülen'in, 1975'te İzmir'de düzenlenen "Altın Nesil" başlıklı konferansta yaptığı konuşmada, "...Yunanlı bir şey bekler: O dünyayı kirden, pastan kurtaracak bir Heraklitos bekler. Hıristiyan insanlığı kurtaracak Mesih intizar etmektedir. Alevi de bir gayb imam, 'muntazır imam' beklemektedir. Biz de bir şey bekliyoruz. Eğer onu beklememizde Allah nezdinde bir mahsur yoksa; hem içini, hem dışını fetheden 'Altın Nesil' bekliyoruz. Daha doğrusu biz kimseyi beklemiyoruz, 'Altın Nesil' olmayı düşünüyoruz," diye anlatır ülküsünü.

Bu sözlerin üzerinden 35 yıl geçti. Gülen, bu süre boyunca kimi zaman konuşmasında, kimi zaman şiirinde durmadan, usanmadan ve soyadına inat her bahsi geçtiğinde hep ağlayarak,

---

1 *Milliyet*, 28 Ocak 2005.

"Altın Nesil" diye adlandırdığı bu hayalinden bahsetti. *Örnekleri Kendinden Bir Hareket* isimli kitabında, "yolları gözlenen bir nesil" dediği, her biri Işık Evleri'nde yetişen ve hareketin hedefleri doğrultusunda çalışan bu gönüllüler "Işık Süvarileri, Kuran Nesli, Hakk Âşığı, Fecir (Tan) Süvarileri" gibi adlarla ansa da bu projenin en yaygın bilinen adı hep "Altın Nesil" oldu. Günümüzde artık bu "Altın Nesil" devletin önemli köşe başlarını tuttu ve iktidara yerleşti.

BÖLÜM 4
EMNİYETTEKİ ÖRGÜTLENME

Üst düzey bir emniyet müdürünün iddiasına göre 5 milyonun üzerinde yetişkin mürit ve milyarlarca dolarlık finansal gücü ellerinde tutan Fethullahçıların en büyük özelliklerinden biri de Türkiye'de en fazla dershane ve okul sahibi olmaları. Zaten "Altın Nesil" adını verdikleri proje, eğitim yoluyla Türkiye'nin idari yapısında yer alacak kadroların yetiştirilmesi anlamına geliyordu.

Günümüzdeki mevcut duruma bakınca başarılı olmadıklarını da kimse iddia edemez. 1980 Darbesi dönemde dini hassasiyeti bulunan ama bu hassasiyetin derecesini iktidara karşı hiçbir zaman belli etmeyen kadrolar yavaş yavaş ama giderek fazlalaşarak bürokrasinin içinde yer almaya başlamıştı. 1980'lerin ortalarından itibaren de örgütlenmek için hedeflenen alanların arasında en çok öne çıkan adres Emniyet oluyordu. Fethullahçılar bu kurumda, hem yatay hem de dikey olarak, sistematik bir biçimde örgütlendi.

Emniyet içinde örgütlenmenin ilk başladığı yer kuşkusuz ki polis okullarıydı. Cemaatçi emniyetçilerin, henüz polis okullarına gelmeden önce, daha orta öğrenim sırasında Cemaatçi eğitim kariyerlerinin başlangıcı olan Işık Evleri'ndeki telkinlerde lise ya da üniversite öğrenimleri sırasında nerelere girmeleri gerektiği belirleniyordu. 1980'li yılların ortalarından itibaren de Cemaatçiler, gelecekte Türkiye'yi yönetecek kadroların yetişmesi planı olan "Altın Nesil" projesi kapsamında eğitim yoluyla bürokrasiye girmiş Işık Evleri'nden mezun öğrencilerden polislik mesleğine yönlendirilenler de 1987-91 yılları arasında Polis Akademisi, Polis Koleji, polis okulları ve bazı emniyet daire başkanlıklarında etkili olmaya başlamıştı.

Gülen Cemaati'nin Emniyet içinde örgütlenmesinde elbette ki sağ muhafazakâr partilerin iktidarda olması etkendi. 1980 Darbesi sonrasındaki uzun ANAP iktidarında da, İçişleri Bakanlığı gibi kritik önemde bir koltuğun sahibinin Nakşibendi olduğu bilinen

Abdülkadir Aksu olması Cemaat için büyük bir özgürlük alanı yaratmıştı. O dönemde Turgut Özal'ın da, Gülen Cemaati'nden gelen baskılarla 1984 yılında Polis Akademisi Yasası'nda yapılan bir değişiklikle lise ve üniversite mezunlarına doğrudan Polis Koleji'ne girme imkânı tanındı. Daha önce sadece Polis Koleji'nden mezun olanların devam edebildiği Polis Akademisi'nin ilk ve son sınıflarına dışarıdan da öğrenci alınmasına ilişkin yapılan bu düzenleme Emniyet içindeki sistematik Fethullahçı örgütlenmenin de miladıydı. Bu düzenlemeyle birlikte Akademi'nin öğretim kadrosu ve öğrencileri arasında başlayan Cemaat örgütlenmesi hızı kesilmeden 1991 yılına kadar giderek artmıştı. Bu yasa kapsamında Polis Akademisi'ne gelen ve "özel sınıflarda" verilen 6-9 aylık gibi kısa süreli eğitimlerden sonra, büyük kısmı Fethullah Gülen Cemaati'yle bağlı olan dini itikatları kuvvetli bu çocuklar komiser yardımcısı statüsünde mezun olup üst rütbeli polisler olarak göreve başladı. Hatta Anayasa Mahkemesi'nin Dışişleri mensupları için verdiği bir karardan da yararlanarak askerlik sürelerini rütbelerine de saydırmayı başarmışlardı.

Bilgiye sahip olan güçlüdür

Polis okullarından sonra Emniyet'teki örgütlenmenin en önemli adresi öncelikle atamaların belirlendiği Personel Dairesi, sonra da teknik takip, izleme ve dinleme faaliyetlerini yürüten birim olan İstihbarat ve KOM Dairesi Başkanlığı ve bu birime bağlı il şube müdürlükleriydi. Sadece telefonların dinlenmesiyle bile rekabet edilemez bir siyasi ve ekonomik güç olunacağının kanıtını da siyasi-ekonomik birçok rakip kişi ve kurumun alt edilmesi hepimize gösterecekti.

Bilgiye sahip olanın güce sahip olacağı inancıyla hareket etmenin meyveleri de 2000'li yıllarda şantaj, itibarsızlaştırma, görevden el çektirme, siyaset sahnesinden yok etme gibi olaylarla toplanmaya başlandı.

İstihbarat Daire ve KOM'un önemi

Hanefi Avcı'nın 2010 Ağustos ayında yayımlanan ve büyük gürültü koparan kitabında[1] Cemaatçilerin polis içinde ilk örgütlenmeye başladığı yıllardan itibaren ilk ele geçirmek istedikleri

1 Hanefi Avcı, *Haliç'te Yaşayan Simonlar, Dün Devlet Bugün Cemaat*, Angora Yayıncılık

birimler olan İstihbarat Daire ve Kaçakçılık ve Organize Suçlarla Mücadele (KOM) Başkanlığı'nın neden bu kadar önemli olduğu da şöyle anlatılıyordu:

> Ülke genelinde istedikleri gibi bilgi toplamak, istedikleri kişilerin faaliyetlerini izleyip öğrenmek gayesinde olanların yaptığı ilk şey Emniyet İstihbarat Dairesini ele geçirmektir. Orada hâkim konumda olmaları gerekir. Bunu MİT üzerinde etkinlik kurarak da yapabilirler ama o kurum daha ilerisine müsaade etmez. Eğer sadece bilgi toplamak yerine haklarında bilgi toplandıkları kurum ve kişiler hakkında adli işlemlerde bulunmak da isteniyorsa Emniyet Kaçakçılık ve Organize Suçlarla Mücadele (KOM) Dairesi'nde etkin olunması şarttır. Sadece merkezi yapıları değil, operasyonların en çok yönetileceği başta İstanbul, Ankara olmak üzere bazı önemli illerdeki bu dairelerin uzantısı şubelerin de ele geçirilmesi gerekir. Eğer sadece bilgi toplamak ve bunlarla ilgili adli işlem yapmakla da yetinmeyip her memur, asker ve özel kanunlarla korunan kişiler hakkında da işlem yapmak isteniyorsa, o zaman özel yetkili mahkemelerin savcıları ve hâkimleri üzerinde de etkin olunması gerekir.
>
> Emniyet İstihbarat Daire Başkanlığı sahip olduğu geniş teknik imkânları ile herkes hakkında her türlü bilgiyi toplayabilir, kim kimlerle görüşüyor öğrenilebilir, eline telefon alan herkesin irtibatları ve ilişkileri belirlenebilir. Hiç kimse onlardan ilişkisini gizleyemez.
>
> Emniyet İDB ve her ildeki şubesi, hatta bazı ilçelerdeki birimlerinin istihbari dinleme yetkisi vardır. Kişiler dinlenir, izlenir ve bir süre sonra evraklar imha edilir. Yıllarca her konuda ve her kurumdan toplanmış terabaytlara sığmayan bilgi bankaları mevcuttur. Dahası kimsenin hesap edemeyeceği teknik imkânlara sahip Türkiye'nin her ilindeki istihbarat şubelerini 7000 civarındaki personeli vasıtasıyla ülke genelinde her yerde izleme faaliyetlerinde bulunma olanakları vardır. Onları yalnızca Emniyet genel müdürü ve içişleri bakanı denetleyebilir, müfettişler dahil kimse binalarına giremez ve işlemlerine karışamaz.
>
> KOM Daire Başkanlığı merkez ve ülke genelindeki örgütlü suçlar ve organize gruplarla ilgili tahkikatları yapar, aynı zamanda adli dinleme ve izlemenin Emniyet'teki en etkin merkezidir. Özel yetkili savcılar ve mahkemeler biraz da kanunları zorlayarak herkes hakkında doğrudan dava açabilir, gözaltı kararı verebilir, tutuklayabilir. Fakat normal hallerde devlet memurları hakkında görevleri nedeniyle işledikleri suçlar için tahkikat yapılması 4483 sayılı kanuna göre belli

makamların iznine tabidir. İlçe memurları için kaymakamlardan, il memurları için valilerden, merkez memurları için genel müdür ve benzeri amirlerden, üniversiteler için YÖK veya rektörden izin şartı vardır. Bu izin olmadan doğrudan dava açılmaz, belli suçüstü halleri haricinde savcılar doğrudan tahkikat yapamazlar. Ama herhangi bir fiil özel yetkili mahkemelerin görev alanına giriyor denince herkes hakkında doğrudan dava açılabilir. İşte Türkiye'de son yıllarda, böyle bir planın uygulandığını görüyoruz. MİT'e hâkim olsanız, sadece bilgi toplarsınız, belki bunları saptırarak kullanabilirsiniz ama daha ilerisini yapamazsınız. Aksiyonel bir eylem gerçekleştirme arzusundaysanız, MİT size yetmez. Bu doğrultuda önce KOM Daire Başkanlığı, sonra İstihbarat Dairesi Başkanlığı, ardından da İstanbul ve Ankara İstihbarat Şubesi ve bunlarla paralel olarak özel yetkili mahkemelerin savcı ve hâkimlerinin de belli oranda belirli eğilimlerde olan kişilerden oluşturulduğunu bugün net olarak görmek mümkün.

Polis görev kuralarında hile

Nitekim Cemaat'in ilk örgütlendiği Polis Kolejleri ve Akademisi'nden sonra düşürülen ilk kale Personel Daire Başkanlığı oldu. Akademiden, yine Cemaat hoca ve idarecilerinin elinden mezun olanlar Personel Daire Başkanlığı'nın da içinde olduğu bir tezgâhla kilit noktalarda görev alabiliyorlardı. Bu örgütlenmeyi ilk açığa çıkaran en önemli olay Ünal Erkan'ın Emniyet genel müdürü olduğu dönemde yaşanmıştı. 1991 yılının Haziran ayında dönemin ANAP iktidarının İçişleri Bakanı Mustafa Kalemli, Emniyet Genel Müdürlüğü'ne (EGM) Ünal Erkan'ı atamıştı.

Erkan'ın göreve geldiği ilk günden itibaren önüne gelen şikâyetlerin çoğu Polis Akademisi'yle ilgiliydi. Şikâyetlerin ortak noktası, yukarıda anlattığımız, Cemaat'le bağlantılı gençlerden özel sınıflar oluşturulup altı aylık eğitimden sonra komiser muavini olarak belirli birimlerde göreve başlatılmasıydı. Bu şekilde akademiye giren öğrenciler de komiser yardımcısı olarak mezun olduktan sonra hileli kurayla Emniyet'in istihbarat, personel, muhabere birimleri ile polis okullarına atanıyorlardı. Bu konuyla ilgili bir ihbarın İçişleri Bakanı Kalemli'ye dek ulaşması üzerine de Ünal Erkan, yardımcısı Ümit Erdal'la birlikte kimseye haber vermeden, gece yarısı kura çekiminin yapılacağı Polis Akademisi'nin yolunu tutmuştu. Çünkü Cemaat'le bağlantılı yeni mezun komiser yardımcılarının nereye atanacağı önceden belliydi. En önemli yerler ise Personel ve İstihbarat Dairesi'ydi.

Zaten gelen ihbarda da "Işık Evleri" kökenli komiser muavinlerinin stratejik görevlere gelebilmeleri için isimlerinin farklı torbaya konulduğu bilgisi verilmişti.

Bu olaya, gazeteci Saygı Öztürk'ün *Okyanus Ötesindeki Vaiz* isimli kitabında da yer verildi. Öztürk'ün kitabında anlattığına göre; torbaların başında oğluna Said kızına Nur adını verdiği için "Nurcuların lideri Said-i Nursi'yi çağrıştıran imam" diye bilinen Emniyet mensubu vardı.[1]

Ünal Erkan anlatıyor

Hileli kuraya baskınını Ünal Erkan daha sonra, *Çağın Polisi* isimli dergide şöyle anlatıyordu:

> Kura çekimi sırasında kayırmacılık yapılacağı yönünde duyum almıştım. İlgili genel müdür yardımcısı arkadaşımı uyardım. Bir arkadaşıma öğrenci velisi gibi akademiye telefon ettiriyordum. Gün boyunca çekilmesi gereken akademi mezuniyet kuraları gecenin 24'üne kadar hâlâ çekilmemişti. "Nihayet kuralar çekilmeye başladı," diye haber aldığımda yanıma Emniyet Müdür Yardımcısı Ümit Erdal'ı alarak sivil bir taksiyle akademiye gittim. Bizim kolejde okuduğumuz Anıttepe'deki binanın kütüphane olarak kullanılan salonunda, bir heyet tarafından kura çekim işleminin sürdüğünü gördüm. Yeni mezunlar içeri tek tek alınıyordu. Başkanın önündeki masanın üzerinden bir torba, altındaki sehpalarda da başka torbalar bulunuyordu. Her bir torbada istihbarat, kaçakçılık, trafik gibi birimler için lazım gelen sayıda kura kâğıtları vardı. Geri kalanları da ayrı bir torbadaydı. İçeri giren yeni mezun, eğer kayırılacak elemansa özel torbadan hazırlanmış torbadan kura çekiyordu. Gariban ise, yani herhangi bir kayıranı yoksa masa üstündeki torbadan kura çekiyordu. Komiser muavini kura için geldiğinde listeden isimleri işaretlenmiş olup olmadığı kontrol ediliyor, masanın altındaki torbalardan birinden çıkan kâğıtla nereye atandığı söyleniyordu.[2]

Işık Evleri'nde eğitim

Bu şekilde Işık Evi kökenli komiser muavinlerinin, Cemaat'in isteklerine göre belirlenen illerde İstihbarat, Personel, Polis Koleji,

---

1 Saygı Öztürk, *Okyanus Ötesindeki Vaiz,* Doğan Kitap, 2010.

2 Nedim Şener, *Ergenekon Belgelerinde Fethullah Gülen ve Cemaat,* 2009.

Kaçakçılık gibi önemli birimlerde görev almaları sağlanıyordu. Cemaat bağlantılı olmayanların ise karakollar ve sıradan görev yerleri bulunuyordu. Erkan, neye uğradığını şaşıran Cemaat'in akademideki görevlileri hakkında tutanak tuttururken hileli kura çekiminin iptal edildiğini duyurdu.

Söz konusu olayla ilgili soruşturma başlatılırken birçok ilde kadro değişikliğine de gidildi. Kura çekimi listesi incelendiğinde isimleri işaretli olanların hepsinin daha önce ayarlanmış torbadan kuralarını çektiği belirlendi.

Öğrencilerin akademiye girişleri araştırıldığındaysa yüzde 90'ının kolej kökenli olmayıp sonradan yapılan düzenlemeyle Akademi'ye ilk ya da son sınıftan başlayan öğrenciler olduğu tespit edildi. Öğrenciler alınan ifadelerinde Karşıyaka'da bulunan Işık Evi'nde eğitimden geçtiklerini söyledi. Belirtilen adrese yapılan baskında verilen bilgilerin doğru olduğu çıktı.

Neler olduğunu gazeteci Muharrem Sarıkaya olaydan sekiz yıl sonra, Fethullah Gülen'in ATV'de yayınlanan kasetlerinin ortaya çıkmasından sonra çalıştığı *Hürriyet* gazetesinde yayımlanan "Fethullah Hoca'nın Emniyet Planı..." başlıklı yazısında anlatmıştı. "Devlet, Fethullah Gülen'i son dönemde ortaya çıkan kasetleriyle mi tanıyor? EGM'nde 8 yıl önce yaşanan bir operasyon, bu soruyu yanıtlıyor..." diyerek hileli kura skandalını anlatan Sarıkaya şöyle yazmıştı:

> ...Bu öğrencilerden bazılarını sorguya çekiyor. Öğrencilerden biri şu itirafta bulunuyor: "Biz Karşıyaka semtinde Fethullah Gülen Hocaefendimizin açtığı Işık Evi'nde toplanırız. Orada eğitim alırız..." Erkan, Karşıyaka'daki adrese baskın yaptırıyor. Verilen bilgilerin doğruluğu ortaya çıkıyor.
>
> Evde Fethullah Gülen'e ait kitaplar, videokasetler ve başka bazı yayınlar bulunuyor. Geniş çaplı bir operasyon başlatıyor. İşin sorumluları hakkında soruşturma açtırıyor ve mahkemeye sevk ediyor. Erkan, 9 ay görevde kalıyor, ardından Olağanüstü Hal Bölge valiliğine atanıyor. Aradan geçen zaman içinde o dönemde görevden el çektirdiği kişilerin hemen hepsinin Emniyet'e döndüklerine tanık oluyor. Hem de bugün birçoğu kritik noktada oturuyor. Açtırdığı soruşturma dosyaları ise kayboluyor..."[1]

1 *Hürriyet*, 24 Haziran 1999.

1991'deki Gülen Cemaati soruşturması

Ünal Erkan'ın Emniyet genel müdürü, Ümit Erdal'ın Polis Akademisi başkanlığı yaptığı dönemde başlatılan bu soruşturma, o dönemde Polis Akademisi'nin deyim yerindeyse bir "Cemaat yuvası" olduğunu ortaya koyuyordu. Yapılan baskınla birlikte genel müdür gözünde de açığa çıkan Akademi'deki Fethullahçılarla ilgili, bizzat Ünal Erkan'ın görevlendirmesiyle müfettişler inceleme başlattı. EGM Polis Teftiş Kurulu Başkanlığı'nın 1991/313 sayılı ve başmüfettiş Ahmet Nihat Dündar ve müfettiş İzzet Sezgin Şenel imzalı raporunda Akademi'deki Fethullahçı öğretim üyeleri isim isim saptanmıştı. Bu soruşturma raporuna dayanılarak haklarında idari işlem yapılmak üzere Yüksek Disiplin Kurulu'na sevk edilen öğretim üyeleri, "Terörle Mücadele Kanunu'nun 1. maddesine muhalefet ederek cumhuriyetin niteliklerini, siyasi, hukuki, sosyal, laik ve ekonomik düzeni değiştirmek suretiyle Türk Devleti'nin ve Cumhuriyeti'nin varlığını tehlikeye düşürmek, görevin yerine getirilmesinde siyasi düşünce, felsefi inanç, din ve mezhep ayrımı yapmak, Emniyet mensupları arasında bu yolda ayrım yapıcı tutum ve davranışlarda bulunmak"la suçlandı.

Ancak Yüksek Disiplin Kurulu, Polis Akademi'sini Cemaat'e teslim eden bir karara imza attı:

> Emniyet mensupları hakkında yukarıda açıklanan suçlamalardan dolayı düzenlenen soruşturma dosyası kurulumuzca incelendi. Adı geçenlerin, Polis Akademisi'nde derslerine girdiği öğrencilere kıyas yapmak suretiyle İslam hukukunun batı hukukundan üstün olduğunu, şer'i düzenin bugünkü düzenden daha mükemmel olduğunu empoze ettikleri, bu düşünceyi benimseyen öğrenciler ile benimsemeyen öğrenciler arasında ayrım yaptıkları, Nurculuk faaliyetinde bulundukları iddia edilmiş, Türk Ceza Kanunu'nun 163'üncü maddesinin yürürlükten kaldırılmış olması nedeniyle takipsizlik kararı verilmiştir.
>
> Sanık Emniyet mensupları hakkındaki suçlamalar yürürlüğe giren kanunun 1. maddesiyle affedildiğinden dosyanın işlemden kaldırılmasına karar verilmiştir.

Aslında ortaya çıkan raporlar Emniyet'teki Fethullahçı yapılanma diye adlandırılan oluşumu bugünden 20 yıl önce ortaya döken tutarlı bir çalışmaydı. Tespit edilen isimlerin Cemaat oluşumunun içinde yer aldıkları konusunda yetkililerin kuşkusu yoktu. Ancak bu isimlerin yanı sıra, Polis Akademisi'ne dışarıdan öğrenci alımını sağlayan düzenleme uyarınca gelerek eğitimleri sonunda mezun olup göreve başlayan ya da dil eğitimi için yurtdışına gönderilen polis, kaymakam ve bürokratların araştırılmaması, hatta korunması bu kişilerin izlerini kaybettirmesine neden oldu. Kimi zaman açılan soruşturma ve davalar da bürokratik rekabet olarak kamuoyuna yansıyınca sonuçsuz kaldı. Bu konuyla ilgili ceza alanlar ise hep soruşturma açtıranlar ya da yürütenler oldu. Polis Akademisi'ndeki soruşturmayı açtıran Ünal Erkan dokuz ay sonra OHAL Bölge Valisi olarak görevinden ayrıldı. Birlikte yürüttükleri operasyonda görev alan Polis Akademisi Başkanı Ümit Erdal ise bir yıl daha aynı görevde kalabildi. 1993 yılında İçişleri Bakanı Mehmet Gazioğlu yurtdışındaki, çoğu Cemaat'e yakın araştırma görevlilerinin görev sürelerinin uzatılması isteğine karşı çıktığı için görevinden alındı.

Emniyet Genel Müdürü Ünal Erkan'ın görevlendirmesiyle hileli kura incelemesini yapan müfettişler İzzet Sezgin Şenel ve Ahmet Nihat Dündar hakkında da inanılmaz bir iftira kampanyası başlatılmış, soruşturmalar açılmıştı. Müfettişler Şenel ve Dündar'ın soruşturma raporunu "yanlı" hazırladıkları gerekçesiyle haklarında Ankara Cumhuriyet Başsavcılığı'na suç duyurusunda bulunulmuştu.

Suçlama üzerine müfettişlerle ilgili açılan soruşturma sonucu Dündar ve Şenel'in dosyalarını "tarafsız" biçimde hazırladıklarına dair rapor düzenlense de ikisi de kızağa alınmış ve bir süre sonra da emekli olmuşlardı. Bu iki müfettişin özellikle bu görevden sonra meslek hayatlarını sürünerek geçirdiği Emniyet'te her zaman konuşulan bir şehir efsanesine döndü.

Polis müfettişleri İzzet Sezgin Şenel ile Nihat Dündar'ın, 1991 yılında Akademi'de yaşanan hileli kura olayıyla ilgili başlattıkları soruşturmadan ise birkaç kişiye ceza verilmesi dışında tatminkâr bir sonuç çıkmamıştı. İsimleri belirlenerek kurumdan uzaklaştırılanlar buzdağının görünen yüzüydü.

Fethullah'ın Copları

Bu soruşturma öncesinde ve sonrasında polislik eğitimi verilen akademi, kolej ve okullarda neler yaşandığını ortaya koyan önemli bir kaynak bulunuyor. Fethullahçı örgütlenme ve bu örgütlenmenin kucağına düşen öğrencilerin Işık Evleri'nde neler yaşandığıyla ilgili en ayrıntılı bilgiler ilk kez *Fethullah'ın Copları* isimli kitapla gün yüzüne çıkmıştı.

Kendisi de 1986 yılına kadar Polis Koleji ve Polis Akademisi'nde yedi yıl eğitim gören Zübeyir Kındıra, okul içinde örgütlü Cemaatçilerle arası olmadığı gibi *Cumhuriyet* gazetesi okuyup Zülfü Livaneli'nin kasedini dinlediği gerekçesiyle sicili bozularak atıldı. İletişim Fakültesi'ni bitirdikten sonra gazetecilik yapmaya başlayan Kındıra 1999 yılında yayımlanan kitabında, hocasından öğrencisine dek Fethullahçıların usulsüzlük ve baskı yöntemlerini, Işık Evleri'ndeki gizli toplantılarındaki din eğitimlerini anlatıyordu. Akademi ve kolejde Cemaat saflarına giren öğrencilerin daha sonra Emniyet içinde Atama Şube, Polis Koleji, Polis Akademisi ve İstihbarat Dairesi gibi kritik noktalara getirilerek Fethullahçıların yararına kullanıldığı tespitlerini de içeren Kındıra'nın kitabı, Ankara Emniyet Müdürlüğü'nce başlatılan, Fethullahçıların Emniyet içinde ve devlet kurumlarında yapılanmasıyla ilgili soruşturma için de faydalı bir kaynak oluşturmuştu.

Emniyet'in içine "Fethullahçı tohumu" atılmasının ilk günlerine tanıklık eden biri olarak Cemaat'in "kendilerinden olmayanları safdışı bırakma" yöntemlerini bizzat yaşadığını belirten Kındıra kitabının önsözünde şunları yazıyordu:

> 14 yaşında Polis Koleji öğrencisi olarak Emniyet teşkilatına girdim ve 1986 yılında bu örgütün elemanlarının, baskı ve dayanaksız suçlamalarıyla sicilim bozulduğu için ayrılmak durumunda kaldım. Polis Koleji ve Akademisi'nde geçirdiğim 7 yıl boyunca, polis içinde bu örgütün varlığını net olarak gördüm...
>
> Polis Koleji'nin uygun ikliminde, birçoğumuz daha ilk hafta sonu izninde, bu Fethullahçı topluluğun içinde, nereye ve neden gittiğini bilmeden bir "Işık Evi"nde, Said-i Nursi risalesi dinlerken buldu kendisini. Bazılarımız okula döner dönmez, üst sınıflara ya da komiserlere durumu anlatıp, "korunmaya" alındı... Ben de o evlerden birine götürülenlerdendim. Hemen uzaklaşıp, kurtuldum. Benim gibi birçok arkadaşım da bu topluluktan uzak durdu. Ama benimle birlikte o gün o eve gidenlerin birçoğu iyi birer Fethullahçı oldular. O gün o evde, benim ilk namazımda yanımda duranlar ve onların anlayışı tarafından Emniyet teşkilatından uzaklaştırıldım. Yıllar sonra, gazeteci

olarak o gün, o evde benimle birlikte olanların, Emniyet teşkilatının en kritik üst yönetimlerinde bulunduklarına tanık oluyorum."[1]

Nasıl örgütleniyorlardı?

Kındıra kitabında, Cemaat'in kendi ideolojisine göre insan yetiştirmek için "eğitim ve öğretim" amacıyla kullandığı ve Gülen örgütlenmesinin temeli olduğunu vurguladığı Işık Evlerinin "Şarj Evleri", "İbn-i Erkam Evleri" gibi adlarla anıldığını da yazıyordu. Sahabeden yani Hazreti Muhammed döneminde yaşamış bir Müslüman olan İbn-i Erkam'ın adının bu evlerle birlikte anılmasının özel bir nedeni olduğunu belirten Kındıra bunu, "İslam tarihçilerine göre; İbn-i Erkam herkesin dışladığı, birlikte görünmekten, konuşmaktan kaçındığı bir dönemde Muhammed'i evine almıştır. Bu nedenle evi nurla, yani ışıkla dolmuştur," diye açıklıyordu.

Gülen'in vaazlarında ve kitaplarında "ahir zamanda gelerek dini tahrip eden deccalın bir daha hortlamak üzere öldürüldüğü ev" diye sıkça geçen Cemaat'in hücreleri durumundaki Işık Evleriyle Polis Koleji ve Akademisi'ne giren her yeni öğrencinin mutlaka tanıştığını ve en çok giden topluluğu oluşturduğunu söylüyordu Kındıra. Başlarındaki en rütbeli kişinin "okul imamı" olduğu Cemaatçi üst sınıftakilerin aldıkları talimat uyarınca, toy öğrencileri çeşitli sohbetlerle "kıvama getirdikten" sonra hafta sonları izinlerinde birer tarikat eğitim merkezi olarak işleyen Cebeci, Demetevler, Aydınlıkevler, Keçiören, Abidinpaşa gibi gözden uzak yerlerdeki kenar semtlerde bulunan Işık Evlerine götürüldüğü anlatılan kitapta şunlar yazıyordu:

> Ankaralı olmayan bazı öğrenciler de gidecek bir "ev" bulmuşlardı. Sonraları "Işık Evleri"[2] olarak literatüre geçecek "Nurcu tarikatının evleri başta olmak üzere Süleymancı, Nakşibendi tarikatlarının

---

1 Zübeyir Kındıra, *Fethullah'ın Copları*, Su Yayınları, 2001.

2 Fethullah Gülen kendisi ABD'deyken Ankara 2 No'lu DGM'de tutuksuz yargılandığı davada avukatları aracılığıyla yazılı yaptığı savunmada Işık Evlerini şöyle anlatmıştı: "12 Eylül 1980 öncesinde üniversiteli öğrenciler sağcı-solcu şeklinde kamplara ayrılmıştı. Bütün bunlardan uzak kalmak isteyen masum öğrenciler de iflah edilmiyor ve mağduriyete uğratılıyordu. Resmi ve özel öğrenci yurtlarında anarşi kol geziyordu. Vaiz olarak görev yaptığım bu dönemlerde vaazlarıma ve sohbetlerime gelen öğrencilere ve velilere, tanıdık öğrencilerle beraber evler tutup kalmalarını tavsiye ediyor, böylece terörden uzak kalabileceklerini söylüyordum. Bu tavsiyemde fikri ilham kaynaklarımdan biri de, içlerinde Allah'ın anıldığı huzur dolu evlerden bahsedilen Nur Suresi olmuştur. Esasen Işık Evi tabiri, kendi aralarında ev tutan bazı öğrencilerin, kaldıkları o evlere verilen addı..."

"dershane" adı verilen evleriydi bunlar. Bu evlere giden birçok Polis Koleji öğrencisi olduğunu tüm öğrenciler ve okul yönetimi de biliyordu. Ancak, o tarihlerde bunu engellemek ya da soruşturma açmak için doğrudan ve ciddi sayılabilecek bir girişim yapılmadı. Çünkü henüz rahatsızlık verecek bir boyuta ulaşmamıştı ve "rejime yönelik tehlike" oluşturacak bir yanı olduğu düşünülmüyordu. Yıllar geçtikçe devletin hemen tüm kurumlarında ve yargı organlarında, "tehlike" olarak algılanan bu evlerle ilgili inceleme, araştırma hatta soruşturma açılabildi. Ama biraz geç kalındı. Çünkü o tarihlerde bu evlere gidenler ve orada yetişenler artık, bu "Işık Evleri" ile ilgili açılacak soruşturmaları engelleyebilecek, amacından saptırabilecek güce sahip oldular.

Şikâyet edene hem işkence hem soruşturma

Yedi yıl boyunca kendisi ve bazı arkadaşları tarafından konuyla ilgili şikâyet dilekçeleri vermelerine karşın tarikat bağlantısı saptanarak Emniyet teşkilatından uzaklaştırılan bir tek kişiye tanık olduğunu aktaran Kındıra, şikâyetlerini işleme koyan komiserlerin bir hafta içinde okuldan tayin ettirildiğini de kitabında anlattı. Cemaat'e tavır alan öğrencileri koruyan komiserlerin süratle tayinlerinin çıkmasıyla yalnız kaldıklarını, şikâyet dilekçesi verdikleri için de Cemaat tarafından "komünist" diye sakıncalılar listesine alınarak dayak ve göze kolonya dökmek gibi işkencelere katlanmak zorunda kaldıklarını anlattı. Daha ilginç olan ise Cemaatçileri şikâyet edenlerin, "tarikatçı olduklarına ilişkin şikâyet" üzerine soruşturmadan geçmesiydi.

Polis Okulu ve Koleji öğrencilerinin her hafta sonunu dualar okunup namaz kılınan, Nurculuk öğretilerinin anlatıldığı derslerin işlenip Fethullah Gülen'in vaaz kasetlerinin dinlenildiği bu evlerde geçirdiğini belirten Kındıra 1979 yılı ve izleyen yıllarda Işık Evlerine öğrenci götürmenin sistemli bir hale geldiğini de söylüyordu. Işık Evlerinin tedrisatından geçenlerin zaman içinde kritik görevlere geldiğini de belirten Kındıra, "1979 yılında hazırlık sınıfına başlayan öğrencilere yönelik 'adam kazanma' yöntemi henüz birkaç yıllık yeni bir uygulama olsa da başarıyla yürütüldü. O yıldan sonra da bu operasyon hız ve güç kazanarak sürdü. 1979 yılında Gülen'in Şarj Evlerine, yalanlarla öğrenci götürenler ve bu grubun içinde olanların hemen tümü hâlâ Emniyet teşkilatı içinde en kritik noktalarda görev yapıyorlar. Müfettiş raporlarında, MİT kayıtlarında, MGK'ya sunulan belgelerde 'Fethullahçı' olarak gösterilen polisin, komiser, amir ve müdürlerinin büyük çoğunluğu bu dönemde Işık Evleri'nde yetiştirilenlerdir. Bu polislerin adları, o dönemdeki çalışmaları ve ilişkileri gün geçtikçe daha açık bir şekilde ortaya çıkıyor. Bu kişilerin, ilişkilerini ve çalışmalarını bugün de sürdürdükleri biliniyor. 80'li yıllarda Işık Evlerine yeni öğrenci götüren ve ders aldıranlar arasında olanlar; daha sonra Emniyet teşkilatının önemli kademelerinde görev yaptılar. Kuşkusuz, o dönemde Işık Evlerine gidenlerin hepsi Fethullahçı olmadı. Ama büyük çoğunluğunun adı kayıtlara Fethullahçı olarak geçti" diyordu.

"Çalışan kadınların hepsi orospudur"

Kındıra kitabında isim isim polis eğitim kurumlarındaki Fethullahçı örgütlenmenin sorumlularını da deşifre ediyordu. 2001 yılında ilk baskısı yapılan kitapta Polis Okulu ve Akademisi öğrencileri ya da hocaları olarak adları geçenlerin daha sonra Emniyet içinde yürütülen Fethullah Gülen soruşturmalarında da karşısına çıktığını örneklerle anlatan Kındıra'nın adını andığı isimlerden biri de Polis Koleji ve Akademisi'ne 12 Eylül sonrasında atanan öğretim üyelerinden Türk Dili ve Edebiyatı derslerine gelen B.C.'ydi. B.C.'nin derslerde edebiyat ya da Türk dilinden söz etmek yerine daha çok "hayat dersi" anlattığı öne sürülen kitapta, "Osmanlı'nın güzelliğinden, Cumhuriyet döneminin nasıl toplumda dejenerasyona yol açtığından söz ederdi. İslam'ın yüceliğinden çokeşliliğe, tek çeşit yemek yenmesi gerekliliğinden Atatürk'ün yanlışlarına kadar her alanda düşüncelerini anlatırdı. Şer'i hukukun adaleti tam olarak yerine getirdiğini, ancak günümüzde uygulanan Batı hukukunun adaleti sağlayamadığını, çoğunu kendisinin uydurduğu hikâyelere dayanarak, ileri sürerdi,"[1] deniyordu. Kındıra kitabında bir ders sırasında, "Atatürk'ü Samsun'a Vahdeddin gönderdi. Parasını da o verdi. Gidip, düşmana karşı hazırlık yapması için görevlendirmişti. Ancak Atatürk, Vahdeddin'e ihanet etti," demesi üzerine aralarında kendisinin de bulunduğu bazı öğrencilerin gösterdiği tepki üzerine B.C.'nin dersi terk ettiğine yer veriyordu:

1 Zübeyir Kındıra, *Fethullah'ın Copları*, Su Yayınları, 2001.

Bir başka dersinde ise kadınların çalışmasının dinimizce yasak olduğunu, çalışan kadınların erkeklerle aynı ortama girip yoldan çıktığını ileri sürdü. Yine tartışma çıktı. B.C., heyecanla tezini savunuyordu:

– Çalışan kadınların hepsi orospudur.

Ender, birden ayağa fırladı ve başladı bağırmaya:

– Benim annem ebe. Sen bunu nasıl dersin?

B.C.'nin rengi attı. Bu olay okul yönetimine ve bayan öğretmenlere yansıdı. B.C., Polis Koleji'nde ders verdiği öğrencileri mezun olup Akademi'ye gidince, Polis Akademisi'nde de aynı şeriat propagandasını yapmaya devam etti. Ta ki, hakkında soruşturma açılıp, sözleşmesi iptal edilene kadar. B.C., bu tarihten sonra, Refah-Yol hükümeti döneminde Başbakanlık müşavirliği kadrosuna geçirildi. B.C., hâlâ TBMM'de.[1]

Dua ezberleyene 5 puan

Zübeyir Kındıra akademideki hocaların yanı sıra Cemaat örgütlenmesi içinde sorumlu olan öğrencilerin de yer verildiği kitapta N.M. ile kendisi arasında geçen ilginç bir hikâyeyi anlatıyordu. Kındıra ve kendisi gibi öğrenci olan N.M. arasında Fethullah Gülen'in duasını ezberlemeyle ilgili geçen diyalog şöyleydi:

"'Eğer Hoca Efendi'nin duasını okursan, sınavda 5 puanın garanti. Geri kalan 5 puanı da kendin alırsın artık," dedi, son sınıf öğrencisi N.M., "Bak, İsmail'in, Ayhan'ın dersleri kötüydü. Duayı ezberlediler, şimdi her sınavda yüksek not alıyorlar," diye de duanın gücünü ve inandırıcılığını vurgulamaya çalıştı. "Peki. Ver o zaman ben de okuyayım," dedim. N.M., "o kadar kolay değil" der gibi, yüzüme baktı: "Olmaz, öyle şey! Sen, hem çok ham, hem de kapkarasın. Önce aklanman gerek. Süt gibi aklanınca, duayı veririm. Bizden uzak durmamalısın, mescide gidip namazını kılmalısın, risale ezberlemelisin. Ayrıca, hafta sonları kız peşinde koşacağına, tiyatro sinema gibi yerlere gidip, günah işleyeceğine bizimle birlikte eve gelip, ders dinlemen gerek. Ondan sonra bu duayı sana da veririm."[2]

1 Zübeyir Kındıra, age.
2 Zübeyir Kındıra, age.

1992'deki Gülen Cemaati soruşturması

Emniyet'in içinde Cemaat'in böylesine etkin olduğu dönemde hileli kura soruşturması sonuçsuz kalmıştı. Ancak ondan kısa süre sonra 1992'de yeni bir soruşturma başlayacaktı.

Akademi son sınıftayken mezuniyetine bir gün kala disiplin puanı düşürülerek atılan R.Y., okulda faaliyet gösteren ve kendisinin de içinde yer aldığı Cemaat yapılanmasından çıkması üzerine haksız biçimde sicil puanı düşürülerek atıldığını öne sürüyordu ve bu uygulamaya karşı idare mahkemesinde de dava açmıştı.

Emniyet Genel Müdürü Ünal Erkan'ın suçüstü yaptığı hileli kura olayından sonra görevlendirilen polis müfettişleri İzzet Sezgin Şenel ile Ahmet Nihat Dündar bu ikinci soruşturmayı da yürütüyordu. Bu soruşturmanın sonucunda hazırlanan fezlekelerden derlenen bilgilere göre olay şöyle gelişmişti:

R.Y. 1987 yılında Polis Akademisi'ne girmişti. Namaz kılan, oruç tutan dindar bir gençti. Bu onu hemen Fethullah Gülen Cemaati'nin ilgi alanına sokmuştu. R.Y. de Cemaat'in içinde yer almak için istekliydi. Ancak Cemaat'in içinde Işık Evleri'nde geçen yılların ardından okulunu bitirmesine bir yıl kala sorumlu imamlarla arası açılmıştı. Cemaat'in tamamen etkisi altında olan yönetim tarafından R.Y.'nin disiplin puanları düşürüldü ve okuldan atıldı. Üstelik okulu bitirme sınavlarına bir gün kala bu karar kendisine tebliğ edilmişti.

Bu sırada yukarıda anlattığımız Emniyet Genel Müdürü Ünal Erkan Cemaat'in hileli kura faaliyetini görerek Polis Akademisi'ndeki yönetim kadrosunda kapsamlı bir değişiklik yapmıştı. Bundan cesaret alan R.Y. Emniyet Genel Müdürlüğü'ne bir ihbar mektubu yazarak Cemaat'in içinde olduğunu belirtti, Cemaat'in okuldaki faaliyetlerini anlatmıştı. Mektubunda polis okullarında ve emniyet içinde Fethullah Gülen Cemaati mensubu polislerin örgütlendiğini ve Cemaat'in talimatları doğrultusunda faaliyet gösterdiklerini yazmıştı.

R.Y. ise okuldan atıldıktan sonra bizzat Cemaat soruşturmasını yürüten polislerle konuşarak Polis Okulu'ndaki örgütü isim isim anlatmıştı. Işık Evleri'nde yapılan faaliyetler, buralara nasıl gidildiği konusunda detaylı bilgiler vermişti. Ayrıca başka tanıklar da bulabileceğini söyledi ve bunu yaptı.

Soruşturmayı yürüten polis müfettişleri 17 öğrencinin tanık olarak ifadesini aldı. Onlar da R.Y. gibi Polis Akademisi'nde genellikle öğretim üyesi olan A.Ş., İ.T., R.F., C.Y., A.K., İ.B., M.K., A.T., R.K., B.C., H.İ.O., Emniyet Müdürü A.Ö. ve A.E.'den oluşan bir teorisyen kadronun bulunduğunu, bu kişilerin şeriat düzeninin daha iyi olduğunu empoze ettiklerini anlattılar.

Müfettişler suçlanan bu öğretim üyelerinin de tek tek ifadelerini aldı, hepsi iddiaları reddetti.

Ancak bir süre sonra müfettişlere Cemaat hakkında bilgi veren R.Y.'yi çok tedirgin eden bir gelişme yaşandı. R.Y.'nin ifadeleriyle başlayan soruşturmanın fezlekesindeki iddialara göre İstihbarat Daire Başkanlığı'nda görevli polis A.T., R.Y.'yi nişanlısının evinde tehdit etmişti. A.T. Cemaat'i karşına almamasını, yaptığı ihbarlardan haberlerinin olduğunu söyledi. Kendisini okuldan attıran Cemaat'in bu tehdidinin ardından korkuya kapılan R.Y. artık kendisini kurtarmaya çalışıyordu.

Müfettişlere tehdit olayını anlattıktan sonra da iddialarında ısrar etmeye ikna olmadı ve Fethullahçı istihbarat polisi A.T. ile görüşerek nasıl geri adım atabileceğini sordu. A.T. notere giderek, önceki yazdığı ihbar mektubunun yalandan ibaret olduğu konusunda tutanak tanzim ettirmeleri gerektiğini söyledi. Bunun üzerine A.T.'nin Altındağ Emniyet Amirliği'ndeki lojmanlarda bulunan evine giderek, birlikte ihbar mektubunu inkâr eden bir metin yazdılar ve bu metni Maltepe semtinde bulunan 18. Noter'e birlikte götürdüler.

1992'de İstihbarat'ın Emniyet'teki Cemaat raporu

Polis müfettişleri İzzet Sezgin Şenel ile Ahmet Nihat Dündar Polis Akademisi'ndeki Fethullahçı yapılanmayla ilgili başlattıkları bu yeni soruşturma çerçevesinde İstihbarat Daire Başkanlığı'ndan, bazı Emniyet mensuplarının illegal faaliyetleri hakkında bilgi istemişlerdi. Talep üzerine dönemin İstihbarat Daire Başkanı Tuncer Meriç'in imzası bulunan dört sayfalık bir rapor 10 Mart 1992 tarihinde "gereği yapılmak" üzere Ankara Emniyet Müdürlüğü'ne gönderilmiş, Teftiş Kurulu Başkanlığı'na da bilgi amacıyla ulaştırılmıştı. "Çok Gizli" ibareli raporda şunlar yazıyordu:

> Türkiye Cumhuriyeti Anayasası'nın demokratik, laik ve sosyal bir hukuk devleti niteliklerini değiştirerek yerine şeriat düzenini getirmeyi amaçlayan illegal "Fethullah Hoca'nın Talebeleri" adlı örgütün, tüm Türkiye genelinde olduğu gibi Teşkilatımız içinde de örgütlendiği,

özellikle hareket noktası olarak seçtiği Polis Kolejleri, Polis Akademisi ve Polis Okulları içindeki faaliyetlerini, Teftiş Kurulu'ndan gelen yazıya bağlı olarak askıya aldıkları, buna rağmen sempatizan kadroları ile bağlarını zayıflatmamak için toplantı ve çalışmalarını yoğun olarak sürdürdükleri ve illegaliteye son derece bağlı kaldıkları gözlenmiştir.

Elde edilen bilgiler doğrultusunda yapılan takip-tarassut ve tahkikatlarda, Ankara Polis Koleji öğrencilerinin yüzde 50'sine yakın bir kesimi ile çeşitli şekillerde temas kuran örgüt elemanları, kendilerine yakın olarak üzerindeki ajitasyon çalışmalarını sistemli olarak yürütmektedirler.

Örgütün yapılanmadaki temel stratejisine bağlı olarak, devlet dairelerinin önemli yerlerine yerleşme planını, en tabandan uygulamaya koymaları teşkilatımızda da gözlenmektedir. Gelecekte Emniyet teşkilatının bürokratlarını oluşturacak Polis Koleji öğrencilerinin, koleje seçimden itibaren her aşamada sistematik bir çalışmanın yürütüldüğü görülmektedir.

Örgütün tüm yurt sathında çeşitli görünümler altında kurulu bulunan vakıf ve evlerde ailelerinin izni ile yetiştirilen zeki, çalışkan öğrencilerin meslek okullarına yerleştirilme planından Polis Kolejleri de payını almıştır. Bu öğrenciler Polis Kolejlerine geldiklerinde hiyerarşik sıra içinde sınıf, dönem ve okul imamları ve kadrolarının denetiminde görüşleri doğrultusunda eğitilmektedirler. Sınıfların ve okulun kendi bünyesinde sorumlu imamlarının olmasına rağmen, örgüte karşı asıl sorumlu olan dışarıdan bir üniversite öğrencisidir. Örneğin: Ankara Polis Koleji 3. sınıflar sorumlusu SBF Kamu Yönetimi 3. sınıf öğrencisi A.A., buna bağlı olarak yine soyadı tespit edilemeyen Hukuk Fakültesi 4. sınıf öğrencisi Tarık, Gazi Üniversitesi Arap Dili öğrencisi S.Ö. Polis Koleji'nin ve Akademisi'nin sorumlularıdır.

Cumartesi ve pazar günleri öğrenciler, sınıf imamlarının belirlediği adreslerde 5-6 saatlik bir eğitim çalışmasına katılmaktadır. Genelde Polis Koleji ve Polis Akademisi öğrencilerini birbirleri ile karşılaştırmamaya özen gösteren idareci kesim öğrencilerin Abidinpaşa Tıp Fakültesi Caddesi Şadırvan Sokak 4/a adresinde bulunan Terzi S.B.'nin dükkânında sivil elbise giymelerini ve daha sonra toplantı evlerine gitmelerini sağlamışlardır. Yapılan bu toplantılarda masumane sohbet ve çay partilerinden sonra Nur Külliyatı ile ilgili kitapların okunması ve açıklamaları yapılarak Fethullah Gülen kaset ve videoları seyrediliyor, öğrencilerin konulara olan yatkınlığına göre değişik grup toplantılarına katıldıkları gözlenmiştir.

Ankara'da:

- Dikmen Sokullu,
- Abidinpaşa,
- Cebeci,
- Keçiören,
- Yenimahalle,
- Demetevler'de, teşkilata mensup kişilere ait evler ile bu işler için kamufle edilmiş eğitim evleri mevcut.

Sağlık Koleji öğrencilerinin ise, Demetevler 12. Cadde 21. Sokak'ta köşede bulunan ev ve Örnek Mahallesi Faik Suat Caddesi 7. Sokak A/4 bloktaki yerleri kullandıkları tespit edilmiştir.

Polis Akademisi ve Polis Koleji öğrencileri ile bağlantılı oldukları sanılan şahısların adresleri aşağıya çıkarılmıştır.

1- F.A.

a) İvedik Caddesi 406/A Karşıyaka

b) 1. Cadde 16/7 Karşıyaka

2- Ü.G.(ismi rumuz olacak)

Demetevler 12. Cadde Merkez Apt. No: 17

3- K.Ö.

Özel Elif Sitesi İvedik Caddesi 36. Sokak 5. Blok Kat: 2 Demetevler

4- A.B.

Ulus Konya Sokak Bursa Han No: 7

5- N.A.

12. Cadde 33. Sokak Özel Elif Sitesi 4. Blok 25/24 Demetevler

6- S.D.

4. Cadde 3. Sokak 39/1 Demetevler

7- Z.D.

33. Sokak D Blok No: 34 Demetevler

Hukuki konularda kendilerine yardımcı olan avukat A.B. isimli şahsın yazıhanesine sık sık gidip geldiği gözlenmiştir.

Fethullah Gülen grubunun Ankara liderlerinin, Atatürk Anadolu Lisesi Din dersi öğretmeni K.Ö. isimli şahsın olduğu, Fethullah Gülen ile doğrudan irtibatı olduğu, emir ve direktifleri kendisinden aldığı, Ankara ili ve ilçelerinde, örgütlenme çalışmalarını yönettiği, haftanın değişik günlerinde il dışında düzenlenen toplantılara katıldığı, özellikle esnaf kesiminin toplantılarına katılarak esnaf üzerinde sempati uyandırdığı böylece maddi çıkar teminini kolaylaştırdığı kendisinden habersiz hiçbir işin yapılmadığı, kendi görüşleri doğrultusunda faaliyet gösteren evler, okul ve pansiyonların bütün iaşe giderleri, harcamalarının kendisi tarafından yapıldığı, zengin esnaflar ile para toplamak amacıyla yapılan toplantılara Himmet toplantısı adının verildiği, bu tip toplantılara bizzat kendisinin iştirak ettiği, taraftarlarınca kendisine Ankara'nın Valisi dendiği, amaçlarını hizmet için önlerine çıkabilecek engelleri aşmak amacıyla değişik kamu kurum ve kuruluşlarında kadrolaştıkları, işlerini yaptırabilmek için rüşvet ve hediyelere başvurdukları söylenmektedir.

Kamu kurum ve kuruluşlarına kendi fikirleri doğrultusunda bulunan şahısları yerleştirmede tavassutta bulundukları başarı elde ettikleri, telefon irtibatlarını asgaride tuttukları, önemli haberleşmelerde kurye kullandıkları, Azerbaycan'a gruplar halinde kendi fikir ve düşüncelerini empoze edebilecek nitelikli elemanlar gönderildiği, kendi örgüt mensupları arasında söylenmektedir.

Yapılan araştırmalar sırasında Geçit Sokak Cebeci Ankara adresinde arkadaşları ile beraber kalan Komiser Yardımcısı İ.K.'nin muhtelif zamanlarda diğer illerden yanına gelen aynı fikir ve düşünceleri paylaştığı arkadaşları ile sohbetler yaptığı duyumlanmıştır. Konuların müfettişlerce araştırıldığının duyulması, özellikle konuyu gündeme getiren müstafi Polis Akademisi öğrencisinin kendisini koruyabilmek için müfettişlikte vermiş olduğu ifadeleri, örgüt taraflarına aktarmış olması çalışmalarımız sırasında sık sık karşımıza çıkmış ve hareket imkânımızı kısıtlamıştır.

Her ne kadar ifadelerde belirtilen konuların doğruluğu tartışılmaz bir gerçek ise de bunların delillendirilmesi zaman içerisinde mümkün olacağı kanısı ile her türlü takip ve tarassuta devam edilmektedir.

Polis olmayan iki zanlı

Yürütülen soruşturmalar sonunda hazırlanan raporlar, EGM Polis Teftiş Kurulu tarafından fezlekeye dönüştürülerek Ankara DGM Başsavcılığı'na suç duyurusu yapıldı. B.05. EGM.0.06.01/15-92 sayılı Teftiş Kurulu Başkanlığı'nın fezlekesinde 8'i Polis Akademisi'nde görevli öğretim görevlisiyle Emniyet Müdürlüğü'nün çeşitli birimlerinde görevli biri emniyet amiri 90 polis ve kurum dışından 3 kişinin daha adları zanlı olarak yer alıyordu. Kurum dışından zanlı listesine girenlerden biri Fethullah Gülen, diğerleri de Cemaat'in Ankara İmamı olarak bilinen bir lise din öğretmeni ve bir başbakanlık görevlisiydi. Zanlılar 1987- 1991 yılları arasında Ankara Polis Akademisi'nde 3713 sayılı Terörle Mücadele Kanunu uyarınca, "Cumhuriyetin niteliklerini, siyasi, hukuki, sosyal, laik ekonomik düzenini değiştirmek, Türk Devleti'nin ve Cumhuriyeti'nin varlığını tehlikeye düşürmek" ve "görevin yerine getirilmesinde siyasi düşünce, felsefi inanç, din ve mezhep ayrımı yapmak, Emniyet mensupları arasında bu yolda ayrım yapıcı, tutum ve davranışlarda bulunmak"la suçlanıyordu.

İki suç duyurusuna altı yıl arayla takipsizlik

Büyük bir titizlikle hazırlanan EGM Polis Teftiş Kurulu Başkanlığı'nın 28 Şubat 1992 ve 28 Eylül 1992 tarihli 102 ve 93 kişiyi kapsayan suç duyurularına Ankara DGM Başsavcılığı takipsizlik kararı verecekti. DGM ilk suç duyurusuyla ilgili yürüttüğü 1992/256 hazırlık sayılı soruşturmayla ilgili 14 Ekim 1992'de takipsizlik kararı verdi. İkinci fezlekeyle ilgili karar ise altı yıl sonra 20 Mart 1998'de yine takipsizlikle sonuçlanacaktı. Ankara DGM Başsavcılığı tarafından verilen her iki takipsizlik kararının gerekçesi de aynıydı. TCK'nin meşhur 163. maddesinin kaldırılmış olması nedeniyle takipsizlik hükmü verildiği belirtilen kararda, "Polis Akademisi'nde ekserisi öğretim görevlisi veya emniyet mensubu olan sanıklara isnat olunan suç, Atatürk milliyetçiliğini zayıflatacak; Atatürk ilkelerine ters düşecek görüşleri savunmak suretiyle devletin siyasi ve hukuki temel nizamlarını dini esas ve inançlara uydurma çalışmalarıdır. Kişilerin dinsel amaç ve yasal sınırlar içinde kalmak kaydı ile istedikleri faaliyette bulunmaları yasaların teminatı altındadır. Buna karşın yapılan çalışmalar devletin temel düzenini değiştirip mevcut sistemi dini esasa uydurmak amacına yönelik olursa, laikliğe aykırı olarak devletin içtimai veya iktisadi veya siyasi, hukuki temel nizamlarını kısmen de olsa dini esas ve inançlara uydurmak amacıyla cemiyet tesisi teşkili suçu, TCK'nın 163. maddesinde hükme bağlanmış iken, bu madde 3713 Sayılı Kanun'un 23. maddesiyle yürürlükten kaldırılmış bulunmaktadır. Bu nedenle ortada suç yoktur," deniliyordu.

Hak etmeden sicil affı

Ankara DGM'nin adli soruşturmada haklarında takipsizlik verdiği zanlıların önünde bir başka engel olan idari soruşturma vardı. Ama o engel de ilginç bir biçimde, yöneltilen suçlama tarihinden önce çıkarılan bir sicil affına zanlıların dahil edilmesiyle aşıldı. EGM Teftiş Kurulu Başkanlığı, haklarında suç duyurusunda bulunulan zanlıların eylemlerinin idari suç kapsamında da olması nedeniyle 7 Eylül 1992'de 91/101.17498 sayılı yazı ile tahkikat evrakına fezlekeyi de ekleyerek disiplin yönünden gereğinin yapılması istemiyle EGM Hukuk Müşavirliği'ne gönderdi. EGM Yüksek Disiplin Kurulu söz konusu dosyayla ilgili kararını 7 Ocak 1993'te verdi:

> Sanık Emniyet mensupları hakkındaki suçlamalar 18.06.1992 tarihinde kabul edilip 07.07.1992 tarihinde yürürlüğe giren 3817 sayılı Disiplin Cezalarının Affına İlişkin Kanun'un 1. maddesiyle af edildiğinden dosyanın kaldırılmasına oybirliğiyle karar verilmiştir.

Yani 23 Ağustos 1991'de başlayıp 28 Ağustos 1992 tarihinde tamamlanarak adli ve disiplin yönünden müfettiş teklifleri getirilen ve aynı gün suç duyurusunda bulunulan soruşturmanın zanlıları olan Emniyet görevlileri, Sicil Affı Kanunu'nun çıktığı tarih 7 Temmuz 1992'den 53 gün sonra af kapsamına alınıyordu. Ancak burada yanlış olan bir durum yoktu. Sicil affı, suçun işlendiği tarihi göz önünde tutuyordu. Ancak başka bir sorun vardı.

Yüksek Disiplin Kurulu'nun kararına dayanak oluşturan Sicil Affı Kanunu'nun 1. maddesinde, af kapsamının yasanın çıkmasından önce çıkan suçları kapsadığı belirtildikten sonra, "bu kanunun yürürlüğe girdiği tarihten önce işlenmiş devletin şahsiyetine karşı işlenen suçlar hariç" diyerek zanlıların suçlandığı fiillerin af kapsamına dahil edilmediğinin de altı çiziliyordu.

Yüksek Disiplin Kurulu'ndan böyle bir sonucun çıkacağını tahmin ettiklerinden mi bilinmez müfettişler fezlekelerini de sicil affı çıktığını ve zaten 3713 sayılı Terörle Mücadele Kanunu'nun (TMK) 163. maddeyi kaldırdığını göz önünde tutarak hazırlamışlardı. Fezlekenin netice ve kanaat bölümünün (a) fıkrasında zanlıların TMK'nın 1. maddesinde tanımlanan suçu işlediklerinin sabit olduğunu ve bu çerçevede işlem yapılması gerektiğini vurguluyorlardı. Yine fezlekenin (b) fıkrasında ise zanlıların görevlerini yerine getirirken, "siyasi düşünce, felsefi inanç, din ve mezhep ayrımı yapmak, Emniyet mensupları arasında bu yolla ayrım yapıcı tutum ve davranışta bulunduklarının belirlendiğini", bu fiillerin de Devletin Şahsiyetine Karşı İşlenen Suçlar kapsamında olduğunun da altını çizmişlerdi. Bu ayrıntılı ve adeta yol gösterici fezlekeye rağmen zanlılar suçlanmalarından 53 gün önce çıkarılan bir yasa kapsamında affedilmiş oldu.

Cemaatçilerin nasıl korunduğuna örnek teşkil eden bu olay da ancak 1999 yılında, yine Cemaat mensubu Emniyetçilerin soruşturulduğu ve ilerleyen bölümlerde yer vereceğimiz bir başka olay sırasında öğrenildi. Bu nedenle hukuksuz bir karar alan ve haklarında disiplin soruşturması açılması gereken Yüksek Disiplin Kurulu üyeleri de zaman aşımı sayesinde kurtulmuşlardı.

Bu konuyla ilgili görüş aldığımız üst düzey bir emniyet müdürü bu "hatayı" vurgulamakla beraber konunun başka bir yanına vurgu yapmanın daha doğru olacağını söylüyordu:

> Emniyet Teşkilatı Disiplin Tüzüğü'nde Cemaat üyesi olmak diye bir suç tanımı yoktur. Cemaat üyesi hangi şartlarda olunur, ne yapılırsa suç olur, ne yapılmalıdır belli değildir. O yüzden açılan soruşturmalarda hiçbir müfettiş, hiçbir makam bu disiplin tüzüğüne bakarak kimseyi cemaatçi olduğu için suçlayıp, ceza veremez. 1991 ve takip eden yılda sürdürülen Cemaat soruşturmalarında bazı personele Disiplin Tüzüğü'nün 8. maddesi uyarınca meslekten ihraç cezası teklif edildi. Ancak böyle bir suçu tanımlayan düzenleme olmadığı için ceza verilemedi.

TMK'nin 1. maddesinin de, bir fiilin terör suçu olması için birden fazla kişinin silahlı olarak örgütlenip cebir ve şiddet içeren eylemler yapmasını şarta bağladığını anımsatan üst düzey emniyetçi, "Bu nedenle Cemaat örgütlenmeleri TMK kapsamına da girmez. Hangi cemaatin silahlı eylemi olduğu tespit edilebildi ki bugüne kadar. Mesela Malatya DGM, 2000 yılında ortaya çıkarılan Hizbullah/Davet grubunun yargılamasını yaparken terör suçu kapsamında değerlendirilip değerlendirilemeyeceğini Emniyet Genel Müdürlüğü Terörle Mücadele Harekât Daire Başkanlığı'na sordu. Olmadığına yönelik rapor verildi. Çünkü silahlı eylemleri yoktu ve yasa böyle tanımlıyordu. İlginçtir bu konuda yasal düzenlemeye gidilmesini isteyen ise adalet bakanı olduğu dönemde Cemil Çiçek'ti. Teklifte bulunmasının ardından yapılan 22 Temmuz seçimlerinden sonra da Adalet Bakanı olamadı. Hiçbir İstihbarat Daire Başkanlığı yasada yazılı olmayan suçtan dolayı belli inanç grupları hakkında kendi kafasına göre suç raporu düzenleyip operasyon yapamaz. CMUK değiştirilmeden yapılırsa da ortaya çıkan sonuç bugünkü Ergenekon davası gibi düzmece olur," diyordu.

Cemaat devlet mi? Ya da devlet Cemaat mi?

Açılan soruşturmalar ve suç duyuruları nedeniyle o dönemde görevden el çektirilen Emniyet görevlilerinin neredeyse tamamı, kendilerini kapsamayan Sicil Affı Kanunu'ndan da faydalanarak ve açtıkları davaları kazanarak teşkilata hem de kritik noktalardaki görevlerine döndü. Fethullahçı oldukları gerekçesiyle soruşturulan bu personelin birçoğunun görev yeri ise İDB'ydi. Bu görevlendirmeleri dönemin İstihbarat Daire Başkanı Sabri Uzun, DGM'nin verdiği "takipsizlik" kararıyla gerekçelendirecekti.

O dönemde cemaatçi bir yapının içinde örgütlü olmaktan çok, sadece inanç sahibi oldukları için soruşturulan bu personeli "koruyan" Sabri Uzun yıllar sonra, "O tarihlerde bu adamların sadece görevleriyle ilgilendim; hiçbir personelimi inançlarına göre tasnif ederek, cezalandırma yöntemini seçmedim. Ama bugünlere gelindiğinde yapılanlara bakıldığında şimdiki örgütlenmeyi o günlerde görememişim," diyecekti.

Yürütülen soruşturmaların kaynağı durumunda olan R.Y. de polislik mesleğine dönenler arasındaydı. Ancak yürütülen soruşturmalarda verdiği ifadeleri, ihbar mektuplarında yazdığı suçlamaların her birinin kendisine tehdit ve vaatlerle imzalattırıldığını savunacaktı.

Teftiş Kurulu Başkanlığı'nın fezlekesinde de R.Y.'nin suçladığı Cemaat içinde yer alan polisler tarafından tehdit edildiğine yer verilmişti. Bir tarafta devletin Emniyet Müdürlüğü'nün yöneticileri bir tarafta da teşkilat içinde örgütlenmeye çalışan Cemaat'in mensupları bulunan bu kavgada R.Y. de güçlü olanı o zaman görmüş ve Cemaat'in isteklerini yerine getirmişti.

Bildik bir yöntem: İhbar mektupları

Soruşturmaların böyle sonuçlanmasının başka sebepleri de vardı elbet. Uzun yıllar üst düzey emniyet müdürü, hatta İstihbarat Daire başkanı olarak görev yapmış ve açılan birçok soruşturmaya tanık olmuş bir yetkilinin anlattıklarından yola çıkarak bu sebeplerin neler olduğunu irdelemekte fayda var. Anlatacağımız sebepler, şimdi sıkça eleştiri konusu olan polisteki Fethullahçı yapılanmayı kıracak fırsatların nasıl acemice yapılmış hatalar ya da iktidar kavgaları yüzünden ya da bizzat hukuksuzluğu soruşturacak olanların hukuk dışına çıkması nedeniyle bir yere varmadığını da anlamamızı sağlıyor.

Ergenekon soruşturmalarının hemen öncesinde ve soruşturma sırasında sıklıkla karşımıza çıkan ihbar mektupları gönderilmesi, bugünkü kadar yaygın olmasa da emniyet içinde "mesleki rekabet" gibi görünen yöntemlerin başında geliyordu. En önemli suçlama ise tarikatçılık, Fethullahçılık ya da genel adıyla irticacılıktı.

Fethullahçı olarak bilinenler kendilerini "ülkücü, laik, demokrat" kimliğiyle gizliyor ve Cemaat'ten olmayanları İDB'den uzaklaştırmak için "irticacı, tarikatçı, Fethullahçı" suçlamalarıyla ihbar mektupları yazıyorlardı. Bu durum öyle bir hale gelmişti ki kim Fethullahçı kim değil bilinemiyordu. Bu şekilde hazırlanmış kimi listeler de bizzat Cemaat'e yakın olan kişilerce kamuoyuna sızdırılıyor ve bu şekilde gerçekten Cemaat mensubu olanların gizlenmesini de sağlıyordu. Bu ihbar mektuplarına dayanılarak hazırlanan listelerde ise sadece gerçekten Fethullahçı olmayanlar yer alıyordu.

Fethullahçıların tek hedefi vardı: tarikatları ve Cemaatçiliği bilen, dolayısıyla Fethullahçıların da ne büyük tehlike olabileceğini fark edecek kadroları başta istihbarat olmak üzere teşkilatın etkili birimlerinden, Cemaatçilerin ihbarcılık mekanizmasıyla uzaklaştırmak ve böylece ileriki yıllarda karşılarına çıkabilecek olan olası rakipleri oyun dışına çıkarmak.

Böylece devletine ihbarcılık yapan "ülkücü, demokrat, laik" görünümlü Cemaatçilere de boşalan bu kadrolara yerleşme fırsatı doğacaktı. Öyle de oldu. 1991-92 soruşturmalarında Emniyet'teki "irticacıları" ihbar eden Cemaatçiler de, kurulan tezgâhı fark edemeyenlerin gözünde devletini seven demokrat, laik kadrolar olarak görülünce iş daha da kolaylaştı.

Cemaatçilik değil takunyacılık soruşturuldu

1991 yılında ortaya çıkan hileli kura olayından sonra başlayan soruşturmalarda, üst düzey bir emniyet müdürünün dediğine göre: "İşin ehli bir kadroya verilmemişti. Zaten o dönemde müfettişler bir yana Emniyet'i yönetenler de dahil hiç kimse tarikat ile Cemaat arasındaki ayrımı bile bilmiyordu."

Fethullahçıları tespit etmek amacıyla başlayan soruşturmalar bu nedenle takunyalılar soruşturmasına döndü. İhbar mektupları da devreye girince ortaya çıkan listede, hileli kuraya karıştıkları için isimleri tespit edilebilenlerin dışında kalanlar takunyalılar listesi oluyordu. Ve bu isimlerin listelerde yer almasında Fethullahçıların rolü büyüktü. Soruşturmayı yürütenlere dolaylı yoldan ulaşarak yönlendiren Fethullahçılar, Emniyet'in yönetiminde söz sahibi olacakları dönemde kendilerinin önünde rakip olacak ve kendilerinden kurtulmak istedikleri "takunyalıları" listeye ekletmişlerdi.

Cemaat istediğini elde etti

Kısa süre sonra da "takunyalılar" operasyonu, tam da Cemaat'in istediği gibi sonuçlandı. Müfettişlerin yönlendirilmesi ve gönderilen ihbar mektuplarının işe yaradığı, görevinden alınan isimlerden anlaşılıyordu. Bu isimlerden biri Hanefi Avcı'nın kitabında Fethullah Gülen Cemaati'nin komplosuyla mesleğinden olduğu öne sürülen ve o dönem İstihbarat Daire başkan yardımcısı olan Mustafa Gülcü'ydü. Yine yıllar sonra karanlık bir olayla Sakarya emniyet müdürüyken tutuklanan Faruk Ünsal, o dönem İzmir İstihbarat şube müdürü olan Celal Uzunkaya, Ankara İstihbarat şube müdürü Arif Akkale ve Ergenekon soruşturmasının sanığı olacak –o dönem İstihbarat Daire Başkanlığı'nda başkomiser olan– Adil Serdar Saçan görevden alınan polisler arasındaydı.

Fethullahçıların oyununa geldiğini ilk fark edenler Mustafa Gülcü ve Adil Serdar Saçan oldu. Görevden alınmalarından sonra komiser ya da komiser yardımcısı olarak yerlerine atananların neredeyse tamamı Fethullahçılardı. İstihbarat Dairesi ele geçirilmişti.

Cemaat tek kayıp vermişti: Sivas'a tayin edilen Ramazan Akyürek.[1] İsmi hemen her Cemaat soruşturmasında ilk sıralarda yer

---

1 Eski Emniyet Genel Müdürlüğü İstihbarat Daire Başkanı Ramazan Akyürek, 1985'ten sonra Türkiye'nin Washington Büyükelçiliği'nde iki yıl görev yaptı. Özel harp ve istihbarattan sorumlu emniyet müdür yardımcılığı görevlerinde bulundu. 2004'te Trabzon'a emniyet müdürü olarak atandı. Akyürek'in Trabzon emniyet müdürü olarak görev yaptığı 2004 yılının başından Mayıs 2006'ya kadar olan süre içerisinde kentte öldürme, linç girişimi ve bombalama dahil çok sayıda olay meydana geldi. 24 Ekim 2004'te Mc Donald's'ta bomba patlaması, 7 Ocak 2005'te Prof. Saadettin Güner'in silahlı saldırıda dört yaşındaki oğluyla birlikte öldürülmesi, 5 Nisan 2005'te TAYAD'lı bir grup gencin linç edilmeye çalışılması, 5 Şubat 2006'da papaz Andrea Santoro'nun öldürülmesi gibi olaylar onun döneminde gerçekleşti. Mayıs 2006'da İstihbarat Daire

alan Ramazan Akyürek kısa süre sonra İDB kadrosuna geri döndü. 1992-93 yıllarında O.A., İDB teknik şube müdürü olarak görevliyken, kendisi gibi ülkücü kadrolardan olan Daire Başkan Yardımcısı Halil Tuğ'u, aslında irticacı değil milliyetçi bir polis olduğu konusunda ikna ettiği Ramazan Akyürek'i yeniden İDB kadrosuna aldırdı. Ramazan Akyürek artık Adıyaman İstihbarat şube müdürüydü.

Üç yıl önceki gerilim

Bu isimlerin "irticacı" oldukları iddiasıyla görevden alınmasından üç yıl önce yaşanan bir olay İstihbarat Daire Başkanlığı'nda Cemaat gerilimini ortaya koyması açısından önemli. 1989 yılında, Nurcuların liderlerinden biri olan *Yeni Asya* gazetesinin sahibi Mehmet Kutlular, Ankara Kocatepe Camisi'nde Said-i Nursi için mevlit okutuyordu. Türkiye'nin dört bir yanından gelerek Ankara'da toplanan Nurcular mevlidi bir gösteriye dönüştürüyordu. 28 Şubat'ta Kocatepe Camisi'ndeki mevlitte görevli polislerden biri de Haber Alma Şubesi komiserlerinden Adil Serdar Saçan'dı. Saçan, başkomiseri Ramazan Akyürek'in mevlitle ilgili teslim ettiği izleme raporunu işleme koymaması üzerine raporunu bu kez de Daire Başkan Yardımcısı olan Mustafa Gülcü'ye verdi. Böylece İstihbarat Dairesi'ndeki ilk çatlak ortaya çıkmıştı.[1]

---

başkanı olan Akyürek'in adı, 19 Ocak 2007'de Hrant Dink'in öldürülmesinin ardından cinayetin 1 numaralı zanlısı Erhan Tuncel ile gündeme geldi. Akyürek ve polis memuru Muhittin Zenit, Dink davasının zanlılarından Yasin Hayal ve arkadaşlarının Dink'i öldüreceği yönündeki ihbarları değerlendirmemekle suçlandı. Akyürek'in Mc Donald's'ın bombalanmasından sonra muhbirlik teklif ettiği Tuncel'in, Mc Donald's davasından bu nedenle hiç yargılanmadığı ortaya çıktı. Ancak, Erhan Tuncel'in polis muhbiri olarak görevlendirilmesine aracı olan polis memuru Muhittin Zenit'in (Dink suikastı sonrasında Bayburt'ta görevliyken 2007 Eylülü'nde Ramazan Akyürek'in daire başkanı olduğu Emniyet Genel Müdürlüğü İstihbarat birimine atandı) Mayıs 2007'de tanık olarak alınan ifadesinde bombalama olayını gerçekleştirenin Yasin Hayal olduğunu öğrendiği halde doğrudan Erhan Tuncel'le irtibata geçmesi, Tuncel'in ne zaman muhbirlik yaptığı konusunda soru işaretleri uyandırdı. Cinayet sonrası Erhan Tuncel'e ait 48 sayfalık tutanağın 33 sayfası, Akyürek'in talebi üzerine cumhuriyet savcıları tarafından incelenip imha edilerek devlet sırrı kapsamına girdi. *Aydınlık* dergisi, Ergenekon Soruşturması kapsamında tutuklu bulunan emekli General Veli Küçük'ün iş ortağı, dönemin valisi Erol Çakır'ın, Akyürek'in "Fethullahçı" olduğu yönünde sicil hazırladığını iddia etti. Çakır ise iddiaları yalanladı. Akyürek 16 Ekim 2009'da İDB görevinden alınarak Strateji Geliştirme Daire Başkanlığı emrine uzman kadrosuna verildi. Ramazan Akyürek'in göreve iade talebiyle açtığı davada Ankara 14. Bölge Mahkemesi 15 Şubat 2010'da lehine karar verdi. Ancak Akyürek hâlâ görevine atanmadı.

1 Saygı Öztürk, *Okyanus Ötesindeki Vaiz*, Doğan Kitap, 2010.

Yurtdışına gönderilen 41 polis

1993 yılında Emniyet içinde yeni bir Cemaat gerilimi baş göstermişti. 1988-89 öğretim yılında Polis Akademisi'nin kadrolu eğitim elemanı gereksinimini karşılamak üzere, 41 öğretim görevlisini yüksek lisans ya da doktora yapmak üzere devlet bursuyla İngiltere'ye göndermişti. Dört yıl sonra eğitim durumlarının ne olduğuna ilişkin büyükelçilikler kanalıyla öğrenim gördükleri üniversitelerden yapılan araştırmada ise birçoğunun yeri dahi belirlenememişti.

Derken 1993 yılındaki DYP-SHP koalisyon hükümetinin dört ay süreyle içişleri bakanlığını yapmış olan Mehmet Gazioğlu, Polis Akademisi başkanı olan Ümit Erdal'dan, yurtdışındaki bu kayıp araştırma görevlilerinin görev sürelerini uzatmasını talep etti. Ünal Erkan zamanında ortaya çıkarılan hileli kura yolsuzluğu ve akademideki öğretim üyelerinin de suçlandığı diğer soruşturmanın ayrıntılarına vâkıf olan Erdal, bu süre uzatımının kimlerin işine geleceğini hemen tahmin etti.

Bakan Gazioğlu'na, "Dört yıldır yurtdışında ne yaptıkları belli olmayan bu kişilerin sürelerinin uzatılması için size bir teklifte bulunamam," diye karşılık verdikten birkaç saat sonra görevinden alınarak APK Kurulu uzmanlığına atanacaktı.

Bütün politikacıların icazet aldığı Cemaat lideri

Gülen hakkında 1992'de polisin hazırladığı rapor, DYP'nin iktidar ortaklığı döneminde Emniyet Genel Müdürü olan Mehmet Ağar tarafından hükümsüz sayılarak işleme konmamıştı. Bu arada Cemaat de boş durmuyor kamuoyu önünde daha görünür olmanın her yolunu deniyordu. "Ilımlı İslam"ın temsilciliğine soyunan Fethullah Gülen sürekli barış ve hoşgörü mesajları veriyor, onursal başkanlığını Hoca Efendi'nin yaptığı Cemaat'e ait Gazeteciler ve Yazarlar Vakfı üzerinden de farklı düşüncelerdeki siyasi ve dini kanaat önderleriyle bir araya geliniyordu. Özellikle sol kamuoyunun yakından tanıdığı isimlerle Cemaat'in temsilcilerinin el ele kol kola fotoğrafları gazetelerde yayımlanıyordu. Turgut Özal'ın cumhurbaşkanıyken 1993 yılında ölümünden sonra, tarikatlar ve dini cemaatlerle arasında mesafe bulundurmayan Süleyman Demirel'in bu koltuğa oturmasıyla Cemaat artık daha bir rahatlamıştı. Demirel'in yadigârı DYP'nin iktidarda olması, aynı dönemde başında Necmettin Erbakan'ın bulunduğu

Refah Partisi'nin de oylarını artırarak iktidara yakınlaşmasıyla özellikle bürokrasi içinde yer alan Cemaatçiler kendilerine yönelik mücadelenin yumuşayacağını anlamışlardı.

Her iktidar odağıyla yakın ilişki kurmaya çalışan Fethullah Gülen, DYP'nin liderliğini yapan Başbakan Tansu Çiller'le de 30 Kasım 1994'te bir araya geldi. O zaman da tıpkı günümüzdeki AKP iktidarının peşinde koştuğu benzer bir çıkarın, Cemaat oylarının partisine havale edilmesinin peşinde olan Çiller'in de, kadrolarının bürokrasi içinde yerleşmesinin peşinde olan Gülen'in de işine gelmişti bu görüşme.

Sadece iktidar temsilcileriyle değil olası iktidar adaylarıyla da bir araya gelen Gülen, birkaç yıl içinde ANAP'ın başında bulunan Mesut Yılmaz, RP lideri Necmettin Erbakan, DSP'li Bülent Ecevit, MHP'li Alparslan Türkeş, babasının izinden giderek DP'yi yeniden kuran Aydın Menderes, Meclis başkanlığı yapan Hüsamettin Cindoruk ve Hikmet Çetin de bu görüşmeler kervanında buluşulan isimlerdi.

Emniyet'teki örgütlenmenin meyveleri toplanıyor

Tüm parti liderlerine ve siyasetlere eşit mesafede durduğunu göstermeye çalışan bir cemaat lideri olarak sahnenin en önünde duran Gülen'in hükmettiği taraftarlarının partileri için oy deposu olarak gören siyasetçilerin ılımlı yaklaşımları nedeniyle kamuoyunda ve devlet katında oluşturulmak istenen "tehlikeli" olmama algısı başarıyla yerine getirilmişti. 1996 ile, kendisi de Cemaat oyunuyla kızağa çekilecek olan Sabri Uzun'un başkanlık ettiği 1998'de Emniyet İDB'nin hazırladığı iki ayrı belgede de hem polisin hem devlet erkânının Gülen Cemaati'ne bakışının değiştiğini gösteriyordu. Gülen hakkında bu tür olumlu raporların çıkmasında, Emniyet'te yürütülen Cemaat soruşturmalarından bir sonuç elde edilememesi ve hem Gülen Cemaati'nin hem de başka tarikatçı kadroların teşkilatın kritik önemdeki birimlerinde örgütlenmesinin da payı büyüktü.

İsmi İstihbarat Dairesi Başkanlığı olmasına karşın hem 1996 yılında yayımlanan kitapçık hem de Temmuz 1998 tarihli İstihbarat bülteninin hazırlanmasında doğrulatılarak onayı alınmış gizlilik dereceli bilgi ve belgeler yerine daha çok açık kaynaklardan yararlanılmıştı. Devletin kendisine tehlike olarak gördüğü aralarında Fethullahçıların da olduğu Cemaat ve tarikatlar ile İslami akımların incelenip değerlendirildiği bu iki yayın hem haciṁ ve hem de içerik yönünden yüzeysel, zayıf, çelişkili ve de aşırı yetersiz kaynaklardı. Ancak eksikliği bilinmesine rağmen bu kitapçık ve bültenden Emniyet'teki Fethullahçı örgütlenmeye ilişkin sonraki dönemlerde açılacak soruşturmalarda ilginç bir şekilde kaynak olarak yararlanılacaktı.

Cemaat, 1970'lerin ortasında sızıp 1980'lerde hız verdiği Emniyet teşkilatlanmasındaki örgütlenmesinin meyvelerini 1990'larda toplamaya başlıyordu.

İstihbarat Dairesi Başkanlığı'nın kendi yayınları arasında olan 1996 tarihli 53 numaralı, "İslam'da Mezhepler, Tarikat ve Dini Akımlar" başlıklı kitapçıkta anlatılanlar arasında Nurcular grubu içinde en geniş yer Fethullah Gülen grubuna ayrılan raporda, Hoca Efendi için yapılan değerlendirmeler şöyleydi:

> Mahkeme tarafından hakkında takipsizlik kararı verildikten sonra 1989 yılından itibaren İzmir, Ankara, İstanbul illerinde tekrar vazlar vermeye başlayan Gülen'in günümüzde yazmış olduğu çeşitli kitaplarla da faaliyetlerini devam ettirdiği gözlenmektedir.
>
> Akyazılılar Vakfı ve Türkiye Öğretmenler Vakfı gibi kuruluşlarla başlayan faaliyetler, günümüzde hayata geçirilen çok sayıda dernek ve şirket aracılığıyla çok daha geniş bir yelpazede sürdürülmektedir. İlk önceleri öğrencileri barındırmak amacıyla açılan evler, zamanla yerini yurtlara daha sonra özel okullar ve üniversite hazırlık dershanelerine bırakmıştır. Eğitim konusundaki çalışmaları kapsamında özel kolejler açmaya başlayan söz konusu grup bu sahadaki başarılarıyla faaliyetlerini yurtdışına da taşıma imkânı bulmuş ve böylece de büyük çoğunluğu Orta Asya cumhuriyetlerinde olmak üzere 200'ü aşkın özel okulu faaliyete geçirmiştir. Ülkemiz içerisinde açmış olduğu özel kolejlerin yanı sıra hemen hemen her ilde açılan üniversite hazırlık dershaneleri de yoğun bir eğitim faaliyetleri içerisinde olduğu gözlenen grubun eğitim alanında yurtiçi ve yurtdışında büyük başarılar elde etmesi halkın büyük ölçüde bu eğitim kurumlarına rağbet etmesine de neden olmuştur.

Raporda, *Sızıntı* dergisinin bu grubun en eski yayın organı olduğu, buna ilave olarak günümüzde iki gazete bir dergi, bir televizyon ve çeşitli radyo istasyonlarının yine bu grubun görüşleri doğrultusunda faaliyetlerini sürdürdüğü de kaydediliyordu. Raporda son dönemlerde toplumun bütün kesimleriyle diyalog kurmakta sakınca görmeyen yaklaşımları ve gençlik içinde gözlenen radikal kaymalara karşı almış olduğu tavırlarıyla da dikkatleri üzerine toplayan Gülen'in, değişik görüşlere sahip kesimleri aralarındaki düşmanlıkları bir tarafa bırakarak diyalog ortamı oluşturma gayretlerinin de kamuoyunda yankı bulduğu ifade ediliyordu. Raporda hakkında bilgi vermekten çok Fethullah Gülen'in övüldüğü kısımlar da vardı:

> Toplumun her kesimini kucaklayıcı tavrı, davranışları, yaklaşımı nedeniyle dini motifli terör örgütleri ve radikal dini kesimler tarafından çok büyük eleştiri ve hakaretlere maruz kalan Fethullah Gülen, bu kesimler tarafından demokratik ve laik Türkiye Cumhuriyeti Devleti'nin savunuculuğunu yapmakla da suçlanmaktadır.
>
> Ülkemizde en geniş tabana hitap ettiği bilinen grup genelde, eğitim düzeyi yüksek şahıslardan oluşmaktadır. Kendi amaçlarını, devlet kademeleri için imanlı bir gençliğin yetiştirilmesi olarak açıklayan grubun, siyasi yelpazede ağırlığını demokratik parti çizgisini takip eden sağ partilerden yana koyduğu da bilinen hususlar arasında yer almaktadır.

Yukarıda da belirttiğimiz gibi Emniyet içinde Cemaat aleyhinde açılan soruşturmalarda ilginç bir şekilde kaynak olarak gösterilen ve "İslamda Mezhepler, Tarikat ve Dini Akımlar" başlıklı kitapçıktakine tıpatıp benzer ifadelerin bulunduğu ikincisi de yine İDB'ye aitti. Temmuz 1998 tarihli 70 numaralı bültenin, "Aşırı Sağ ve İrticai Faaliyetler" bölümünde de İDB'ce Türkiye'deki dini ve irticai konuların beş ana kategoride değerlendirildiği görülüyordu.

> - Dini terör örgütleri: Şiddet hareketlerine girişen örgütler (Hizbullah, İslami Hareket Örgütü, Vasat İCCB gibi)
> - Radikal dini gruplar: Henüz şiddet eylemine girişmeyen ve radikal İslami görüşlere sahip olan örgütler. (Şafak, Yöneliş, Fecri, Akabe vb.)
> - Geleneksel İslami kesimler: Tarikatlar (Nakşi – Kadiri) ve cemaatler Nurcular (F. Gülen, Yeni Asya, Kurdoğlu, Süleymancılar gibi)
> - Normal inanan halk kitlesi

Bültende en çok vurgu yapılan konu Fethullah Gülen grubunun toplumun tüm kesimleriyle diyalog kurma çabalarıydı. Soruşturmayı yürütenlere, "bırakın örgütlensinler, ne zarar gelir" demeye getirilen bu bültende de şu değerlendirmeler vardı:

...1970'li yıllarda başlamış olduğu çalışmalarını, çizgisini hiç değiştirmeden günümüze kadar getiren Fethullah Gülen'in, bilhassa son dönemler itibariyle, geniş açılımlar sergilediği ve toplumumuzdaki bütün kesimlerle diyalog kurma yönünde çaba sarf ettiği gözlenmektedir.

Son olarak; Türkiye Gazeteciler ve Yazarlar Vakfı bünyesinde yürütülen ve değişik görüşlere sahip olan kesimleri birbirine yakınlaştırma yönündeki gayretleri de bu doğrultudaki yaklaşımlarının bir sonucudur.

F. Gülen, ılımlı İslami yorumları, dini değerlerin siyasal hedeflere alet edilmemesi yolundaki telkinleri ve farklı kesimlerle diyalog arayışlarının yanı sıra bilhassa Papa başta olmak üzere Yahudi ve Hıristiyan din adamları ile kurduğu irtibatlar nedeniyle de, dini motifli terör örgütleri ve radikal dini gruplarca yoğun biçimde eleştirilmiştir.

Şu anki durum itibariyle ülkemizde en geniş tabana hitap ettiği bilinen grup, genelde eğitim düzeyi yüksek şahıslardan oluşmaktadır. Kendi amaçlarını, Türkiye Cumhuriyeti'nin dünya çapında önemli bir devlet olma potansiyeline sahip olduğu gerçeğinden hareketle, eğitim faaliyetleri ile bu sürece katkı sağlama ve bunun gerçekleşmesi için de ülkede toplumsal barışa hizmet etme olarak açıklayan grubun siyasi yelpazede ağırlığını Demokrat Parti çizgisini takip eden sağ partilerden yana koyduğu da bilinen hususlar arasında yer almaktadır.

Yurtdışında ve yurtiçinde açılan eğitim kurumları çerçevesinde yürütülen faaliyetlerin mali giderlerinin kurulan şirketler vasıtasıyla karşılandığı bilinmektedir. Her il ve ilçenin durumuna göre yurtdışındaki bir ülkenin veya ülkelerdeki birkaç okulun tüm masraflarını karşılayacak şekilde planlamalar yapıldığı ve masrafların bu şekilde taksim edilmek suretiyle yurtiçinden karşılandığı bilinmektedir.

Son dönemde kamuoyunda önemli tartışmalara yol açan 8 yıllık eğitim ve türban konusundaki uygulamalarla ilgili olarak da, bu tarz meselelerin dinin aslından olmayıp teferruat olduğu, dolayısıyla da bu konuların toplumsal huzur ve barışı zedeleyecek ölçüde tırmandırılmasının zararlı olacağı görüşünü savunan F. Gülen grubunun, geleneksel ılımlı tavırlarına uygun olarak tutumunu devam ettirdiği gözlemlenmiştir.

Gruba ait ülkemizde faaliyet gösteren eğitim öğretim kurumlarından bazıları aşağıda belirtilmiştir: İzmir Yamanlar Fen Lisesi, İstanbul Fatih Koleji, İstanbul Safiye Sultan Kız Lisesi, Mersin Yıldırımhan Lisesi, Ankara Samanyolu Lisesi, Van Serhat Lisesi, Denizli Server Lisesi, Erzurum Aziziye Lisesi, Erzincan Otlukbeli Lisesi, Eskişehir

Ertuğrul Gazi Lisesi, Sakarya Işık Lisesi, Manisa Şehzade Mehmet Türk Lisesi, Aydın Nizami Erkek Lisesi, Fatih Üniversitesi.

Ayrıca yurtdışında; Özbekistan'da (17) eğitim kurumu ve (1) dil merkezinin bulunduğu, Türkmenistan'da (1) üniversite, (13) ortaöğretim kurumu ve (1) dil merkezinin olduğu, Kazakistan'da ise (30) lise ve (1) üniversite, ABD, Kamboçya, Malezya, Bangladeş, Gürcistan, Kırgızistan, Irak, Romanya, Moldova, Ukrayna, Azerbaycan, Tacikistan, Arnavutluk, Fas ve Pakistan gibi ülkelerde okullarının bulunduğu bilinmektedir.

Susurluk protestoları 28 Şubat darbesine evrildi

İDB'nin 1996 tarihli kitapçığının yayımlanmasından kısa bir süre sonra, 3 Kasım 1996'da Susurluk'taki meşhur kazayla devlet-siyaset-mafya üçgeni, derin devlet diye adı da konularak içindeki birçok kirli çamaşırla birlikte ortalığa saçılmıştı.[1] Susurluk sonrasında devlet içinde odaklanmış irili ufaklı çete yapılanmaları deşifre edilse de bu güçlü mekanizmanın odağına inmeye çalışan hiçbir adli süreç hayata geçirilemedi. Çemberin en dışındakileri kapsayan göstermelik yargılamalarda kamuoyu vicdanını rahatlatan bir adil süreç işlemedi. Faillerin işledikleri suçlardan yargılanmadığı, verilen cezaların da tatminkâr olmadığı bu süreçte hem kontrgerillanın yargılanamayacağı hem de Türkiye'de devletin sıklıkla hukuk dışına çıktığı da kamuoyu tarafından öğrenilmiş olmuştu.

Susurluk'la ortaya dökülen kirli sırların layığıyla araştırılmasını isteyenler ellerinde düdükler ve süpürgelerle temiz bir toplum için sokaklara dökülüyor, evlerinde her gece 21.00'de ışıklarını yakıp yakıp söndürüyorlardı. Susurluk soruşturmalarının gelip tıkandığı yer olan kışlanın sahiplerinin iyi değerlendiği bir fırsata dönüştü bu kamuoyu ayaklanması.

Siyasal İslam'ın Türkiye'de legal siyaset alanında 1990'larda başlayan yükselişiyle işbaşına gelen Çiller-Erbakan ortaklığındaki hükümetten memnun olmayan asker bu sırada darbe planları yapıyordu.

---

1 3 Kasım 1996'da Balıkesir'in Susurluk ilçesinde içinde DYP Şanlıurfa Milletvekili Sedat Bucak, Emniyet Müdürü Hüseyin Kocadağ, katliam sanığı ülkücü Abdullah Çatlı ile sevgilisi Gonca Us'un bulunduğu 06 AC 600 plakalı Sedat Bucak adına kayıtlı Mercedes otomobil son hızla Hasan Gökçe'nin kullandığı kamyona çarptı. Kazada Kocadağ, Çatlı ve Us öldü, Bucak yaralı kurtuldu. Bu kazanın ardından ortaya çıkan derin devlet ilişkileri "Susurluk" diye anılır oldu.

Temiz toplum sloganlarıyla eylem yapanlar bir anda kendilerini 28 Şubat 1997 postmodern darbesine giden sürecin içinde buldular. Farkına vardıklarında ise çok geç kalınmıştı. Derin devlet protestocularıyla yan yana gelmesi mümkün bile değilken darbeyi tezgâhlayanlar, hem Susurluk'a "gulu gulu dansı" diyenleri iktidardan indirdi hem de Türkiye tarihinin en önemli derin devlet soruşturmasına da nokta koymuş oldu.[1]

28 Şubat gerçekleşmişti. Cumhuriyet kurulduğu günden bu yana iktidarı elinde bulunduran TSK'nın demokrasi ve siyaset üzerindeki gölgesi herkesi kaplamış ülkede ordunun işine gelmeyen herkes şeriatçılıkla damgalanır olmuştu. Kısa süre sonra elbette ki medyanın ve kitabımızın başında örnekleriyle anlattığımız üzere Fethullah Gülen'in de verdiği destekle Çiller-Erbakan hükümetinin düşmesi sağlanmıştı.

Başbakanlık Teftiş Kurulu'na gönderilen rapor

Geçtiğimiz bölümlerde ayrıntılarını anlattığımız, İçişleri Bakanlığı Teftiş Kurulu'nun, zanlıları arasında Fethullah Gülen'in de bulunduğu Emniyet içindeki Cemaat örgütlenmesine ilişkin yaptığı suç duyurularına Ankara DGM'nin 20 Mart 1998'de verdiği ikinci takipsizlik kararından sonra Emniyet içinde sular durulmuş gibi görünüyordu. 28 Şubat'ın karanlık günleri sürmesine karşın suçlanarak görevden el çektirilen emniyet ve Polis Akademisi görevlilerinin çoğu mahkeme kararlarıyla birer ikişer makamlarına dönüyordu.

Açılan soruşturmalarla önü tamamen kesilemese de kısmen hızının yavaşlatıldığı düşünülen Emniyet'teki Cemaat örgütlenmesiyle ilgili 1998 ve 1999'da da ciddi çalışmalar yürütüldü. 1998 yılında İstihbarat birimlerince hazırlanarak Başbakanlık Takip Kurulu'na (BTK)[2] gönderilen raporlarda irticai faaliyetlerin

1 Ertuğrul Mavioğlu-Ahmet Şık, *Kontrgerilla ve Ergenekon'u Anlama Kılavuzu*, İthaki Yayınları, 2010.

2 İlk önceleri Türk Silahlı Kuvvetleri bünyesinde oluşturulan ve sadece TSK içinde değil, diğer kamu kurumlarında da "irticai faaliyetlere" katıldıkları iddia edilenler hakkında işlem yapan Batı Çalışma Grubu, 28 Şubat sürecinin ardından 54. Necmettin Erbakan hükümetinin yıkılması, 55. Mesut Yılmaz hükümetinin kurulmasıyla birlikte Başbakanlık İrtica Takip ve Koordinasyon Kurulu haline gelmişti. Başbakanlık Müsteşarı'nın başkanlık ettiği Kurul'a MİT Müsteşarlığı, Emniyet Genel Müdürlüğü, Vakıflar Genel Müdürlüğü, Adalet, İçişleri ve Milli Eğitim bakanlıkları, Diyanet İşleri Başkanlığı, Genelkurmay ve MGK'dan temsilciler katılıyordu. Ayda bir kez toplanarak, yapılan çalışmaları

polisten gördüğü destek anlatılıyordu.

İrtica yanlılarının hemen hemen tüm illerde örgütlendiği belirtilen raporda, laik kadroların baskı altına alınarak sindirilmek istendiği örneklerle anlatılıp o dönemde Fazilet Partisi milletvekili olan Abdülkadir Aksu'nun ANAP hükümeti zamanındaki içişleri bakanlığı döneminde yerleştirilen kadroların köktendincileri korumaya yönelik çalışmalarına vurgu yapılıyordu. Konuyla ilgili *Cumhuriyet* gazetesinde, "Cemaatler Emniyet'i kuşattı" başlığıyla Sertaç Eş imzasıyla yayımlanan haberde[1] BTK'ya gönderilen raporun, Uygulamayı Takip ve Koordinasyon Kurulu (UTKK) aracılığıyla ilgili bakanlıklara gönderilerek yapılan işlemler hakkında bilgi istendiğine yer veriliyordu.

Işık Evi'ndeki askeri öğrenciler

Bu sırada Cemaat'in sadece poliste değil asker içinde örgütlendiğini de kanıtlayan bir operasyon yapıldı. TSK'nın çeşitli aralıklarla ordu içine sızmaya çalışmakla suçladığı Fethullah Gülen ve Cemaat kadrolarının ortalıkta görünmemeye dikkat ettiği bu süreçte, 13 Mart 1999 günü Ankara DGM Başsavcılığı'nın yürüttüğü bir inceleme dosyası kapsamında İzmir'de iki ayrı Işık Evi'ne düzenlenen baskında dört askeri okul öğrencisi de gözaltına alındı. Polis ve askerlerin Yenişehir semtindeki iki ayrı eve ortaklaşa düzenlediği

---

gözden geçiren kurulun oluşturulmasında, Yılmaz hükümetinde Başbakanlık Müsteşarlığı görevinde bulunan Yaşar Yazıcıoğlu başrolü oynamıştı. Yazıcıoğlu, 3 Kasım 2002 seçimlerinden önce AKP'den milletvekili adayı olsa da gelen tepkiler adaylığını engelledi. Başbakanlık Takip Kurulu tarafından hazırlanan raporlar sonucu, 1997'de 2 bin 956 kişi, 1998'de ise 4 bin 420 kişi "irticai faaliyetlere katıldıkları" gerekçesiyle gözaltına alındı. Başbakanlık Takip Kurulu tarafından hazırlanan raporlar sadece kamu görevlilerini değil, üniversitelerdeki öğretim görevlilerini de etkiledi. 3 Kasım 2002 seçimlerinin ardından AKP'nin hükümete gelmesinden sonra da özellikle iktidar milletvekillerinin tepkilerine rağmen BTK fişleme işlemlerine devam etti. 2003 Mayısı'nda da BTK başkanlığını yürüten, Başbakanlık Müsteşarı Fikret Üçcan "İrticai Unsurların Yurtdışı Faaliyetlerinin Önlenmesine Dair" altı sayfalık bir talimat hazırlamıştı. Bu talimatta, irticai örgütlerin isimleri "Milli Görüş, Fethullah Gülen Cemaati, Kaplancılar, İBDA-C ve Süleymancılar" şeklinde tek tek sıralanıyor, irticai yapılanmada, Milli Görüş, Süleymancı kesim ve Fethullah grubunun diğerlerine göre daha yaygın ve etkin faaliyet gösterdiği iddia ediliyordu. Ayrıca, aralarında Jet-Pa, Kombassan, Endüstri Holding gibi kuruluşların bulunduğu "yeşil sermaye"nin yakın takibe alınması isteniyordu. Başbakanlık Müsteşarı'nın bu talimat yazısından birkaç gün sonra Abdullah Gül, Milli Görüş ve Fethullah Gülen Cemaati'ne ilişkin, tamamen ters mahiyette bir genelgeyi hazırladı. Bu gelişmelerden sonra BTK işlevsiz hale getirildi.

1 *Cumhuriyet*, 16 Temmuz 1999.

operasyonda ayrıca bir din dersi öğretmeni ile çeşitli üniversitelerde öğrenim gören öğrenciler de gözaltına alınmıştı. Evlerde yapılan aramada, Fethullah Gülen ve Said-i Nursi'ye ait kitap, teyp ve video kasetleri ele geçirilirken, laikliğe aykırı faaliyetlerde bulunmakla suçlanarak savcılığa sevk edilen yedi kişi tutuksuz yargılanmak üzere serbest bırakıldı. Sivil savcılığın haklarında takipsizlik kararı verdiği Maltepe Askeri Lisesi öğrencileri okuldan atılacaktı. Işık Evi müdavimi askeri okul öğrencilerinin verdikleri ifadeler askeri hiddetlendirirken Gülen'i de iyice köşeye sıkıştırmıştı.

Bu öğrencilerin verdiği ifadeler daha sonra Ankara DGM Başsavcılığı'nın Fethullah Gülen'le ilgili açtığı dava dosyasında da yer aldı. İddianamede "Maltepe Askeri Lisesi'ne Sızma Çalışmaları" başlığı altında "...Bu olay Fethullah Gülen grubunun askeri okullara sızma faaliyetlerinin en çarpıcı örneklerinden biridir. Askeri lise öğrencilerini Işık Evlerine çekerek beyinlerini yıkayabilmek için illegal bir şekilde disiplinli bir çalışma yapmışlardır. Bu bir örgüt çalışmasıdır. Bu öğrencilere maddi imkânlar da sağlayarak kendilerine bağlamışlardır,"[1] deniliyordu. İddianamenin devamında olay şöyle anlatılmıştı:

> Maltepe Askeri Lisesi öğrencisi Mustafa Soysal ifadesinde; askeri liseye girmemi o zaman kim olduğunu bilmediğim Ömer isimli bir ağabeyim tavsiye etti, bu şahıs derslerinde başarılı olan öğrenciler ile konuşuyordu, okulda bulunan Tuğrul ve Serkan isimli öğrencilere Ömer isimli bu şahıs ders veriyordu ve yemek yediriyordu. Bu şahsın evine gidiyorduk, bu evde bizlere çok iyi muamele ediliyor ve yemek veriliyordu. Bu eve tekrar tekrar gittik, bu eve giden öğrenci sayısı 6 kişiydi, daha sonra bu öğrencilerden İhsan isimli öğrenci başka bir şeyhe takıldı.

---

1 Fethullah Gülen kendisi ABD'deyken Ankara 2 No'lu DGM'de tutuksuz yargılandığı davada avukatları aracılığıyla yazılı yaptığı savunmada TSK'ye sızma iddialarına ilişkin şunları söylüyordu: "Bu iddialar tamamen geçersiz ve dayanaksız olduğu gibi, bunlar bizzat mahkemelerce tekzip edilmiştir. Kaldı ki bu iddialar, diğerleri gibi çelişkilidir. Mesela subay ve astsubay çocuklarının güya bana ait okullara kaydedildiği, askeri öğrencilerle türban takmayan kızların evlenmeye teşvik edildiği ileri sürülmektedir. İddia edildiği gibi, bazı subay ve astsubay çocukları bana ait olduğu ileri sürülen okullara kaydediliyorsa, bunlar kimlerdir? Böyle bir iddia, birtakım subay ve astsubayları zan altında bırakmaz mı? Ayrıca, böyle bir kayıt için subay ve astsubaylara baskı yapılmakta, tehdit mi uygulanmaktadır? Acaba askeri öğrenciler, yani subaylar, henüz öğrenciyken evlenmekte midir? Bu iddialar konusunda gösterilebilecek müşahhas (somut) tek bir örnek var mıdır?

Bedeni durumu iyi olmayan Said isimli öğrenci ile Ömer ilişkisini kesti. Sınavlara giren Veysel isimli öğrencinin apandisiti patladı. Yemen isimli öğrenci Kuleli Askeri Lisesi imtihanlarını kazandı. Ben Murat Yanık ile birlikte Maltepe Askeri Lisesi'ni kazandım. Okula başlamadan evvel bize dini konulardan ve Orta Asya'da açılan okullardan bahsettiler. Maltepe Askeri Lisesi'ne girdikten sonra bize "Sahabi mertebesine ulaştığımızı, kurallara uymadığımız takdirde Allah tarafından cezalandırılacağımızı" söylediler. Maltepe Askeri Lisesi imtihanlarına girmeden evvel, imtihanlar için Sultanbeyli'de yeni açılmış bulunan isimsiz bir dershaneye gittik, ayrıca devam etmekte olduğumuz evde de bizlere ders verildi, bu arada Fethullah Gülen ile ilgili videokasetleri izlettirildi ve teyp kasetleri dinlettirildi.

Maltepe Askeri Lisesi imtihanları için bizlere form doldurttular. Ömer isimli şahıs bizleri Sultanbeyli'de bulunan belediye arazisinde koşturuyordu, ayrıca daha önceki yıllarda Maltepe Askeri Lisesi imtihanlarında sorulan soruları ezberlettiler, mülakatta neler yapacağımızı anlattılar. Bilahare Murat Yanık ile birlikte Maltepe Askeri Lisesi'nin imtihanlarını kazanıp İzmir'e geldik. İzmir'e gelmeden evvel Ömer bizlere birer saat hediye etti. İzmir'de hazırlık sınıfı boyunca 15 günde bir Ömer İzmir'e geldi. Bir evde buluştuk. Bu buluşmalar periyodik olarak yarıyıl sonuna kadar devam etti. Birinci sınıfı geçtikten sonra yaz tatilinde Ömer bizi İstanbul Bağlarbaşı'nda bir eve götürdü. Orada Alpay ve Hasan K. ile tanıştırdı. Alpay'ın verdiği randevu ile daha sonra İzmir Amerikan Kız Lisesi önünde buluşma yaptık. Abdullah isimli öğrenci de bu buluşmaya geldi.

Alpay bizi Zeytinlik Mahallesi 1133'üncü sokak, Sakaryalılar Apartmanı Daire: 4 adresinde bulunan eve getirdi, bu eve gelmeden evvel Alpay'ın talimatı ile bir sokak geride bulunan züccaciye dükkânında elbiselerimizi değiştirip sivil giyindik. Buluşma yaptığımız evde bize yemek verildi. İhtiyacımız olup olmadığı soruldu. 15 günde bir bu evde buluştuk...

Bu eve gelmeden evvel elbise değiştirmek için de züccaciye dükkânını 6-7 defa kullandık. Daha sonra deşifre olmamak için züccaciye dükkânını bırakıp Alpay'ın tarifi ile sırası ile Alsancak bölgesinde bulunan Baran Lokantasını, daha sonra Yenişehir Gaziler Caddesi üzerinde bulunan Baran Lokantası'nı ve nihayet Zeytinlik Mahallesi 1140'ıncı sokakta bulunan Engin Ticaret'i kullandık ve buralarda resmi elbisemizi bırakarak sivil giyindik. Ben bu faaliyetlere okula girerken bana yapılan yardımlar ve yakınlık dolayısıyla katıldım.

Daha sonra bu faaliyetlerden çekilmek istedim. Ancak beni ve arkadaşlarımı çeşitli şekillerde tehdit ederek çekilmemizi önlediler ayrıca bu faaliyetleri başkalarına anlatmamızı engellediler. Bundan başka üçüncü sınıfta babamı kaybettim ve maddi sıkıntıya düştüm, bu şahıslar bana maddi imkânlar sağladılar bu nedenle bu şahıslara bağlandım. Bu Cemaat mensupları hiç çekinmeden Atatürk'ü kötülediler. Kızların şeytan olduklarını, onlardan uzak durmamız gerektiğini söylediler.

1999'daki Gülen Cemaati soruşturması

28 Şubat postmodern darbesinin hemen ardından askeriye içinde Batı Çalışma Grubu adıyla irticacıları izleyen birimler kurulmuş ve herkes hakkında doğru ya da yanlış bilgiler bir araya getirilmeye başlanmıştı. Devir askerin devriydi ve Emniyet içindeki Cemaat yanlısı olmayanlar da bu kervana katılmıştı. Tam bu süreçte, 10 Ocak 1999 günü *Aydınlık* dergisi, "Fethullah Emniyet'i Ele Geçirdi" kapak haberiyle çıkıyordu. Emniyet içinden bir kişinin derginin bağlı olduğu İşçi Partisi'ne gönderdiği belirtilen ve bir iddiaya göre MİT tarafından gönderilen isimsiz bir ihbar mektubuna dayanılarak hazırlanan haberde Fethullahçıların EGM içinde nasıl örgütlendiğinin bir rapor halinde devletin üst düzey yetkililerine sunulduğu belirtilerek bazı iddialar sıralanıp birçok kişi isim isim suçlanıyordu.[1] Cemaat'in, 28 Şubat sürecinden sonra aldığı önlemlerin raporda belirtildiği haber şöyleydi:

> Fethullahçıların Emniyet içinde Genel Müdürlük bünyesindeki Daire Başkanlıkları, Polis Akademisi, Polis Koleji ve Polis Okulları ile özel statülü illerde önemli şube müdürlüklerinde faaliyet gösterdikleri ifade ediliyor.
>
> Fethullahçılar, amirler ve polis memurları olarak, iki ayrı grupta örgütleniyor. Örgütlenmenin başında bulunan kişi, "imam" diye adlandırılıyor. "İmam"lar, en kıdemli ve yetenekli kişiler arasından seçiliyor. Raporda şunlar kaydediliyor: "Amirler ve memurlar, kesinlikle birbirini tanımamakta, herkes imamı bilmekte ve onun direktiflerini yerine getirmektedir. Bu imamlar, bölge imamlarına, onlar da merkezde kurulu bir sivil kurula bağlı olarak faaliyet göstermektedirler.

1 *Aydınlık*, sayı 599, 10 Ocak 1999.

İmamlardan gelen emirler, Hoca Efendi'den geldiği kabul edilerek mutlaka yerine getiriliyor. Kısacası Emniyet teşkilatının personel alımından atanmasına, branşlaştırılmasından eğitimine, kurs görmesinden yurtdışına gitmesine, istihbarattan teröre kadar, birçok konuda fiili karar verme bu üst sivil grup tarafından gerçekleştirilmektedir.'

Polis örgütü içindeki örgütlenmede, Cemaat'in tüm bireyleri, gizliliğe düzenli bir biçimde uyuyorlar. Üst grup tarafından gelen tedbirler ve kararlar, kademeli olarak alt gruplara iletiliyor. Kararların uygulanıp uygulanmadığı "imam"lar tarafından kontrol ediliyor.

Raporda şunlar belirtiliyor: "Hoca Efendi cemaatinin elemanları, 'Şu an sırtınızda yumurta küfesi taşıyorsunuz. Yanlış bir hareketiniz geri dönülmeyecek hatalara sebebiyet verecektir. Sizler, Hitler'in tankları gibisiniz. Hitler, Rusya'ya doğru ilerlerken, karşısına çıkan bataklıkları aşmak için tankları bataklıklara saplayıp, kendilerini feda ederek arkadan gelenlere yol açmaları gibi, sizler de bu tür fedakârlıklar yaparak, sizden sonra geleceklere ortam hazırlayacak ve Cemaat'in teşkilatı ele geçirmesini sağlayacaksınız," parolasıyla hizmet etmektedirler.

Sivil grup Emniyet'i yönetiyor

Aydınlık dergisinde yer alan habere göre raporda yer alan iddialardan bazı başlıklar şöyleydi:

- EGM Personel Daire Başkanlığı personelinin yüzde 95'ini Fethullah cemaatine mensup kişiler oluşturuyor.
- Teşkilatı öyle bir hale getirdiler ki, dışarıda olup teşkilatı bilmeyen sivil grup, Emniyet teşkilatını yönetmekte ve yönlendirmektedir. Şu an sadece Emniyet Müdürlerinin tayinlerine karışamamaktadır'.
- Personel Daire Başkanlığı'nı ele geçirmenin yarattığı olanaklar, zaman zaman siyasi ve idari baskıyla birleşiyor.
- Personel Daire Başkanlığı'nda, unvanlara göre boş kadrolar tutulmaktadır. Bu kadrolar gizlidir. Daire, uygun gördüğü kişileri bu kadrolara atar. Cemaat elemanları bu kadroları ellerinde tuttuklarından, boşalan önemli kadrolar olduğunda hemen sivil gruba intikal ettirerek, kendi elemanlarının bu kadrolara atanması için siyasi ve idari baskı kurularak, gerektiğinde bakana dahi ulaşılarak atamaların yapılması sağlanıyor. Merkez Yüksek Değerlendirme Kurulu'nun yaptığı rütbe terfileri dahi aynı gün, yine bilgisayar

bürosundaki görevliler tarafından diskete kaydedilip sivil gruba veriliyor ve yeni stratejiler belirlenerek kendi tarafından terfi edip edemeyenlerin durumu değerlendiriliyor.

• Personel Daire Başkanı Zeki Urgancıoğlu 1998 yılı atamalarını bizzat yürütünce, Cemaat'in tezgâhı bozuldu. Urgancıoğlu'nun ayağı kaydırıldı.

• Fethullahçılar, öbür birimlerden kendi elemanlarına ait olumsuz bir yazı geldiğinde, bu tür işlemleri yumuşatarak, "elemanlara ve hizmete zarar gelmeyecek bir hale getirip" işleme koyuyorlar.

• Genel nakil ve Doğu ve Güneydoğu'ya gönderilecek personelin planlanmasından ve atamalardan yaklaşık iki ay önce, "tüm teşkilattaki elemanlara, birimlerdeki problemli ve engel teşkil eden" isimler soruluyor. Bu araştırma; Aleviler, solcular ve başka cemaatler esas alınarak yapılıyor.

28 Şubat'tan sonra alınan önlemler

Aydınlık'ın haberinde en ilgi çekici noktalardan biri ise Emniyet'in raporunda anlatıldığı öne sürülen Cemaat'in 28 Şubat Kararlarından sonra aldığı önlemler. Habere göre polisin raporunda 28 Şubat'tan sonra Cemaat'in aldığı tedbirler şöyle sıralandı:

1. Evlerde bulunan Risale-i Nur Külliyatları kaldırılacak. Herkes, bu eserleri sivil olan akrabalarının yanına götürecek.

2. Evlerden Hoca Efendi'nin kaleme almış olduğu eserler kaldırılacak. Kuran-ı Kerim'den başka hiçbir dini kitap kalmayacak.

3. Evlerin giriş kısmına, hatta dış kapı açıldığında görülebilecek yerlere Atatürk'ün fotoğrafları asılacak. Odalarda 10. Yıl Nutku ve İstiklal Marşı duvarlara asılacak.

4. Evlerde görünür kısımlarda, Nutuk gibi kitaplar bulundurulacak.

5. İşyerine giderken *Sabah, Milliyet, Cumhuriyet* gibi gazeteler alınıp götürülecek ve işyerinde herkesin görebileceği yerlere bu gazeteler konulacak.

6. *Zaman* gazetesi, *Sızıntı* ve *Aksiyon* gibi dergilere başka isimler altında abone olunacak. Dergi ve gazete ücretleri yatırılacak. Fakat genellikle ev adresi verilmeyecek. Bu yayınlar evde bulunmayacak.

7. Telefonlar MİT tarafından dinlendiğinden telefonlarda kesinlikle dini konuşmalar yapılmayacak. Selam verilmeyecek. Hatta hayırlı sabahlar bile denilmeyecek. İyi günler, günaydın türü konuşmalar yapılacak.

8. Telefonda hizmetler hakkında konuşma yapılmayacak. Hiçbir elemanın ismi zikredilmeyecek. Adres verilmeyecek. Sohbet yapılacak evler hakkında konuşulmayacak.

9. Eğer herhangi bir yerde buluşma olacak ise telefonlarda kodlu konuşulacak. Mesela: "Bu akşam maçı nerede seyrediyoruz?" "Bu akşam bizde okey oynayalım mı? Gelirken şu isimleri de çağır," gibi.

10. Cuma namazına 3 hafta üst üste gidilmeyebilir. Bu nedenle birimlerde bulunan elemanlar 3 gruba ayrılacak. Her hafta bir grup gizlice cuma namazına gidecek. Diğer kalan iki grup birimlerinde kalacak. Birim amirlerinin gözleri önünde bulunarak dikkat çekilmeyecek. Hatta mümkünse cuma namazı vaktinde Polis Evi'nde birim amirleri de davet edilerek yemekler tertip edilecek. Kurum içinde bulunan halı sahalarda yine birim amirleriyle maç yapılacak.

11. Kesinlikle hiçbir vakit namazı işyerinde kılınmayacak. Cem edilecek. Yatsı namazında evde topluca kılınacak.

12. Çöp kutularından boş bira kutuları ve içki şişeleri toplanacak. Evdeki çöpler dışarı konduğunda, bu şişe ve kutulardan birkaç tanesi çöpün görünen kısımlarına konacak.

13. İşyerinde kendi Cemaatimizden başka bir grubun ya da Cemaat'in elemanlarının başı derde girdiğinde, kesinlikle yardım edilmeyecek. Hatta görmemezlikten gelinecek.

14. İşyerinde lehimizde ve aleyhimizde cereyan edecek tüm konular, anında bağlı olunan imama bildirilecek.

15. Önceden hanımlarının başları açık olup, sonradan kapananlar, eşlerinin başlarını açacak. Eşinin başını açan her eleman, eşiyle beraber birim amirlerinin görebileceği yerlere gidecek. Mesela; polis evine yemeğe veya bayramda bayramlaşmaya.

16. Önceden hanımlarının başları kapalı olsa dahi, önemli yerlerde çalışanlar mutlaka eşlerinin başını açacak.

17. Akademi, kolej ve polis okulu öğrencileri hafta sonunda dershanelere gönderilmeyecek (Dershane, Hoca Efendi cemaatinin dini evleri). Tüm öğrencilerle pastane ve lokal gibi yerlerde buluşulacak.

18. Tüm akademi, kolej ve polis okulu öğrencileri, mutlaka bilgisayar kursuna gidecek.

19. Kurban Bayramlarında hiçbir eleman kurban kesmeyecek. Deri toplama işine girmeyecek. Fakat tam bir kurban parası imama verilecek ve bu para hizmete aktarılacak. Hizmetten bu elemanlara sadece bir but gönderilecek. Böylece deri toplama işi olmayacak. Herkes kurban kesmiş olacak. Çevreye de kurban kesmedik, denecek.

20. İşyerinde ve çevrede laiklik ve Atatürkçülüğü öven konuşmalara iştirak edilecek. Dini öven konuşmaların olduğu gruplardan uzak durulacak.

21. Son alınan duyumlarda MİT, EGM'de çalışan tüm amir sınıfı personelin adreslerini tespit etmiş ve bu amirlerin evlerine giderek bir adres sorma bahanesi ile kapılar çalınıp, hanımlarının kapalı olup olmadığını tespit etmektedir. Bu nedenle evlerde kadınlar başı açık duracak ve kapı çalındığında başlar açık olarak kapılar açılacaktır.

Resmi rapor yoktu ama soruşturma açıldı

Aydınlık dergisinin yayımladığı habere dayanak teşkil eden resmi bir rapor aslında hiç olmamıştı. Teşkilat içinden biri, ya da bir iddiaya göre MİT, *Aydınlık* dergisine bir rapor varmış gibi gönderdiği ihbar mektubunun aynısını Teftiş Kurulu Başkanlığı'na da göndermişti. Ünal Erkan zamanında yapılan ve sonuç alınamayan 1991 ve 1992'deki soruşturmalardan sekiz yıl sonra bir kez daha geniş ve kapsamlı bir soruşturma başlatılmıştı.

Aydınlık'ın haberindeki iddiaları ihbar kabul ederek araştırılmasını isteyen ilk görevlendirme yazısı EGM İstihbarat Dairesi Başkanı Sabri Uzun tarafından Ankara Emniyet Müdürlüğü'ne gönderildi. Ertesi gün olan 5 Şubat 1999'da da Teftiş Kurulu Başkanlığı'ndan da aynı taleple ikinci bir görevlendirme yazısı yine Ankara Emniyet Müdürlüğü'ne gönderildi. İstihbarat Dairesi Başkanlığı'ndan 10 Şubat 1999'da gönderilen ayrı bir görevlendirme yazısında da "Fethullahçılar listesi" gönderilerek Emniyet'teki örgütlenmenin ortaya çıkarılması için soruşturma yürütülmesi istendi.

Dönemin Ankara Emniyet Müdürü Cevdet Saral, Emniyet Müdür Yardımcısı Osman Ak ve İstihbarat Şube Müdürü Ersan Dalman ile yardımcısı Zafer Aktaş birkaç ay sonra soruşturmayı açtı. Neden bu kadar bekledikleri de, ayrıntılarını ilerleyen bölümlerde işleyeceğimiz yargılanmalarına neden olacak Telekulak Skandalı'yla ortaya çıkacaktı.

28 Şubat'ın yanında saf tutması yetmedi

"Hükümet gitmeli," diyerek destek vermesine karşın 28 Şubat sürecinin tokadını yiyenler arasında Fethullah Gülen'in de kendine ayrılan yeri alması uzun sürmemişti. İDB'nin olumlu görüş bildiren bir kitapçık ve bültenine rağmen, Gülen'in, devlet bürokrasisinde en çok örgütlü olduğu yerlerden biri olan Emniyet tarafından bir kez daha takip altına alınıyordu. Dönemin Ankara Emniyet Müdürü Cevdet Saral, EGM'ye Gülen Cemati'nin örgütlenmesine ilişkin tespitler içiren bir yazı gönderdi. İDB'deki meslektaşları tarafından hazırlanan ve "Gülen'i akladığı" yorumu yapılan kitapçık ve bültene de, "İDB yayınları muhtevasından da anlaşılacağı üzere Fethullah Gülen grubunun irticai faaliyetlerde bulunduğuna ve mevcut anayasal düzeni yıkarak yerine dini esaslara dayalı bir rejim kuracağına ve Atatürk ilke ve inkılâplarına karşı çıktığına dair herhangi bir tespit ve gözleme yer verilmemektedir," eleştirisi yönelttiği 18 Şubat 1999 tarihli yazısında Saral şöyle diyordu:

> Hal böyleyken ilgi (a.b.c.) ve Teftiş Kurulu Daire Başkanlığı'nın ilimize intikal eden yazılarında henüz yeni fark edilmiş bir örgütlenmeden söz edilmekte buna karşın müdürlüğümüzden lokal anlamda çok yönlü araştırma istenmektedir. Son yayınlarla inceleme ve soruşturmaya neden olduğu anlaşılan bu örgütlenmenin veya tarikatın oluşumunun nasıl olduğu, kimler tarafından yürütüldüğü, teşkilatımıza sızmaların nasıl gerçekleştirildiği hususları hakkında geniş çaplı araştırma için ek bilgilere ihtiyaç duyulmaktadır.
>
> Yayınlanan raporlardan ve F. Gülen'le ilgili yazılan kitaplardan ilk anda elde edilen değerlendirmeler ve teyide muhtaç diğer kaynaklardan derlenen bilgiler ışığında ilk elde edilen kanaat bu grubun örgütlenme tarzının, yatay ve dikey şekilde olduğu ve yapılanmanın genelde açık ancak "hedefin" gizlilik taşıdığı anlaşılmaktadır.
>
> Buna göre, söz konusu örgütlenmenin:
>
> - İdeolojik ve felsefi yapısı
> - Örgütlenme modeli
> - Taktik ve stratejisi
> - Finans kaynakları
> - Hedefin netleştirilmesi
>
> hususlarındaki bilgilerin derlenmesi çalışmaları ile işe başlamanın lüzumlu olduğu kıymetlendirilmektedir.
>
> Ayrıca;
>
> 1- Fethullah Gülen'in şecereye bağlı geçmişi, hangi medrese ve hangi tanınmış din âlimlerinden ders aldığı, bu kişilerin bilgi derinliğinin ne olduğu ne kadar sürelerle eğitim gördüğü, almış olduğu dini eğitimin irşat edici özellik taşıyıp taşımadığı,

2- Fethullah Gülen'in güdümündeki okullardan mezun olan kişilerin Cumhuriyet ve rejim ile Atatürk ilke ve inkılâpları hakkındaki düşüncelerinin samimi boyutlarının ne olduğu,

3- Fethullah Gülen'in yurtdışında açmış olduğu okullar üzerinden Milli Eğitim Bakanlığı'nın hangi ölçüde etkinliği olduğu ve bu okullarda nasıl bir eğitim verildiği yurtdışında bu okulların açılmasındaki gayenin ne olduğu,

4- 1986 yılında yakalanan F. Gülen'in yakalanıncaya kadar (6) yıl kimler tarafından korunduğu, teşkilat mensuplarımızın bu olayla bağlantısının olup olmadığı,

5- Akyazılılar Vakfı ile başlayan F. Gülen faaliyetleri günümüzde hangi şirket, vakıf ya da başka hangi yelpazede sürdürüldüğü,

6- Ülkemizde açtığı birçok kolej, dernek ve üniversitelerin yurt çapındaki faaliyetlerinin ne olduğu, hangi kaynaklardan finanse edildiği, teşkilatımızın temel eğitim kurumu olan Polis Koleji ve polis okulları ile ilgili irtibatları konusunda ne tür bilgilerin mevcut olduğu,

7- Basım Yayın ve İletişim faaliyetinin mahiyetinin ne olduğu, zikredilenlerin haricinde toplumun değişik kaynaklarına hitap eden legal, illegal yayın organının olup olmadığı,

8- Fethullah Gülen'in açık çizgisinin arkasında nasıl bir amaç taşıdığı, radikal kesimlerin içerisinde ne tür misyon üstlendiği, toplumun değişik kesimleri ile diyalog kurmak suretiyle neyi gizlemeye çalıştığı, teşkilatımız bünyesinde yaygın faaliyeti varsa oluşacak gücü ileride nasıl değerlendirmeyi düşündüğü,

9- Ülkemizde en geniş tabana hitap ettiği iddia edilen bu grubun siyasal yelpazede bu gücünü nasıl kullandığı ve ne tür yönlendirmeler yaptığı, hususlarında yeterli bilgilerin toplanmasının gerekli olduğu değerlendirilmektedir.

Bütün bu bilgilerin derlenmesinde öncelikle açık kaynaklar ciddi şekilde irdelenmeli, söz konusu kişi ve hareket hakkında bilgiler analiz edilmeli; kendi söylemlerinden yola çıkılarak önce kişinin tanımlanması daha sonra 'hareketi veya tarikatı' netleştirilerek gerçek hedefinin ne olduğu aydınlığa kavuşturulmalıdır noktasından hareketle ilimizce gerekli çalışma ve incelemeler başlatılmış olup konu hakkında mezkûr örgütlenmenin ülke genelinde yapısını deşifre edecek çalışmaların İDB meyanında tüm iller kapsamında oluşturulacak "Planlı İstihbarat Operasyonu" kapsamında ele alınmasının yerinde olacağı hususunda, bilgi ve gereğini arz ederim.

Ankara Emniyet Müdürü Cevdet Saral'ın, bu yazışmalarına bakıldığında Gülen Cemaati'ne yönelik çalışma yapıyor gibi göründüğü düşünülse de aslında "ipe un seriyordu." İhbarlar üzerine Emniyet'te örgütlü Cemaat'le ilgili soruşturmayı başlatan İDB, Ankara Emniyet Müdürlüğü'nden tahkikat yaparak bilgi vermesini istemişti. Saral'ın yazılarında ise çalışma yapılıp bilgi göndermek yerine, çalışmanın nasıl yapılması gerektiğinin metodu anlatılıyordu.

Teamüllere göre İDB, illerden gelecek bilgiler arasında, birbirleriyle örgütsel bağlılık görürse, o illeri veya ülke genelini kapsayan operasyonlar başlatırdı. Yani önce illerden bilgiler gelmeli ve bu bilgilerden yola çıkılarak da İDB, Emniyet Genel Müdürü'nden operasyon onayı almalıydı. Ankara Emniyet Müdürü Saral ise bir anlamda, "Ben İstihbarat Daire Başkanlığı'na ön bilgi vermeden, hiçbir gerekçesi olmadan, Emniyet Genel Müdür'ünden ülke genelinde operasyon onayı almak istiyorum," diyordu. Zaten bu tavır da Gülen Cemaati'nin günümüzdeki örgütlenmesinin önünü kesecek bir çalışmanın, savsaklandığı için bir yere ulaşmasını da engellemiş olacaktı. Bu sırada emniyetin içindeki rekabet 28 Şubat sürecindeki Cemaat soruşturmasının etkisiz kalmasının başlıca nedeni haline gelecekti.

Emniyet'te Ankara-İstanbul çatışması

Cemaat'i soruşturmakla görevlendirilen Ankara Emniyet Müdürü Cevdet Saral, 1997 yılında dönemin Başbakanı Mesut Yılmaz tarafından göreve getirilmişti. Saral, il emniyet müdürü olduktan sonra kendisi gibi Trabzon Oflu olan Osman Ak'ı da, Artvin'den getirtti ve Osman Ak'ı istihbarattan sorumlu Ankara emniyet müdür yardımcıvekili yaptı.

Ankara Emniyeti'ni gölge müdür gibi yöneten Osman Ak'ın mesaisinin büyük bölümünü, Cevdet Saral'ı bir an önce İstanbul emniyet müdürü yapabilmek ve onunla birlikte emniyet müdürlüğünün taçlandığı il olan İstanbul'a ikinci adam olarak gidebilmek için ayırdığı o dönem Emniyet kulislerinin ilk sıradaki dedikodusuydu. Osman Ak'ın bu hayalini gerçekleştirmesinde İstanbul polisinde görevli yardımcı olanlardan biri de Narkotik Şube Müdürü Ferruh Tankuş'tu.

Bu yüzden İstanbul-Ankara polisi arasında zaten hiç eksik olmayan rekabet ve çekişme iyice alevlenmişti. Ortaya çıkan çekişmenin bir tarafında Cevdet Saral ve Osman Ak'ın temsil edip

Tankuş'un da destek verdiği Ankara ekibi, diğer tarafta ise Emniyet Genel Müdürü Necati Bilican ile İstanbul Emniyet Müdürü Hasan Özdemir ve yardımcılarının yer aldığı grup vardı.

İstanbul Emniyet Müdürü Özdemir, Ankara ekibiyle birlikte hareket ettiğini öğrendiği Tankuş'u 1998 Aralık ayında görevinden alarak Beyoğlu Emniyet Müdürlüğü'ne atadı. Görev yerinin değiştirilmesiyle köprüleri atan Ferruh Tankuş, 16 Aralık 1998 günü yeni makamında ağırladığı gazetecilere zehir zemberek açıklamalar yaptı. Dönemin İstanbul Emniyet Müdürü Hasan Özdemir ve yardımcılarının tayininin çıkması için 4 milyon dolar rüşvet aldığını iddia ediyordu. İstanbul'da, Narkotik Şube müdürü olarak başarılı operasyonlara imza atan Tankuş, bu görevinden alınması için rüşveti verenlerin de uyuşturucu kaçakçıları olduğunu söylüyordu. Televizyon kanallarının flaş haber olarak verdiği bu gelişme ertesi gün de tüm gazetelerin manşetindeydi.

Tankuş vakit geçirmeden görevinden alındı, hakkında soruşturma açıldı. Ancak Tankuş konuşmaya devam etti. Emniyet genel müdürünün oğlu Murat Bilican'ın uluslararası uyuşturucu kaçakçısı Hacı Muhittin Bektaş'ın oğlu Yılmaz Bektaş'la Bodrum'da ortak bar işlettiğini, Bektaş'ın sahte pasaportla giriş çıkışına yardımcı olunduğunu iddia etti.

Tankuş ayrıca Necati Bilican'ın oğlunun kullandığı cep telefonunun Emniyet'e ait olduğu gibi yüklü telefon faturalarının da teşkilatın bütçesinden ödendiğini söyledi.

Tankuş'un bu dikkatsizliği nedeniyle başlatılacak yeni soruşturma Türkiye kamuoyunun uzun zaman konuşacağı Telekulak Skandalı'nı ortaya çıkaracaktı.

18 Nisan 1999 seçimleri öncesinde 5 Mart 1999'da İstanbul'da yapılacak olan Seçim Güvenliği Toplantısı'na dönemin Ankara Emniyet Müdürü Necati Bilican ile İstihbarat Daire Başkanı Sabri Uzun da katılıyordu. Ankara'dan uçakla İstanbul'a gelirken Bilican, Uzun'a dönerek, "Bugünkü *Hürriyet* gazetesinde çıkan haberi benim için araştırır mısın?" dedi. Emniyet Genel Müdürü'nün araştırılmasını istediği haber, daha önce de kendisi ve oğlu Murat Bilican'la ilgili bir takım iddialar öne süren Ferruh Tankuş'un, "Bilican'ın oğlunun kullandığı cep telefonunun faturasını bile devlet ödüyor," açıklamasıydı. "Tankuş Yine

Bombaladı" başlığıyla verilen haberde,[1] "Ferruh Tankuş: 'Artık sessiz kalmayacağım. Bilican, devlete ait cep telefonunu oğluna tahsis etti. Devlet bu telefon için geçtiğimiz yıl 2,5 milyar lira fatura ödedi,'" iddiasında bulunuyordu.

Genel müdürün oğlu takip edilmiş

Uzun, Ankara'ya döner dönmez konuyu araştırmaya başladı. Emniyet Genel Müdürlüğü'ne kayıtlı cep telefonlarının faturası Emniyet İkmal Dairesi'nin bütçesinden ödeniyordu. İlgili birimden konuştuğu görevliye, "Cep telefonlarının faturalarını nasıl ve nerede saklıyorsunuz?" diye sordu. Görevli, Emniyet'e kayıtlı telefonlara ait faturaların ayrıma tabi tutulmadan balyalar halinde aylık olarak depoda tutulduğu yanıtını verdi. Deponun sorumluluğunun ve anahtarlarının da sadece bir tek kişide olduğunu ve kimsenin bu faturaları göremeyeceğini de ekledi.

Yapılan araştırmada Tankuş'un iddia ettiği döneme ait faturaların İkmal Dairesi'nin deposunda, balyaların içindeki diğer faturalarla birlikte durduğu ve hiç kontrol edilmediği belirlendi.

İDB yasalar çerçevesinde, GSM operatörleri şirketleriyle olduğu gibi Türk Telekom ile de koordineli olarak çalışıyordu. Diğer istihbarat kurumlarının da yaptığı gibi İDB de telekomünikasyon şirketlerinden her ay sonunda ayrıntılı fatura bilgilerini dijital ortamda bilgisayar disketleri halinde bu kurumlardan alarak kendi merkez bilgisayarındaki bilgi bankasında topluyordu. Bilican'ın oğlunun faturalarını elde etmenin diğer yolu da bu bilgi bankasından sorgulama yapmaktı.

Uzun bir memura telefon numarasının istihbarat müdürlüklerinin bilgisayarlarından sorgulanıp sorgulanmadığını öğrenmesini istedi. Kısa süre sonra da Bilican'ın oğlunun kullandığı telefonun numarasının Ankara İstihbarat Şube Müdürlüğü'nün bilgisayarlarıyla sorgulandığı ortaya çıktı. Sorgulamanın yapılabilmesi için bu birimde çalışan her polisin ayrı bir şifresi vardı ve şifreleri kimin kullandığı da İstihbarat Dairesi Başkanlığı sistemlerinde kayıtlıydı. Yasadışı telefon takibi yapılmasını önlemek için konulmuş bir kuraldı bu.

Yapılan incelemede Ankara İstihbarat Şubesi'nden altı polisin şifreleriyle sorgulamanın yapıldığı belirlendi. Uzun, 8 Mart

1 *Hürriyet*, 5 Mart 1999.

1999'da bir yazı yazarak Emniyet Genel Müdürü Bilican'dan, kimlikleri öğrenilen altı polisin İDB kadrosuna geçirilerek soruşturma açılmasını istiyordu. Çünkü bu polislere ait şifreleri Ankara Emniyet Müdür Yardımcısı Osman Ak, İstihbarat Şube Müdürü Ersan Dalman ve yardımcısı Zafer Aktaş'ın kullandığı belirlenmişti. Uzun, şifreleri kendilerinden habersiz kullanılan bu polislerin amirlerinin baskısından kurtularak soruşturmanın doğru yürütülebilmesini istiyordu. Bilican hemen onay verdi. Ancak Ankara Emniyet Müdürlüğü bu tayine, 1 Mayıs öncesinde çıkabilecek olaylarla ilgili araştırma yapıldığı bahanesiyle izin vermedi.

Ancak artık çok geçti. Cevdet Saral ve Ak ikilisinin göreve başlamasından birkaç ay sonra 1998 yılı Mart ayında İstihbarat Şubesi'nin kullandığı Ankara Emniyet Müdürlüğü'nün sekizinci katında, mevzuatta yeri olmamasına karşın telefon izleme ve dinleme yapacak "Değerlendirme Bürosu" adı verilen bir birim kurduğu ortaya çıktı. Bu illegal birimde görev alacak kişiler de bizzat Ak tarafından İstihbarat Şubesi'nin içinden seçilmişti. Oysa İl İstihbarat Şube Müdürlüklerinde kurulacak dinleme merkezlerinin kuruluşu, mevzuata göre İDB'nin onayıyla yapılmalıydı. Nitekim Ankara Emniyet Müdürlüğü'nün dokuzuncu katında İstihbarat Şubesi'nin telefon dinlemesi yapan, yasal teknik takip birimi vardı.

Cemaat soruşturması can simidi oldu

Ak ve ekibi deşifre olduklarını anlamış, açılacağından emin oldukları soruşturmayla da, asıl gizlemek istedikleri Telekulak Olayı'nın ortaya çıkacağını anlamışlardı. Bunun önüne geçmek için *Aydınlık* dergisinde 10 Ocak 1999'da yayımlanan yukarıda aktardığımız haberden sonra kendilerine verilen Cemaat soruşturmasına dört elle sarıldılar.[1] Emniyet Genel Müdürü Necati Bilican'ın oğlunun telefonlarının Saral ekibi tarafından yasadışı biçimde sorgulandığını ortaya çıkaracak bir soruşturma

1 *Aydınlık* dergisinde Emniyet içinde Fethullahçı örgütlenme iddiaları dile getirilmişti. Bu haberleri ihbar kabul ederek 4 Şubat 1999'da Sabri Uzun, ertesi gün de Teftiş Kurulu Başkanlığı Ankara Emniyet Müdürlüğü'ne bir yazı göndererek tahkikat yürütülmesini istemişti. Hatta Sabri Uzun'un başkanlığındaki İDB'den 10 Şubat 1999'da gönderilen ayrı bir görevlendirme yazısında da "Fethullahçılar listesi" gönderilerek Emniyet'teki örgütlenmesinin ortaya çıkarılması için soruşturma yürütülmesi istenmişti.

başlatıldığını öğrenir öğrenmez, Emniyet'teki Fethullahçı örgütlenmeye ilişkin tahkikatla ilgili bir ay boyunca hiç sesi çıkmayan Ankara Emniyet Müdürü Cevdet Saral 18 Mart 1999'da ilgili birimler olan Teftiş Kurulu Başkanlığı ile İDB'ye bir yazı gönderdi.

Fethullah Gülen ve cemaatinin rejim karşıtı olduklarına yönelik ağır tespitleri de içeren İdeolojik Değerlendirme Raporu'nun da eklendiği, "Fethullah Gülen ve Işık Tarikatı" konulu B.05.1.EGM. 4.06.00.06 sayılı yazıda şöyle deniliyordu:

> Değerlendirme raporunun incelenmesinden de anlaşılacağı üzere öncelikle; Fethullah Gülen hareketinin ve tarikatının örgütsel yapı taşıyıp taşımadığını, devletin mevcut anayasal nizamını yıkarak yerine şer'i esaslara dayalı bir sistem kurmayı amaçlayıp amaçlamadığını anlamak için taraftarlarını etkilemede kullandığı yöntemin ideolojik tahlilinin yapılmasına gerek duyulmuştur.
>
> Fethullah Gülen, alışılmış "din adamı" profilinden uzak, din adına farklı söylemleri bulunan kimi zaman 'Sfenks' kadar sessiz, kimi zaman Atatürk'ü övmeye gerek duyan, kimi zaman 8 yıllık eğitime destek verecek kadar reformcu, rejim yandaşı ve aydın bir düşünür, kimi zaman da farklı dinlerin temsilcilerine dünya barışı adına çağrılar yapacak, hatta Papa ile fikir teatisinde bulunabilecek kadar da enternasyonal yanı güçlü biri olarak görüntüler vermektedir. Tarikat mensupları da baş imam Fethullah Gülen'den aldıkları fetvalar doğrultusundaki davranışları ile kendi düşüncelerinin zıttı olanlara karşı "hile mubahtır" yöntemi ile tedbirler geliştirmektedir.
>
> Fethullah Gülen'in yeterli bir din eğitimine ve bilgisine sahip olduğu kuşkuludur. Ama dini bütünüyle bilmeyen fakat itikatlı olduklarına inanan insanları etkileyebilecek noktayı iyi keşfetmiş, üstün bir zekâ sahibi olduğu söylemleri de gündemdedir. Âlim olmayı gerektirmeyen dini hikâyeleri ıstırap yüklü ses tonu eşliğinde, sohbetlerinde gözyaşı suyu ile kişilerin manevi alanlarına nüfuz edecek şekilde anlatan ve kişileri istediği yöne sevk etmeyi başarması birçok entelektüel kesimin kendisinden etkilenmesini sağlamıştır.
>
> ... teşkilatımız bünyesinde bulunan başta Polis Koleji ve Akademisi olmak üzere, birçok eğitim kurumumuz adı geçen tarikatın ilgi alanına girmiş teşkilatlanmaları adeta bir sistematiğe bağlanmış gibi devam etmektedir. Teşkilat bazında stratejik öneme haiz Personel, Bilgi İşlem, Eğitim, KOM, Terör ve İstihbarat birimleri ile taşrada yapılanmaların olduğu yönünde emareler mevcuttur.

Fethullah Gülen Cemaati'nin devlet içerisindeki yapılanması alışılmış örgütlenme modelinin dışındadır. Tarikata göre, makamlar öncelikli, kişiler ikinci plandadır. Bu nedenle kişiler makamlara tercih edilmekte ve gerekirse ya da herhangi bir nedenle güç durumda, kalındığında kişiler feda edilerek yerlerine hazır tutulan kendilerinden olan kişilerin getirilmesi için yoğun çaba sarf edilmektedir. Mümkün olması halinde mevcut bürokrat ya da siyasetçilere hoş görünmek suretiyle "Kullanabildiğin sürece ya da sana zarar vermeyecekse istifade et," taktiği ile yönetim kademelerini kontrol altında tutmaya çalışmaktadır.

"Işık Tarikatı"nın teşkilatımız bünyesindeki faaliyetlerini sadece ilgi (d) sayılı yazı hakkında tahkikat istenen 62 kişinin yürütmediği, listenin içerisinde tarikatla ilgisi bulunmayan şahısların da olduğu, bu nedenle yapılacak olan tahkikatın sağlıklı yapılması için mümkün olduğu kadar güvenilir ve kısıtlı personelin görevlendirilmesi ile zaman tehditli olmaması gerektiği değerlendirilmektedir.

Nitekim mezkûr tarikatla ilgili yapılan yazışmalar ve tahkikat istemi, mensuplar arasında yoğun panik yaşanmasına neden olmuş hücre evlerinin birçoğunu güvenlikleri için kapatmış, sosyal yaşantı tarzlarında takiyyeye veya tedbire bağlı olarak değişkenlikler gözlenmeye başlanmıştır. Işık Tarikatı'nın yapılanması ve ideolojik boyutu ile teşkilatımız bünyesindeki faaliyetleri hususundaki çalışmalarımız titizlikle sürdürülmektedir. Ayrıca konunun DGM kapsamına girip girmediği hususu da araştırılmaktadır.

ABD'ye hicret etti

Ankara Emniyet Müdürlüğü tarafından hakkında detaylı bir rapor hazırlandığı ve EGM'ye ulaştığı ve hakkında dava açılabileceği cemaatindeki polisler tarafından kendisine bildirilen Gülen etrafındaki çemberin giderek daraldığını anlayarak 21 Mart 1999'da tedavi göreceği gerekçesiyle soluğu ABD'de aldı.[1] İlginç

1 Fethullah Gülen 2008 yılında Amerikan İç Güvenlik Kurumu'na ve Göçmenlik Bürosu'na (USCIS) "olağanüstü yetenekli eğitimci" statüsünde yeşil kart başvurusu yaptı. Bu başvuruyu yaparken CIA'dan emekli Analiz ve Prodüksiyon Direktörü, Balkanlar Uzmanı, Washington Üniversitesi öğretim üyesi George Fidas; CIA eski ajanı, Rand Şirketi danışmanı Graham Fuller; eski ABD Ankara Büyükelçisi, Reagan dönemi CIA başkan adayı Morton Abramowitz; eski başbakanlardan Yıldırım Akbulut; eski Milli Eğitim Bakanı Mehmet Sağlam; TÜGİAD yönetim kurulu üyesi Murat Saraylı; Washington Rumi Forum Başkanı H. Ali Yurtsever; Niagara Foundation (Niagara Vakfı) Başkanı Kemal Öksüz; bazı ABD üniversiteleri öğretim üyeleri ve bölüm başkanları ile Katolik, Evanjelist, Cizvit Rum Ortodoks kilise ve tarikat mensupları gibi hayli geniş ve

bir tesadüf aynı günlerde Cemaat soruşturmasını yürüten Cevdet Saral ve ekibinin bazı telefonları yasadışı biçimde izlediğine ilişkin bir ihbar üzerine Emniyet Genel Müdürlüğü de ayrı bir soruşturma başlatmıştı.

Cemaat yanlıları da perde arkasından hamlesini yapmış, kendilerine yönelik soruşturmayı yürütenlerin soruşturulmasını sağlamıştı. Hem de haberleri dahi olmadan. "Telekulak" ya da "Kocakulak" diye anılacak bu olayla soruşturanların soruşturulup cezalandırılmasına kadar uzayacaktı. Cemaatçi polisler Gülen'in, hakkında düzenlenen raporun gönderilmesinden üç gün sonra ABD'ye gitmesine neden olacak önemli bir bilgi daha vermişlerdi. Bir televizyon kanalında Hoca Efendi'nin vaaz görüntülerinin olduğu kasetler yayınlanacaktı. Maltepe Askeri Lisesi öğrencilerinin cemaatini ve kendisini hedefe oturttuğu Işık Evleriyle ilgili ifadelerinin Ankara DGM Başsavcılığı'nın yürüttüğü soruşturma dosyasına girmesinin hemen ardından Nur cemaatinin lideri Fethullah Gülen'in müritlerine yönelik yaptığı konuşma kasetleri, 28 Şubat sürecinin bir savaş taktiği olarak medyaya sızdırıldı. 18 Haziran 1999'da ATV Haber'de yayınlanan ve ilk bölümde ele aldığımız kasetlerdeki konuşmalar, Gülen'in hedefinin devleti ele geçirmek olduğu şeklinde yorumlanmıştı. Hemen ardından Ankara DGM Başsavcılığı, Emniyet'e Gülen'in başta televizyon kanallarında yayınlananlar olmak üzere tüm kasetlerinin toplanıp gönderilmesi talimatı verdi.

Fethullahçı polis listeleri nasıl hazırlandı?

Bu arada Ankara Emniyet Müdürlüğü'nün, kapsamlı bir Fethullahçı polis listesi hazırladığı dedikoduları tüm teşkilata yayılmıştı. Saral ve ekibinin suyu bulandırarak yaptıkları illegal işin ortaya çıkmasını engellemeye çalıştıklarını anlayan Sabri Uzun'a bu tespitinde haklı çıkaracak bir telefon gelmişti. 15 Nisan 1999'da

---

ilginç bir yelpazeden referanslar sunulmuştu. Ancak Gülen'in başvurusu reddedildi. Avukatları da ABD Göçmenlik Bürosu'na dava açtı. Mahkeme Gülen'in "eğitim alanında olağanüstü yeteneklere sahip kişi" olduğuna dair kriterleri yetersiz buldu. Göçmenlik Bürosu'nu temsil eden Pensilvanya Eyalet Savcısı Patrick L. Meehan, Gülen'in için "Dini ve siyasi bir figür, akademisyenlere para ödeyerek kendisi ve hareketi için yazı yazdırıp akademik prestij elde etmek istiyor," ifadelerini kullandı. Gülen Pensilvanya Eyalet Mahkemesi kararını temyize götürdü. Temyiz mahkemesi Gülen'in çok büyük ve etkili bir dinci ve siyasi hareketin bir lideri olduğuna ABD'de yaşamasının Birleşik Devletler'in menfaatine olduğuna hükmederek Yeşil Kart başvurusunu kabul etti.

arayan Ankara İstihbarat Şubesi'nde komiser olan Z.G.'ydi. Yüz yüze görüşmek istediği Uzun'a, İDB koridorlarında görünmek istemediğini de belirterek, Tandoğan'da bir ofis adres verdi. Buluştuklarında Komiser Z.G., "İstihbarat Şube Müdürlüğü'nde Fethullahçı polisler listesi hazırlanıyor. Ama sağlıklı, doğru listeler değil. Zaten amaç Murat Bilican'ın oğlunun telefon detay kayıtlarının sorgulanıp basına sızdırıldığının ortaya çıkmasını engellemek," dedi. Fethullahçı polisler listesinin hazırlanmasında kendisine de görev verildiğini belirten Komiser Z.G., bu listelerin hazırlanmasında görev alan polislere de "Evinizden okul yıllıklarınızı getirin ve oradaki isimlerden herkes kendi devresindeki Fethullahçı olanları tespit etsin. 400 kişiyi geçmeyecek bir Fethullahçı listesi hazırlayacağız," dediklerini de söylüyordu.

Uzun öğrendiği bilgileri rapor haline getirerek hemen Emniyet Genel Müdürü Necati Bilican'a gönderdi. Rapor üzerine, Fethullahçı polisler listesi hazırlayan ekibin tepesinde bulunan isimler İstihbarattan Sorumlu Emniyet Müdür Yardımcısı Osman Ak, İstihbarat Şube Müdürü Ersan Dalman ve yardımcısı Zafer Aktaş Emniyet Genel Müdürlüğü'nün 16 Nisan 1999 günlü yazısıyla istihbarat hizmetlerinden çıkarıldıklarını öğrendi. Ancak İl Emniyet Müdürü Cevdet Saral ekibine sahip çıktı ve işlemi yerine getirmedi.

Hanefi Avcı'nın Fethullahçı oluşu

Ekibinin, istihbarat hizmetlerinden çıkarılma yazısının geldiği gün Ankara Emniyet Müdürü Cevdet Saral, ilkiyle benzerlikler taşıyan ikinci bir rapor ve isim listesini de EGM ve Teftiş Kurulu Başkanlığı ile İDB'ye gönderiyordu. Gönderilen raporda yazılan tespitler titizlikle hazırlanmıştı ancak aynı özen ekli dosyalarda yer alan Cemaat bağlantılı oldukları öne sürülen Emniyet mensuplarını içeren listeler için gösterilmemişti. Liste 132 kişilik olmasına karşın ismi mükerrer yazılanlar bile vardı. Bugünden baktığımızda listede yer alan isimlerden ikisi çok ilginçti.

Listenin yedinci sırasındaki isim, Ergenekon davasının sanıkları arasında yer almadan önce 2001 yılında İstanbul KOM Şube Müdürü görevindeyken Gülen Cemaati'ne ilişkin kapsamlı bir soruşturma açmaya çalışacak olan Adil Serdar Saçan'dı. Onun 3 basamak üstünde ise Susurluk skandalı sonrasında yaptığı açıklamalarla gündeme gelen Hanefi Avcı bulunuyordu.

Avcı'nın listeye girmesinin nedeni ne 28 Şubat sonrası orduyu hedef alan açıklamaları ne de çocuklarının Cemaat'in okullarından birinde öğrenim görüyor olmasıydı. İddialara göre Osman Ak daha önce kendisinin tayinini Artvin'e çıkartan Hanefi Avcı'dan[1] intikam almak için adını "Fethullahçılar Listesi"ne yazmıştı.

Cemaat karşıtları bile listeleri eleştirdi

Saralların yaptığı çalışma ve Fethullahçı oldukları öne sürülen isim listeleri o dönemin "irtica avcıları" gibi çalışan Çevik Bir'in kurdurttuğu Batı Çalışma Grubu'na gönderilmişti. Oradan da bir üst yazı eklenip Başbakanlık Sivil Takip Kurulu'na gönderilen rapor "gereğinin yapılması için" Emniyet Genel Müdürlüğü üzerinden kaynağı olan Ankara Emniyet Müdürlüğü'ne kadar geldi. Saral ve Ak ekibinin hazırladığı listeler her haliyle kişisel hesaplaşma kokuyordu. Kendi ikballerinin önündeki engeller olan başarılı meslektaşlarını günün şartlarındaki en iyi yöntem olan Fethullahçılıkla suçlamışlardı.

Ortalığa saçılan ve Saral ekibinin denilen raporların yanı sıra, bu çalışmada isimleri belirlenen Emniyet personelinin listeleri de sürekli basında yer alıyordu. Bir gün 80, ertesi gün 120 kişinin adı yer alan listelerdeki Emniyet personelinin sayısı 528'e kadar çıkmıştı.

Kamuoyunun yakından tanıdığı, başarılı operasyonlara da imza atmış Susurluk'un en çok konuşan istihbaratçısı Hanefi Avcı, İstanbul KOM Şube Müdürü Adil Serdar Saçan, yine İstanbul Asayiş Şubesi Cinayet Büro Amiri Şentürk Demiral gibi isimlerin de listelerde Fethullahçı suçlamasıyla yer alması hem kafa karışıklığı yaratmış hem de yapılan çalışmanın itibarına büyük darbe vurmuştu.

Hatta ideolojik olarak Gülen'in savunduğu fikirlerin karşısında oldukları bilinen birçok gazeteci de bu listeleri eleştiren yazılar kaleme aldı. Bu isimlerden biri de Uğur Dündar'dı. O dönem *Hürriyet* gazetesinde yazan Dündar'ın "Mürteciye Bakın"[2] başlıklı yazısı Fethullahçı oldukları öne sürülen polislerin isim listesindeki garipliklere işaret ediyordu:

---

1 Hanefi Avcı o dönem Emniyet Genel Müdürlüğü İstihbarat Daire Başkanı Emin Arslan'ın yardımcısıydı. Daha önce iyi arkadaşı olan Osman Ak'ın tayinini "disiplinsizlik" nedeniyle çıkartmıştı.

2 *Hürriyet*, 30 Mayıs 1999.

Emniyet teşkilatında büyük huzursuzluğa neden olan "Fethullahçılar listesi" dikkatlice incelendiğinde, son dönemde mafya ve çetelerle mücadelede, eşi görülmedik başarılara imza atan bazı polis şeflerinin adlarının, rapora monte edildikleri anlaşılıyor. Bunlar arasında hemen göze çarpan isimler Organize Suçlar ve Kaçakçılıkla Mücadele Dairesi Başkanı Emin Arslan ve onun yardımcılarıyla, İstanbul Emniyet Müdürlüğü Organize Suçlar Şubesi Müdürü Adil Serdar Saçan...

Sadece bu isimlerin son dönemde birçok yolsuzluk, cinayet, dolandırıcılık gibi 170 ayrı başarılı operasyona imza attığını anımsatan Dündar, "...Bu ekip, şimdi karalanarak pasifize edilmek isteniyor. Karalama yöntemi de konjonktüre uygun olarak seçilmiş: Fethullah Gülen Cemaati'nde yer alıp irticai faaliyette bulunmak. Yani rejim için tehlike ve tehdit oluşturmak. İddia çok vahim. Bu ağır ithamları kaleme alanlara sormak gerekir: Siz devletin polisi olduğunuza göre, irticai faaliyette bulunduğunu belirlediğiniz Fethullah Gülen'i, bugüne kadar niçin yakalayıp sorgulamadınız? Bu çok önemli olguyu, bazı başarılı meslektaşlarınızı töhmet altında bırakacak raporlarla nasıl sınırlı tuttunuz?" diye yazmıştı.

O dönem bu listeleri eleştirenlerden biri de, bugün Ergenekon Soruşturması'nın tutuklu sanıklarından gazeteci Tuncay Özkan'dı. Her fırsatta, Fethullah Cemaati'ne mensup polislerin komplosuyla tutuklandığını dile getiren Özkan, *Radikal* gazetesinde[1] Fethullahçı polisler raporunun yapılan yasadışı bir uygulamayı perdeleyip, bu amaca ulaşmak için kullanıldığını öne sürdüğü makalesinde "...Ankara'da hazırlanan Fethullahçı polisler listesinde Emniyet Genel Müdürlüğü'nde daire başkanı olarak görev yapanlar, Alevi kökenli olanlar, Fethullah Gülen'den çok 'Yeni Rakı'yı sevenler de var. Ama hepsi Fethullahçı oluveriyorlar. Neden? Sanki durum öyle gerektirdiği için birileri okul yıllıklarını önlerine açıp liste yapmışlar. Sonra, bazı abileri uyardıkları için, o listeleri 1992 yılında hazırlanan Fethullahçılar raporlarında adı geçenlerle birleştirivermişler. Aslında bu olayların gizlenen yönlerini Ankara DGM'nin savcı kadrolarının bildiği kesin. Silahlı Kuvvetler'den de bilenler var. Çünkü bu raporlar oralara da gönderilmiş," diye yazacaktı.

---

1 *Radikal*, 8 Haziran 1999.

Hem Fethullah Cemaat'in yapısını hem de Türkiye'deki istihbarat örgütlerini iyi bilen gazetecilerden Avni Özgürel de *Radikal* gazetesinde yayımlanan "Polis Polisin Kurdudur"[1] başlıklı yazısında eleştiri yöneltenler arasındaydı. Ortaya çıkan Telekulak Skandalı'nı analiz ettiği yazısında Fethullahçı polisler listesine değinen Özgürel şu tespitlerde bulunuyordu:

> ...Ankara Emniyet Müdürü Cevdet Saral ve ekibinin ekseninde ortaya çıkan tablonun hedefi ne Fethullahçılar, ne Yeşil ne de Özal Baysal. Telefon izlemenin tek amacı var: bürokraside arzulanan hedeflere ulaşmakta faydası olacağı düşünülen siyasilere özel bilgi taşıyıp onları borçlandırmak... Bilican'ın "kol kırılır yen içinde kalır" mantığıyla soruşturma yapılmaması eğilimi içine girmesi. Ama izlemeyi yapan alt düzeydeki emniyetçiler görevlerinden alınınca, onların feryatlarıyla ip koptu. Fethullahçı izlemesi ve raporu işte bu feryatların yol açacağı sonuçları gören Ankara Emniyeti'nin ayaküstü bulduğu bahane. Öylesine eller ayaklara dolaşıyor ki, listeye koyulan isimlerden birinin Alevi, birkaçının askerde, kiminin Bosna'ya tayin edilmiş olduğu bile araştırılamıyor, aceleden aynı isim birkaç kez yazılıyor. Müfettişlere Fethullahçılar Raporu konusunda bilgi veren bir emniyetçi: "Bizden teşkilatın albümleri ve iç hizmet için hazırlanan rehberler istendi, liste hazırlandı. Hatta Ferruh Tankuş'un hatırı için İstanbul'da onu kovan Müdür Muavini Ahmet Pek'in adı da eklendi."

İstihbaratçı asker: "Cemaat aklanmak istense böyle yapılırdı"

Gerçekten de Cevdet Saral ve ekibi hayli beceriksiz ve bilgisizce davranmışlardı. Emniyet tarihinin en büyük Cemaat soruşturmasını yürütüyormuş gibi görünen ekip kendi başlarını yakmak bir yana belki de gerçekten Emniyet içinde örgütlü bulunan bir yapıyı ortaya çıkarmak fırsatını da kaçırmış oluyordu. İşin daha da ilginci, öğrencilik döneminden bu yana tarikat ya da cemaat bağlantısı olmayan, namazında niyazında olan herkesin adlarının yazılması istenen listeleri hazırlamaları için kurulan altı kişilik komisyonda yer alan iki komiser iddiaya göre zaten Fethullah Cemaati'ndendi.

1 *Radikal*, 8 Haziran 1999.

Konuyu araştıran komisyonda yer alanlardan biri dönemin KOM Dairesi Başkanı olan Emin Arslan'a, "Bize bir hafta içinde listeleri oluşturun diye emir verdiler. Hem komisyonda yer alan iki komiser de zaten Cemaatçi ve konuyu saptırıyorlar. Bu yüzden yalan yanlış listeler çıkacak ortaya," diye dert yandı.

Bunun üzerine Arslan, KOM Başkanlığı'nın bağlı olduğu Emniyet genel müdür yardımcılarından Halil Tuğ'a konuyu anlatarak uyarmasını istedi. Hemen telefon açan Halil Tuğ, gizli yürütülen bu soruşturmayla ilgili aldığı bilgileri aktardıktan sonra Cevdet Saral'a, "Nereden duyduğumu sorma ama yürüttüğünüz Fethullahçılıkla ilgili soruşturma aceleye getirilmez. Yanlış kişileri suçlayabilirsiniz. İnanç sahibi olduğu için sadece namaz kılan ama Cemaat'le ilgisi olmayan kişilere kara çalabilirsiniz. Eğer listeleriniz doğruysa sonuna kadar yanınızdayım ama yanlışsa da iki elim yakanızda olur," uyarısında bulundu.

Genel müdür yardımcısından gelen uyarıdan çok, görev alanlar dışında Emniyet'in tepesindeki birkaç kişinin bildiği gizli yürütülen soruşturmayı Halil Tuğ'un nasıl bildiğini öğrenmeye çalışan Saral, bilginin kaynağı olduğunu öğrendikleri Emin Arslan'a, yardımcısı Osman Ak'la birlikte tavır aldı.

Arslan'ın da Cemaat'e yakın biri olduğunu ve soruşturmayı engellemek istediğini bile düşündüler. Gerçekten de aralarında Adil Serdar Saçan'dan Hanefi Avcı'ya kadar birçok ismin yer aldığı hazırlanan listedekilerin yarıdan fazlasının Fethullahçılıkla ilgisi olmayan kişiler olduğu yıllar sonra öğrenilebildi.

Emin Arslan, Genelkurmay'da İstihbarat'a bakmış bir subayın yıllar sonra bir sohbet sırasında bu olayla ilgili kendisine söylediklerini şöyle anlatıyordu:

> Cevdet Saral ve Osman Ak'ı tanımasam Fethullah Gülen'in Emniyet örgütlenmesini aklamak için bu listeleri yapmışlar derdim. Osman Ak'ın hırsı, kendilerinin yaptığı Telekulak Skandalı'nı kapatmak için savunma içgüdüsü, Fethullah Gülen Cemaati'nin kamuoyunda itibar kazanmasına sebep oldu. Bu yüzden, Gülen Cemaati'ne en büyük hizmeti Osman Ak ve ekibi yapmıştır. Sırf bu özensizlik yüzünden alakasız isimler de listelere girdi. Adları yazılanlardan birçoğu da Sadettin Tantan'ın İçişleri Bakanlığı sırasında yapılan yolsuzluk operasyonlarına imza atmış ya da görev almış

dürüst, çalışkan polislerdi. Sen bu isimleri de o listelere yazarsan kamuoyunun gözünde, "Bu Fethullahçılar da korkulacak adamlar değilmiş. Ne güzel dürüst işler yapıp yolsuzlukları engelliyorlar," algısı yaratıp cemaatçiliği halkın gözünde meşru hale getirmiş olursun ve bu yapıldı.

1999 soruşturması suç duyurusu

Emniyet içindeki Fethullahçı kadrolara adeta savaş açmış gibi görünen Cevdet Saral ve yardımcısı Osman Ak kısa süre sonra başına geleceklerden habersiz, incelemeleri doğrultusunda yaptırdığı tespitleri içeren fezlekeyi Ankara DGM Başsavcılığı'na göndererek suç duyurusunda bulundu. Gülen Cemaati'ne yönelik ağır iddialar içeren 21 Nisan 1999 tarihli suç duyurusu uyarınca Savcı Nuh Mete Yüksel tarafından dava açılacak ve hatta davanın temelini de bu fezleke ve gönderilen yazılar oluşturacaktı. Fezlekede şunlar yazıyordu:

> ...Fethullah Gülen Cemaati'nin devlet içerisindeki yapılanması alışılmış örgütlenme modelinin dışındadır. Tarikata göre makamlar öncelikli, kişiler ikinci plandadır. Bu nedenle kişiler makamlara tercih edilmekte ve gerekirse ya da herhangi bir nedenle güç durumda kalındığında kişiler feda edilerek yerlerine hazır tutulan kendilerinden olan kişilerin getirilmesi için yoğun çaba sarf edilmektedir. Mümkün olmaması halinde mevcut bürokrat ya da siyasetçilere hoş görünmek suretiyle kendi tabirleri ile "Kullanabildiği sürece ya da sana zarar vermeyecekse istifade et" taktiği ile yönetim kademelerini kontrol altında tutmaya çalışmaktadırlar.
>
> Marksist literatürde, genelde "militan" olarak adlandırılan tiplerin yetiştirilmesindeki telkin ve inandırma yöntemleri ile Fethullah Gülen'in "Işık Evleri" ya da "Işık Kışlaları" diye tanımladığı ve "Bayrak yere düşmüştür oradan kaldırılmalıdır" şeklinde örtülü olarak Türkiye Cumhuriyeti'nin kuruluşundan önceki döneme gönderme yaptığı ve büyük bir titizlikle gizlemeye çalıştığı hedefi için "Hizmet insanı gönül verdiği dava uğrunda kandan, irinden dar yolları geçip gitmeye azimle ve kararlı; varım hedefine ulaştığında da sahibine verecek kadar olgun ve yüce yaratıcıya edepli ve saygılı... Muvaffakiyetinden ötürü alkışlayacağı kimseleri de putlaştırmayacak..." şeklindeki izahı hem mücadelenin tarzını anlatmaya, hem de lidere tabi olmak suretiyle ondan irşad ve emir beklemeye telkin ettiği açıkça ortadadır.

Esasında yazının ekindeki rapordan da anlaşılacağı gibi Fethullah Gülen'in kitaplarında gerçek niyetini gizlemek için kullandığı bazı kelimelerin yerine, gerçekte onun niyetini ihtiva eden sözcükleri koyduğumuzda çok kullandığı, ancak ne olduğunu bir türlü izah etmediği "hedef"inin gelecekte zümre hâkimiyetini hedefleyen teokratik bir rejim olduğu hemen anlaşılmaktadır.

"Şeriat yerine İslam, Cumhuriyet dönemi yerine talihsiz dönem veya karanlık ya da upuzun hicranlı dönem, militan yerine hizmet erleri ya da Işık erleri veya Işık süvarileri, laik kesimler yerine karşı cephe veya hasım cephe, Cumhuriyet dönemi yöneticileri yerine o kafalar, Atatürk dönemi ya da İsmet İnönü dönemi yerine mabede giden yolların kapatıldığı zaman dilimi, şeriat düzeni yerine hedef, Atatürk yerine deccal şeklinde deyimler" hedefinin ne olduğunu açıklamaya yeterlidir.

Militanlarına nasihatlerde bulunurken ya da eleştirel boyutlara girdiği konularda adeta ölçüyü kaçırdığını fark etmişçesine İslami sürecin arkasına saklanarak Cahiliye dönemi veya Müslümanlığın ilk dönemleri ile tanınmış İslam âlimleri ve onların içtihatlarından veyahut Haçlı zihniyetinden örnekler vermesi, gerçek niyeti saklama bakımından geçmiş dönemlere indirgediği düşüncelerini takiyye kuralı ile günümüze aktarmaktadır.

Fethullah Gülen, henüz evrim aşamasında olduklarını, daha devrim aşamasına geçemediklerini eserlerinin satır aralarına sıkıştırıldığı düşüncelerinde ima etmektedir.

Şu anda yeteri kadar güçlü olmadıklarını ifade ettiği örgütsel seviyelerine Marksist anlatımlarla tanımlarsak stratejik savunma aşamasından stratejik denge aşamasına hızla yol aldıklarını, bunun içinde zaten "mevsimin ve ortamın müsait olduğunu eğer bir muhalif rüzgâr esmezse, arzulanan hedefe ulaşmakta güçlük çekilmeyeceğini" belirtirken endişesini de açıklamaktan çekinmediği, ekli raporun muhtelif bölümlerinde görülecektir.

Zira Fethullah Gülen için kuvvet dengesi çok önemlidir. Ona göre "aksiyoner olmayan" Müslüman görevini yapmamaktadır. Yani, atadan dededen öğrenilen Müslümanlık, sadece teoride kalmakta ve "karşı cephe"nin "karanlık emellerine" hizmet etmektedir. "Bunun için de mutlaka Müslümanların kuvvet dengesini kurmaları ve harekete geçmeleri gerekmektedir" derken oluşturduğu cepheyi uyarmakta ve bir anlamda dinsel bölücülüğü netleştirmektedir.

Fethullah Gülen'in genel olarak askeri terminolojide kullanılan kışla, süvari, er, cephe, ordu, mevzi, kuvvet, nefes, asker gibi kelimeleri kitaplarında özenle seçerek sıkça kullanması dikkat çekicidir.

Tarikat liderinin 1950'li yıllara atıfta bulunarak Said-i Nursi'yi "karşı cepheye aksiyoner tavır almamak" gerekçesiyle üstü kapalı eleştirerek, "...50'li yıllardan bu yana tam 40-45 yıl geçmiştir. O dönemde, 10 yaşında olanlar şayet mevsimi geldiğinde üniversite okusalardı şimdi zirvelerde ya da zirveleri zorlayan konularda olacaklardı. 20 yaşında olanlar 60-65 yaşında olacaklardı ki bu da onların başbakanlar, reisicumhurlar seviyesinde en olgun dönemlerini yaşıyor olmaları demektir..." ifadesi ile devleti diğer önemde mevkileri ile en üst düzeyde ele geçirmeye amaçladığı anlaşılmaktadır.

"...Bir yandan hasım cepheyi mükemmel işleyen haber alma teşkilatıyla içinden tanırken, öte yandan da hasım cephenin faaliyetleri kendi içimizde sürdürmesine müsaade edilmemeli..." tarzındaki mantalitesi ile de Emniyet ve istihbarat birimlerini ele geçirme teşebbüsündeki niyeti açıkça ortaya çıkmaktadır. Yazının ekinde pasajlar şeklinde alınan ve konunun bütününden kopmayan düşüncesi ile anlatıları okunduğunda Fethullah Gülen' in nelere özlem duyduğu net olarak anlaşılacaktır.

Fethullah Gülen değişik kitaplarında geçen Işık Evleri ya da Işık Kışları veya Işık Süvarileri, Işık Erleri gibi tabirleri sık sık kullanarak "bir örgütsel yapılanma" içerisinde olduğu teşhisine kuvvet kazandırmaktadır.

Örgütsel yapının ekli raporda da görüleceği gibi genel hatları bizzat Fethullah Gülen tarafından çizilmiştir.

Işık Tarikatı'ndan koparak bir televizyonun "Ceviz Kabuğu" adlı programında kamuoyuna yönelik itiraflarda bulunan ancak, hakkında şu ana kadar herhangi bir işlem yapılmayan Eyüp Kayar isimli şahsın Fethullahçılık (Işık tarikatı) örgütlenmesi ile ilgili yaptığı açıklamalar genel hatları şu ana kadar inceleme ve araştırmaları teyit eder beyanlar olması bakımından büyük önem taşımaktadır.

Eyüp Kayar'ın beyanları özetlendiğinde "Işık Evleri" Cemaat mensuplarının yaşadığı evler, hücre evleri mahiyetinde, Fethullah Gülen'e göre kapılara kilit vurulmuş zaviyelerin, kışlaların, tekkelerin görevini yapan evlerdir. Bu evlere giriş ve çıkışlar mümkün olunca gizlilik içinde yapılır. Işık Evleri'nden sorumlu bir ev imamı vardı. Bu imamlar 6 ayda veya 1 yılda değişir. Evin maddi girdisi ve çıktısıyla ilgilenir yukarıdaki imamlara rapor verir, bu evlerde genelde 4 -5 kişi yaşar, umumiyetle kiralanır. Evlerde insanlara yaklaşım tarzları özellikle öğretilir, Fethullah Gülen' in sesli ve görüntülü kasetleri izlenir, lise ve üniversite öğrencileri kalır. Cemaat üç sacayak üzerine kurulmuştur. Işık Evleri, ağabeyler ve talebeler. Bu evlerde belirli bir sure kalan öğrencilerin beklenen düzeye geldiği anlaşılınca Cemaat'e adam kazandırması istenir.

Yeni ilişki kurulan öğrenciler ders çalışma bahanesi ile evlere davet edilir, öğrencilere dersleri konusunda yardımcı olunur. Zamanla bu öğrencilere sesli ve görüntülü kasetler izletilir ve Fethullah Gülen'in kitapları okunur.

Cemaat mensuplarına kendilerinin beklenen nesil, beklenen Cemaat Türkiye'yi kurtaracak Cemaat, Peygamberin hadisi ile övülmüş Cemaat olduğu vurgulanmaktadır.

Bu Cemaat ikinci ilklerdir. Birinci ilkler Peygamberimiz ve arkadaşları, ikinci ilkler de bu Cemaat mensuplarıdır. Cemaat 1992 yılından sonra çok hızlı gelişmeye başladı. Cemaat "söyleyemiyorsan söylet" taktiği çerçevesinde Cemaat liderine herkes hüsnü kabul göstermeye, hoşgörü ile bakmaya başladı.

...Fethullah Gülen ve cemaati hiçbir lakabı kabul etmezler. Her zaman radikal İslam'dan farklı olduklarını vurgularlar. "Biz farklıyız radikal İslamcılardan farklıyız, bize hoş görü ile davranmazsanız radikal İslam güçlenir" derler.

Cemaat'in en güçlü olduğu eğitim öğretim kurumları, Işık Evleri, yurtlar, kolejler, finans kurumları holdingler, talebeler, mesleki örgütlenme şeklinde de doktorlar, öğretmenler, polisler gibi.

Siyaset alanında da örgütlenme vardır fakat bu sempatizan bazındadır. Basın yayın alanında cemaat çok güçlüdür. *Zaman*, *Sızıntı*, *Yeni Ümit*, *Ekoloji*, *Aksiyon*, STV, Burç FM gibi örgütlenmeler vardır. Ayrıca prodüksiyon şirketleri vardır.

Kadın kolları örgütlenmesi vardır. Kadın Cemaat mensuplarına Şakirde, erkek cemaat mensupların Şakird denir.

Alınan kararlara mutlak uyulma zorunluluğu vardır. Uymayanlara fırça atılır, şefkat tokadı ile tehdit edilir Cemaat'ten uzaklaştırılır.

Cemaat mensuplarından alınan aidatlar işadamlarından, esnaftan, Cemaat'e yakın kişilerden toplanan paralar ve diğer ticari kuruluşlardan elde edilen gelirler oluşturulduğu.

Cemaatin hiyerarşik yapısı

1- İstişare grubu: (7) kişiden oluşur başkanlığını Fethullah Gülen yapar.

2- Dünya imamı: İstişare grubundan biridir. Görevi dünyadaki bölge ve ülke imamlarını atamak istişare sonucu alınan kararları uygulamaktadır.

3- Coğrafi bölge imamı: Bir dünya coğrafi bölgesinden sorumlu olan kişidir (Orta Asya imamı, Doğu Pasifik imamı gibi.

4- Ülke imamı: Bir ülkenin tamamından sorumlu olan kişidir. (İngiltere, Fransa, Türkiye gibi).

5- Bölge imamı: Bir coğrafi bölgeden sorumlu kişidir. (Marmara bölgesi, Ege bölgesi, Karadeniz bölgesi gibi.)

6- İl imamı: Bir ilin tamamından sorumlu kişidir.

7- İlçe imamı: İlçenin tamamından sorumlu olan kişidir.

8- Semt imamı: Semtten sorumlu kişidir.

9- Mahalle imamı: Mahalleden sorumlu olan kişidir.

10- Ev imamı: Evden veya yurttan sorumlu olan kişidir.

11- Serrehberler.

12- Belletmenler.

13- Öğrenciler ve cemaat mensupları.

Eğitim ve öğretimde başı çeken Işık Evleridir. Işık Evleri kökünü Hz. Muhammed devrinden alır. Fethullah Gülen bu evleri Işık Evleri olarak niteler, vaazlarında ve kitaplarında bu evlere İbn-i Erkam Evleri der. İbn-i Erkam sahabedir. Hz. Muhammed'i herkesin dışladığı bir vakitte evine almıştır. İbn-i Erkam evlerinde yetişmede sabırla pişip olgunlaşmadan yapılan her şey ham hayaldir. Bu evler Cemaat'in hücreleri durumundadır. Hiyerarşik sistemin yaratılışa uygun prensiplerinin devlet bazında temsil edilmesinin ilk adımı ilk şartı olan evlerdir.

Müjde ve Müşlunur en karanlık ve karamsar günlerinde billur bir avize gibi asılı durduğu evlerdir. Ahir zamanda gelerek tahrip eden Deccal'ın bir daha hortlamak üzere öldürüldüğü evdir.

Her evin bir programı vardır. Her iş bu program dahilinde yapılır. Atatürk'e ait hiçbir kitap okunmaz ve okutulmaz.

Fethullah Gülen'e mehdi nazari ile bakılır. Mehdi ahir zamanda bayrağı yere düştüğü vakitte zuhur edecek ve beklenen cemaatin başına geçerek bayrağı kaldıracak. Cemaat içinde Atatürk için "Beton Kemal, Kefere Deccal, Öküz Aleyhisselam" gibi ağır lakaplar kullanılır.

Fethullah Gülen yurtdışına giden talebeler için hicret eden kişiler kelimesini kullanıyor. İkinci ilklerin beklenen cemaatin vazifesi de Hz. Muhammed'in yaptıklarının aynısını yapmaktır.

Gülen örgütlenmesinin ekonomik boyutu da göz önüne alındığında, gelecekte ülkemizi bekleyen tehlikenin büyüklüğü endişe verici boyuttadır.

Cevdet Saral, Işık Evleri'ni anlatıyor

Cevdet Saral, ekibi istihbarat hizmetlerinden çıkarılmasına rağmen, sonunda bir davaya dönüşeceğine inandığı böylelikle kendilerini de kurtaracağını düşündüğü soruşturmayı "kararlılıkla" sürdürüyordu. Teftiş Kurulu Başkanlığı ile İDB'ye 30 Nisan 1999'da gönderdiği yazısında da, Gülen Cemaati'nin başta Polis Koleji ve Akademisi olmak üzere Emniyet teşkilatı içindeki kritik önemdeki birçok birimde sistematik bir örgütlenme olduğuna dair tespitlerde bulunulduğundan bahsediyordu.

Bu tespitlerine ilişkin yazıyı da ilgili birimlere göndermekte gecikmedi.

B.05.1EGM.4.06.00.06 sayılı yazıda, Cemaat'in "Işık Tarikatı" adıyla Polis Koleji, Polis Akademisi ve Emniyet Teşkilatı içinde nasıl örgütlendiği ana başlıklarıyla şöyle anlatıldı:

- Polis Koleji, Polis Akademisi'ne daha önceden özel olarak eğitilmiş örgüt içerisinde yer alan şahısların rahatlıkla girebildikleri, bu şahısların okul içerisindeki öğrenciler tarafından "imam" olarak adlandırıldıkları ve mezkûr yapılanma içerisinde yer alan "sınıf komiserleri" aracılığı ile ayrı ayrı sınıflara dağıtıldıkları, bu sınıflarda "sınıf imamı" veya "devre imamı" olarak faaliyet yürüttükleri, iyi bir aile terbiyesi ve din eğitimi almış öğrencileri samimi yaklaşımlarla çekmeye çalıştıkları...
- İmam olarak adlandırılan şahıslar öğrencileri başlangıçta, dışarıda sivil vatandaşların evlerine götürerek sıradan bir aile ya da muhabbet ortamı sağlamak suretiyle video filmleri izlettikleri, sonraki aşamalarda özenle hazırlanmış ev yemekleri ikram edildiği, çay sohbetleri yapıldığı, birlikte namaz kılındığı böylelikle samimi bir ortam yaratılarak öğrencilerin geçmişi ve aile yapıları hakkında bilgi edindikleri...
- "Öğrenci imam" olarak faaliyet gösteren öğrencilerin aynı yapılanma içerisinde bulunan sivil vatandaşlar ile sürekli irtibat halinde bulundukları, bu şahısların genelde üniversite öğrencisi oldukları ve kendilerine "abi" diye hitap ettikleri, ayrıca bu şahısların kod isim kullandıkları...
- İkna edilen öğrencilerin hafta sonu çarşı izinlerine çıktıkları zamanlarda, örgüt içersinde yer alan esnafların dükkânlarından faydalanmak suretiyle resmi elbiselerini değiştirerek sivil elbise giydikleri, birer ikişerli gruplar halinde örgüt içersinde yer alan sivil vatandaşların evlerine gittikleri, gidilen yerlerde Fethullah Gülen'in

videokasetlerinin seyredildiği, namaz vakitlerinde birlikte namaz kıldıktan sonra Said-i Nursi'nin Risalelerini okuyup birlikte ders çalıştıkları ve Fethullah Gülen'in kitapları hususunda derinlemesine eğitime tabi tutuldukları... Genelde bu evleri 7-8 kişilik gruplar halinde kullandıkları, bu öğrencilerin kullandıkları evin, ev sahibini görmedikleri ve kasıtlı olarak tanıştırılmadıkları, bu evlerde sadece dışarıdan "abi" diye hitap ettikleri üniversite öğrencilerinden 1 ya da 2 kişinin bulunduğu...

• Okula dönüş saati yaklaştığında tekrar birer ikişerli gruplar halinde evden ayrıldıkları ve tekrar üzerlerini değiştirdikleri esnaflara giderek resmi üniformalarını giydikleri...

• Bu evlerin "Işık Evleri" veya "Işık Kışlaları" olarak adlandırıldığı ve tamamen bu yapılanma içerisinde bulunan öğrencilerin ihtiyaçlarının karşılanması için sivil vatandaşlarca tahsis edildiği, bir evde bulunması gereken her şeyin bu "Işık Evleri"nde mevcut olduğu, Polis Akademisi'nde sahte belgeler ile evci çıkan öğrencilerin bu evlerde ikamet ettiği...

• Okul içerisinde imamlar haricinde öğrencilerin birbirleri ile irtibat kurmadıkları, ast üst ilişkilerine çok dikkat ettikleri, öğrencilerin sorunlarının imamlar vasıtasıyla aynı yapılanma içerisinde bulunan "sınıf komiserleri"ne ilettikleri...

• Kendilerine yakın olan kimselerin disiplin cezalarını iptal ettikleri, "sınıf" ve "devre imamları"na okul içerisinde bir sorumluluk verilmediği, (sınıf mümessilliği, baş mümessillik, yemekhane, yatakhane sorumluluğu gibi) ancak bu imamların uygun gördüğü öğrencilere okul idaresi tarafından bu tip sorumlulukların verildiği, hatta bu sorumlu öğrencilere birer oda tahsis edip örgütlenme faaliyetlerine kolaylık sağlandığı...

• Yaz tatillerinde örgüt mensupları aralarındaki bağın soğuması ve öğrencilerin sosyal yaşantı içerisine girmelerini engellemek için ailelerinden izin alabilen öğrencilerin, Ege ve Akdeniz bölgesinde bulunan, örgüt tarafından "Işık Kışlaları"nda yoğun bir eğitime tabi tutuldukları, haftada bir veya iki kere deniz sahilinin tenha bölgelerinde denize girmelerine müsaade edildiği, yine haftada bir veya iki kere pikniğe gittikleri, yaz programlarında sivil vatandaşlardan "abi" diye hitap ettikleri ve kod isim kullanan şahısların bu evlere gelerek eğitim faaliyetlerini kontrol ettikleri...

• Okul içerisindeki yapılanmanın grup, sınıf ve devre imamı olmak üzere hiyerarşik bir şekilde oluşturulduğu...

• Yapılan sohbetlerde Kuran'ı Kerim'den ayetler ve hadislerden örnekler verilerek Fethullah Gülen'i, ahir zamanda gelecek "Mehdi" olarak gördükleri, zaman zaman Atatürk ve devrimleri aleyhinde konuşma, açıklama ve eleştiri yapılmakla birlikte 28 Şubat kararlarından sonra takıyye ve tedbir gereğince Atatürk sevgisi verir gibi davrandıkları, okuldaki namazların şafi mezhebindeki gibi, cem şeklinde yani öğle ile ikindiyi, akşam ile yatsı namazını birleştirmek suretiyle kıldıkları, değişik ortamlarda birbirleri ile şifreli konuştukları...

• Bu faaliyetlerde bulunan öğrencilerin Ankara'da Demetevler, Keçiören, Yenimahalle, Cebeci, Etlik, İskitler ve Dikmen bölgelerindeki evlerden faydalandıkları yolunda bilgiler elde edilmiş olup konunun daha da netleştirilmesi ve belirlenen "Işık Evleri" ile ilgili çalışmalarımız sürdürülmekte olup, gelişmeler peyderpey bildirilecektir."

Telekulak basına sızdırılıyor

Haklarında soruşturma yürütülen Cemaatçiler, hem İstanbul-Ankara çekişmesinden hem de bu çekişmenin sonucu ortaya çıkacak skandaldan çok memnundu. Hem Ankara-İstanbul savaşının galibini belirleyecek hem de Fethullahçılık soruşturmasının sonunu hazırlayarak rafa kaldıracak haber nihayet patladı. Saral ve Ak ekibinin mevzuata aykırı "Değerlendirme Bürosu" kurulduğu zaman kimsenin ne için olduğunu anlamadığı bu işin kokusu bir yıl sonra 1999 Mayısı'nın ilk haftasında *Hürriyet* gazetesinin manşetinde yer alan Kadir Ercan imzalı "Telekulak Skandalı" haberiyle herkes tarafından öğrenildi.

Dönemin Ankara Emniyet Müdürü Cevdet Saral'ın görevlendirmesiyle başında yardımcısı Osman Ak'ın bulunduğu bir ekip aralarında Çankaya Köşkü, Başbakanlık, Milli Güvenlik Kurulu, Genelkurmay Başkanlığı, Milli İstihbarat Teşkilatı, Jandarma Genel Komutanlığı, Yargıtay, siyasetçiler, yargı mensupları ve gazetecilerin de bulunduğu kişi ve kurumlara ait 963 telefonu illegal biçimde izleme ve sorgulamaya tutup dinlemeye almıştı.[1]

1 Dinlenen 963 telefon arasında şunlar vardı: Cumhurbaşkanlığı Köşkü, Başbakanlık Özel Kalem Müdürlüğü, Başbakanlık, Cumhurbaşkanlığı Koruma Şube Müdürlüğü, Cumhurbaşkanlığı Genel Sekreterliği, İstanbul Emniyet Müdürlüğü Özel Kalemi, Turizm Bakanlığı, Cumhurbaşkanlığı Tarabya Köşkü, ANAP, DYP, Bayındırlık ve İskân Bakanlığı, Başbakanlık MİT Müsteşarlığı, Milli Güvenlik Kurulu Genel Sekreterliği, Cumhurbaşkanlığı, Başbakanlık, Jandarma Genel Komutanlığı, Ankara İl Jandarma Komutanlığı, Kocaeli Emniyet Müdürlüğü, Harp Akademileri Komutanlığı, İzmir Emniyet Müdürlüğü, Emniyet Genel Müdürlüğü, İDB. Osman Ak'ın tayinini iptal ederek Ankara Emniyet

6 Mayıs 1999'da önce Osman Ak, sonrasında ise "Her şeyine kefilim," diye onu koruyan Cevdet Saral açığa alındı. Saral, görevinden alınması üzerine, "İlk raundu biz kaybettik. Ama bunun ikinci ve üçüncü rauntları da var," diyerek skandalın sızmasını sağlayanların Cemaatçiler olduğunu işaret ediyordu. Ankara Emniyet Müdürlüğü İstihbarat Şubesi'ndeki yasadışı dinlemeyi tespit edebilmek için DGM savcısı Nuh Mete Yüksel'in 11 Haziran 1999 akşamı yaptığı baskınla ele geçen bir kasette de Yargıtay 8. Ceza Dairesi Başkanı Naci Ünver ile Fevzi Coşkun adlı kişinin arasındaki konuşmanın kayıtları bulundu.

Soruşturanlar soruşturuluyor

O dönem pek az kimsenin bildiği, at izinin it izine karıştığı bu olayların en büyük kazananı ise aslında bir kez daha Fethullah Cemaati olmuştu. Birden kendilerini soruşturanlar soruşturma zanlısı haline gelmişti. İçişleri Bakanı Sadettin Tantan'ın talimatıyla başlatılan soruşturmanın raporları 31 Ağustos 1999'da tamamlandı. Osman Ak ve Gülen Cemaati soruşturmasını birlikte yürüttüğü İstihbarat Şube Müdürü Ersan Dalman ve İstihbarat Şube Müdür Yardımcısı Zafer Aktaş hakkında düzenlenen müfettiş raporunda "İstihbarat hizmetlerinde çalışması sakıncalıdır," kaydı vardı.

Yasadışı dinlemelerde adı geçen aralarında Saral ve Ak'ın da bulunduğu 38 polis hakkında lüzum-u muhakeme kararı verildi. Müfettişlerin bu talebine uygun olarak hapis istemiyle dava açıldı.

Yargılamalar sırasında sanıklar, söz konusu resmi kurumları değil aralarında Kalkınma Bankası genel müdürlüğü döneminde görevini kötüye kullandığı gerekçesiyle 12 yıl hapse mahkûm edilen Özal Baysal, Susurluk'un tetikçisi Yeşil kod adlı Mahmut Yıldırım ve yeraltı dünyasının ünlü ismi Kürşat Yılmaz ile Kasım Gençyılmaz'ın da bulunduğu bazı şahısların telefonlarını izlemeye aldıklarını iddia ediyorlardı. İzlenen bu kişilerin dinlendiği açıklanan resmi kurumları defalarca araması üzerine de bağlantılarının öğrenilebilmesi için bu kurumların telefonları da izlemeye alınmıştı.

Ancak Emniyet Genel Müdürlüğü'nün açtırdığı soruşturmanın raporlarına göreyse Cumhurbaşkanlığı telefonlarının, Özal Baysal'ın yakalanması kapsamında değil, özellikle izlenip

---

Müdür Yardımcılığı'na; İstanbul İstihbarat Şube müdürüyken kızağa çekilerek Polis Okulu'na tayin edilen Giresun Göreleli hemşerisi Ersan Dalman'ı da Ankara İstihbarat Şube müdürü yapılmasına öncülük eden Sabri Uzun da İDB'de telefonları teknik izlemeye alınanlar arasındaydı.

araştırıldığını gösteriyordu. Cumhurbaşkanı Süleyman Demirel'in cep telefonları da dinlenmişti.

Ak'ın devletin kritik kurumlarının telefonlarının sorgulanmasına ilişkin söyledikleri itibar görmedi.

Yine soruşturma raporlarına göre, MGK'ya ait bir telefon da 11 Aralık 1998 günü önce bilgisayara adres sorularak ardından da dört kez, o güne kadar bu numarayı aramış ve kayıtlarda mevcut bütün numaralar çıkartılarak sorgulanmıştı. Telekulak Skandalı'nın ilgi çeken ayrıntılarından biri de, dönemin Başbakanı Bülent Ecevit'in İstanbul'daki evi de dahil olmak üzere dört ayrı telefonla ilgili izleme yani kimlerle görüşüldüğünün belirlendiği tespit edildiğine ilişkin teknik takip yapılmış olmasıydı.

Osman Ak, Kırıkkale 2. Asliye Ceza Mahkemesi'ne sunduğu yazılı savunmasında aslında tüm dinleme sürecinin nedenini de açıklamış oluyordu:

> Dönemin Başbakanı Mesut Yılmaz, İstanbul eski Belediye Başkanı Tayyip Erdoğan'ın hakkındaki yargılama kararını bozdurmak için Yargıtay'da bazı kişilere rüşvet verileceğini, bu işlemde aracı olanlardan birinin Tuncay Özkan'la ilişki içinde olduğunu beyanla, anılan şahısla işbirliğine girilerek çok gizli bir çalışma yapılması, safahata ilişkin ara makamların yazılı ya da şifahi olarak bilgilendirilmemesi yolundaki talimatı üzerine, Özkan, İstihbarat Şubesi'ndeki ilgili personelimizle ilişkiye geçirilmiş, aracı olduğu iddia edilen şahısla temas sağlanmış, verdiği bilgiler doğrultusunda yapılan ön çalışmalarda anlatımları tatmin edici bulunmayınca şahsın ilişkide olduğunu iddia ettiği yargı mensubumuzla teması gözlenmiş ve olayın tamamen uydurma olduğu kanaatine varılmıştır. Yargıtay'ı şaibe altında bırakacak bu uydurma iddia, hiçbir yargı mensubunu deşifre etmeden, sonuçlanmış, komplo bertaraf edilmiştir.
>
> Osman Ak, dönemin başbakanının talimatı doğrultusunda, Emniyet Genel Müdürü'ne, İçişleri Bakanı'na ve Cumhuriyet savcısına ya da mahkemeye haber verilmeden çalışma yapıldığını itiraf etmişti.

Dinlenenlere tazminat ödendi, sanıklar beraat etti

Telekulakçılar hakkında açılan dava Kırıkkale 2. Asliye Ceza Mahkemesi'nde üç yıl sürdü. Emniyet Müdürü Saral ve yardımcısı Osman Ak savunmalarında, başlarına gelenlerin Fethullah Gülen'le ilgili yürüttükleri soruşturmadan kaynaklandığını öne sürdüler. Mahkeme, "görevi kötüye kullanmak" suçlamasıyla açılan kamu davasında erteleme kararı verdi. Ancak sanıklar dilekçeyle mahkemeye başvurup erteleme kararının uygulanmayıp beraatlerini istedi. Aynı mahkeme, başvuruyu işleme koydu ve 27 Mayıs 2003 tarihinde atılı suçu işlemedikleri kararıyla sanıkların beraatine karar verdi. Dinlemelerden mağdur olanların açtığı davalarda İçişleri Bakanlığı tazminat ödese de sanıkların beraat etmeleri ilginç bir tezatlıktı.

Ama kimse sorgulamadı. Yargıtay 4. Ceza Dairesi de kararı esastan değil, usul yönünden bozarak tekrar Kırıkkale'ye gönderse de bu kez de zaman aşımı nedeniyle düştü.

İçişleri Bakanlığı Yüksek Disiplin Kurulu da, 29 Mart 2000'de illegal dinlemeden birinci derece sorumlu tutulan Osman Ak'a Disiplin Tüzüğü'nün 12. maddesi uyarınca "yetki ve nüfuzunu kötüye kullandığı" gerekçesiyle meslekten çıkarma cezası vermişti. Bu ceza önce 24 ay uzun süreli kıdem cezasına, daha sonra da yargı tarafından alt sınır olan 10 ay kısa süreli kıdem cezasına çevrildi.

Cezanın iptali için açılan davada Ankara 9. İdare Mahkemesi 2001 tarihinde "davanın reddine" karar verdi. Ak'ın başvurusuyla Danıştay 12. Dairesi bu kararı bozdu. Bozma kararı sonrası davaya yeniden bakan Ankara 6. İdare Mahkemesi, ilk kararında ısrar ederek davayı yeniden reddetti. Bunun üzerine dosya Danıştay İdari Dava Daireleri Genel Kurulu'na gitti. Kurul, 23 Ekim 2003 tarihinde yasadışı dinlemeleri uygun gören bir karara imza attı. Temyiz istemini kabul ederek İdare Mahkemesi'nin kararını Danıştay kararı doğrultusunda bozdu.

Dönemin Ankara Emniyet Müdürü Cevdet Saral üç günlük maaş kesim cezasına çarptırıldı. 1,5 yıl süren Ankara Emniyet Müdürlüğü görevinden alınarak APK uzmanlığına atandı yani kızağa çekildi.

Bu arada Telekulak soruşturmaları nedeniyle zorunlu izne ayrılan Necati Bilican da bir süre sonra emekli oldu. Türk Polis Teşkilatını Güçlendirme Vakfı bütçesinden alınan ve giderleri vakıf bütçesinden karşılanan oğlunun kullandığı Emniyet Genel Müdürlüğü'ne ait iki cep telefonunun fazla faturalarını da devlete ödedi.

Saral'ın inceleme raporu: "Devleti ele geçirecekler"

Bu arada, Saral ve ekibinin görevlerinden alınmadan önce tamamlayarak devletin üst kurumlarına gönderdikleri

Fethullahçılık raporu unutuldu derken ortaya çıktığı iddia edilen haberler yayımlandı. Aslında kesin rapor bitmemişti, iddiaya göre ortaya çıkan ilk inceleme raporuydu. TV8 tarafından haberleştirilen raporda, Gülen'in içinde bulunduğu duruma göre hareket ettiği ve bunun aldatmaca olduğu vurgulanarak, "Önlem alınmadığı takdirde, tarihin en ciddi dini isyanı çıkabilir," gibi abartılı tespitler yapılıyordu. "Tarih sayfaları arasında kalan Babailer isyanından Şeyh Bedreddin ve Şeyh Said'e kadar uzanan isyanların belki de en ciddi, en sinsi, en kapsamlı ve en tehlikelisi olabileceğine işaret etmek yanıltıcı bir tahmin olmayacaktır," denilen raporda, din ve eğitim başta olmak üzere birçok alanda faaliyet gösteren Gülen'in ordu ve polis içinde de örgütlenmeye gittiği ve bunu yaparken "ilmi masumiyet kisvesi"nin arkasına saklandığı vurgulanıyordu.

Radikal gazetesinden Soner Arıkanoğlu'nun haberinde[1] Fethullahçıların sınır tanımayan bir örgütlenme içinde oldukları da şu sözlerle ifade ediliyordu:

> Artık şu kesin olarak izah edilmelidir ki; karşımızda, sadece Türkiye'de değil dünyanın birçok yöresinde dal budak salmış, bir teşkilat ve hatta cemaat olduklarını gizlemek çabası içerisinde olan insanlar bulunmaktadır. Sonucunda devleti ele geçirmeye dek varabilecek bir serüveni gerçekleştirmek amacıyla oluşturulan teşkilatlanmayı ortaya koyacak bir araştırmanın çıkabileceğini belki tahmin etmiyorlardı... Gülen'in sözlerinin legal ve masumane görünümü altında, son derece kapsamlı ve şimdilik açığa vurmamaya özen gösterilen hedeflerle mücehhez bir illegal yapılanmanın ipuçları da açığa vurulmuş bulunmaktadır...

Saral ve ekibince hazırlanan raporda Gülen'in gerçek yüzünün çok farklı ve ürkütücü olduğu ifade edilerek, "Gizli hedefine doğru yol alırken, dini fenomenleri kullanan ve kendini ustaca gizleyen bir tarikat lideri," sözlerine de yer verilerek Fethullahçıların silahlandığını söylemenin şimdilik mümkün olmadığı dile getiriliyordu. Gülen'in "Işık Ordusu" olarak adlandırdığı tarikat üyelerinin cihat için hazırlandıkları, bunun zamanının ise Gülen tarafından tespit edileceği belirtilen raporda Cemaat'in maddi varlığının nasıl sağlandığı da örneklerle anlatıldı. Bu yöntemlerden birinin de "silkeleme" olarak tabir edilen çek ve senet

1 *Radikal*, 14 Haziran 1999.

imzalatma yoluyla yüksek meblağlarda para toplamak olduğu öne sürülüyordu.

"Gizli hedefleri var"

Raporda Gülen'in örgütlenme yöntemleri ve tarzı hakkında tespitlerde bulunulurken kitaplarındaki "kötü niyet" ipuçları da derlenmişti. Gülen'in *Küçük Dünyam* adlı kitabından yapılan, "Bizim sülale bir namus meselesi yüzünden karşı tarafla silahlı çatışmaya girer. Halil dedemin kız kardeşi kaçırılmıştır. Vuruşma esnasında karşı taraftan biri ölür. Ve devlet meseleye el koyar. Halil dedem çok suçlu görülmez ki, sadece sürgün edilir. Önce Hasankale'ye sonra da Korucuk köyüne yerleşir," alıntısıyla süren raporda, köyün 80 bin altına satıldığı anlatımına da yer verildi. Gülen'in dedelerini efsane haline getirdiği ifade edilen raporda, bu konuda da, "Gülen ve ailesi mitolojik bir efsanenin olağanüstü yeteneklerle mücehhez kahramanları gibi..." değerlendirmesi yapılarak, kitleleri etkilemek için çarpıttığı ya da "ben bir veliyim" demeye getirdiği belirtildi. "Dedem Şamil Ağa sarığını Osman Gazi Hazretleri gibi sarardı," anlatımı buna örnek verilirken, "Oysa Osman Gazi'nin değil sarığı, yüzünün şekli bile meçhulken bu gibi müphem ifadeler olsa olsa arkasından gidenlere bir mesaj niteliğinde değerlendirilebilir. Bu mesajla verilmek istenen de 'ben veliyim' olsa gerek. Buna tasavvufta keramet derler. Oysa tasavvufta keramet göstermek çok kerih görüldüğünden, hiçbir veliden kendi isteği ile keramet sadır olmaz," denildi.

Gülen'in geceleri gizli gizli Kuran öğrendiğini anlattığı, okulda "din düşmanı" öğretmeninin karşı çıkmasına karşın sıranın üzerinde namaz kıldığı aktarılan raporda, 1995'te dağıtılan bir kitapta Seyyit olduğunu ima etmeye çalıştığı vurgulandı. Gülen'in bu kitapta, "Seyyit misiniz?" sorusuna, "Olabilir, öyle diyorlar. Kesin bir şey söyleyemem," karşılığını verdiği anımsatılan raporda, "Bu durum acaba bir kompleksin işareti mi? Yoksa geleceğe dönük bir planın parçası mı? Acaba Peygamber soyundan geliyor olsaydı, kayboldu dediği şecereyi bulmak için çaba harcamaz mıydı?" denildi. Raporda, Adil Sönmez ve Nevval Sevindi'nin kitaplarından da alıntılar yapılarak, "Üç Fethullah Gülen karakteri var," denildi.

Raporda bu karakterler de, "Olağanüstü görünme gayreti içindeki Fethullah Gülen, hiçbir konuda öncü, lider, rehber olmak iddiası taşımayan Fethullah Gülen ve bilim ve işadamları yetiştirmek isteyen Fethullah Gülen," diye sıralandı.

Raporda, Gülen'in tarikatçı olmadığını öne sürmesine karşın, tarikat için gerekli "mürşit, cemaat, tarz, tarikat" adı biçimindeki dört unsuru da itiraf ettiğine dikkat çekilerek, "Ben mürşidim diyor, Cemaat'e paylaşım öneriyor, hedefleri var, tarikatın adını da *Kırık Mızrap* adlı şiir kitabında 'Şavk mezhebi yoldur bize' diye itiraf ediyor. Şavk'ın anlamı 'ışık'tır" denildi. Gülen'in bir rüyasını anlatırken, "Ben cehennemin önünde kollarımı açmış, sel gibi akan insanları durdurmaya çalışıyorum. Vallahi bu Cemaat'ten hiç kimse onların içinde yoktu" dediğine dikkat çekilen raporda, şöyle denildi:

> Cehenneme atılacaklar içinde cemaatinden kimsenin olmadığını yeminle söylüyor. Oysa Peygamberimiz gökteki yıldızlara benzettiği sahabelerden ancak 10'una cenneti müjdeliyor. Fethullah Gülen kim? Mürşit mi, müçtehit mi, yoksa bir dinin peygamberi mi?

Raporda Işık tarikatı konusunda da, "Tarikatın yapısı; imam, Cemaat ve okuldur... Dünyanın birçok yöresinde dalbudak salmış, tarikat sözcüğünün bile açıklamakta yetersiz kalacağı bir yapılanma, teşkilatlanma ve "Nesli Cedit" veya bir diğer ifade ile "Altın Nesil" yetiştirme gibi bir müphem iddia peşinde bir adam ve bunun yanı sıra bir tarikat, bir teşkilat ve hatta bir cemaat olduklarını gizleme çabası içerisinde olan insanlar durmaktadır," değerlendirmesi yapılarak şu tespitle bitirildi:

> Türkiye sathını mücadele alanı olarak değerlendiren ve Cumhuriyet'i yıkma, parçalama, en hafifinden temel niteliklerini değiştirme veya kendine göre yön verme ya da devlet içinde güç olma sevdasındaki bu gibi organize suç yapılanmalarının dün olduğu gibi bugün de etkileyip, kullanmada ön planda tuttuğu hedef kitlenin başında gençlerimizin gelmesi son derece düşündürücüdür.
>
> ...Fethullah Gülen'in, Cumhuriyet'in teminatı gençliğimize yönelip onlarla birlikte ülkemizi çok tehlikeli maceralara sürükleyebileceği endişesi, bu incelemenin değerlendirilmesi durumunda elde edilecek tek nihai sonuç olacaktır...

Kaybedilen soruşturma dosyası

Telekulak soruşturmasıyla ilgili haklarında soruşturma açılanlar o dönem Emniyet'teki Fethullahçı kadrolaşmayı "mercek altına aldıkları için" Telekulak Skandalı'nın sızdırıldığını öne sürüyordu. İyice kızışan kavganın tarafları bundan böyle ellerinde ne varsa basına sızdıracaktı. Bunlardan biri de Fethullahçıların Emniyet içinde nasıl çalıştıklarını ve organize olduğunu göstermesi bakımından faydalı olacak bir bilgiydi aslında.

Emniyet'teki Fethullahçılık soruşturmasını yürüten Osman Ak ve ekibi incelemeleri sırasında geçmiş dönemde Akademi'den sicil puanı düşürülerek atılan R.Y.'nin şikâyeti üzerine yapılan soruşturma dosyasından da faydalanmak istemişti.

Amaçları bu soruşturmada isimleri belirlenen Cemaat bağlantılı polislerin kim olduğu ve hâlâ görevde olup olmadıklarını kontrol etmek ve hazırlayacakları Fethullahçılar listesine eklemekti. Ancak dosyanın tamamını bulmaları mümkün olmadı. Birileri dosyayı Emniyet arşivlerinden yok etmişti. Konuyla ilgili 1992 yılında Ankara DGM Başsavcılığı'na fezleke gönderildiği anımsanır ve dosyalar nihayet bulunur. Konuyla ilgili haber gazeteci Saygı Öztürk'ün imzasıyla o dönem çalıştığı *Star* gazetesinde "İşte Kayıp Liste" manşetiyle yayımlandı.[1]

Haberde Fethullah Gülen'in yıllardır Emniyet'te gizli bir örgütlenme yürüttüğü ancak bu konuya ilişkin kim çalışma yürütürse başının yandığı anlatılıyordu. Haber şöyledi:

> ...Emniyet içinde büyük bir güç odağı haline gelen Fethullahçı grupların, daha önce hazırlanan "Fethullahçı Emniyet Mensupları Listesi"ni "yok ettikleri" ortaya çıktı. Fethullahçılarla ilgili çalışma yürüten personelin ise atılan "iftiralar" sonucu birer birer pasif görevlere çekilmesi dikkat çekti.
>
> Ankara Emniyeti'nde Fethullahçı gruplarla ilgili çalışmayı yürütenler "Telefonları dinliyor," gerekçesiyle açığa alınırken, aynı konuda çalışma yürüten başkomiserlerden Mehmet Çorum Sinop'a, Aydın Ergül Ardahan'a, Aydın Batu Giresun'a, Mehmet Aslan Osmaniye'ye geçici görevli gönderildi. Fethullahçı kadrolaşma konusunda çalışma yapan personelden sorumlu İstihbarat Dairesi Başkan Yardımcısı Âdem Demir ise, Türkbank'ın satışıyla ilgili olarak işadamı

1 *Star*, 21 Haziran 1999.

Korkmaz Yiğit ile baba Alaattin Çakıcı arasındaki telefon konuşmaları kasedini CHP'li Fikri Sağlar'a sızdırdığı bilgisinin dönemin Başbakanı Mesut Yılmaz'a bildirilmesi üzerine bu görevden alındı.

Demir, *Star*'a "Hiçbir ilgim olmamasına rağmen kaset olayı benim üzerime yıkıldı. Ne zaman "Bu sümüklü hocanın peşinden gidiyorsunuz," sözü ağzımdan çıktı, ondan sonra olanlar oldu, dedi. Emniyet içinde "Fethullahçı kadrolaşma" ile ilgili olarak 1992 yılında başlatılan soruşturma kapsamında, Emniyet içindeki "Fethullahçı kadro"larla ilgili olarak hazırlanan listenin kayıp olduğu ortaya çıktı. Ankara Emniyet Müdürlüğü'nün çalışması sırasında aranan liste, ne Ankara Emniyeti'nde ne de İstihbarat Dairesi'nde bulunabildi. Uzun süren bir çalışma sonucu hazırlanan listenin izine Ankara DGM'de rastlandı. Arşivden çıkarılan dosya güncelleştirildi. Üst makamlara sunulan dosyada, İstihbarat Dairesi tarafından "incelenmesi" için Ankara Emniyeti'ne gönderilenler üzerinde yapılan çalışma ile 1992 yılındaki listenin de bulunduğu, ayrıca üzerinde çalışma yapılanlarla ilgili de "ön bilgi" verildiği öğrenildi...

...Emniyet arşivinde bulunamayan listede yer alanların bir kısmının halen etkili görevlerde bulunduğu bildirildi. Bunlar arasında Prof.Dr. A. Ş.'nin[1] Refah-Yol Hükümeti döneminde kültür bakanlığı müsteşar yardımcılığı görevine getirildiği bildirildi. Listede yer alan S. T.'nin halen Şanlıurfa emniyet müdürü, A. T.'nin Yozgat emniyet müdür yardımcılığı, M. B.'nin Fransa'da emniyet irtibat görevlisi olduğu, M. K.'ın Terör Şubesi'nde grup amiri, M.Ç.'in Asayiş Şubesi'nde, Y. Ç.'nin ise İstihbarat Dairesi'nde özel kalemde görevli olduğu öğrenildi. Ankara Emniyet Müdürlüğü'nün İstihbarat Dairesi'ne gönderdiği yazıda Fethullahçı 6 kişinin kilit görevlerde bulunduğuna dikkat çekildiği bildirildi.

Kritik görevlerde tutulmaları sakıncalı Emniyetçiler

Haber üzerine açılan bu yeni soruşturmanın raporu, Ergenekon Davası'nın ilk iddianamesinin ek delil klasörleri arasında bulunuyordu. Ergenekon sanıklarından Ergün Poyraz'da ele geçirilenlerin yer aldığı 41 numaralı ek delil klasöründe yer alan soruşturma raporunun altında mülkiye müfettişleri Refik Ali Uçarcı, Mithat Dumanlı, Candan Eren ve İlhan Aydın Erbul'un

1 10 Kasım 1996'da "İnancımıza saygı duyulmadığı bir dönemde, içim kan ağlayarak bugünkü törenlere katıldım," sözleriyle ünlenen Kayseri eski Belediye Başkanı Refah Partili Şükrü Karatepe hakkında DGM'nin bilirkişi olarak atadığı Prof.Dr. A. Ş., Karatepe'yi aklayan bir rapora imza atanlar arasındaydı.

imzaları bulunuyordu. 1992 yılında Ankara DGM'ye gönderilen fezlekelerle ilgili takipsizlik kararı verilmesinin yanlış olduğu da belirtilen 19 Temmuz 1999 tarihli raporda sicil affına dayanılarak zanlılar hakkında idari ceza verilmemesinin de doğru olmadığı vurgulandı. Sicil affıyla söz konusu personelin şikâyeti arasında 53 günlük fark olduğunu belirten müfettişler, bu kararı veren Yüksek Disiplin Kurulu üyeleri hakkında açılması gereken soruşturmanın da zaman aşımına girdiği tespitinde bulundu.

Söz konusu rapor, haklarında 1992'de soruşturma açılan ve hukuka aykırı biçimde adli ve idari ceza almaktan kurtulan bazıları Polis Akademisi'nde görevli öğretim üyelerinin de aralarında bulunduğu 88 Emniyet personelinin tamamı hakkında bir araştırma yapma imkânı bulunmadığı ancak kritik mevkilerde bulunanların 1999'da hangi görevlerde olduğunu anlatarak başlıyordu. İ.Y.T., A.Ş., R.F., B.C., A.E., A.K., H.İ.O., R.K.'nin Polis Akademisi'nde öğretim üyesi A.T.'nin de yine Akademi'de emniyet amiri olduğu belirtilen raporda diğer görevliler de şöyle sıralandı:

C.M.: KOM Daire Başkanlığı'nda, Araştırma ve Değerlendirme Şube müdür yardımcısı,

Ö.Ç.: Sivas Emniyet Müdürlüğünde görevliyken KOM Daire Başkanlığı emrine atanan komiser.

Y.K.: Mardin Emniyet Müdürlüğü'nde görevliyken KOM Daire başkanlığına atanan komiser.

M.Z.A.: KOM Daire Başkanlığı Narkotik Şube Müdürlüğü İstatistik Büro Amirliği'nde görevli komiser.

N.Y.: Terörle Mücadele ve Harekât Daire Başkanlığı'nda (TEMÜH) görevliyken Hatay Emniyet müdürlüğüne atanan emniyet amiri.

S.G.: TEMÜH Sağ Terörle Mücadele Şube Müdürlüğü, İrticai Faaliyetler büro amiri olarak görevli başkomiser.

İ.L.: TEMÜH Psikolojik Harekât Şube Müdürlüğü Araştırma ve Koordinasyon Büro Amirliği'nde görevli komiser.

R.K.: TEMÜH kadrosunda genel müdür konut korumada görevli komiser.

A.Y.: Özel Harekât Dairesi Başkanlığı kadrosunda olup halen Makedonya Üsküp'te misyon korumasında görevli komiser.

O.Ö.: Asayiş Daire Başkanlığı'nda Ruhsat İşleri Av Sporları ve İthal Silahlar büro amiri olarak görevli komiser.

Raporda, geçmiş soruşturmada adı geçen bu rütbeli Emniyetçilerle ilgili, "İsnat edilen suçun vahameti ve bunun soruşturma dosyasındaki tanık ve müracaatçı ifadelerine göre sübuta erdiğine ilişkin polis başmüfettişinin tespit ettiği bu personelin mensup oldukları örgütlenme ile ilgili olarak son zamanlarda kamuoyunda ortaya atılan ve tartışılan iddialar dikkate alındığında bu personelin halen bulundukları kritik görevlerde tutulmaları sakıncalıdır," denildi.

1999 soruşturmasının sonucu

Fethullah Gülen hakkında, "laik devlet yapısını değiştirerek yerine dini kurallara dayalı bir devlet kurmak amacıyla yasadışı örgüt kurup bu amaç doğrultusunda faaliyetlerde bulunmak" suçlamasıyla açılan davanın görüldüğü Ankara 2 No'lu DGM Savcılığı 24 Aralık 2001'de EGM'ye gönderdiği bir yazıda Teftiş Kurulu Başkanlığı'nın *Aydınlık* dergisinde yer alan iddialarla ilgili Cevdet Saral'ın Ankara emniyet müdürü olduğu dönemde Osman Ak ve ekibi tarafından başlatılan soruşturmanın raporunu istiyordu.

Bunun üzerine EGM, *Aydınlık* dergisindeki haberin ardından başlatılan Haziran 1999'da sonuçlanan İnceleme Raporu ile o tarihte halen sürmekte olan soruşturmanın geldiği aşamayı anlatan bir yazıyı Ankara 2 No'lu DGM'ye gönderdi.

Buna göre, *Aydınlık*'taki haberlerden yola çıkarak toplam 85 Fethullahçı Emniyet personelinin, Personel Daire Başkanlığı ile polis eğitim ve öğretim kurumlarında görev yaptıkları iddialarının araştırıldığı 99.60 sayılı inceleme raporunda, "*Aydınlık* dergisinde çıkan ve ihbar dilekçesinde isimleri geçen 85 personelden 10 personelin Fethullah Gülen Cemaati ile ilgilerinin bulunmadıkları, iddialara ilişkin olarak Müfettişliğimizce yapılan çalışma sırasında söz konusu Cemaat'e mensup oldukları iddia olunan personelin çoğunun vasıflı, çalışkan ve amirleri tarafından vazgeçilmez eleman oldukları, 85 personelden bazılarının Fethullah Hoca Cemaati oldukları yolunda tespitlerin yapıldığı ve bahse konu Cemaat'in uzun süreden beri Polis Akademisi, Polis Koleji, Polis Okulları ve bazı merkez birimlerinde yapılanmaya gittikleri kanısına varıldığı" belirtiliyordu.

İnceleme raporunda ayrıca müfettişlerin talebi üzerine Ankara Emniyet Müdürlüğü'nün yapmış olduğu çalışma sonucunda da ihbar dilekçesinde yer alan 85 kişinin yanı sıra 132, 262 ve

6 kişilik toplam 400 personelin isim listeleri ile 74 personele ait değerlendirme raporlarının da gönderildiği ve Fethullah Hoca Cemaati'ne mensup oldukları belirtildiği de anlatıldı.

İnceleme raporunda, Ankara Emniyet Müdürlüğü'nün yaptığı çalışmalarda, (Fethullah Gülen Cemaati'ne) mensup Emniyet personelinin toplantı yaptıkları on adet ev ile bu evlerde toplantıya katılanların kimliklerinin tespit edilerek gönderildiği belirtilerek, "Ankara Emniyet Müdürlüğü'nün tespitlerinde de belirtildiği üzere, Fethullah Gülen ve cemaatinin çok iyi organize olmaları ve takiye kurallarını mükemmel şekilde uygulamaları sonucu teşkilatımız içerisindeki personelin Cemaat elemanı olup olmadığının tespiti ve bunların delillendirilmesinin güç olduğu anlaşılmıştır. Bu sebeple söz konusu Cemaat elemanları oldukları kanısına varılan ve tarafımızca tespit edilenler ile Ankara Emniyet Müdürlüğü'nün yaptığı çalışmalar sonucu tespit olunan Fethullah Gülen Cemaati'ne mensup teşkilât elemanlarımızın toplantı yaptıkları yerler ile buralarda toplantıya katılan personele ilişkin cezai müeyyide uygulamasını mümkün kılacak adli ve idari soruşturma aşamasına geçebilmek için uygulama birimlerince teknik çalışma (izleme, operasyon vs.) yapılması sonucu elde edilecek delillere göre tahkikatın yürütülmesinin daha sağlıklı olacağı ve Ankara Emniyet Müdürlüğü'nün bu konuya ilişkin yapmış olduğu çalışmalarının sürdürülmesinde ve bu hususta yurt genelinde yapılacak çalışmaların İDB'ce koordine edilmesinde ve belirtilen çalışmalara işlerlik kazandırılmasında yarar görülmektedir," denildi.

Üç yılda bitirilemeyen soruşturma

Ankara 2 No'lu DGM'ye gönderilen yazıya göre polis müfettişlerinin inceleme raporunun ardından Teftiş Kurulu Başkanlığı'nın açtığı soruşturmanın da halen devam ettiği belirtiliyordu. Yani Ocak 1999'da açılan bir soruşturma neredeyse üç yıl geçmesine karşın halen bitirilememişti. EGM'nin yazısında bitirilemeyen bu soruşturmaya ilişkin, görevli mülkiye başmüfettişleri tarafından düzenlenen 30 Aralık 1999 tarihli 48/32 ve 3/81 sayılı inceleme ve soruşturma raporunda yer alan tespitlerin DGM'ye gönderilmesiyle yetinildi.

Buna göre, ilk inceleme raporunda ismi yer alan personelden 40'ı ile yukarıda bahsettiğimiz 1992'de yürütülen soruşturmada da adları bulunan 65 emniyetçinin Fethullah Gülen Cemaati ile ilişkileri olduğu ya da sempati duydukları kanaatine varıldığı belirtiliyordu.

DGM'ye gönderilen yazıda ayrıca müfettişlerin, "Öncelikle Emniyet teşkilatının personel, istihbarat ve eğitim kurumları gibi hassas birimlerinde istihdamlarının önlenmesi, söz konusu personelin durumlarının tam olarak tespiti ve ayrıca adli ve idari soruşturma açılması için uygulama birimlerince operasyonel faaliyetlerin icra edilmesinin, teknik izleme çalışmalarının yürütülmesinin ve tüm bunların sonucunda elde edilecek deliller çerçevesinde işlem yapılmasının gerektiği" yolunda görüş belirtmeleri üzerine, gerekli işlemlerin yapılması amacıyla ilgili birimlere bilgi verildiği anlatılarak çalışmaların halen sürdüğü yazıyordu.

"Soruşturmamız örtbas edildi"

Emniyet içindeki Fethullahçılık soruşturmasını yürütürken bir anda Telekulak soruşturmasıyla haklarında dava açılan 38 emniyetçiden biri olan Osman Ak duruşmalarda, "Bu soruşturma, sonunda soruşturanın soruşturulmasına dönüşmüştür. Fethullahçı olduğuna inandığım meslektaşlarım şu anda önemli görevlerde. Bizden sonra Fethullahçılık soruşturmasının örtbas edildiği kanaatindeyim," diyordu. Emniyetteki Fethullahçı örgütlenme soruşturmasının üçüncü yılını doldururken halen bitiril(e)memiş olması da Osman Ak'ın, "Bizden sonra Fethullahçılık soruşturmasının örtbas edildiği kanaatindeyim," iddiasını haklı çıkarıyordu.

EGM'nin, Ankara 2 No'lu DGM'ye gönderdiği yazısında, soruşturmanın bitirilememesi bir yana çok düşündürücü başka bulgular da vardı aslında. Her şeyden önce, "ilk inceleme raporunda ismi yer alan personelden 40'ı ile 1992'de yürütülen soruşturmada da adları bulunan 65 emniyetçinin Fethullah Gülen Cemaati ile ilişkileri olduğu ya da sempati duydukları kanaatine varıldığı" denilerek Emniyet teşkilatı içinde Fethullahçı adıyla bilinen yasadışı bir kadrolaşmanın olduğu resmen kabul edilmiş oluyordu. Ama bir yandan da, "İddialara ilişkin olarak müfettişliğimizce yapılan çalışma sırasında söz konusu Cemaat'e mensup oldukları iddia olunan personelin çoğunun vasıflı, çalışkan ve amirleri tarafından vazgeçilmez eleman olduklarından bahsedilmektedir," denilmesi Cemaatçi personelin korunduğunun da kanıtıydı. Ergenekon soruşturmalarında ne cevval olduğu ortaya çıkan polis teşkilatının konu kendi personelini hem de Fethullahçı oldukları öne sürülenleri soruşturmaya geldiğinde trajikomik bir şekilde basiretleri bağlanıyordu.

DGM'ye gönderilen yazıda, "Ankara Emniyet Müdürlüğü'nün tespitlerinde de belirtildiği üzere, Fethullah Gülen ve cemaatinin çok iyi organize olmaları ve takiye kurallarını mükemmel şekilde uygulamaları sonucu teşkilatımız içerisindeki personelin Cemaat elemanı olup olmadığının tespiti ve bunların delillendirilmesinin güç olduğu anlaşılmıştır," denildiğini gören savcılar da sanırız ki bir cemaatin değil de bir ülkenin istihbarat birimlerinin araştırıldığını düşünmüş olmalılar.[1]

"Delil de yok Cemaat de"

Saral ve ekibinin başlattığı soruşturma henüz bitmemişti ama onların soruşturmasının soruşturulduğu bir inceleme raporu ortaya çıkmıştı. Bu belgede yine Ergenekon'un ilk iddianamesinin, Ergun Poyraz'la ilgili delil klasörlerinin içinde yer alıyordu. Polis başmüfettişleri Ahmet Saraç, Mustafa Maktav ve Özgül Ezer'in imzasını taşıyan raporda Saral ve ekibinin yürüttüğü incelemeler sonucu isimleri belirlenen 528 personelden suçlanacak kimse olmadığı belirtiliyordu. Emniyet içinde Fethullahçı bir örgütlenmenin olmadığı kanaatine varıldığı vurgulanıyordu:

> Yapılan soruşturmalar neticesinde iddiaları teyit edici somut bir gelişme kaydedilememiş, ismi geçen personele ve Fethullah Gülen grubuna yönelik tüm istihbarat metot ve teknikleri kullanılmak suretiyle yaptırılan özel tahkikatlar çerçevesinde Emniyet teşkilatı içerisinde Fethullahçı bir örgütlenme ve yapılanmanın olduğuna ilişkin herhangi bir tespit yapılamamıştır.

Raporda Cevdet Saral ve Osman Ak ile görevlendirdiği ekibin, yetkili makamlar tarafından emir ve yetki verilmediği halde kendi başlarına inceleme ve soruşturma yürüttüğü belirtilerek, "Yürütülen çalışmanın dosya içeriğinde hukuken geçerli olabilecek delil niteliğinde hiçbir belge ve dokümana da rastlanılmamıştır," denildi. Saral ve Ak'ın yanı sıra çalışmayı yürüten Ersan Dalman, Zafer Aktaş ve bu raporun hazırlanmasında kusurlu olarak

1 Necip Hablemitoğlu'nun *Köstebek* isimli kitabından yararlanılmıştır.

görev alan diğer personel hakkında da adli ve idari yönden soruşturma açılıp ceza verildiği de anlatıldı.

Rapora göre, konuyla ilgili incelemelerde Emniyet Müdürlüğü daire başkanlıkları, il emniyet müdürlükleri, Polis Akademisi, Polis Koleji ile Polis Meslek Yüksekokulları, koruma müdürlükleri ve Polisevi Müdürlüğü mercek altına alınmıştı. *Aydınlık* dergisinde çıkan haber ve Teftiş Kurulu Başkanlığı'na gönderilen aynı içerikteki ihbar mektubuna göre isimleri belirlenen 62'si Ankara'da kalanı çeşitli illerde görevli 82 Emniyet mensubu hakkında İDB ve bağlı il İstihbarat Şube müdürlüklerince de araştırma yapıldığı anlatılan raporda, "Ankara'da görevli olanlardan 10'u ile diğer illerde görevli 20 Emniyet mensubunun Fethullah Gülen Cemaati'yle bağlantılarının bulunamadığı tespit edildi," denildi. Raporda, Ankara Emniyet Müdürlüğü'nün diğer 52 personelle ilgili herhangi bir bilgi vermediği belirtilerek, söz konusu isimlerin dışında kalan ve 132 emniyet personelini kapsayan bir listeyi daha Teftiş Kurulu Başkanlığı'na gönderdiği de vurgulandı.

528 polis soruşturuldu sadece 14'ü şüpheli çıktı

Bu raporda Emniyet'in çeşitli birimlerinde görevli toplam 528 kişilik listede bulunan personelin incelemeye tabi tutulduğu belirtilerek, "Listede yer alan personel hakkında Fethullah Gülen Cemaati'yle ilgilerinin olup olmadığına ilişkin İDB'nin yaptırdığı tahkikat sonunda A.K., A.O.K., B.E., C.B., F.S., H.B.E., K.K., M.T., R.S., S.T., S.E., T.N.Ç., T.T. ve Y.A. isimli 14 personel hakkında somut tespitler yapılamamış olmakla birlikte Fethullah Gülen Cemaati veya dini gruplarla ilişkili olabilecekleri şeklinde değerlendirmelerde bulunulmuş, kalan 514'ü hakkında ise Fethullah Gülen Cemaati ile irtibatlı olduklarına dair herhangi bir tespit yapılamadığı, bunlar arasında bir kısmının dindar yapıda olmakla birlikte herhangi bir oluşuma eğilimli olmadıkları, bir kısmının sosyal demokrat düşünce yapısına sahip oldukları, bir kısmının ise süfli bir yaşam sergilediği şeklinde değerlendirilen bilgilerin 24 Kasım 1999 gün ve 15853 sayılı yazı ile Mülkiye Müfettişliği'ne bildirilmiştir," denildi.

Listedeki hiçbir polis Cemaatçi değilmiş!

Rapor şöyle devam etti:

81 il emniyet müdürlüğüne tamim yapılarak Fethullah Gülen grubuna yönelik ülke genelinde yürütülen genel istihbari çalışmalarda; söz konusu grubun yapılanması, üst düzey sorumluları; faaliyetlerini organize eden, yöneten ve finanse eden kişiler; gruba bağlı okul, yurt, dershane, vakıf ve şirket yöneticilerinin izlenmesi ile grup hakkında derlenecek tüm bilgilerin gönderilmesi talep edilmiştir. Grubun faaliyetlerinin deşifresine yönelik 81 ilde istihbarat çalışması, 6 ilde de teknik takip yapılmış ancak anılan grup ile 528+1 personelin iltisağına ilişkin herhangi bir tespit intikal etmemiştir. Bunun üzerine aralarında 105 kişinin de bulunduğu 528 kişilik liste ile ilgili olarak yapılan araştırma sonucunda 7 emniyet mensubunun (ihraç, yatay geçiş, istifa, şehit, vefat, emekli) gibi sebeplerden dolayı günümüz itibariyle görev yapmadığı tespit edilmiştir.

Faal görevde olan ve teşkilatımızın 100 değişik biriminde çalışan 521 personel hakkında ikinci kez yapılan tahkikatları neticesinde; listelerde ismi geçen personelin tamamına yakını hakkında anılan grup ile irtibatlarının tespit edilemediği, bir kısım personelin dini vecibelerini yerine getirdiği ancak grupla irtibatlı olduklarına dair herhangi bir tespitin yapılamadığı, bir kısmının ise iddia edildiğinin aksine sosyal demokrat düşünce yapısına sahip olduğu, menfaatine düşkün olduğu, alkol kullandığı şeklinde cevaplar verilmiştir. Ayrıca Personel Daire Başkanlığı'nın 10 Temmuz 2002 gün ve 11931 sayılı yazıları ile Fethullah Gülen Cemaati ile ilgili olarak Ankara DGM Başsavcılığı'nca verilen 1992 ve 1998 yıllarına ait takipsizlik kararlarında ismi bulunan ancak müfettişler tarafından tam olarak kimlik tespiti yapılamadığından hakkında işlem tesis edilemeyen Denizli Emniyet Müdürlüğü kadrosunda görevli Başkomiser H.M. hakkında adli ve disiplin yönünden soruşturma açılmasını gerektirir bilgi ve belgelerin gönderilmesi talep edilmiştir. Adı geçenle ilgili olarak Denizli İl Emniyet Müdürlüğüne yaptırılan tahkikat neticesinde, personelin daha önce de bu tür ithamlara maruz kaldığı iddiaları doğrulayıcı bulgulara rastlanmadığı, halen çalışmakta olduğu Çevik Kuvvet şube müdürlüğünde personel tarafından sevilen ve sayılan biri olduğu, üst ve astlarına karşı saygılı davrandığı, görevini ciddi olarak yapan ve dürüst biri olarak tanındığı, irticai konular ile ilgili herhangi bir faaliyetinin tespit edilemediği bildirilmiştir...

Kazananlar hep Fethullahçılar oldu

İlkin Ünal Erkan'ın emniyet genel müdürü olduğu 1991'de "hileli kura" ile başlayan Emniyet'teki Fethullahçı kadrolaşma soruşturmasından bir sonuç alınamamıştı.

Ertesi yıl R.Y. isimli Polis Akademisi öğrencisinin şikâyetiyle başlatılan ve giderek kapsamı genişleyen soruşturmayı da hem DGM'nin verdiği takipsizlik kararları hem de Yüksek Disiplin Kurulu'nun Emniyet'te Fethullahçı örgütlenme yürüttükleri tespit edilen zanlıları önce DGM'nin takipsizlik kararı sonra da kendilerini kapsamamasına karşın çıkarılan Sicil Affı Kanunu'na dahil etmesiyle Cemaatçiler kazanmıştı. Cevdet Saral'ın Ankara Emniyet Müdürü olduğu dönemde 1999'da yürütülen Fethullahçılık soruşturması da, bir başka suç olan, "Kocakulak Skandalı" olarak da bilinen Telekulak olayı nedeniyle akamete uğramış oluyordu.

Aslında Saral ve ekibinin kendi suçunu örtbas etme gayretiyle attıkları bu adımın, kamuoyunda "Fethullahçı ekibin tasfiye edilemediği" şeklinde yorumlanması da, hasımlarına, "Bizimle uğraşmayın," mesajı ilettiği için yine Cemaat'e yarıyordu.

Fethullah Gülen'in yorumu

Burada bir parantez açarak her dönemde taraftarlarının Emniyet içinde örgütlendiği öne sürülen Fethullah Gülen'in bu konuda ne dediğine bir bakalım. Nazı Ilıcak, o dönem yazarı olduğu *Dünden Bugüne Tercüman* gazetesinde kendisiyle yaptığı söyleşide bu konuyla ilgili sorular da yöneltir:[1]

> Nazlı Ilıcak: Size yönelik iddialar bitmek tükenmek bilmiyor. Poliste Fethullahçılar olduğu söylemi yeniden canlandı.
>
> Fethullah Gülen: Halkımız Müslüman'dır, dinine bağlıdır. Her camiada Fethullah Gülen'i seven insanlar olabilir. Milletimiz, idarecilerinin, askerinin, polisinin dindar olmasını ister. Ordu da, Emniyet de halkın bağrından çıkmış insanların teşkil ettiği müesseselerdir. Bunların içinde, vaazımı dinlemiş, kitabımı okumuş, konferansıma gelmiş, alaka duymuş insanlar olabilir. Bu insanlara, ben kaide dışı hareket etmeleri için telkinde bulunmuş muyum? Onlar benim bu telkinlerim istikametinde kanunlara aykırı hareket mi etmişler? Ne yapmışlar? Bir tek misal gösteremezler.

1 *Dünden Bugüne Tercüman*, 2 Mart 2004.

Nazlı Ilıcak: Siz böyle diyorsunuz ama emniyet müdürleri Cevdet Saral ve Osman Ak poliste "Fethullahçı örgütlenmeden" söz ediyordu. Sadece sizi sevenler değil, bilinçli bir kadrolaşma olduğu belirtiliyor.

Fethullah Gülen: Sözünü ettiğiniz kimseler, Ankara Emniyeti'nin istihbarat müdürleri; adları bir telefon dinleme skandalına karışmış şahıslar. Buna mukabil, daha üst ve daha yetkili bir makamın, Emniyet Genel Müdürlüğü İDB'nin ifadeleri var: "İslam adına takip ettiğim çizginin değişmediği, bunun ılımlı bir din anlayışına dayandığı, dini, siyasi hedeflere alet etmekten uzak, hatta buna karşı olduğum" söyleniyor bu raporda. İki raporu mukayese etmeli. Benim yaptıklarım ve söylediklerime dayanan İDB'nin raporuna mı, yoksa adı skandallara karışmış olanların raporuna mı inanılır? Kararı kamuoyunun vicdanına bırakıyorum.

Cevdet Saral'dan Fethullahçılara suçlama

Cevdet Saral, Fethullah Gülen'in yargılandığı Ankara 2 No'lu DGM'de 16 Eylül 2001 günü yapılan ve tanık olarak dinlendiği duruşmada Fethullahçılık Soruşturması sonrasında yaşadıklarını şöyle anlatıyordu:

Soruşturmayı 10 Şubat (Ocak olacak) 1999'da başlattık, 21 Nisan 1999'da ise Ankara DGM'ye intikal ettirdik. Ancak Gülen hakkındaki raporu hazırlayan arkadaşlarım 16 Nisan 1999'da görevlerinden uzaklaştırıldı. Sonra da hepimiz hakkında, "herhangi bir resmi talimat almadan, kin ve garez duyguları ile ve taraflı olarak Fethullah Gülen hakkında rapor hazırladıkları" gerekçesiyle haklarında soruşturma başlatıldı.

Cemaat soruşturmasını yapanlar meslekten ihraç cezası aldı ancak bakanın talimatıyla, bir alt ceza olan 24 ay kıdem durdurma cezasına dönüştürüldü. Ben de 3 günlük maaş kesim cezasına çarptırıldım. 11 Ocak 1998'de başladığım Ankara Emniyet Müdürlüğü görevinden hakkımdaki soruşturma nedeniyle de 8 Haziran 1999'da alınarak APK uzmanlığına atandım. 35 yıldır Emniyet teşkilatında görev yapıyorum. Bu süre içinde birçok kişi, tüzel kişilik hakkında soruşturma yaptım ve rapor hazırladım. Ancak ilk kez Gülen hakkında hazırladığımız rapordan sonra soruşturmaya tabi tutulduk.[1]

1 *Hürriyet*, 17 Eylül 2001.

Yıl 2000: Gülen'e açılan dava

28 Şubat sürecini en az zararla atlatmak için açık ya da gizli birçok lobi faaliyeti yürüten, bu postmodern darbeyi savunarak yapanların yanında yer alan, hatta televizyon ekranlarından Erbakan'a hükümeti bırak çağrısı yapan Fethullah Gülen ve Cemaatinin çabaları sonuç vermemişti. İddiaya göre yalnızca Cemaat yöneticilerinin izlemesi için hazırlanan vaaz kasedinin 18 Haziran 1999'da ATV'de yayınlanmasından sonra, o dönem mutlak iktidar olan askerin yanında saf tutan "büyük" medyanın kendisini yeniden rejimin baş düşmanı ilan ettiği Gülen'in etrafındaki çemberi daraltanların istediği gibi hakkında dava açıldı.

Gülen, henüz dava açılmamışken, yaşadığı ABD'den 22 Haziran 1999 akşamı Show TV'ye telefonla bağlanarak Reha Muhtar'ın sorularını yanıtlamıştı. Devletin her şeyi bildiğini, vicdanının rahat olduğunu, ancak maksadı aşan ifadeleri olabileceğini belirttikten sonra Gülen uzun süre Türkiye medyasının karşısına çıkmadı.

Bu arada Ankara DGM Savcısı Nuh Mete Yüksel de Gülen hakkında bir yıldır yürüttüğü soruşturmanın sonuna gelmişti. Savcı Yüksel 3 Ağustos 2000'de, Gülen'in tutuklanması talebiyle nöbetçi Ankara 2 No'lu DGM yedek hâkimliğine başvursa da birkaç gün sonra mahkeme bu talebi reddetti. Bunun üzerine Ankara 2 No'lu DGM Fethullah Gülen hakkında gıyabi tutuklama kararı çıkardı. Gülen'in firari kaçak durumu çok sürmedi ve 28 Ağustos 2000 günü gıyabi tutuklama kararı kaldırıldı.

Askerin öfkesini çeken bu kararın ardından Orgeneral Hüseyin Kıvrıkoğlu, adını vererek Gülen'i hedef gösterdi ve gıyabi tutuklama kararının iptal edilmesini Cemaat'in yargıya sızması olarak değerlendirdi.

Her fırsatta hiçbir illegal yapılanma ve örgütlenme içinde olmadığını dile getiren Gülen hakkında düzenlenen iddianame Ankara DGM Başsavcılığı'nca 22 Ağustos 2000'de kabul edildi. 3713 Sayılı Terörle Mücadele Kanunu'nun 7/1. maddesi uyarınca, "anayasal sistemi değiştirerek yerine İslamî esaslara dayalı devlet kurmak amacıyla yasadışı örgüt kurup, bu amaç doğrultusunda faaliyetlerde bulunduğu" iddiasıyla Gülen hakkında on yıla kadar hapis cezası isteniyordu.

2000 yılındaki Emniyet raporu

Gülen hakkındaki davanın açılmasının hemen ardından, Emniyet'in Gülen ve cemaatine bakış açısını yansıtan yeni bir raporu da savcılık dosyaları arasındaki yerini alacaktı. Ankara Devlet Güvenlik Mahkemesi Başsavcılığı'nın, 31 Ağustos 2000 günü 2000/6609 sayılı yazısıyla "Fethullah Gülen grubu ve Nur cemaatinin amaç ve stratejisinin nelerden ibaret olduğu ve niteliği" hakkında bilgi talep etmesi üzerine Emniyet Genel Müdürlüğü'nden 13 Ekim 2000 tarihinde yanıt verilmişti.

Dönemin Emniyet Genel Müdür Yardımcısı Ramazan Er imzasıyla Ankara DGM Başsavcılığı'na B.05.1.EGM.0.14.05.03 sayı numarasıyla talep üzerine gönderildiği belirtilen yazıya eklenen, "Çok gizli" ibareli bilgi notunda silahlı eylemi bulunmadığı belirtilen Cemaat'in kuruluşu, örgütlenmesi, amacı, bu amaç için güttüğü strateji, iş yaşamındaki yeri ve sıklıkla karşımıza çıkan eğitim alanındaki faaliyetlerini anlatıyordu.

(Kitabın 313. sayfasındaki "2000 yılından Cemaat'e bir polis bakışı" başlıklı yazıda detaylarını okuyabilirsiniz: EK – 1)

30 yıl arayla yine Ecevit affıyla kurtuldu

Kendisi de, ardında Cemaatçilerin arandığı bir "seks kasedi komplosuyla" önce görevini, sonra da tüm itibarını yitirecek olan Nuh Mete Yüksel'in hazırladığı iddianame, neredeyse Saral ve Ak ekibinin kaleminden çıkmış gibiydi. Telekulak Davası'nın sanıkları olan bu polis müdürlerinin yaptığı çalışma sırasında kendilerine gönderilen rapor ve tutanaklardan yola çıkılarak hazırlanan iddianameyle ilgili dava 16 Ekim 2000'de görülmeye başlandı. Yaklaşık 2,5 yıl sürdükten sonra da 10 Mart 2003'te sonuçlandı.

1971 Darbesi'nden sonra 3 yıl ceza almışken yedi ay sonra Ecevit hükümetinin çıkardığı afla özgürlüğüne kavuşan Gülen, bu kez de Rahşan Affı olarak bilinen 2000 yılı Aralık ayında çıkarılan 4616 sayılı Af Yasası uyarınca, aynı suçun beş yıl içinde tekrar işlenmemesi koşuluyla davası kesin hükme bağlanmadan ertelenerek kurtuldu. Daha sonra 2006 yılında Gülen'in avukatları, üç yıl önce Türk Ceza Kanunu ile Terörle Mücadele Kanunu'nda yapılan değişiklik üzerine müvekkillerinin yargılandığı suçun unsurlarının değiştiği ve beraat kararı verilmesi gerektiği iddiasıyla 7 Mart 2006'da yeniden yargılanma talebinde bulununca dava yeniden ancak DGM'lerin kapatılıp yerine ikame edilen Ağır Ceza Mahkemesi'nde görülmeye başlandı.

Yeniden yargılamayı AB, beraati Emniyet sağladı

Yeniden yargılama yolunu açan ise AB'ye uyum sürecinde 2003'te 3713 sayılı Terörle Mücadele Kanunu'nun 1. maddesinde yapılan değişiklikle terör örgütü tanımına cürüm işleme ve silahlı eylem şartı getirildi. Yeni yasaya göre terör suçlarında sadece kasıt değil, cebir ve şiddet unsurunun da bulunması şart koşulmuştu. Avukatların yeniden yargılama isteğinin gerekçesi de müvekkillerinin "şiddet ve cebir" kullandığına ilişkin hiçbir delilin olmamasıydı. Yeniden başlayan ve Ankara 11. Ağır Ceza Mahkemesi'nde görülen dava iki ay sonra 5 Mayıs 2006'da sonuçlandı. Savcı Salim Demirci'nin ceza verilmesi yönündeki talebine karşın mahkeme heyeti Gülen hakkında, TMK uyarınca suçun oluşmadığı hükmüne vararak beraat kararı vermişti. Yargıtay 9. Ceza Dairesi de 5 Mart 2008'de beraat kararını onamıştı.

Ancak Yargıtay Cumhuriyet Başsavcılığı, Yargıtay 9. Ceza Dairesi'nin TMK kapsamında verdiği beraat kararına itiraz etti. Savcılık davanın TMK kapsamında değil TCK 765 sayılı TCK'nın 313/2-4 maddesine göre "cürüm işlemek için teşekkül oluşturmak" suçuna göre bakılmasını istedi. Savcılık, Gülen'in Türkiye'de mevcut anayasal düzeni değiştirmek ve laiklik ilkesini de kaldırarak, yerine şeriat esaslarına dayalı devlet kurmak amacında olduğunu iddia ediyordu.

Bunun için de aşamaları, tebliğ, cemaat ve cihat temelinde, yurt içinde ve dışında dershane, okul, üniversite, yurt, hazırlık kursları ve kurduğu şirketler aracılığıyla eğitimli bir kadro ve ekonomik bir güç oluşturarak, yönetimde teşkilatlanmayı, devlet idaresini ele geçirmeyi hedeflediğini öne sürdüğü Fethullah Gülen'in yurtdışına çıktığı 21 Mart 1999 tarihinden sonra da aynı amaç doğrultusunda faaliyetlerini sürdürerek, teşekkülün varlığını koruduğunu iddia etti. Ancak Yargıtay Ceza Genel Kurulu'nda bu itiraz oy çokluğuyla reddedilerek beraat kararı kesinleşmiş oldu.

Beraat kararının çıkmasında, Emniyet'in Fethullah Gülen Cemaati hakkında verdiği "terör örgütü değil" denilen bilgi notunun da etkisi büyüktü. Gülen'in avukatları yeniden yargılanma başvurusunu yapmadan önce 24 Şubat 2006'da Bilgi Edinme Yasası kapsamında Emniyet Genel Müdürlüğü'ne başvurarak,

Fethullah Gülen ve cemaatine ilişkin bazı sorular sormuş ve yanıtları da resmi olarak verilmişti.

Emniyet Genel Müdür Yardımcısı Ramazan Er imzasıyla 3 Mart 2006'da verilen ve Gülen'in beraat etmesine büyük katkısı olan yanıtta şöyle yazıyordu:

> Fethullah Gülen'in üyesi olduğu veya olmadığı halde kendisiyle ilişkilendirilen vakıf, dernek, eğitim kurumları ve sair kuruluşlar ile tüzel kişilerin TMK 1. madde kapsamında bir örgüt olmadıkları, cebir ve şiddet kullanarak terör yöntemlerine başvurmak suretiyle anayasal düzeni değiştirmek amacını gerçekleştirmek için bir araya geldiklerine ve eylemde bulunduklarına dair bir bilgi ve belgeye rastlanılmadığından sözü edilen kişi ve kuruluşlar TMK kapsamında değerlendirilmemektedir.

Akademide "kalıcı kadrolaşma" yasası

ANAP'ın yine hükümet ortağı olduğu DSP ve MHP'yle birlikte 28 Mayıs 1999'da kurulan 57. hükümetin İçişleri Bakanlığı'nı da görevinden alındığı 2001 yılı Haziranı'na kadar Sadettin Tantan yapmıştı. İşte o dönemde, Polis Akademisi'ndeki öğretim görevlilerini yerinden etmenin mümkün olmadığı bir yasa çıkarıldı. Bu yasaya göre, öğretim üyeleri kendileri talep etmedikçe, yani istekleri dışında başka bir yere atanamayacaktı. Emniyet kadroluların yanı sıra, sivil öğretim elemanlarının da, eğitim ve öğretimin yanı sıra başkan yardımcılığı, dekan yardımcılığı, enstitü müdürlüğü gibi idari görev almalarını da bu yasa sağlıyordu.

Öte yandan, yönetimde bunan akademisyenlerin Akademi'ye alınacak öğretim elemanları kadrolarını seçme kurullarında ve eğitim müfredatında belirleyici rol oynamaları da sağlanıyordu. 9 Mayıs 2001'de yürürlüğe giren 4652 sayılı Polis Yükseköğretim Kanunu'yla Polis Akademisi üniversite yapısına dönüştürülmüş, Polis Okulları da, iki yıllık Polis Meslek Yüksek Okulu haline getirilerek Polis Akademisi'ne bağlanmıştı. Yeni yasayla mevcut eğitim kadrosuna, tayin açısından neredeyse dokunulmazlık sağlanmış oluyordu. Bu değişikliklerle Emniyet içinden doğacak Altın Nesil'in önünde hiçbir engel kalmamıştı. Sadece sabretmek gerekiyordu.

Yıl 2001: Saçan Cemaat'i soruşturmaya kalktı

Hicret ettiği ABD'de yaşayan ve tutuksuz yargılanan Fethullah Gülen'in davasının sürdüğü günlerde, Cevdet Saralların hazırladığı garip liste nedeniyle adı Fethullahçı'ya çıkmış bir polis müdürü 16 Temmuz 2001'de İstanbul DGM'ye başvurarak, planladığı büyük bir operasyon için izin istiyordu. Kaderin garip cilvesi, kendisine Fethullahçı denmişken, 2008'de kendisini Ergenekon sanığı olarak bulan ve bir süre cezaevinde yatan bu polis İstanbul Organize Suçlarla Mücadele Şubesi Müdürü Adil Serdar Saçan'dı.

Dönemin İstanbul DGM Başsavcısı Aykut Cengiz Engin, Saçan'ın talebi üzerine 23 Temmuz 2001'de operasyona izin verdi. Saçan'ın yürütmek istediği operasyon da Fethullah Gülen'le ilgiliydi. İstanbul'da yaptığı başarılı çete operasyonlarının yanı sıra hakkında işkence iddiaları da bulunan Adil Serdar Saçan, Emniyet ve askeri bürokrasiden iş dünyasına dek Fethullah Gülen ve cemaatinin oluşturduğu iddia edilen "silahsız terör örgütü"nü ortaya çıkarmayı kafasına koymuştu.

Ama iddiasına göre bu operasyon da yine bizzat Emniyet içindeki Fethullahçı istihbaratçı çetesi tarafından engellenecekti. Adil Serdar Saçan bu iddiasını İstanbul DGM Başsavcılığı'na yazdığı bir yazıyla da resmi hale getirmişti.

İstanbul KOM şube müdürü olarak 16 Temmuz 2001'de DGM Başsavcılığı'na gönderdiği, B05.1.EGM.4.30.00.16.Opr.. Br2001/585 sayılı yazısının konu kısmına "Fethullah Gülen ve Grubu" yazan Saçan operasyon yapma nedenini şöyle açıklıyordu:

> Şubemiz görevlilerince yapılan çalışmalar neticesinde ülkemizde Fethullah Gülen grubu olarak bilinen silahsız terör örgütünün özellikle İstanbul ilinde yoğun faaliyetlerde bulunduğu, ülke genelinde maiyet adı altında 350 kişiden oluşan bir gruplarının olduğu bunun altında ana mütevelli heyet, bunun altında da mütevelli heyet olduğu tüm oluşumların başında baş imam olarak Fethullah Gülen'in bulunduğu, İçlerinde,
>
> Bölge imamı------ (serrehber talebe sorumlusu)
> (yurt müdürü)
>
> Esnaf imamı
>
> Mıntıka imamı
>
> Küçük esnaf imamı olarak yapılandığı
>
> Ayrıca Yüksek İstişare (ayda bir toplanır), Bölge İstişare (ayda bir toplanır) konseylerinin oluşturulduğu, Bölge İstişare Konseyi'nin

altında bölge sorumluları, semt sorumluları (15 günde bir toplanır), ev sorumluları (ayda bir toplanır) oluşturulduğu, İstanbul ili imamı A.K. olduğu, 4 bölgeye ayrılan İstanbul'da:

1- Suriçi Bölge İmamı C.K.

2- Şirinevler Bölge İmamı A.S., O.T.

3- Gaziosmanpaşa, Esenler, Bayrampaşa bölge imamını Süleyman...

4- Anadolu Yakası Bölge İmamı H.B. (Aynı zamanda il imam yardımcısı) oldukları H.B.'nin yardımcılığını F.Ö.'nün yaptığı, şahsın Kartal, Maltepe, Altunizade FEM dershanelerinde tarih derslerine girdiği, bu hiyerarşik yapılanmada finansal sorumlunun İ.K. olduğu bu gruba bağlı müesseselerin Asya Finans, Yeni Limit dergisi, Feza Basımevi, Işık Yayınları, Nil A.Ş., *Zaman* gazetesi, Samanyolu TV, Burç Film, Dünya Film olduğu;

Ayrıca Akyazı Vakfı, Marmara Eğitim ve Kültür Vakfı, Kılıçaslan Vakfı, Gazeteciler ve Yazarlar Vakfı, Yamanlar Koleji, FEM Dershanelerinin de Gülen grubuna ait olduğu;

Anılan grubun, İstanbul merkezli olmak üzere esnaf, mıntıka, küçük esnaf, askerler, polisler, diğer kamu görevlileri imamlarıyla üyelerinden her ay belirli miktarda para topladıkları, bu paraların bölge imamı vasıtasıyla finans sorumlularına iletildiği, paraların özellikle istihbarat şubesinde görevli mensuplarınca resmi arabalarla nakledildiği para vermeyen ya da gruptan ayrılmak isteyen mensuplarının gerek özel yaşamları ile ilgili oluşturulan arşiv sayesinde şantaj yapmak suretiyle korkutularak, gerekse tehdit yoluyla sindirilerek grupta kalmalarının veya para vermelerin sağlandığı, özellikle İstihbarat Dairesi Başkanlığı ve önemli illerin İstihbarat şube müdürlükleri ile Narkotik, Mali ve Organize Suçlarla Mücadele şube müdürlükleri teknik takip birimlerini ellerine geçirdikleri, bu yolla düşman addettikleri kişiler hakkında arşiv çalışması yaparak bunu muhtemelen gazetesi arşivinde sakladıkları, grubun asıl amacının başlangıçta silahsız mensupları vasıtasıyla T.C. devletinin üç temel gücü olan yasama, yürütme ve yargı erklerine gizlice sızmak ve devlet rejimini değiştirerek dini esaslara dayalı Said-i Nursi düşünceleri temelinde bir Kürt-İslam devleti kurmak olduğu yönünde ciddi istihbari bilgiler edinilmiştir.

Saçan aynı gün İstanbul DGM Başsavcılığı'na da bir yazı yazarak Cemaat'le ilintili olduğunu iddia ettiği Asya Finans Kurumu'yla ilgili de bir çalışma yapma talebinde bulunuyordu.

B.05.1.EGM.4.34.00.16.Opr.Br.2001/585 sayılı Asya Finans konulu talep yazısında Saçan şöyle diyordu:

> DGM Cumhuriyet Başsavcılığı'nın şifahi talimatlarında, Asya Finans isimli finans kurumunun halka yüksek faiz karşılığı krediler verdiği ve geri ödemeleri temin etmek için silahlı çete oluşturmak suretiyle zor kullanma ve tehdit yolu ile para tahsilatı yaptıkları bildirilmiş; şubemiz görevlilerince yapılan istihbari çalışmalar neticesinde konunun doğruluğunu teyit eder nitelikte bilgiler elde edildiğinden, 4422 sayılı kanunun 1. ve yine 4422 sayılı kanunun 6. maddesi uyarınca proje çalışma grubu oluşturulması hususunda gerekli talimatın verilmesini delaletlerinizle arz ederim.

"Cemaatçi polisler soruşturmayı engelliyor"

Saçan, 1991'de İDB'de görevliyken Emniyet içindeki irticai yapılanmayla ilgili yürütülen soruşturmada, konuyla ilgisi olmamasına karşın Cemaatçi polislerin girişimleriyle görevden alınanlar arasındaydı. Aynı şekilde, milli görüş çizgisinde olduğu bilinen Mustafa Gülcü de görevden alınmıştı. Kendilerine yönelik komployu öğrenen ve Cemaat'in iç işleyişini bilen Saçan ve Gülcü intikam arayışındaydı.

Bu nedenle de Saçan hiçbir ilerleme kaydedemeyeceği Gülen Cemaati soruşturmasını başlatmıştı. Elindeki bilgiler ışığında, telefon dinlemeler de dahil olmak üzere operasyon yapmak isteyen Saçan'ın istediği izin, İstanbul DGM Başsavcısı Aykut Cengiz Engin tarafından birkaç gün sonra 23 Temmuz 2001'de verildi. Hatta Bekir Raif Aldemir de savcı olarak görevlendirildi. Ancak Saçan ne kadar uğraşsa da bir türlü sonuç alamadı. Bir adım öteye gidemedi.

Bir yıl sonra, 10 Temmuz 2002'de İstanbul DGM Başsavcısı Engin'e bir yazı gönderen Saçan, Fethullah Gülen ve grubuna yönelik operasyonda ilerleme sağlanamadığını belirtip, soruşturmanın başka bir birime verilmesini talep ediyordu. Saçan soruşturmanın ilerlememesinin nedeninin de bizzat Emniyet İDB ve İstanbul İstihbarat Şubesi içindeki Fethullahçı polis örgütlenmesi olduğunu iddia ediyordu:

> Çalışma izni alındığı 23.07.2001 tarihinden itibaren birkaç defa ilgili grubun izlenmesi için takip ve tarassut faaliyeti icra edilmeye çalışılmış ve inanılmaz baskı ve engellemelerle karşılaşılmıştır.

Örneğin A.K.'nin ikameti tespit edilmeye çalışılmış, ancak bunun duyulması üzerine bizzat tarafıma konunun ne olduğunun öğrenilmesi için ilin en üst düzey yöneticilerinden baskı uygulanmıştır (O tarihte İstanbul Valisi Erol Çakır'dı). Fethullah Gülen grubunun Emniyet içindeki etkinliği, özellikle İstihbarat Şube Müdürlüğü ve Daire Başkanlığı'nın teknik takip birimlerinde odaklanmaktadır. Bu nedenle ilgili birimlerden habersiz dinleme ve izleme faaliyetlerinde bulunulması başlangıçta planlanmış ancak 30.10.2001 tarihli talimatnamenin bentlerine göre bu birimlerden habersiz, yargı kararı da olsa teknik takip ya da izleme faaliyetlerinin yapılması imkânsız hale getirilmiştir. Bu talimatnamenin de esasen bu grubun girişimleriyle çıkartıldığı kanaati tarafımızda mevcuttur. Yine 2001 yılında yapılan idari düzenlemelerle1 İstanbul ilinde özellikle GSM dinlemeleri İstihbarat ve KOM daire başkanlıkları üzerinden yapması zorunluluğu getirilmiş, böylece tarafımızdan alınan dinleme kararlarının İstihbarat ve KOM daire başkanlıklarınca kontrol edildiği hatta 4422 sayılı yasaya aykırı olarak adı geçen daire başkanlıklarınca dinlenilmesi olanağı sağlanmıştır.

Yukarıda açıklanan sebeplerden dolayı Şube Müdürlüğümüzce verilen görevin bugüne kadar yerine getirilmesinin olanaksız olduğu kanaati hasıl olmuştur. Bu nedenle ilgili çalışmanın yerine getirilmesi için teknik takip ve tarassut faaliyetlerinde bulunmak üzere uygun göreceğiniz Emniyet dışı birimlere talimat verilmesi ve operasyonun bu birimlerin desteğinde Şube Müdürlüğümüzce yapılması için gerekli görüş ve talimatlarınızı arz ederim.

Adil Serdar Saçan Fethullah Gülen Cemaati'nin Emniyet örgütlenmesine karşı yürütmeye çalıştığı soruşturmada neler yaşadığını yıllar sonra bir Ergenekon sanığı olarak mahkemedeki savunmasında[2] şöyle anlatmıştı:

Haziran 2001'de Hasan Özdemir yeniden İstanbul emniyet müdürü oldu. Bir gün makamına çıkarak Emniyet Örgütü içerisindeki Fethullahçı yapının çok tehlikeli bir hal almaya başladığını anlattım ve bu konuda özellikle İstihbarat Şubesi'nde örgütlenme olduğunu bildirdim. Hasan

1 Telefon dinlemelerdeki keyfiliği önlemek ve Telekulak Skandalı'nın tekrarlanmaması için tedbir niteliğinde bir yasal düzenleme yapılmıştı. Her ilin şube müdürünün herhangi bir yargı kararı alıp, merkezi denetim olmadan dinleme yapması büyük sorunlar yaratacaktı. Bu nedenle Saadettin Tantan'ın İçişleri Bakanlığı döneminde çıkartılan yasayla yetki ve düzenleme amacı güdülmüştü.

2 http://www.celalulgen.av.tr/savunma/Savunma.pdf

Özdemir bu olayı fazla önemsemedi ve birkaç amiri istihbarattan başka birimlere atadı. Hatırladığım kadarıyla bunlardan biride H.Ü.Y.'dir.

Hasan Özdemir'e bu durumu anlatmadan önce elemanlarım vasıtasıyla yaptırdığım araştırma sonucunda Fethullahçı örgütlenmenin güçlenerek tehlikeli hale geldiğini tespit ettim ve DGM Başsavcısı Aykut Cengiz Engin'den çalışma talep ettim. İzin verildi ancak çalışma başladığı gibi fiilen bitti. Başta İl Valisi Erol Çakır'ın dönemin Başbakan Yardımcısı'nın talimatıyla tarafıma yaptığı baskılar olmak üzere Emniyet örgütünde mevzilenmiş tüm cemaat mensuplarının müthiş direnişleriyle çalışma akamete uğratılmıştır.

Ne yazık ki bu direnişte müdürü olduğum şube içerisindeki o tarihte bu durumlarını bilmediğim cemaat mensupları gizliden gizliye başı çekti ve çalışma için yazılan yazılara emrimle "çok gizli" kaşesi vurulduğu halde aynı gün izin aldığımız deşifre oldu. Hasan Özdemir beni çağırarak "A. K. kim? Başbakan Yardımcısı Mesut Bey aradı. Hakkında çalışma mı yapıyorsunuz?" diye sordu. Çalışmanın sızdığı ortadaydı. "Hayır, yapmıyoruz," diyerek çıktım. Bu nedenle çalışmayı durdurup biraz soğutmak istedim.

Arada başsavcıya sözlü olarak durumu anlattım. Etrafımız öyle bir sarılmıştı ki, bu gruba operasyon yapmanın olanaksız olduğunu fark ettim... Temmuz 2001'de ön çalışma İznini DGM'den aldığım an Emniyet örgütü içerisindeki ve birçoğunu ne yazık ki sonradan öğrendiğim Organize Suçlar Şubesi'nde emrimde çalışan görevliler sayesinde tüm Fethullahçılar olaydan haberdar oldular. Zaten iki ya da üç gün sonra daha önce anlattığım vali ve emniyet müdürü müdahaleleri geldi. Bu izin ve Emniyet Müdürü Hasan Özdemir'e Fethullahçı örgütlenmenin boyutunu anlatmam üzerine yaptığı birkaç tayin nedeniyle İstihbarat Şube Müdürlüğü'nde görevli çok sayıda Fethullahçı amir, şube içerisinde bir toplantı yaparak benden intikam alacaklarına dair yemin etmişlerdir. Bu yeminleri orada çalışan ve Fethullahçı olmayan ve yine şubemdeki bazı amirlerce bana bildirildi.

Beni 2001 yılı Temmuz ayından itibaren büyük düşman ilan ettiler ve gerçekten de intikamlarını aldılar. Fethullahçılar, izin yazısını aldığım an Veli Küçük'le ve Sedat Peker'le ilişkili olduğum dedikodularını yaymaya başladılar. Bugünkü adıyla Ergenekoncuydum...

"Polisler Fethullahçı, Jandarma dinlesin"

Dönemin İstanbul Kaçakçılık ve Organize Suçlarla Mücadele Şube Müdürü Adil Serdar Saçan'ın, Ergenekon'un delil klasörleri arasında yer alan bu konuyla ilgili son yazısı ise, Fethullah

Gülen hakkında dava açan dönemin Ankara DGM Savcısı Nuh Mete Yüksel'e gönderdiği yardım talep eden başvurusuydu. Saçan, İstanbul Emniyeti'nde "Fethullah Gülen Cemaati'yle ilgili Proje Çalışma Grubu" oluşturulduğunu anlattığı yazısında Savcı Yüksel'e, "Bu grubun Emniyet ve özellikle de İstihbarat ile Kaçakçılık ve Organize Suçlarla Mücadele Daire başkanlıklarında yuvalanmış işbirlikçileri nedeniyle çalışmalar neticelendirilememiş ve GSM telefonu dinlemelerine ancak Ankara'da bulunan bu daire başkanlıkları aracılığıyla yapıldığından, çalışmaların gizliliği ortadan kalktığı ve bu gruba yönelik telefonların iletişimlerinin tespitinin Ankara İl Jandarma Komutanlığı'nca yürütüleceği bildirildiğinden, yukarıda bahsedildiği üzere bu örgütün Emniyet içindeki uzantıları ile yine bu şahıslarla irtibatlı olan *Zaman* gazetesi İstanbul Haber İstihbarat Müdürü F.M. isimli şahsın telefonları aşağıda belirtilmiş olup gereğini arz ederim," diyordu.

Saçan'ın, gazeteci F.M. dışında telefon numaralarını vererek Jandarma'nın dinlenmesini istediği kişiler ise Telekomünikasyon İletişim Başkanlığı (TİB) Teknik Daire Başkanı B.A., istihbaratçı emniyet müdürlerinden N.E. ile *Zaman* gazetesinin yazarı S.U. ile soyadı belirtilmeyen Coşkun isimli bir kişiydi.

"Fethullahçı polisler suç üretiyor"

Adil Serdar Saçan, DGM'den Fethullahçılara ilişkin yürüteceği soruşturmanın izinin alınmasından sonra İstanbul Emniyet Müdürlüğü İstihbarat Şube Müdürlüğü'ndeki Fethullahçı kadroların müdürü olduğu KOM şubesine boykot uyguladığını hatta ortak çalışmalar hakkında bile hiçbir bilgi ve belge vermemeye başladıklarını da sanık olduğu Ergenekon Davası'ndaki savunmasında dile getirdi.

Kendisi hakkında internet üzerinden elektronik posta ve karalama yazılarının dolaşıma sokulduğunu anlatan Saçan, Cemaat'le ilintili basın organlarında hakkında olumsuz haberler yayımlanıp, birçok ihbar telefonu ve isimsiz imzasız ihbar mektuplarının ilgili makamlara yollandığını da söyledi.

Özellikle Ergenekon soruşturmalarında çok sık başvurulan bir yöntem olan isimsiz ihbar telefonları ve mektupları ile elektronik postaların Fethullahçı polisler tarafından yönlendirilen ve kontrol edilen tüm operasyonlarda kullanıldığını öne süren

Saçan, "Hâkim oldukları İstihbarat ve Organize Suçlar birimlerinde yasal olmayan yollardan dinleme yapıp izledikleri hedefleri hakkında istedikleri suçu yaratabilecek ve bu suçla teknik dinleme ve izlemeleri uyumlu hale getirebilecek düzenleme yapabilmektedirler. Böylece diledikleri suç malzemelerini hedef şahısta bulabilecek ortamı hazırladıktan sonra yaptıkları soruşturmayı yasal hale dönüştürmektedirler. Yani önce yasal olmayan yollardan suç ve delil ihdas edip sonra ihbarlarla konu kendilerine yeni intikal etmiş gibi işleme başlamakta, savcılık ve mahkemeleri de aldatmakta ve inandırmaktadırlar," diyordu.

Savcının seks skandalının önünü kesmek için

Adil Serdar Saçan 10 Temmuz 2002'de yine İstanbul DGM Başsavcısı Aykut Cengiz Engin, Ankara DGM Başsavcılığı ve Genelkurmay İstihbarat Başkanlığı'na bir yazı gönderdi. Yazıda Fethullahçılarla ilgili başlatılan proje çalışma grubundan bahsedildikten sonra "Ancak Fethullahçı grubun ileri gelenlerinin örgüt lideri Fethullah Gülen'in talimatıyla almış oldukları karar gereği önümüzdeki günlerde, bu grubun emniyet içerisindeki işbirlikçileri ile birlikte eski Kara Kuvvetleri Komutanı Orgeneral Atilla Ateş, 2. Ordu eski Komutanı Orgeneral Kemal Yavuz, Genelkurmay Adli Müşaviri Tümgeneral Erdal Şenel, Askeri Yargıtay üyesi Albay Tanju Güvendiren, Ankara 2 No'lu DGM Başkanı Hüseyin Eken, Ankara 2 No'lu DGM üyesi Yunus Kayrabıyıkoğlu ve Ankara DGM Başsavcısı Nuh Mete Yüksel'e karşı devletin çeşitli makamlarıyla, basın ve yayın organlarına isimsiz ve asılsız ihbar mektupları gönderecekleri, ayrıca şantaj amaçlı olarak hazırlanmış montaj kasetlerin televizyon ve basın kurumlarına gönderilerek yukarıda adı geçen devlet görevlilerinin karalanması, sindirilmesi yoluyla görevlerinden uzaklaştırmaya çalıştıkları, X şahıs ile yapılan görüşme sonucu tespit edilmiştir," deniliyor, iddiaları dile getiren ve X koduyla anılan muhbirin ifadesine ilişkin tutanakla birlikte gönderiliyordu.

Aslında böyle bir ihbar ya da herhangi bir bilgi yoktu. Seks kasedi skandalı nedeniyle görevden alınacağı önceden öğrenilen DGM Savcısı Nuh Mete Yüksel'i kurtarma planının bir parçası olarak, üst düzey bir askeri yetkilinin girişimiyle bu düzmece olduğu düşünülen ihbar devreye sokulmuştu. Saçan'ın belirttiği konuya ilişkin bir rapor düzenlenmesi önce Ankara'da İDB'de üst düzey bir görevliye teklif edilmişti. Ancak teklifin reddedilmesi üzerine amaçlarını gerçekleştirmek için iddiaya göre Adil Serdar Saçan'a bu düzmece yazı yazdırılmıştı. Teklifi kabul etmeyen İDB'de görevli üst düzey emniyetçi ise görevden alınmıştı.

Savcıyı bitiren kaset

Bu sırada derin devletin içinde çok kirli roller üstlenmiş olan ve kesinlikle savunmayı istemeyeceğimiz DGM savcısı Nuh Mete Yüksel zor günler yaşıyordu. Fethullah Gülen savuşturmasını yürüten savcının Ankara DGM'deki odasına "bir kadınla sevişme görüntülerinin olduğu" VHS kaset kargoyla gönderilmiş ve kısa süre sonra telefonu çalmıştı. Ahizenin uçundaki ses görüntüleri izlemesini daha sonra tekrar arayacağını söyledi. Nuh Mete Yüksel'in iddiasına göre "irticayla ilgili soruşturması" nedeniyle böyle bir şantaja maruz kalmıştı. Telefondaki şantajcıya o kadar çok bağırmıştı ki onu duyan meslektaşları sakinleştirmek için yanına gelmişti.

Star gazetesinde, Saygı Öztürk, "Tantan Savcıya Şantajı Açıkladı, *Star* Yazdı, DGM Belgeledi" başlıklı yazısında bu olayı şöyle aktarıyordu:

> Savcılara yönelik şantajın boyutlarının nerelere kadar vardığı dün mahkeme kararıyla da ortaya çıktı. Demek ki bir yandan savcıların telefonları dinleniyor, bir yandan şantaj kasetleri açıklanıyor. Şantajla karşı karşıya olan isimlerden biri de Ankara DGM Savcısı Nuh Mete Yüksel. Dün Yüksel'le sohbet ediyor, kasedin içeriğini konuşuyorduk. Neden kendisine böyle bir şantaj yapılmak istendiğini de Nuh Mete Yüksel *Star*'a şöyle açıklıyor: "İrticaya karşı yürüttüğüm inceleme ve soruşturmalar, beni onlara hedef yaptı. Ama bunları da aşacağım. Beni montaj seks kasediyle vurmaya çalıştılar. Bunların hesabı da, yapanlardan sorulacak..."
>
> Kaset, izleme gereği bile duyulmadan, incelenmesi için Jandarma Genel Komutanlığı Kriminal Daire Başkanlığı'na gönderildi... Ankara DGM Savcısı Nuh Mete Yüksel'e "kasetli şantaj" yapıldığı mahkeme kararıyla da belgelendi. İşte o karar: "Ankara DGM Başsavcılığı'nın 6.6.2002 tarih ve 2002/3644 Muh. sayılı yazısında DGM C. Savcısı Nuh Mete Yüksel'in görevi nedeni ile yürütmekte olduğu soruşturmada şantaj aracı olarak kullanılmak istenen videokasedinin posta ile kendisine gönderildiği, bu kaset aracılığı ile yürütmekte

olduğu soruşturmaların engellenmeye çalışıldığı belirtilerek, dosya içerisinde bulunan kasedin montaj olduğunun Jandarma Genel Komutanlığı'nın Kriminal Daire Başkanlığı raporunda belirlenmiş olduğundan CMUK'un ekli evrakı tetkik edildi...

Ankara DGM C. Savcısı Nuh Mete Yüksel'e gönderildiği belirtilen ve yaptığı soruşturmalarla ilgili olarak şantaj aracı olarak kullanılmaya çalışıldığı anlaşılan dosyada mevcut 1 adet Raks VHS tip (Seri No: 21032P13E-30) videokaset üzerinde Jandarma Genel Komutanlığı tarafından düzenlenen ekspertiz raporunda oda içerisine yerleştirilen gizli bir kamera vasıtasıyla çekilen video görüntülerinin toplam uzunluğunun 4 dakika 52 saniye olarak tespit edildiği ve görüntülenen her karesinin montaj olduğu belirtilmiştir."[1]

O dönemde görev yapan üst düzey bir emniyet müdürü bana "Jandarma'dan kendisini üzecek bir rapor çıkmayacağını biliyordu. Kendisine, 'Kasedin montaj olmadığı belli. Emir verin hemen bu komployu açığa çıkaralım. Kesin sonuç alınacak bilgiler mevcut' dedim Ama montaj olduğunda ısrar etti. O dönem Jandarma'nın, Nuh Mete Yüksel'i korumak adına verdiği bu karar aslında Cemaat'i korumuş oldu. Komplo açığa çıkmadı," diyerek bu olayın perde arkasını anlattı.

"Montaj değil"

Zaten konuyla ilgili açılan idari soruşturma kapsamında yapılan incelemelerde görüntülerin montaj olmadığı da anlaşıldı. Hâkim ve Savcılar Yüksek Kurulu (HSYK) üyelerinin 21 Ekim 2002'de yaptıkları toplantıda kasedin montaj değil gerçek olduğuna karar vermesi üzerine, FP eski milletvekili Merve Kavakçı'nın evine baskın yaptığı için daha önceden de "uyarı" cezası almış olan Savcı Nuh Mete Yüksel'e bu kez "kınama" cezası verildi. Adalet Bakanlığı Teftiş Kurulu'nun, Savcı Yüksel hakkında başlattığı soruşturmada müfettişler, Hâkimler ve Savcılar Kanunu'na göre, "hâkimlik ve savcılık mesleğinin onuruna yakışmayan hareketlerde bulunduğu" gerekçesiyle Yüksel'e kınama cezası verilmesini istemişti.

Nuh Mete Yüksel hakkındaki ceza kararı, savcısı olduğu ve bir sonraki celseye esas hakkındaki mütalaasını vereceği belirtilen Fethullah Gülen'le ilgili davanın bir gün önce yapılan duruşmasından sonra verilmişti. Ancak aldığı ceza sonrasında Nuh Mete Yüksel, HSYK tarafından DGM savcılığından dolayısıyla

1 *Star*, 8 Haziran 2002.

Gülen davasından da alınarak Ankara Cumhuriyet savcılığı görevine atandı.

Nuh Mete Yüksel, doğruluğu ya da hukuk sınırları içinde olup olmadığı tartışılsa da başta Gülen Cemaati olmak üzere dini yapıdaki her örgütlenme ve kişiye karşı soruşturma ya da dava açan kimliğiyle bilinen bir savcıydı. Kendisini elbette aklamaya çalışmıyoruz. Hatta başından sonuna dek iyi bir eleştiriyi hak ettiğini, yaptıklarının hukuk bağlamında değil ideolojik altyapıyla olduğunu söylemek yanlış olmaz. Ancak bu durum, kendisinin de ilk günden itibaren sadece malum grubu işaret ederek "komplo" dediği olayı irdelememememiz gerektiği anlamına gelmiyor. Şu tespiti net olarak ortaya koyabiliriz: Yüksel'in başını yakan Fethullah Gülen ve cemaatine dokunmasıydı. Yüksel'in ayağı planlı bir tezgâhla kaydırıldı.

Daha sonra da Fethullah Gülen Cemaati'ni soruşturan savcılar bunun "bedelini" ödeyecekti.

(Savcı Salih Demirci ve Erzincan Başsavcısı İlhan Cihaner'in başına gelenleri kitabın 319. sayfasındaki "Dokunan savcı da yanar" başlıklı EK-2 bölümünde okuyabilirsiniz)

Ankara DGM savcısı Nuh Mete Yüksel'in seks görüntülerinin ortaya çıkış biçimi de o dönem yaşananlar ve kasedin kaynağı konusunda önemli ipuçları veriyordu.

Yıl 2002: ÇEV'e kurulan komplo

Buraya kadar anlattıklarımızdan sonra kitabın ve yukarıda anlatılan vahametle bire bir ilgisi olduğunu düşündüğümüz iki olayı anımsatmakta fayda var. Bilindiği gibi Fethullah Cemaati'nin geniş alana açılmasında ve daha önemlisi ülkenin günümüzdeki özellikle bürokraside yer alan yönetici kadrolarının devşirilmesindeki en büyük pay eğitim kurumları oldu. Işık Evleri, dershaneler, yurtlar derken dünyanın dört bir yanına dağılmış durumdaki ilköğretimden üniversiteye kadar uzanan irili ufaklı eğitim kurumlarından bahsediyoruz. Bunların bir parçası olarak verilen eğitim bursları da bu zincirin önemli bir halkası.

Burs alanında Cemaat'in hem ideolojik olarak karşısında duran hem de rakibi olan en büyük yapı da kuşkusuz ki Çağdaş Eğitim Vakfı ve Çağdaş Yaşamı Destekleme Derneği'ydi. Bu vakıflar, askerler ve kökten laik çevreleri de arkalarına alarak kısa sürede örgütlenip Gülenci ve diğer İslamcı cemaatleri karşısına alarak burs dağıtıyorlar, kız çocuklarının okula gönderilmesine ilişkin kampanyalar düzenliyorlardı.

Askerlerle ve bazı Ergenekon sanıklarıyla olan dirsek teması ve kimi zaman faşizmle özdeş tutulan ideolojik saplantıları ayrı bir değerlendirme konusu ama ilginç olan bu iki kurumun da bir kumpasla 2007'den itibaren adı sıkça anılan Ergenekon soruşturmalarına dahil edilmesi oldu. Ergenekon soruşturması ve davalarının zanlı ya da sanıklarını gerçek suçlarından yargılamaktan çok tamamen bir karalama ve itibarsızlaştırma, siyaset sahnesinde rakiplerini yok ederek tek büyük güç olma planının bir parçası gibi işlediği tespiti yapmak mümkün.[1]

Örneğin, yıllarca ÇYDD'nin başkanlığını yapmış ve ömrünü çağdaş bir Türkiye'nin önemine vurgu yaparak eğitime adamış olan Türkân Saylan'ın adının da Ergenekon kapsamında anılması ve hatta evinin basılarak aranması[2] bizzat Ergenekon destekçisi çevrelerden de büyük eleştiri almıştı. ÇEV'in Cemaat'e rakip olması bir yana hedef haline gelmesinde en büyük etken kuşkusuz ki Fethullah Gülen hakkında açılan davada müdahil olarak yer alması ve Işık Evleri'nde yetiştikten sonra "itirafçı" olan kişileri bulup tanıklık yaptırtmasıydı. Bu nedenle üzerinde baskı kurulmaya çalışılan ÇEV ve ÇYDD, Saadettin Tantan'ın İçişleri Bakanı olduğu dönemde kapatılmak istendi. Bu amaçla vakıf ve dernek üzerinde yapılan araştırmalar incelemelerden bir sonuç çıkmadı.

Derken İstanbul Emniyet Müdürlüğü Terörle Mücadele Şube Müdürlüğü Değerlendirme Bölümü'nde görevli komiser B.Ö. polis kimliğini kullanarak vakfa ajan olarak sızdı. O süreçte evi de kurşunlanmış olan Gülseven Yaşer'e hem kendisine hem de vakfa

1 Bu konu, Ertuğrul Mavioğlu'yla birlikte kaleme aldığımız İthaki Yayınları'ndan *Kırk Katır Kırk Satır* üst başlığıyla çıkan iki ciltlik kitabımızda da ayrıntılı olarak anlatılıyor.

2 Ergenekon soruşturması kapsamında şüpheli olarak evinde arama yapılan Türkân Saylan ve gözaltına alınan 12 ÇYDD yöneticisi hakkında, delil bulunamadığı gerekçesiyle 19 ay sonra dava açılmasına yer olmadığına karar verildi. Ergenekon'un bazı dokümanlarında ve kimi sanıklarda ÇEV, ÇYDD ve üyelerinin adlarının geçmesi üzerine bu kurumlar ile bağlı kişiler de soruşturmaya dahil edilmişti. Ancak 2 Kasım 2010'da verilen takipsizlik kararında şüphelilerin terör örgütü üyesi olduklarına dair haklarında kamu davası açmayı gerektirir nitelikte ve yeterlilikte delil elde edilemediği belirtildi. Soruşturma kapsamında 13 Nisan 2009'da yapılan operasyonlarda ÇYDD üye ve yöneticisi 42 kişi gözaltına alınmış, derneğin eski Genel Başkanı Türkân Saylan'ın İstanbul Arnavutköy'deki evi de dahil olmak üzere 81 adreste arama yapılmıştı. Operasyon tarihinde kanser tedavisi gören Türkân Saylan, soruşturma devam ederken 18 Mayıs 2009'da ölmüştü.

yönelik saldırılara ilişkin yardımcı olacağını söyleyerek sızan Komiser B.Ö., iddiaya göre önce Fethullah Gülen'le ilgili görülen davanın tanıkları arasında olan Işık Evleri'nde yetişen "itirafçı"ların kimliğini öğrenip tanıklıklarından vazgeçmelerini de sağladı. Ardından da vakfın dağıttığı burslardan PKK'lıların da yararlandırıldığı iddiasını oluşturacak gizli kamera çekimleri gerçekleştirdi.

4 Mayıs 2002'de Cemaat bağlantılı Işık TV isimli kanalda bir "özel haber" yayınlandı. Haber gerçekten özeldi. Çünkü bir polisin çektiği gizli kamera görüntüleri yayınlanıyordu. Özellikle Cemaat medyası başta olmak üzere İslamcı basının hararetle yer verdiği, tartışıp gündemde tutmaya çalıştığı bu haberin görüntülerinin İstanbul Emniyet Müdürlüğü'nden nasıl çıktığı ise hiç sorgulanmadı.

Daha sonra Ergenekon sanığı da[1] olan ÇEV Başkanı Gülseven Yaşer görüntülerde gizli kamera kaydını yapan ajan polis B.Ö.'yle, ÇEV'in dağıttığı burslardan PKK'lıların da yararlandırıldığı iddiasını oluşturacak şekilde konuşurken görülüyordu.

Yaşer bu konuyla ilgili yaptığı açıklamalarda, B.Ö.'nün, ÇEV bursu alanlardan iki kişinin PKK ile temasta olabileceğini söylemesi üzerine konunun araştırıldığını, hem bu öğrencilerin okuduğu üniversitelerden hem de cumhuriyet savcılıklarından alınan adli sicil kayıtlarında böyle bir bilgiye rastlanılmadığını söylemişti. Yaşer'in daha sonra yaptığı açıklamalarda "montajlanmış" dediği çekimler Samanyolu TV ve Kanal 7'de de gösterilip başta *Zaman* gazetesi olmak üzere İslamcı cenahın gazetelerinde sıkça işlendi.

Gülseven Yaşer'in bu görüntüleri, Cemaat televizyonunda yayımlanmasından iki gün sonra müdahili olduğu Gülen'in yargılandığı davanın 6 Mayıs 2002'deki duruşmasında da Gülen'in avukatları tarafından bant çözümü sunularak mahkemeye veril-

---

1 Ergenekon soruşturması kapsamında ÇYDD ve ÇEV yöneticileri ile üyelerinden oluşan sekiz sanık hakkında 13 Aralık 2010'da dava açıldı. İddianamenin kabul edildiği İstanbul 12. Ağır Ceza Mahkemesi tarafından hakkında yakalama kararı çıkarılan ÇEV eski Başkanı Gülseven Yaşer ile Fatma Nur Gerçel'in "Ergenekon Silahlı Terör Örgütüne üye olma" ve "hukuka aykırı olarak kişisel verileri kaydetmek" suçlarından 8 yıldan 19.5 yıla kadar hapisle cezalandırılması istendi. Diğer sanıklar Ayşe Yüksel, Halime Filiz Meriçli, Hamdi Gökhan Ecevit, Ömer Sadun Okyaltırık ve Aydın Ortabaşı'nın da "Ergenekon Silahlı Terör Örgütü'ne üye olma" suçundan 7.5 yıldan 15 yıla kadar hapse mahkûm edilmesi talep edildi. Mustafa Namık Kemal Boya hakkında da "Ergenekon Silahlı Terör Örgütü'ne üye olma", "devletin güvenliğine ilişkin gizli belgeleri temin etme" ve "özel hayatın gizliliğini ihlal etmek" suçlarından 12.5 yıldan 30 yıla kadar hapis cezasına çarptırılması talep edildi.

di. Hemen ertesinde de 33 şehit ailesi adına Yaşer ve ÇEV hakkında suç duyurusunda bulunuldu.

Ankara DGM'ye yapılan bu suç duyurusu görevsizlik kararıyla İstanbul'a gönderildi. 28 Mayıs 2002'de Yaşer'in, İstanbul Emniyet Müdürlüğü polislerince sorgulanmasından sonra İstanbul 6 No'lu DGM Başkanlığı'nın verdiği arama emri uyarınca Ev'e 3 Haziran 2002'de yaklaşık 20 kişilik polis grubuyla baskın düzenlendi. Kütüphanede yapılan aramanın ilk dakikasında ise PKK yanlısı el broşürleri ile iki adet Abdullah Öcalan'ın kitabı bulundu.

Kütüphanedeki tüm kitaplarda ÇEV mührü olmasına rağmen bu kitaplarda yoktu. Bulunanlar arasında vakıf çalışanlarının daha önce görmediklerini iddia ettikleri birkaç CD de vardı. İşte o CD'lerden birinin içinde de, ilginç bir tesadüf eseri ÇEV'in de müdahil olduğu Gülen davasının görüldüğü Ankara 2 No'lu DGM Savcısı Nuh Mete Yüksel'in bir kadınla sevişirken gizli kamerayla çekilmiş görüntüleri vardı.

Cemaat'in polis çantası

Fethullah Gülen'in Ankara 2 No'lu DGM'de yargılamasının sürdüğü günlerde, 4 Ağustos 2002'de Elazığ'da Sivrice Merkez Camisi'nin avlusunda unutulan bir çantayla ilgili, vatandaşların "şüpheli paket" diye polise ihbar edilmesiyle başlayan süreç kitabımızda buraya kadar anlatılanları ve Emniyet içinde yıllar yılı sabırla ve ilmek ilmek örülen Fethullahçı örgütlenmenin günümüzdeki boyutlarını anlamak açısından çok önemli.

Detaylarına Hanefi Avcı'nın *Haliç'te Yaşayan Simonlar - Dün Devlet, Bugün Cemaat* isimli kitabında da yer verilen bu olay o dönem gazetelerinde Elazığ Emniyet Müdürlüğü'nün, Emniyet içindeki Fethullahçı yapılanmaya ilişkin yaptığı bir operasyon olarak yansımıştı.

Halbuki başta da dediğimiz gibi tamamen bir unutkanlık eseri başlayan süreç, Fethullah Gülen Cemaati'nin Emniyet'teki yapılanmasıyla ilgili çok önemli bilgi ve dokümanların ele geçmesini sağlamıştı. Olay gerçekleşmesinin üzerinden bir ay geçtikten sonra basına yansımıştı. İhlas Haber Ajansı'nın 8 Eylül 2002'de, "Emniyet'te Fethullahçı Yapılanma İddiası" başlığıyla abonelerine duyurduğu bu olayla ilgili haber şöyleydi:

İsim isim şifreli polis listeleri

Elazığ Emniyet Müdürlüğü'nün gerçekleştirdiği bir operasyonda, Fethullah Gülen Cemaati'nin Emniyet teşkilatındaki yapılanmasıyla ilgili bilgi ve dokümanlara ulaşıldı. Sivrice ilçesinde bir camide bulunan bir çanta Emniyet teşkilatı içinde büyük yankı uyandırdı.

Çantadan, Emniyet teşkilatındaki Fethullahçı yapılanma ile ilgili önemli belge ve dokümanlar çıktı. Ele geçirilen belgelerde, 4 ilde görev yapan rütbeli Emniyet mensupları isim isim sıralanarak Cemaat içindeki rollerine göre şifreli kodlarla yer veriliyor. Fethullahçı yapılanma ile ilgili operasyon, Elazığ Emniyet Müdürlüğü Terörle Mücadele Şubesi ekiplerinin, Sivrice Merkez Camisi avlusunda şüpheli bir çanta bulmaları ile başladı.

Çantayı inceleyen terör uzmanları, polis mensuplarının yer aldığı bir liste ile bazı notlar ele geçirdi. Çantanın sahibi olan ve Malatya'da öğretmenlik yapan Ahmet Şahinalp, yapılan soruşturma üzerine gözaltına alındı. Elazığ'da sorgulanan Şahinalp, dokümanın çantasına başkaları tarafından yerleştirildiğini iddia etti. Sorgulamasının ardından mahkemeye çıkarılan Şahinalp, tutuksuz yargılanmak üzere serbest bırakıldı.

İstihbarat ve Terörle Mücadele Şube Müdürlüğü uzmanları, çıkan notları ve Emniyet personeli listesinin yer aldığı bilgisayar dökümünü inceleyerek, bunun Emniyet içerisinde "Fethullahçı" olarak adlandırılan grubun yapılanmasıyla ilgili olduğunu belirledi.

Dört ilden 144 üst rütbeli Emniyet mensubu

Ele geçirilen doküman ve notlar, incelenmek üzere Emniyet Genel Müdürlüğü İstihbarat ve Terörle Mücadele Daire Başkanlığı'na gönderildi. Çantadan çıkan elyazması notlar, Kriminal Polis Laboratuvarı'nda incelemeye alındı. Çantadan çıkan dokümanlar arasında Elazığ, Tunceli, Bingöl ve Malatya'da görev yapan 144 rütbeli Emniyet görevlisinin isimleri bulunuyor. Devresi, sicili, adı, soyadı, görev yeri tek tek sıralanan 144 kişinin isimlerinin bulunduğu listenin sonunda "BL" ve "Açıklama" şeklinde iki hane daha bulunuyor.

Şifrelenmiş bölümlerde isim hanelerinin karşısına 1'den 5'e kadar rakam konulurken "BL" hanesinde ise "HL, KM, SLÇ, SLM, TR, AH, AKF, FT, CN, SD" şeklinde kodlar bulunuyor. Listede bazı isimlerin karşısında ise "Ehli dünya, fırsat bulursa zarar verir", "Bizi biliyor", "Zararsız", "Müntesip", "Aleyhte çalışır", "Süryani olabilir", "Bizden diye istenildi" şeklinde notlar yer alıyor.

Yapılanmayla ilgili ajanda bulundu

Fethullah Gülen Cemaati'nin Emniyet'teki ilişkilerini ortaya koyan 11 sayfalık ajanda notunda ise isimler, telefon numaraları, talimatlar, para miktarları, aile içi ilişkiler, gizlilik prensibi, bilgi toplama teknikleri gibi elyazması notlar bulunuyor.

Terfi ettirilmeyen emniyetçi Cemaat mensuplarının durumunun sorgulandığı notlarda, Cemaat hizmetlerinin her ilde olduğu gibi büyük ilçelerde de devreye girmesi gerektiği belirtiliyor. Cemaat'in Emniyet'teki sorumlusunun kaleminden çıktığı anlaşılan notlarda, Elazığ kadrosundaki Ş.I.'dan, "Hanımı ile problemli. Hanımı ile görüşmek lazım. Rıza ile kılınmış ise tekrar eda etmeye gerek yok," çocuklarla ilgili, "Saflandırılmalı," deniliyor.

Çocukların 6 yaşından itibaren, 'Bizler ve onlar' şeklinde eğitilerek cemaate kazandırılmasının istenildiği talimatlar bölümünde, bazı kişilerin cep telefonları yer alıyor.

Cemaat tanıdık nüfus müdürü arıyor

Çıkan notlar arasında "Tanıdık bir nüfus müdürü bulunabilir mi?" şeklinde bir soru sorulduğu bildirilirken, resmi evraklarda başörtüsü bulunanların değiştirilmesi isteniyor. "Arkadaşlar renk belli etmesin," talimatının bulunduğu bölümde ise bazı kurallar konuluyor. Belirtilen kurallar ise, "Başkalarının renkleriyle boyansınlar. Alternatif açılımlar eşlerle yapılsın. Aile içinde İslam'ı yaşasınlar. Yurtdışına çıksınlar. Buralarda uzun süreli dostluklar kursunlar. Gidilen evlerde bayanlarla ilgili bilgiler alınabilir," şeklinde sıralanıyor.

Ajanda notlarında yeni gelen personelle ilgilenme, basında çıkan haberlerin takibi, çevrenin takibi, bilgi toplama usul ve teknikleri gibi konularla ilgili talimatlarda bulunurken, Cemaat mensuplarının yurtdışına çıkmaları konusunda teşvik edilmeleri gerektiği bildiriliyor.

Polis istihbaratındaki Cemaat mensupları

Uzmanlar tarafından en tehlikeli olarak görülen istihbarat kadrosundaki Fethullahçı polislerle ilgili ajanda notları da bulundu. Notlarda istihbarat kadrosunda görev yapan personel kastedilerek, iki defa misyon görevine gidenlerin birim olarak adlandırılan istihbarattan çıkarıldığı hatırlatılıyor. İkinci misyon görev yapacak personel hakkında heyetin karar vereceği vurgulanarak, "77. madde olabilir, 94. madde istemiyoruz," deniliyor.

Yurtdışına görevli gidenlerin, gittikleri ülkelerin emniyet teşkilatı ile kardeş teşkilat ilişkisi kurulması istenirken, Kosova'ya gönderilen polisler için "Gardiyan olarak gidilmemeli," talimatı veriliyor.

Notlar arasında askere gidenlere bundan böyle 100 dolar para verilmeyeceği belirtilirken, ajandada, açılan bazı soruşturmalara yer veriliyor. El notlarında ise Emniyet'teki bazı personel hakkında özel bilgiler bulunuyor. H.Ö. kodlu emniyet müdürü ile ilgili olarak "Sıkıntı oluşturabilir. Palu ilçesine verilsin," talimatı bulunurken, M.S. isimli müdürün B.'nin merkezde kalması için önayak olunması isteniyor.

Atatürk'e hakaret

Doküman arasında ele el yazısında ise, Atatürk için Sebatayist yakıştırması yapılıyor. Atatürk'ün mason localarının yapacağı fonksiyonu CHP ile yapacağından dolayı locaları kapattırdığı belirtiliyor. Fethullah Gülen hakkında, Ankara DGM Savcısı Nuh Mete Yüksel'in "laik devlet yapısını değiştirerek yerine dini esaslara dayalı bir devlet kurmak amacıyla yasadışı örgüt kurup, bu amaç doğrultusunda faaliyette bulunduğu iddiasıyla" 10 yıl hapis cezası istenirken, Elazığ'da ele geçirilen belgelerin de bu dosyaya gönderileceği öğrenildi. Emniyet teşkilatında büyük yankı uyandıran 144 kişilik isim listesi ile ilgili soruşturma devam ediyor. Ele geçirilen belgelerdeki raporların Hizbullah terör örgütü tarzında yazıldığı da dikkat çekti. Üst düzey istihbarat yetkilileri, geçen günlerde bir şube müdürünün çantasında Fethullahçı yapılanma ile ilgili bulunan bilgisayar CD'lerinden sonra 144 kişilik isim listesinin ortaya çıkmasının, polis içinde geniş bir operasyonun habercisi olduğunu belirtti.

Avcı'nın kitabında da anlatıldı

Hanefi Avcı kitabında da, "Nasıl Yönetiyor, Kimler Yönetiyor?" başlığı altında yer verdiği bu olayı deneyimli polis gözüyle irdeledi. Avcı, çantasındaki belgelerin içeriğine bakarak Ahmet Şahinalp'in Elazığ, Bingöl, Tunceli ve Malatya'daki emniyet birimlerinden sorumlu Cemaat'in imamı olduğunu söylüyordu. Esas mesleği maden mühendisi olan Şahinalp'in bir eğitim kurumunda çalışıyor göründüğünü belirten Avcı, dokümanlarda isimleri yer alan Emniyet personelinin 2002'de bölgeye tayini çıkanlarla, oradan batıya gidenler olduğunu öne sürüyordu.

Haberde "şifrelenmiş" diye verilen kodların da Emniyet'in kendi personelini tasnif ederken kullandığı harf kodları olduğun belirten Avcı, listenin emniyet bilgisayarından çıktığını söylüyordu. Haberde yer almayan, Emniyet İmamı Şahinalp'in dokümanları arasında bulunanlar Avcı'nın kitabında şöyle anlatıldı:

1 Ağustos 2002 ile 1 Kasım 2002 tarihleri arasında hedef şahısların tespiti ve listelerin çıkarılması, çalışma gruplarının oluşturulması ve işbölümü aşamasının gerçekleştirilmesi şeklindeki notlar; kurumsal açılım başlığı altında adliye, idari personel, avukatlar, hastaneler, bankalar ve diğer kurum isimleri ile yeni tanışılacak işadamları, toplum önderleri ve etkili nüfuz sahiplerine nasıl davranılacağıyla ilgili notlar. Yapılacak işler, personelin sorunları gibi konularda 4 sayfalık not. Elle yazılmış notlarda bazı polis amiri ve müdürlerinin tayin yerleri ve özel durumları hakkında notlar. En önemlisi il emniyet müdürünün makam harcamaları ile yemek yediği yerler, makam araçlarının kullanımı hakkında notlar.

Yıl 2006: EGM'deki Fethullahçılar listesi

Emniyet içinde Fethullahçı örgütlenmeyle ilgili açılan her soruşturmanın önü öyle ya da böyle kesilse ve hatta bu işle uğraşanlar deyim yerindeyse "sürünse" de kavga ya da mücadele hiç bitmedi. En azından 2007'ye kadar bitmemişti. Ergenekon soruşturmalarıyla birlikte askerin olması gereken yere, siyaset sahnesinin biraz daha dışına itilmesi, AKP'nin hükümet olmasının yanı sıra iktidar da olmasını sağlamış, bu da bürokrasinin tüm kurumlarında yaşanan İslami kadrolaşmanın önünde hiçbir engel bırakmamıştı.

2006'da Emniyet içinde, Fethullahçı örgütlenmeye karşı bu kez el altından bir mücadele vardı. Bu mücadelenin kokusu ancak iki yıl sonra ortaya çıktı. Bu kez basına sızdırılan, *Aydınlık* dergisinin tedavüle soktuğu bir deyimle artık "F Tipi Yapılanma" denilen Fethullahçı örgütlenmeye ilişkin bir başka belgeydi. *Hürriyet* gazetesinde Saygı Öztürk imzasıyla çıkan "Emniyet'te Fethullahçı Liste Krizi" başlıklı haberde[1] üst düzey emniyetçilerin Fethullahçı oldukları öne sürülen polislerle ilgili bir liste hazırlayıp değişik makamlara gönderdiği gerekçesiyle haklarında Cumhuriyet Savcılığı'na şikâyette bulunulduğu belirtiliyordu.

İddiaya göre 2006'da dönemin Personelden Sorumlu Emniyet Genel Müdür Yardımcısı N.A., Personel Dairesi Başkanı İ.S., şube müdürleri M.D. ve M. A., ortaya çıkmasından iki yıl önce 2006'da "EGM'deki F Tipi Örgütlenmenin Etkin Elemanları" adlı bir liste hazırlamışlardı. Bu listeden on kopya fotokopi çektirerek,

1 *Hürriyet*, 6 Mayıs 2008.

savcılık dahil bazı makamlara, "Okunduktan sonra mutlaka imha ediniz" notunun da yer aldığı bir üst yazıyla gönderildiği de iddia ediliyordu.

"Emniyet'teki F Tipi Örgütlenmenin Etkin Elemanları" başlıklı listeye isimler yazılmakla yetinilmemiş ve birtakım değerlendirmelerde de bulunulmuştu. İlginç olan ise isimlerin daktiloyla yazıldığı anlaşılan listedeki değerlendirmeler elyazısıyla yapılmıştı. *Hürriyet* gazetesindeki habere göre üst yazıdaki imza, paraf ve listede kalemle yapılan düzeltmelerin kime ait olduğu bilirkişi aracılığıyla belirlenmiş ve haklarında suç duyurusunda bulunulmuştu. Söz konusu haber şöyleydi:

> Emniyet Genel Müdür Yardımcısı, bir daire başkanı ve iki şube müdürü tarafından hazırlandığı öne sürülen ve değişik makamlara gönderilen listede 'Fethullahçı oldukları' belirtilen Emniyet mensuplarından ikisi, listeye haksız yere yazıldıklarını öne sürüp, bu listeyi hazırladıklarını öne sürdüğü 4 kişi hakkında Cumhuriyet Savcılığı'na suç duyurusunda bulundular. Aralarında 4 daire başkanı, 11 daire başkan yardımcısı, 32 şube müdürü, 3 başkomiser, 3 öğretim üyesinin de bulunduğu 57 kişinin "Fethullahçı" olduğu öne sürüldü ve hazırlanan listenin bir örneği de üst yazının okunduktan sonra imha edilmesi notu düşüldükten sonra Ankara Cumhuriyet Başsavcılığı'na da gönderildi. Hazırlanan listede kalemle bazı düzeltmeler de yapıldı.
>
> Emniyet'in liste ile ilgili İşçi Partisi'nin şikâyetini işleme almamasından sonra böyle bir listenin varlığı anlaşıldı. Listede adı bulunan 57 Emniyet mensubu durumdan haberdar oldu. Bunlardan ikisi, listede kalemle yapılan düzeltmeler, imza ve paragrafların kendilerini şikâyet eden kişilere ait olup olmadığını bilirkişiye incelettirdi. İnceleme sonucu, listedeki imza, paraf ve elle yapılan düzeltmelerin genel müdür yardımcısı, daire başkanı ile iki şube müdürüne ait olduğu ortaya çıkarıldı. Listede ismi bulunan iki Emniyet mensubu "Birlikte hareket etmek suretiyle; sahte belge tanzim etmek, suç tasniinde bulunmak, görevi kötüye kullanmak, iftira ve hakaret etmek, kamu kurum ve görevlilerini kamuyu nezdinde küçük düşürmek ve kamu görevlisine güveni sarsmak" suçlamasıyla amirleri hakkında Ankara Cumhuriyet Başsavcılığı'na suç duyurusunda bulundular.
>
> Ergenekon soruşturması kapsamında tutuklanan İşçi Partisi Genel Sekreteri avukat Nusret Senem, savcılığa yaptığı suç

duyurusunda, Emniyet yetkilileri tarafından hazırlandığını öne sürdüğü, "Emniyet'te Fethullahçı Örgütlenmenin Etkin Elemanları" başlıklı 4 sayfalık liste sunmuş, Emniyet içinde yasadışı örgütlenme olduğuna dikkat çekmişti. Suçlamaya dayanak olarak sunulan 4 sayfalık listede Emniyet Genel Müdürlüğü'nde çeşitli kademelerde görev yapan 57 personelin bu örgütün üyesi olduğu öne sürülmüştü.

Listeye haksız yere alındığını iddia eden iki Emniyet mensubu, savcılık dosyasında bulunan 4 sayfalık isim listesi ve bu kişilerle ilgili bilgiler ve belgeler üzerindeki imza, paraf, kalemle yapılan düzeltmelerle ilgili bilirkişi incelemesi istedi. Yazı, imza ve sahtecilik uzmanı Mustafa Kariptaş tarafından yapılan inceleme sonucunda düzenlenen Özel Bilirkişi Raporu, 4 sayfalık listede, isimler üzerindeki düzeltmelerin M.D. ve İ.S. tarafından yapıldığı, "bilgi notu" başlıklı yazıda yer alan imzanın Genel Müdür Yardımcısı N.A., paraflarm da İ.S. ve M.A.'ya ait olduğu sonucuna varıldı. Bunun üzerine şikâyetçi Emniyet mensupları, söz konusu listenin ve üst yazısının organize bir şekilde hazırlandığını öne sürdü ve 4 emniyet mensubundan şikâyetçi oldu.

Fethullahçı oldukları öne sürülen üst düzey polisler

Ancak haberin yayımlanmasından sonra karışık bir hukuki süreç ortaya çıktı. Konuyla ilgili haberi yazan Saygı Öztürk ile haberde anlatıldığı gibi listeyi hazırladıkları öne sürülen Emniyet müdürleri hakkında soruşturma ve davalar açıldı. Hem listeyi hazırladığı öne sürülenler hem de listelerde adı bulunanlar açmıştı davaları. Bir de İşçi Partililerin suç duyurusu vardı. Ancak Ankara Cumhuriyet Başsavcılığı, suç duyurusuna dayanak olarak gösterilen belgenin genel ve soyut iddialar içerdiği, somut bir suç isnadına yönelik olmadığı gerekçesiyle takipsizlik verdi. Saygı Öztürk'ün *Okyanus Ötesindeki Vaiz* isimli kitabına göre; "Başsavcılık 31 Ocak 2008'de Emniyet Genel Müdürlüğü'ne gönderdiği bir yazıyla hem takipsizlik kararını bildirdi hem de idari yönden gereğinin yapılabilmesi için dilekçe ve eklerini ulaştırdı. Emniyet Genel Müdür Yardımcısı N.A. yaş haddinden emekliye ayrıldıktan sonra adının liste hazırlayan gibi duyurulmasından rahatsız olmuştu."

Hazırlandıktan ve hatta dava konusu bile olduktan iki yıl sonra duyulan bu liste Ergenekon'un ilk iddianamesinin delil klasörleri arasında yine Ergun Poyraz'da ele geçirilenler arasında yerini aldı, iddianamede bahsedildi. Hatta bu liste hakkında Ankara Cumhuriyet Savcılığı'na suç duyurusunda bulunan ve sonra Ergenekon sanığı da olan İşçi Partili avukat Nusret Senem'e gözaltına alındığında konuyla ilgili sorular da yöneltildi.

İddianameye göre Senem, "29 Ocak 2008 tarihinde Ankara C. Başsavcılığı'na Emniyet'teki F Tipi Örgütlenmeyi anlatan 4 sayfalık 57 kişilik bir listeyle şikâyetçi oldum. Bu belge gazeteci bir arkadaşım tarafından verildi. Ben de savcılığa verdim ve 2008/16541 sayılı soruşturma numarasına kaydedildi. Ancak husumet olmasın diye dilekçeme isimleri yazmadım ama ekli belgeyi sundum. Bu belge, Emniyet Genel Müdür Yardımcısı N.A. tarafından hazırlandı. Saygı Öztürk de bunu bizzat *Tempo* dergisinde yazdı," diye soruları yanıtladı.

Gazeteci Nedim Şener'in *Ergenekon Belgelerinde Fethullah Gülen ve Cemaat* isimli kitabına göre, "Listede adı geçen Ö.Z.'nin avukatının suç duyurusu üzerine, Ankara Cumhuriyet Savcılığı listeyi hazırladığı iddia edilenler hakkında ön inceleme yapılmasını istedi. Dilekçede listede yer alan elyazılarına ilişkin bilirkişi raporuna da yer verildi. Rapora göre, listede yer alan elyazıları M.D. tarafından kaleme alınmıştı. Bilirkişi, listeye elyazısıyla eklenen *Bozkurt ve Karagöz* yazılarının ise Personel Daire Başkanı İ. S. tarafından kaleme alındığını rapor etti.

Savcı kanalı ile Emniyet Genel Müdürlüğü'ne gönderilen yazıda, Emniyet'te 57 personel hakkında liste hazırladığı öne sürülen polis müdürleri hakkında ciddi ithamlarda bulunuldu. Yazıda, polis müdürlerinin sahte belge düzenleyip iftira attıkları, hakarette bulundukları iddiaları sıralandı. Bu başvuru üzerine Savcı Mehmet Cihan Kısa, adı geçen dört polis müdürünü yargılamak için İçişleri Bakanlığı'ndan izin istedi. Bakanlık da, eski Emniyet Genel Müdür Yardımcısı N.A., Personel Daire Başkanı İ.S., emniyet müdürleri M.D. ile M.A. hakkındaki iddiaların soruşturulması için müfettiş görevlendirdi. Listede parafı olduğu iddia edilen M.A., konunun basına yansıması üzerine avukatı aracılığıyla yaptığı yazılı açıklamada, İşçi Partisi'nin yaptığı başvuru üzerine Ankara Cumhuriyet Savcılığı'nın 31 Ocak 2008 tarih ve 2008/10913 sayılı kararıyla iddiaların asılsız olduğu gerekçesiyle işleme konulmamasına karar verildiğine dikkat çekti. M.A, "Olmayan bir işlemin bir belgesi de olmaz," diyerek listenin yok sayılması gerektiğini belirtmesine rağmen, Ergenekon savcıları listeyi Ergenekon Davası'nın ekleri arasına koymayı tercih etti.

Karışık bir dava sürecinin başlamasına neden olan söz konusu listenin, "Mutlaka imha ediniz," uyarısıyla Ankara Cumhuriyet

Savcılığı'na gönderilen bilgi notunun altında Emniyet Genel Müdür Yardımcısı N.A.'nın imzası vardı. Eğer iddia doğru ve listenin hazırlanmasında emeği geçenlerden biri N.A. ise, Emniyet'in tepesindeki birkaç yöneticiden birinin bilgi notunda yazılanlara yansıyan duyduğu kaygı durumun vahametini de özetliyor.

Ancak, üst düzey emniyetçilerle ilgili yer verilen bilgilerin doğru olduğu listenin bahsi geçen isimlerden biri tarafından bizzat hazırlandığı da iddialar arasında. Tarih bulunmayan bilgi notunda şunlar yazılıydı:

> Sayın Savcım, geçen hafta yetkili arkadaşlarla bir araya gelerek değerlendirdiğimiz Emniyet'teki F Tipi yapılanmanın etkin isimlerini gönderiyorum. Malumunuz İstihbarat tamamen Fethullahçıların kontrolünde olduğundan sizden ricam listeyi ilgili kurumlara gizli olarak iletmeniz. Bu bilgi notunu ise okunduktan sonra imha etmenizi istirham ediyorum. Saygılarımla.

Bilgi notuna ek olarak gönderilen ve daktiloyla yazılı dört sayfa olduğu belirtilen "EGM'deki F Tipi Örgütlenmenin Etkin Elemanları" başlığını taşıyan listedeki değerlendirmede "Teşkilatın ve Ulusal İstihbarat'ın en etkin elemanları ve Cemaat'in gözbebeği konumundadırlar. İDB'nin yaklaşık yüzde 90'ı bu grubun kontrolündedir," deniliyordu. KOM Daire Başkanlığı'ndan, Daire Başkanı ve başkan yardımcısı ile çeşitli birimlerin müdürlerinin de olduğu 10 polisin Cemaatçi olmakla suçlandığı dokümanlarda terör dairesinden 3; güvenlik dairesinden de 4 üst düzey polisin adlarına ve yorumlarına yer verilmişti. Güvenlik dairesinden bazı yetkililer için, "Cemaat'in tüm işleri ile aktif sorumlusu, baş koordinatör durumundadır... Danıştay saldırısı sonrası dezenformasyon faaliyetlerinde Atabeylerde, zarf verme işlerinde, oradaki gizli yazışmaların takibinde aktif olarak organizatörlük görevini Cemaat adına yürütmüştür" gibi değerlendirmeler yapılıyordu.

Dış ilişkiler dairesinden 4 ismin yer verildiği belgede üst düzey bir yetkili için "Cemaat'in en yetkili üyelerindendir... ABD'ye gönderilerek master ve doktora öğrencilerini bizzat Cemaat üyelerinden seçmektedir," yorumu yapılmıştı.

Belgede Polis Akademisi'nden 7 kişinin isimleri sıralanmış (...) Bilgi İşlem Dairesi'nden ise 4 kişi sayılarak haklarında çeşitli yorumlar yapılmıştı.

"Cemaat polisleri 'imam'larından rahatsız"

2007 yılında Ergenekon operasyonlarının başlamasının ardından ise hiç şüphesiz Cemaat Emniyet içinde tartışılmaz bir güç haline dönüşmüştü. Ergenekon operasyonu dalgalarıyla Cemaat eski hesaplarını görüyordu. Ancak bu dönemde Emniyet içinde Fethullahçı örgütlenmenin içten içe kaynadığını Hanefi Avcı *Haliç'te Yaşayan Simonlar-Dün Devlet, Bugün Cemaat* kitabında öne sürdü. Avcı, resmi olmayan ve şu aşamada doğru olup olmadığını da bilmediğimiz bir dokümana kitabında yer vermişti.

...yer verdiğim ikinci belge ise çok yeni ve günceldir. Bana yeni ulaşan bu belgeye göre Emniyet teşkilatı içerisinde Cemaat'e bağlı polisler, yöneticileri olan kişiden işlerini iyi yapmadığı için şikâyetçi olmuş, yanlışlarını madde madde bir rapora dönüştürerek muhtemelen Fethullah Hoca'ya göndermek istemişlerdi. Buradaki şikâyetlere bakıldığında örgütlenme hakkında ciddi bilgiler verilmektedir," diyen Avcı'nın kitabına dönelim:

A. ÖMER BEY TARAFINDAN GÖREVLENDİRİLEN ŞAHISLARIN HEM KENDİLERİNİ HEM DE SORUMLULUKLARINI ÜSTLENDİKLERİ ARKADAŞLARI VE BİRİMLERİ DEŞİFRE ETMELERİ

1- MİT Müsteşarlığı ve askeri istihbarat birimleri Ömer Bey'i gerçek adı (O.H.Ö) ile bilmekte ve takip etmektedir. Emniyet teşkilatında görev yapan üst düzey yetkililerden olan Emin Aslan, Sabri Uzun, Hanefi Avcı, Hüseyin Özalp gibi devletin önemli merkezleriyle irtibatlı kişiler de Ömer Bey'in teşkilatın sorumlusu olduğunu bilmektedirler. Yine adı geçen yetkililer Ömer Bey'in hangi mekânlarda ve kimlerle görüştüğünü tespit ettiklerini ifade etmektedirler.

2- Başbakan'ın çok yakınında bulunan M.A. tarafından da Ömer Bey teşkilatın imamı olarak bilinmekte ve adı geçen şahıs tarafından çeşitli mahfillerde bu durum ifade edilmektedir.

3- 2007 yılında Ömer Bey ve Yenimahalle ile ilgilenen Sinan Bey'in (Murat Bey) ABD'ye giriş ve çıkışlarında FBI tarafından önce sorgulanmaları, sorgulanma sırasında üst ve bagaj aramaları yapılmış/ bu şüpheli duruma rağmen Ömer Bey'in seyahat programını değiştirmeyerek ABD'de bulunan emniyetçi arkadaşlar tarafından havaalanında karşılanmış ve onlarla görüşmüş daha sonra yine emniyetçi arkadaşların kullandığı araç ile H.E.'nin bulunduğu kamp yerine götürülmüş ve fiziki ve teknik takip ile bu süreç bütün teferruatıyla FBI tarafından kayıt altına alınmıştır. ABD'den çıkış esnasında da tekrar sorgulanmış, bilgisayarı dahil üzerinde ve bagajında bulunan bütün bilgi ve belge niteliğindeki eşyanın kopyası alınmış, FBI sorgusunda ABD'de daha önceden defalarca ziyaret ettiği Emniyet Müdürü S.T. isimli kişiyi ziyaret maksadıyla bulunduğunu ifade etmiş, ifadelerinin birer sureti ile kendisinden alınan bilgi ve belgelerin birer kopyası Emniyet Genel Müdürlüğü'ne intikal ettirilmiştir. Emniyet Genel Müdürlüğü'ne intikal ettirilen bilgi ve belgeler arasında bazı üst düzey Emniyet yetkililerinin ve eşlerinin bilgileri de tespit edilmiştir. (Örnek, Emniyet Müdürü M.Y.T. Ankara istihbarat Şube Müdür Yardımcısı Z.G.'nin eşinin isim ve telefon bilgileri, Emniyet teşkilatı mensuplarının da bulunduğu USAK isimli araştırma merkezinin danışmanı olduğuna ilişkin Ömer Bey'in kendi adına düzenlenmiş kartvizit vb.) Yukarıda özetlenen olayın akabinde Emniyet Müdürü S.T.'nin ABD vizesi iptal edilmiştir.

Yine bu olayın akabinde iki FBI ajanı New Jersey'de ikamet eden ve New York bölgesindeki emniyetçilerin manevi sorumlusu olan Emniyet Müdürü A.Ç.'nin evinde ziyaret ederek Ömer Bey'i kampa götüren araç hakkında bilgi istemişler, aracın başkası adına kayıtlı olmasının gerekçesini soruşturmuşlardır. Yapılan tüm çalışmalara rağmen FBI tarafından kopyalanan Ömer Bey'in bilgisayarında bulunan bilgilerin içeriği hakkında ne FBI yetkililerinden ne de Ömer Bey'den tatminkâr bir cevap alınamamıştır. Konu olağanüstü hassasiyeti nedeniyle Büyüğümüze genel hatlarıyla arz edilmiştir. Büyüğümüz, Ömer Bey'le görüşülerek bilgisayarında bulunan bilgilerin muhtevasının ne olduğunun sorulması talimatını vermiş ve olaydan büyük üzüntü duyduğunu ifade etmişlerdir. Büyüğümüzün talimatı üzerine ilgili Daire Başkanı R.G. Ömer Bey'le görüşmüş ve kendisinden ABD'de yaşanan olayla ilgili bilgi talep etmiştir. Ancak Ömer Bey böyle bir olayın vuku bulmadığını, kendisinin sadece pasaportuna bakılarak uçağa bindiğini ifade ederek, hilaf-ı vaki beyanda bulunmuştur. Bilahare önüne bilgi ve belgeler konulduğunda kabullenmek zorunda kalmıştır.

Ancak bu esnada bile bilgisayarında bulunan bilgilerle ilgili malumat vermek istememiştir. Bu süreçte Ömer Bey'in ABD vizesi ABD hükümeti tarafından iptal edilmiştir. Benzer bir sıkıntının Yenimahalle ile ilgilenen arkadaş (Sinan Bey) için de söz konusu olabileceği değerlendirilmektedir, Ömer Bey ABD vizesini geri alabilmek için istihbarat Dairesi Başkanlığı'ndaki arkadaşları riske atarak kendisinin Polis Sandığı'nın sahibi olduğu Ankara Sigorta'nın temsilcisi olduğunu,

Emniyet Genel Müdürlüğünün araçlarının kendisi tarafından sigortalandığını ifade ettirmiş, ancak bu durum FBI yetkilisinde daha büyük bir şüphe uyandırmış ve Ömer Bey'e vize verilmesi talebi reddedilmiştir.

Daire Başkanı R.G. ve emsali teşkilat büyüklerinin katılımıyla oluşturulan istişare heyetlerinde Ömer Bey'in müteaddit defalar verdiği sözleri tutmaması, hilafı vaki beyanları ve heyetlerin sembolik misyonu nedeniyle bu teşkilat büyüklerimiz nezdinde Ömer Bey'e karşı büyük bir güven kaybı söz konusu olmuştur. Yıllarca hizmetimizin yükünü çekmiş ve teşkilatın önemli mevkilerinde görev yapan bu büyüklerimizde fikir ve önerilerine kıymet verilmediği teşkilatın önemli hiçbir meselesinin görüşülmediği bu heyetler büyüklerimizde idare edildikleri kanaati oluşturulmuştur. Netice olarak Ömer Bey'le görüşmekte bir maslahat olmadığı düşüncesi hâkim olmuştur.

4- Görevlendirilen şahıslar izah edilemeyecek müesseselerde görev yapmaktadır. Örneğin bütün masrafları Başbakanlık Örtülü Ödeneği'nden karşılanan ve İçişleri Bakanlığı Dernekler Dairesi Başkanlığı'nın kontrolünde kurdurulan Uluslararası Sivil Toplum Kuruluşlarını Destekleme Derneği'nin il temsilcileri ve merkez koordinatörleri Ömer Bey'in Emniyet teşkilatına bakan ekibi tarafından oluşmaktadır. Teşkilat mensuplarıyla yapılan ikili görüşmeler ve istişareler zaman zaman bu dernek merkezi ve temsilciliklerinde yapılmaktadır.

Yine teşkilatla ilgilenen sivillerin bir kısmı ve eşleri Samanyolu Koleji, Turgut Özal Derneği, Maltepe Dershaneleri veya illerdeki özel okullarımızda görev yapmaktadır. Ayrıca, arkadaşlardan sorumlu siviller bürokraside ve değişik birimlerde istihdam edilmektedir.

5- Müstakil olarak hizmet müesseseleri ve görevli sivil şahıslar adına tutulan evleri farklı devrelerin bazen aynı anda kullanmaları neticesinde tedbire muhalif durumlar yaşanmaktadır. Düzenli bir aile ve yaşantı görüntüsü olmayan bu evler apartman sakinleri tarafından dikkatle izlenmekte ve şüpheyle bakılmasına neden olmaktadır.

6- İlgili sivil şahısların eşleri, beylerine paralel olarak resmi arkadaşların eşlerinden sorumlu olarak vazife yapmaktalar. Bunun neticesinde bir sivil bayan bir ildeki veya yapıdaki arkadaşların her türlü bilgisine vâkıf olmaktadır. Ayrıca görevlendirilen sivil şahıslar sık sık değişime tabi tutulmaktadır. 20 yıldır birbirini tanıyan, dostluğu olan insanlara birbirinizle görüşmeyin, gidip gelmeyin denilmekte, fakat 15 ay içerisinde bir arkadaş ailesiyle birlikte 3 farklı sivil aile ile muhatap edilmektedir.

7- Görevli sivil şahısların bütün resmi arkadaşları tanımaları, lojmanlara ve işyerlerine giderek görüşme yapmaları, cenaze merasimlerine katılmaları, toplu yerlerde özel teveccühe mazhar olmaları neticesinde yapılan fiziki veya teknik takip ile kendileri deşifre olmuşlardır. (Van ve Diyarbakır'da görevlendirilen şahısların özel arabaları ile Emn. Müd. lojmanlarına sık sık gelip gitmesi İl Emniyet Müdürü'nün dikkatini çekmiş ve şahıslarla ilgili ciddi bir araştırma yapılmıştır.) Ayrıca, görevlendirilen şahısların kendi evleri baylar ve bayanlar tarafından sık sık kullanılıyor. Yıllarca aynı yatakhaneyi, yemekhaneyi ve sıraları paylaşmış ve birbirini tanıyan arkadaşların bir araya gelmelerinin dışarıdaki insanlara izah edilemeyecek hiçbir tarafı yokken mevcut yerleşik sistemler değiştirilmiş, sivil hayatta tanınan ve hizmet müesseselerinde görev yapan sivil insanlar lojmanlara, işyerlerine ve birtakım hususi ortamlara rahatlıkla girip çıkmakta hiçbir sakınca görmemektedir. Bir taraftan, "Aman evinizde bir kitap, bir CD, bir Kuran ve bir cevşen olsun, dersleriniz 4 kişiyi geçmesin, hiçbir büyüğünüzle-küçüğünüzle görüşmeyin, irtibatınız olmasın," diye tahşidat yapılırken diğer yanda ağabeylerin tedbire aykırı her türlü davranışları, akıllarda soru işareti oluşturmakta ve vicdanlarda kabul görmemektedir.

8- Çok mahrem olan operasyon ve telefon detay bilgileri ilgisiz kişilerle paylaşılmakta ve bu husus uluorta konuşulmaktadır. Resmi arkadaşlardan alınan operasyon bilgileri doğrudan "bilgi notu" formatında kaynak gösterilmeksizin hizmetle irtibatı olduğu bilinen yerlerde yayınlatılmaktadır. Daha İl Emniyet Müdürü'nün bile bilgisi olmadan aktif haber isimli internet haber sitesinde gizli konuların yayınlanması ve yine çok önemli stratejik/mahrem konuların savcılığa intikal ettirilmeden bize ait internet sitelerinde veya gazetelerde yayınlatılması nedeniyle arkadaşlarımız ve hizmet hedef haline getirilmiştir.

9- Ömer Bey ve görevlendirdiği sivil arkadaşların konumları dolayısıyla sahip oldukları bilgileri eskiden irtibatlı oldukları şahıslara aktarmaları nedeniyle teşkilat kemmiyet ve keyfiyet bakımından deşifre edilmektedir. Örneğin Nuh Mete Yüksel ve ÇEV vb. olaylar resmi arkadaşlarla ilişkilendirilerek anlatılmaktadır. (Savcı Yüksel'in kasedini kendilerinin yaptığını övünerek çevresinde anlattığını duymuştum. Demek ki Nuh Mete Yüksel'in kaset olayı tereddütsüz Cemaat tarafından yapılmıştır.)

10- Çok mahrem mevzular her ortamda neye hizmet edeceği bilinmeksizin konuşulmakta, reklam konusu haline getirilmektedir.

(YAŞ, MGK, Ergenekon, parti kapatılması, L.E., N.V., vb.) H.E.'nin davası için rüşvet verildiği, telefonların dinlenildiği, bir Yargıtay üyesinin evinin tefrişatının yapıldığı gibi konular Ömer Bey ve ekibi tarafından herkesle rahatlıkla paylaşılmaktadır. Planlama aşamasında olan operasyonlar önceden duyulmakta, Ergenekon dalgaları olmadan haber verilmektedir. Atabeyler ve Danıştay operasyonlarında, Y. Büyükanıt, İ. Başbuğ hadisesinde yaşanan sıkıntılar.

11- Teşkilat mensupları ile alakalı listelerin ve bilgilerin *flash* belleklere ve disklere kaydedilmesi ve bunların taşınması ile ilgili sıkıntılar büyüğümüzün defaatle yaptığı ikazlara rağmen aşılamamıştır. Ömer Bey ve ekibi rahatlıkla bu tür resmi arkadaşların bilgilerinin bulunduğu *flash* disk ve laptoplarla yurtiçinde ve yurtdışında seyahat etmektedirler. Elazığ ve Burdur'da yaşanan üzücü hadiselerden ders alınamamıştır.

B- REHBERLİK HİZMETLERİNDE VE HİZMET ETME ADABINDA YAŞANAN SIKINTILAR

1- Ömer Bey ve ekibinin büyük çoğunluğunda Kuran-ı Kerim, sünnet ve eserlere ilişkin müktesebat resmi arkadaşlarımızı tatmin etmekten uzaktır. Ekibin zaman zaman ABD'ye Büyüğümüzü ziyaret dışında herhangi bir beslenme mekanizması bulunmamaktadır. Kendilerini kabul ettirme büyük ölçüde çok mahrem bilgilerin uluorta arkadaşlarla paylaşılması ile sağlanmaya çalışılmaktadır. Hatta bazı arkadaşlarımız manevi boşluklarını telafi etme adına çeşitli dini gruplar ile Emniyet Hizmeti dışındaki birimler ile irtibata geçmiştir.

2- ...

3- ...

4- Tayin, terfi ve atamalarda hizmetin rolü arkadaşlar üzerinde bir baskı ve korku aracı olarak kullanılmaktadır. Arkadaşlara adil davranılmamakta ve teşkilat teamüllerine aykırı tayinler yapılmaktadır.

5- Resmi arkadaşların maaşlarından toplanan himmetlerin kullanımında gerekli özen gösterilmemektedir, örneğin Ömer Bey ve ekibinin Makedonya ve Almanya programlarında yapılan harcamalar, kullanılan lüks telefon ve laptoplar.

6- Büyüğümüzün büyük ağabeylerle ilgili tasarruflarının "... ilgili operasyon tamamlandı, işleri bitirildi," gibi ifadeler ile anlatılması ve bu durumun arkadaşlar nezdinde ağabeylerle ilgili su-i zanna sebebiyet vermesi (H.T, M.Ö., A.K. gibi).

7- Çeşitli dönemlerde teşkilatta vazife yapmış ve önemli hizmetleri olmuş kişilerle düşmanca uğraşılmakta ve haklarında iftiralar atılarak sürekli yıpratılmakta ve bu hususlar en alt seviyedeki gruplara kadar konuşulmaktadır.

8- ....

9- ....

10- ...

11- Ömer Bey ve üst ekibi kendilerini Büyüğümüzün vekili olarak görmekte ancak Büyüğümüzün üslubunu, mülâyemetini, hadise ve meseleleri değerlendirmesi hususunda aynı hassasiyeti göstermemektedirler. Arkadaşlarımız kaba davranışları kabullenmeme istikametinde bir tavır sergilediklerinde pervasızca; "Biz sizin daire başkanlarınızı bile fırçalıyoruz, niye almıyorsunuz?" demektedirler. Ömer Bey bir olaya kızıp kontrolden çıktığında; "İmam benim, her türlü tasarrufta bulunurum, Hoca Efendi'ye sormak zorunda da değilim," deme cüretkârlığında bulunabilmektedir. Yukarıda kısaca arz edilen üslup ve uygulamalardaki yakışıksız davranışlar sebebiyle bazı arkadaşlarımız meslekten istifa ederek başka kurumlara geçmiş ve emekliliklerini istemişlerdir. Arkadaşlarımız bu haliyle teşkilatta görev yapmanın hizmet olmadığı ve nifak/fitne uygulamaları sebebiyle geri durma noktasına gelmişlerdir.

12- ...

13- ...

14- Beklenen metafizik yenilenmenin yerine, meseleler idari, mülk cihetiyle ele alındı. Hizmetin Türkiye ve dünyada denge unsuru olduğu, ülkeyi yönetecek insanların / dünyayı yönetenlerin bunu göz önünde bulundurmaları gerektiği vb. hususlar sık sık dile getirildi. Yapılan operasyonlar, atamalar vb. işlerde yoğun bir değerlendirme yapılıp, sürekli bir güç, çakma vb. bir literatür kullanılması içerde ve dışarıda idareye talip olma gibi algılanıyor. Yine bu cümleden hareketle bize yakın olan ılımlı insanlar hizmete düşman oldular. Bu yöndeki içe yönelik muhasebe / murakabe talepleri "bir kara propaganda" olarak değerlendirilmektedir. Şu an bizim dışımızdaki her kesim hizmete düşman konumuna gelmiştir. Ömer Bey ve ekibi de bu durumu olması gereken bir durum olarak görmektedir.

15- ...

16- Arkadaşların / ağabeylerin meselelerini, sıkıntılarını arz edecekleri güvenecekleri istişare heyetleri ve şahıslar yok. Gelen konulardaki tenakuzlar nedeniyle, insanların istişareye ve istişare heyetlerine güvenleri gün geçtikçe azalıyor.

17- Ömer Bey arkadaşlarımızın bir kısmına kin beslediğini, beddua ettiğini hatta aynı arkadaşlarımız için yerin altının üstünden daha hayırlı olacağını ifade ederek onları uluorta konuşarak hedef haline getirmekte ve hizmet dışına çıkmaları için özel çaba sarf etmektedir. Bu arkadaşların açıklarını bulup sıkıntıya düşürebilmek için her türlü teknik imkânları seferber etmekte ve iftira atmakta beis görmemektedir.

18- Hizmetteki büyük ağabeylerimiz ile çeşitli kurumlardaki arkadaşlarımızın telefonları Ömer Bey'in talimatı ile dinlenmiştir, irtibat bilgilerine bakılmıştır, (hedef kişilerin değil, Cemaat'in elemanlarının bile belli açılardan denetlemek için dinlenmiş olduğu anlaşılmaktadır; Cemaat'in Emniyet içerisindeki gücü ve eylemlerinin durumunu göstermesi açısında enteresan).

19- Astlar amirlerinin değil, Ömer Bey tarafından görevlendirilen sivil şahısların inisiyatifi ile devlet işlerini idare etmeye, ast üstü yönetmeye çalışmaktadır.

20- Görevlendirilen şahısların tenakuzları ve çelişkili tavırları sebebiyle Büyüğümüzden geldiği söylenen hususlara karşı tereddüt hâsıl olması; özellikle bir mesele üzerinde uzlaşma sağlanamadığında ya da farklı bir görüş ortaya çıktığında otoritenin sağlanması için "HE böyle istiyor, bu HE'nin emri," şeklinde beyanda bulunulmaktadır.

Bu belgeler ve dışarıdan aldığım bilgilere göre her birimdeki temsilciler kanalı ile herkes Ömer kod adlı kişinin denetiminde çalışmaktadır. Amirler mezuniyet dönemlerine göre dönem dönem örgütlendirilmiştir. Herkes gördüğü, bildiği her konuyu temsilcilere aktarmakta, onlar da silsile ile Ömer'e ulaştırmaktadır. Aynı şekilde istenen her hususta Ömer'den talimat olarak teşkilatın en alt birimlerine kadar ulaştırılmaktadır. Her kritik birimde Cemaat'in irtibatı ve sorumlusu yer almış, özellikle İstihbarat, KOM ve diğer birimlerin bilgi işlem birimleri büyük oranda Cemaat taraftarlarından oluşmuştur. Bu birimlerde başlangıçta farklı kişiler var ise de onlar da çeşitli yöntemlerle buralardan uzaklaştırılmıştır. Emniyet'e ait tüm arşiv ve bilgiler Cemaat'in arşivine taşınmış, mevcutlar da istendiği an Cemaat'in isteklerine uygun olarak kullanılmaktadır. Emniyet'in İstihbarat ve KOM birimlerinde teknik ve amir kadrosu büyük oranda Cemaat'in elamanı konumunda veya bilerek Cemaat'ten gelen talimatlara uymaktadır. Aslında bu örgütlülük yalnızca Emniyet içinde mevcut değildir, Cemaat hemen hemen tüm kurumlarda az veya çok örgütlü haldedir. Öğrendiğim kadarıyla MİT, ordu, yargı ve milletvekilleri içinde imam konumunda kişiler bulunmaktadır.

Cemaat hakkında herhangi bir ihbar geldiğinde, daha araştırmaya başlanmadan o birimdeki Cemaat mensuplarınca haber verilip tedbir alınmaktadır. Yakın zamanda birkaç defa MİT ve Emniyet'e Cemaat'in faaliyetleri, hatta en üstteki imam Ömer kod adlı kişi hakkında bilgi gitmiş, MİT araştırmaya başladığı an haberdar olunmuş ve gerekli tedbirler alınmıştır.

Genelde her kurumun imamı işleri yönetmektedir. Emniyet, ordu, MİT, basın ve medya, yargı, maliye gibi tüm büyük kurumlardan sorumlu olan bir imam vardır. Her imamın altında o kurumun her biriminde sorumlular mevuttur, bu en yukarıdan başlayıp alta kadar yoğun örgütlü olarak devam eder. Ağırlıklı olarak merkez ve büyük illerde olmak üzere tüm illerde örgütlülük söz konusudur. Her hafta toplanılarak o kurum/birimdeki genel durumlar değerlendirilir ve yukarıya arz edilecek konular çıkarılır. Alt birim imamları kendi aralarında toplanırlar. En yukarıda o kurum için istişare heyeti denebilecek üst sorumlulardan oluşan komitevari bir birim olup, onun üstünde o kurumun imamı bulunur.

Daha üstte kurum imamları bir araya gelip ülke genelindeki işleri ve kurumlar arası çalışmaları değerlendirirler. Bir kurumun yapacağı işlere diğerlerinin desteği, oralardaki bilgiler istenir. Bununla birlikte her kurum imamı ayrıca doğrudan yurtdışında bulunan Fethullah Hoca'ya bilgi verip ondan talimat alır, yani olup biten her şey Hoca'nın bilgi ve kontrolünde gerçekleşir, dolayısıyla meydana gelen olaylar asla sıradan bir cemaat mensubunun kendi kafasına göre yaptığı şeyler değildir. Eğer bu insanlar sadece yardımlaşma, dayanışma, birbirleriyle aile ve arkadaşlık ilişkisi kurma gibi faaliyetler içinde olsalardı elbette buna itiraz edilmezdi ama şimdi görüldüğü kadarı ile devleti idare eden bakanlık ve genel müdürlüklere, hatta hükümete alternatif bir yapı kurularak tüm kurumlar yönetilmektedir. Her şey olmasa da hayati konular, önemli tayin ve atamalar, önemli operasyonlar bu yapı tarafından planlanıp uygulanmaktadır.

Operasyonlara bu yapı karar verip devletin sistemlerini kendi amaçları doğrultusunda çalıştırmakta, aynı anda kendi taraftarları ve kendilerinin denetiminde olan basın-yayın organları ve internet siteleri vasıtasıyla linç kampanyaları yapılmakta, doğru yanlış her türlü bilgi çarpıtılarak servis edilmekte, kamuoyu yanlı ve yanlış bilgilerle yanlış kanaat sahibi olmaktadır. Hukuka uygun veya farklı yöntemle elde edilen bilgiler ve her türlü yöntem kullanılarak hedef seçilen kişiler linç edilmek istenmektedir. Zaman zaman bu bilgiler tahrif edilerek, ekleme ve çıkarmalar yapılarak kullanıldığı gibi çoğunlukla da her yerde bulunan gizli elemanları özellikle ordu içerisindeki faaliyet ve çalışmaları rapor etmektedir.

Daha sonra bu haberleri belgelemek için delil bulmaya çalışılmakta, bulunan veya yaratılan belge, evrak veya materyaller aranan mahallere konarak, aramada ele geçti işlemi yapılmaktadır. Failleri bulunmuş birçok olay, başlatılan ve yeterli delil bulunamayan başta Ergenekon olmak üzere pek çok başka davalarla irtibatlandırılmaya çalışılmakta, hukuk ve mantık zorlanmaktadır.[1]

1 Hanefi Avcı, *Haliç'te Yaşayan Simonlar-Dün Devlet Bugün Cemaat*, Angora Yay., 2010.

BÖLÜM 5
HEDEFTEKİ EMNİYET MÜDÜRLERİ

1) SABRİ UZUN

Kitabın bundan sonraki bölümlerinde Ergenekon operasyonları öncesinde Emniyet'in üst kademelerinin yeniden dizayn edilmesini, eski kadroların tek tek görevlerinden alınarak etkisizleştirilmesini inceleyeceğiz. Bu, Ergenekon operasyonlarını yapacak bir Emniyet kadrosu oluşturulması sürecini de gözler önüne serecek.

Ancak önce Ergenekon soruşturmasının hazırlıklarının tahmin edilenden çok önce başladığını gözler önüne seren bir olayı aktarmamız gerekiyor.

Sabri Uzun'dan mektup

Habertürk gazetesinin de genel yayın yönetmeni olan Fatih Altaylı'nın "Teketek" isimli köşesinde 2009 sonunda önemli bir yazı çıktı.[1] "İşte şimdi dananın kuyruğu kopacak" dedirten yazı bir dönem EGM İstihbarat Daire başkanlığı görevinde bulunan Sabri Uzun'dan gönderilen bir mektuptu. Anımsamayanlar için söz konusu yazının girişinden Sabri Uzun'un kim olduğuna bakalım:

> Şemdinli iddianamesinin gündeme bomba gibi düştüğü günlerde, ilginç bir bilgi gelmişti. O zaman *Sabah* gazetesinde bunu manşet yapmıştık. Bilgiye göre dönemin Emniyet İstihbarat Daire Başkanı Sabri Uzun, üst makamlara bir bilgi notu vermişti. Bu bilgi notunda yer alan iddialar üzerine kıyamet kopmuş, Sabri Uzun görevden alınmıştı. Aradan 3 yılı aşkın zaman geçti. Sabri Uzun, uzun sessizliğini bozdu ve dün bana bir mektup gönderdi.

Peki Uzun, mektubunda ne anlatıyordu? Onu da yine Altaylı'nın köşesinden aktaralım:

---

1 *Habertürk,* 20 Kasım 2009.

Sayın Altaylı, önce kendimi tanıtayım: Sabri Uzun, EGM Merkez Emniyet Müdürü'yüm. 22 ve 23 Mart 2006 tarihli "İlk Kelle Verildi" başlıklı yazınıza konu olan "kelle" benim. Sayın Altaylı, 17 ve 18 Kasım 2009 tarihli yazılarınızda1 "Bence bu çalışmalar 1 kişinin ürünü falan değil", "Bütün bunları toplayan ve yazan geniş bir ekip var", "Bence ihbarcı subay falan yok" cümlelerini içeren yazılarınızdaki anafikirlere katılıyorum.

Bir oluşum var(!), bu oluşum, son günlerde "subay" kimliğine bürünerek, Ergenekon soruşturmasıyla ilgili habire mektuplar yazıyor... Her nedense kendisi ortaya çıkmıyor... Çok da vatanperver görünüyor... Tüm Türkiye'yi peşinden koşturuyor!...

Sayın Altaylı, Türkiye'nin "Ergenekon" adını taktığı şeyle (asla terör örgütü demedim, demiyorum, diyemeyeceğim), 14 Haziran 2001 günü tanıştım. 2006 yılı Ocak veya Şubat ayında tekrar karşıma çıktı. Evet, o tarihlerde, "Bütün bunları toplayan, yazan geniş bir ekip var," diye düşündüm, inceledim, gördüm... Bu kişiler kim biliyor musunuz? Hani, 23 Mart 2006 tarihinde, sizin yönetiminizdeki *Sabah* gazetesinde "Uzun'u Yakan Bilgi Notu" başlıklı haberde konu edilen, Sabri Uzun tarafından hazırlandığı, hükümet makamlarına verildiği öne sürülen bilgi notu vardı ya, işte o notu hazırlayanlar, şimdi (subay kimliğine bürünerek) Genelkurmay Başkanlığı hakkında bilgiler veriyor.

İşte, bu yazı yayımlandığında, benim ciğerim yandı. Tüm ülkeye, Sabri Uzun kurumlar aleyhine düzmece raporlar hazırlayan, üstelik Türkiye Cumhuriyeti Anayasası'na değil de bir cemaate bağlı insan olarak tanıtıldı.

O bilgi notunu hazırlayan, size ulaştıran, yanıltan, kendi amaçları doğrultusunda kullanan kişiler, sonra başka bir ihbar mektubuyla (Trabzon'a gönderilen) Ergenekon'u başlattılar...

Ben, 23 Mart 2006 günü, *Sabah* Gazetesi Ankara Temsilcisi Sayın Aslı Aydıntaşbaş'a gittim. Bu Bilgi Notu denilen belgeyi, İstanbul'dan, gazetenin merkezinden temin etmesini istedim; kendisinde bir kopyasının bulunduğunu söyledi; verdi.

İşte o gün, benim hazırladığım öne sürülen belgeye ulaşmış oldum. O Bilgi Notu, Sabri Uzun'un görevden alınması için (birileri tarafından) hazırlanmıştı. Aynı kişiler, o günlerde "Bir subayın dedesinin Yahudi olduğunu, mezarının İsrail'de bulunduğunu" bir internet sitesinde yayınlamışlardı.

1 http://www.haberturk.org/yazarlar/223127-bence-ihbarci-subay-falan-yok

Sabah gazetesinin haberi üzerine hiçbir makam sahibinin ortaya çıkıp, "Sabri Uzun böyle bir Bilgi Notu hazırlayıp bize vermedi," diye açıklama yapmadığı gibi, Sabri Uzun hakkında idari soruşturma da yapmadılar...

Allah Allah!..

Fatih Bey, siz, 20 sene içinde Türkiye bölünür diyorsunuz ya, o bölünmenin başlangıç tarihi, "Uzun'u Yakan Bilgi Notu" yazısının yayımlandığı gündür...

Gürültü koparamayan mektup

İlginç değil mi? Özetlemek ve tekrar vurgulamak gerekirse Uzun, dönemin Genelkurmay Başkanı Yaşar Büyükanıt'ın "AKP hükümetinden ricasıyla" görevden alınmasına da neden olan Şemdinli olaylarına ilişkin meşhur bilgi notunu kendisinin hazırlamadığını söylüyordu. 23 Mart 2006'da Özay Şendir imzasıyla ilk kez *Sabah* gazetesinde yayımlanan, "Sabri Uzun'un Başını Yakan Bilgi Notu" başlıklı haberde konu edilen bilgi notunu kendisinin hazırlamadığını belirten Uzun, gazetenin Ankara Temsilcisi Aslı Aydıntaşbaş'tan, habere konu bilgi notunun kopyasını aldığında, düzmece bilgi notundan o zaman haberdar olduğunu anlatıyordu.

Olaylarla ilgili kurulan TBMM Araştırma Komisyonu'na 2 Şubat 2006'da verdiği ifadede "Hırsız evin içindeyse, kapı kilit tutmaz," diyen Uzun, daha da önemlisi şimdilerde tüm Türkiye'yi kuşatan bir soruşturma ve yargı sürecinin adı olan ve derin devlet yargılaması olduğuna inanmamız istenen Ergenekon'la 2001'de tanışıp, beş yıl sonra 2006'da yeniden karşısına çıktığını iddia ediyordu.

Ne zaman başlamıştı Ergenekon soruşturması? 2007 Temmuz ayında ihbar üzerine Ümraniye'de bir gecekonduya yapılan baskında 27 el bombası bulunmasından sonra. Peki, Uzun ne demişti: "Türkiye'nin 'Ergenekon' adını taktığı şeyle (asla terör örgütü demedim, demiyorum, diyemeyeceğim), 14 Haziran 2001 günü tanıştım. 2006 yılı Ocak veya Şubat ayında tekrar karşıma çıktı."

Gürültü koparacağı düşünülse de ne ertesi gün ne de sonrasında kimse "Sabri Uzun'dan Mektup" başlıklı bu yazı ve içeriğinde anlatılanlar üzerine kalem oynatmadı. Haber yapmadı. Hükümete ve tüm hukuk ihlallerine ve yürütülüşündeki aksaklıklara rağmen Ergenekon soruşturmasına yandaş olanı ve olmayanıyla tüm medya sus pus olmuştu. Ya bu konuda konuşup yazmak istememişlerdi ya da mektupta anlatılanların önemini kavrayamamışlardı. Uzun'a mektup yazdırtan yazısında, "Size söyleyeyim, ortada 'ihbarcı bir subay' falan yok... Sadece savcılarda değil, devletin en üst kademelerinde de bu belgeler uzun zamandır var. Ama birileri toplum mühendisliği yapıyor ve bunları bize yavaş yavaş sızdırıyor, gündemde diri tutuyor. Ve bence bu çalışmalar bir kişinin ürünü falan da değil. Bütün bunları toplayan, hazırlayan ve yazan geniş bir ekip var..." diye yazan Altaylı bile basit bir gazetecilik refleksi göstererek, "Mektupta anlatılan iddiaları araştırın," diyememişti muhabirlerine.

"Islak İmza" duruşmalarında dile getirildi

Peki, Uzun'un Ergenekon'la, Türkiye'nin daha adını bile duymadığı bir dönemde, soruşturmadan altı yıl önce tanışma hikâyesi nasıldı? Bu konu aslında Ergenekon ya da ilgili davaların yargılamaları sırasındaki duruşma tutanaklarına bile girdi. Ergenekon soruşturmasının kayıtsız şartsız doğru yürütüldüğüne inanan ve aksaklıkları sorgulamaktan kaçınan medya için bunların dile getirilmemesi normal.

Peki, hükümete ya da Ergenekon soruşturmasına muhalif olanlar? Onun yanıtını da kendileri verecek elbet. Neyse konumuza dönelim.

6 Temmuz 2010'da Islak İmza Davası olarak bilinen, Kurmay Albay Dursun Çiçek'in yazdığı öne sürülen İrticayla Mücadele Eylem Planı isimli belge ile ilgili yargılandığı davada söz alan sanıklardan Serdar Öztürk; Ergenekon soruşturmalarını yürüten ve sıklıkla Cemaatçi olduğu öne sürülen savcı Zekeriya Öz'ün CIA ile düzenli görüştüğü şeklinde bir iddia ortaya attı. Kanıtlanması ve ciddiye alınması güç bu iddiasının yanı sıra Öztürk, başka birtakım savlarda da bulundu ki, bunların kanıtlanması ise hiç de güç değildi.

> Dayı kod adlı bir kişiyle görüştüğü iddiasını açıklayan Serdar Öztürk, iddianamede "dayı" olarak belirtilen kişinin Emniyet İstihbarat Dairesi eski Başkanı Sabri Uzun olduğunu söyledi. Serdar Öztürk yıllar önce Sabri Uzun ile yardımcısı R.G. arasında geçen bir konuşmayı aktardı: "Sabri Uzun, R.G.'nin kendisine yıllar önce Ergenekon belgelerini gösterdiğini söyledi. Sabri Uzun bu belgelerin saçma sapan şeyler olduğunu söylemiş. R.G. ısrar edince "Tamam getir. Ben

bizzat Genelkurmay'a kendim götüreceğim," diyor. R.G. "TSK kendi içini temizlemez," diye yanıtlayınca küfür edip kovuyor."

25 kişilik zanlı general listesi

Evet. Uzun'un Ergenekon'la 14 Haziran 2001'de tanışması neredeyse böyle olmuştu. İDB'ye bağlı bir şubenin müdürü olan R.G. elinde 25 kişinin adı olan bir şemayla Daire Başkanı Uzun'un yanına geldi. Uzun'a verdiği şemanın baş sırasında şimdi Balyoz Davası'nın sanığı olan dönemin Ege Ordu Komutanı Çetin Doğan'ın adı vardır. Diğer isimlerin tamamı general ve üst rütbelilerden oluşmaktaydı. R.G. "İstanbul İstihbarat Şube Ergenekon adını verdiği bir soruşturma yürütüyormuş bu paşalar da zanlılarmış" dedi. Şemaya bir göz atan Uzun, "Buradakilerin hepsi rütbeli asker. Bu kişileri suçlayacak bir delil ya da ifade var mı?" diye sordu R.G.'ye. Yanıtı "İstanbul'un elinde bir ifade varmış," oldu ve kısa süre sonra 50-55 sayfalık bir ifadeyle çıkageldi.

Uzun, Ergenekon soruşturmasının işaret fişeği olduğu yıllar sonra anlaşılan Tuncay Güney'in, kendisi de sonradan Ergenekon sanığı olarak tutuklanan Adil Serdar Saçan'ın müdürlüğünü yaptığı KOM Şube Müdürlüğü'nde verdiği ifadeleri titizlikle okudu.

Ancak çarpıcı iddialarda bulunulan ifadelerde elindeki şemada yer alan isimlerin hiçbiri geçmiyordu. R.G.'ye, "Bu ifadelerde bu isimlerin hiçbiri yok. Afaki bir şema bu. Bana şemanın ifadeye göre hazırlandığını söylüyorsunuz ama ifadelerde bunu doğrulayan tek bir emare yok. Yani bu şemanın hukuki bir geçerliliği yok. TSK'nin generallerini suçlayacağız ama elimizde hukuki gerekçe olmayacak," dedi. R.G. de, "İstanbul'a bir sorayım ben," diyerek gitti ama beş yıl boyunca bir daha bu konuyu açmadı.

Beş yıl sonra yine karşısına çıktı

Peki, Uzun'un bu olaydan beş yıl sonra, yine Ergenekon soruşturması adıyla aynı zanlı listesi dolayısıyla Ergenekon'la karşılaşması nasıldı? 9 Kasım 2005'te, Şemdinli'de yaşanan olayların ardından Sabri Uzun, yazdığı öne sürülen bir bilgi notu ve TBMM Araştırma Komisyonu'na verdiği ifadeler nedeniyle askerlerin hedefindeydi. Hem Genelkurmay'dan hem de hükümetten sert eleştiriler almıştı.

O günlerde, 2006 Şubat ayında yine aynı müdür, R.G., aynı zanlı listesini içeren şemayla ve İstanbul İstihbarat Şubesi'nin aynı talebiyle geldi Uzun'un yanına.

Uzun "Bunlar o Tuncay Güney denen adamın ifadeleri üzerine hazırlandığı söylenen şema mı yine?" diye sordu. "Evet, İstanbul İstihbarat Ergenekon soruşturmasını başlatmak istiyormuş," yanıtı aldı R.G.'den. Bunun üzerine Uzun, "Bu ifadelere bakarak bu kişileri suçlamamız mümkün değil. Ama İstanbul İstihbarat kararlıysa ve eminse o zaman ilgililere bilgi vererek gerekli izinleri alıp Kurmay Başkanlığı'na Başbakan Erdoğan imzalı bir mektup gönderelim. 'Bu listedeki generaller, Tuncay Güney isimli bir zanlıdan elde edilen bilgilerle Ergenekon isimli bir soruşturma kapsamında zanlılardır. Hem bilgi vermek hem de gerekli soruşturmayı birlikte yürütmek istiyoruz' denilsin. İstanbul İstihbarat kabul ederse izleyeceğimiz yöntem sadece bu olabilir," dedi.

Konu İstanbul İstihbarat Şubesi'ne soruldu. Tabii ki gelen yanıt olumsuzdur. Soruşturma yine açılamamıştı.

Gözden çıkarılan müdürler

Ergenekon operasyonlarının yapılması için girişimlerin sürdüğü sıralarda Emniyet Genel Müdürlüğü KOM'dan sorumlu Genel Müdür Yardımcısı Emin Arslan, KOM Daire Başkanı Hanefi Avcı, İstihbarat Dairesi Başkanı Sabri Uzun ve Güvenlik Dairesi Başkanı İsmail Çalışkan'ın görevlerinden alınmaları için "ihbar mektubu entrikası" başlatılmıştı. Ergenekon Operasyonu öncesinde, bu operasyonun yapılmasına elverişli Emniyet teşkilatı düzenlemesinin yapılması hedefleniyordu.

Bu komployu tetikleyen ise AKP'nin iktidarından sonra 2003'te yapılan atamalardı. Başbakan, KOM Dairesi'nin başına Hanefi Avcı'yı, İstihbarat Dairesi'nin başına da Sabri Uzun'u atarken Celalettin Cerrah İstanbul emniyet müdürü olmuştu.

Bu süreçte Hanefi Avcı ve Sabri Uzun işbirliğiyle enerji yolsuzluğu, mazot kaçakçılığı, Uzanlar, Kentbank operasyonları yapıldı. Soruşturmaların İstanbul ayağında da Cerrah'ın ekibinden destek gelmişti.

Avcı'nın Susurluk sürecinde kamuoyu önünde çizdiği dürüst imajı, yapılan ve giderek yayılan yolsuzluk operasyonları bir süre sonra nedendir bilinmez AKP'yi ürküttü. Hanefi Avcı, sonradan var olmadığı anlaşılan bir mahkeme kararıyla eski daire başkanı geri geldi gerekçesiyle 2005 yılında görevden alınıp Edirne Emniyet Müdürlüğü'ne gönderildi. KOM Daire Başkanı olan Avcı görevinden alınmadan önce AKP milletvekillerinin de adının karıştığı Enerji Bakanlığı'na yönelik operasyonları gerçekleştirmişti.

İstanbul'a geldiğinden bu yana birilerinin hedefinde olan Celalettin Cerrah'la ilgili de medyaya sürekli olarak, "Cerrah küçük bir ile vali olarak atanacak," şeklinde sızdırılan haberlerin gerisinde de Türkiye'nin en büyük ilinin emniyet müdürünün görev yerinin değiştirilmesi arzusu yatıyordu.

Yine görevlerinden alınmak istenen diğer isimler ise elbette ki Sabri Uzun ve Avcı'dan önce dört yıl süreyle KOM Daire Başkanı olarak görev yapmış olan Emin Arslan ile o dönemde yardımcısı olan dönemin EGM sözcüsü İsmail Çalışkan'dı.

Bu emniyet müdürlerinin hepsi Sadettin Tantan'ın İçişleri Bakanlığı dönemindeki yolsuzluk operasyonlarını yapan ekibin beyin takımıydı.

Teker teker görevlerinden oldular

Emniyet Genel Müdür Yardımcısı Emin Arslan, CHP'lilerin yerel yönetiminde olduğu Edirne'ye emniyet müdürü olarak atanan Avcı'nın hemen ardından koltuğunu kaybeden isim oldu. Çeteler, uyuşturucu kaçakçılığı ve yolsuzluklara karşı 1988-2005 arasındaki yedi yıl boyunca önemli operasyonlara imza atan ekibin başındaki isimlerden olan Emniyet Genel Müdür Yardımcısı Emin Arslan görevinden alınıyordu.

Adeta "kızağa çekilen" Arslan 1997-2001 yılları arasında KOM Daire Başkanlığı, sonrasındaki dört yıl boyunca da KOM'dan sorumlu genel müdür yardımcısıydı. Arslan da tıpkı Avcı gibi emekliliğine iki ay kalmış olan bir genel müdür yardımcısı mahkeme kararıyla görevine döndü gerekçesiyle görevinden oldu.

AKP hükümetinin göreve gelmesinin ardından APK uzmanı Mehmet Tokgöz, genel müdür yardımcısı yapılırken, Feyzullah Arslan bu görevden alınarak Gaziantep Emniyet Müdürlüğü'ne getirilmişti. Arslan, açtığı idari davayı kazanarak Ankara'ya döndü.

Diğer Genel Müdür Yardımcısı Abdullah Bolcu, Arslan'ın göreve başlatılması için Gaziantep'e kaydırıldı. Bu işlemin ardından Bolcu da dava açtı.

İçişleri Bakanı Abdülkadir Aksu'nun bilgisinde gerçekleşen operasyon çerçevesinde Bolcu'nun kazandığı idari davada verilen "göreve iade kararı" yürürlüğe konuldu. Bolcu, yeniden genel müdür yardımcısı olurken, Emin Arslan ise APK uzmanı olarak kızağa çekildi. Yeni görev dağılımı çerçevesinde KOM'un da aralarında bulunduğu birimler, diğer genel müdür yardımcılarından Ramazan Er'e bağlanırken, Bolcu ise trafik birimlerinden sorumlu oldu.

Geriye sadece Uzun ve Çalışkan kalmıştı. Onlar hakkında da asılsız ihbar mektupları ortalığa dökülmeye başlamıştı ve eski Başbakan Yılmaz'ın Yüce Divan'da yargılanmasına neden olan Türkbank'la ilgili soruşturmanın yeniden tedavüle sokulmasıyla da İstihbarat Daire Başkanı Sabri Uzun ve Güvenlik Dairesi Başkanı İsmail Çalışkan'ın görevlerinden alınması hedefleniyordu.

Yüce Divan'a giden ihbar mektubu

Sabri Uzun'un Ergenekon isimli soruşturmanın beş yıl arayla ısrarlı biçimde karşısına çıkmasından sonra yaşadığı kimi olaylarla ilgili kafasında bir şimşek çaktı. Birileri birtakım planları devreye sokmak için kendisine yönelik komplo mu kuruyordu?

2004 yılında hakkında bir ihbar mektubuna dayanılarak açılan idari soruşturmanın bu olayla ilgili olup olamayacağını düşünmüştü?

Üstelik Uzun'la birlikte dönemin Güvenlik Daire Başkanı İsmail Çalışkan da suçlanmaktaydı.

Suçlanan diğer kişi ise 2009 yılında kendi iddiasına göre bir komployla tutuklanarak görevinden alınan bir dönem KOM Daire başkanlığı da yapan dönemin emniyet genel müdür yardımcısı olan Emin Arslan'dı.

O dönem EGM'nin kilit noktalarda görev yapan bazı tepe yöneticileri hakkında devletin zirvesine sürekli ihbar mektupları gönderilmekteydi. Uzun ve iki arkadaşı hakkında dönemin İçişleri Bakanı Abdülkadir Aksu'nun soruşturma açmasına yol açan da böyle bir ihbar mektubuydu.

2004 Mart ayında gönderilen mektup 1998'de patlak veren ve o dönemde Mesut Yılmaz hükümetinin düşmesine yol açan Türkbank Skandalı'yla ilgiliydi.

İhbarda dönemin İstihbarat Daire Başkanı Sabri Uzun, Güvenlik Dairesi Başkanı İsmail Çalışkan ve KOM Daire Başkanı

Emin Arslan gibi isimlerin, Türkbank ihalesine mafyanın yani Alaattin Çakıcı'nın müdahalesini bilmelerine karşın Yılmaz hükümetini uyarmadıkları öne sürülüyordu. Bu polisler "görev kusuru"yla suçlanıyordu. Ancak suçlanan polisler hakkında açılan idari soruşturma sonucunda görevlerini yerine getirdikleri tespit edildi ve hepsi aklandı. Sabri Uzun 2005 yılında Mesut Yılmaz'ın Türkbank Skandalı'yla ilgili Yüce Divan'da yargılanması sırasında verdiği ifadede skandalın ortaya çıkmasını sağlayan "Alaattin Çakıcı ile Türkbank'ı satın alan işadamı Korkmaz Yiğit arasındaki telefon konuşması kayıtları"nın CHP'li Fikri Sağlar'a Emniyet'teki Fethullahçı polisler tarafından sızdırıldığını ima edecekti.

(Türkbank Skandalı'nın perde arkasının anlatıldığı "Türkbank olayı" başlıklı yazıyı kitabın 336. sayfasında EK-3 bölümünde okuyabilirsiniz.)

İhbar mektupları

Eskiden Ankara polisi-İstanbul polisi çekişmesi şeklinde yaşanan Emniyet içi çatışma, siyasal İslam'ın hükümet ortağı ya da tek başına iktidar olmasını sağlayacak biçimde yükselişe geçtiği 1990'ların sonuna doğru ilginç bir hal almıştı.

Hemen her görüşteki emniyetçi hakkında çeşitli ihbar mektupları ilgili makamlara ve hatta savcılara dek ulaştırılıyordu. Sosyal demokrat kimliğiyle bilinen Emin Arslan, milliyetçi muhafazakâr ve hatta Fethullahçı olarak anılan Hanefi Avcı, dürüstlüğüyle bilinen Sabri Uzun, liberal görüşlü İsmail Çalışkan ve merkez sağı temsil eden Celalettin Cerrah'ın ortak paydası ise asılsız ihbar mektupları ve görevden alma girişimleri oluyordu.

Gönderilen ihbar mektuplarındaki suçlamalar ise çok ilginçti. Rütbesi ne olursa olsun Emniyet içinde istenmeyen kişilere "irticacı, Fethullahçı, aşırı solcu, Bulgar Alevisi, Sabetayist, mason, cemaatçi, tarikatçı" gibi iddialar yöneltiliyordu. Bu ihbar mektuplarında ilginç olan ise dinci ve hatta tarikatçı olduğu bilinen bir emniyetçi için "sarhoş işe gelmek" ya da "taciz"; solcu ya da demokrat kimliğiyle bilinenler için "tarikatçı, sabetayist, mason", milliyetçiler için ise "aşırı solcu, komünist, mason" gibi ifadelerin yer almasıydı.

Özellikle İstihbarat ve KOM Daire başkanlıkları ile bu birimlere bağlı il emniyet müdürlüklerinde herkesin birbirinden kuşkulandığı o dönemde kimsenin dikkatini çekmeyen ise sadece gerçekten tarikatçı, cemaatçi ya da ismini koymak gerekirse Fethullahçı olarak bilinen kişiler hakkında ihbar mektubu gitmemesiydi.

Şemdinli'nin götürdüğü koltuk

İhbar mektuplarıyla İstihbarat Daire Başkanlığı koltuğundan uzaklaştırılamayan Sabri Uzun'un koltuğunu kaybetmesine gerekçe ise Şemdinli olayları olacaktı.

9 Kasım 2005'te Şemdinli'de[1] yaşanan olayların ardından

---

1 Şemdinli'de, 9 Kasım 2005'te eski PKK'lı Seferi Yılmaz'a ait Umut Kitabevi'ne yönelik el bombalı saldırıda Mehmet Zahir Korkmaz ölürken, beş kişi de yaralandı. Olayın ardından Şemdinlililer, bombayı attıkları gerekçesiyle astsubaylar Ali Kaya, Özcan İldeniz ve PKK itirafçısı Veysel Ateş'i yakalayıp güvenlik güçlerine teslim etti. Zanlılara ait araçta yapılan aramada, 3 kalaşnikof, 10 şarjör, el bombaları, bomba yapımında kullanılan malzemeler ile polis ve asker teçhizatı çıktı. Araçta ayrıca, bombalanan Umut Kitabevi başta olmak üzere çok sayıda adresin krokisi ve haritalar bulundu. Özellikle Umut Kitabevi'nin krokisi kırmızı kalemle çizilmişti. Olay yeri incelemeleri sırasında da CHP Hakkâri Milletvekili Esat Canan'ın da aralarında bulunduğu yüzlerce insanın üzerine resmi bir araçtan ateş açılması sonucu Ali Yılmaz adlı bir kişi öldü. Ateş açtığı belirlenen uzman çavuş Tanju Çavuş tutuklandı. Çevre il ve ilçelere de sıçrayan olaylar sırasında Yüksekova'da güvenlik güçlerinin göstericilerin üzerine açtıkları ateş sonucunda da üç kişi daha öldü. Olayı soruşturan Van Cumhuriyet Savcısı Ferhat Sarıkaya hazırlayıp Van 3. Ağır Ceza Mahkemesi'ne sunduğu 3 Mart 2006 tarihli 124 sayfalık iddianamede Ali Kaya, Özcan İldeniz ve Veysel Ateş hakkında müebbet hapis cezası istemekle kalmadı, Ali Kaya için "Tanırım, iyi çocuktur," diyen Yaşar Büyükanıt'ı da "örgüt kurmak, sahte belge düzenlemek ve görevi kötüye kullanmak ve adil yargıyı etkilemeye teşebbüs"le suçladı. Sarıkaya hazırladığı ve Van 3. Ağır Ceza Mahkemesi'nce kabul edilen iddianameye Büyükanıt'la ilgili bulduğu delilleri de koydu ancak Ağır Ceza Mahkemesi'nde yargılanamayacağını bildiği için dosyasını ayırarak Genelkurmay Askeri Savcılığı'na gönderdi. Genelkurmay Askeri Savcılığı ise yapılan incelemeler ışığında Orgeneral Büyükanıt için soruşturma açılmasına gerek olmadığına karar verdi. Genelkurmay ayrıca, Van Savcısı Ferhat Sarıkaya'yı "yetkisini aşmak"la suçlayarak hakkında Adalet Bakanlığı'na suç duyurusunda bulundu. Genelkurmay Başkanı Özkök de derhal köşke çıktı. Hemen ardından da "haddini aşan" savcı Ferhat Sarıkaya hakkında soruşturma başlatıldı. Hazırladığı iddianamede Kara Kuvvetleri Komutanı Büyükanıt'a suçlamalar yönelttiği için haddi bildirilen Sarıkaya önce görevden alındı ardından da Hâkimler ve Savcılık Yüksek Kurulu'nca meslekten ihraç edildi. Bombalı saldırıyla ilgili Van 3. Ağır Ceza Mahkemesi'nde astsubaylar Kaya ile İldeniz, "Silahlı örgüte üye olmak, olası kastla adam öldürmek, olası kastla adam öldürmeye teşebbüs etmek ve olası kastla adam yaralamak" suçlamasıyla 39'ar yıl 10'ar ay 25'er gün hapis cezasına çarptırıldı. Ancak dava kısa süre içinde Yargıtay'dan döndü. Yargıtay Yargılamanın Askeri Mahkeme'de yapılması gerektiğine hükmetmişti. Van 3. Ağır Ceza Mahkemesi Yargıtay'ın bozma kararına uymakla birlikte "görevsizlik kararı"na uymadı ve davayı görmeye devam etti. Yargılama sürerken Van 3. Ağır Ceza Mahkemesi'nin heyeti tenzilirütbeyle başka illere tayin edildi. Van 3. Ağır Ceza Mahkemesi'ne atanan yeni heyet, 14 Eylül 2007'de verdiği kararda, Yargıtay 9. Dairesi'nin verdiği "görevsizlik" kararına

hazırlanan ve dönemin Kara Kuvvetleri Komutanı Yaşar Büyükanıt'ın da suçlandığı iddianameden sonra Emniyet ve yargı içinde örgütlü Fethullahçıların parmağı aranmış ve hükümet ile ordu arasındaki ilişkilerde hayli sıkıntı yaşanmıştı.

Orgeneral Yaşar Büyükanıt, iddianamede adının geçmesinin müsebbibi gördüğü dönemin Emniyet İstihbarat Daire Başkanı Sabri Uzun'u da, Başbakan Erdoğan tarafından görevinden aldırtmıştı.

Mehmet Ali Birand ve Rıdvan Akar'ın sunduğu "32. Gün" programının[1] konuğu emekli Genelkurmay Başkanı Yaşar Büyükanıt'tı. Görev yaptığı dönemde kendisinin de telefonları dinlenen bir Ergenekon mağduru olduğunu savunan Büyükanıt, "Şemdinli olayları sırasında Emniyet İstihbarat Daire Başkanı, benim hakkımda uydurma beyanatlar veriyordu. Ben bunu ilgili makamlara ilettim ve hemen görevden alındı," diyecekti. Emekli paşanın "görevden aldırdığını" söylediği kişi Sabri Uzun'dan başkası değildi.

Askerin "sakıncalı" listesindeydi

AKP hükümeti döneminde atandığı İstihbarat Dairesi Başkanlığı görevinde, yaklaşık altı yıl görev yaparak en uzun süre kalan kişi olan Sabri Uzun'un askerlerin "sakıncalı" listesine girmesi de bu dönemde oldu aslında. Uzun'un İstihbarat Dairesi başkanı olduğu dönemde de tıpkı geçmişte olduğu gibi Jandarma İstihbarat birimleriyle ilişkiler bir türlü geliştirilememişti. Emniyet yetkililerinin, her fırsatta Jandarma'nın kaldırılmasını istemesi, Uzun'un da bunun öncülüğünü yapması rahatsızlık yaratıyor, hatta Jandarma ile Emniyet arasında tam anlamıyla bir soğuk savaş yaşanıyordu. Suyu zaten ısınmış olan Uzun, Şemdinli'yle birlikte ortaya çıkan ve hâlâ kimin yazdığı bilinmese de kendisinin kaleme aldığı öne sürülen düzmece bir bilgi notuyla görevinden alınmış oldu.

---

uydu ve Şemdinli dosyasını Van Jandarma Asayiş Kolordu Komutanlığı Askeri Mahkemesi'ne sevk etti. Bu karar üzerine müdahil avukatlar davadan çekildiler. Şemdinli davası 27 Kasım'da Van Askeri Mahkemesi'ne gönderildi. 6 Aralık 2007'de Van Askeri Mahkemesi'ne ulaştırılan dosyayla ilgili 14 Aralık 2007'de yapılan ilk duruşmada sanıklar tahliye edildi. 2010 Anayasa değişikliği referandumundan sonra dava yeniden sivil mahkemeye gönderildi ve sanıkların 39 yıl hapis istemiyle yargılanmasına devam edildi. Ferhat Sarıkaya 2010 Anayasa değişikliliği referandumundan sonra "meslekten men" kararının kaldırılması için başvuruda bulundu ve görevine iade edildi. Sarıkaya Ankara Cumhuriyet Savcılığı'na atandı.

1 Kanal D, 8 Mayıs 2009.

Berberoğlu'ndan sakıncalı oluş öyküsü

Hürriyet gazetesinde Enis Berberoğlu, Büyükanıt'ın "32. Gün" programında söylediklerinden yola çıkarak "Ergenekon Mağduru" başlıklı bir yazı[1] kaleme aldı.

Berberoğlu yazısında "Yaşar Paşa diyor ki, 'Ben de Ergenekon mağduruyum'... Şener Eruygur arşivine bakıldığında, atama arifesinde doruğa çıkan SMS'li iftira kampanyası hatırlandığında elhak doğru... Paşa kurbandır! Ama Büyükanıt kendisini savunurken öyle bir cümle kurdu ki, üçüncü tarafın eşkali belirdi, bu yazıya ilham verdi" diyerek Sabri Uzun'un askerlerin "sakıncalı" listesine girişinin öyküsünü şöyle anlattı:

> Şemdinli olayları sırasında Emniyet İstihbarat Daire Başkanı, benim hakkımda uydurma beyanatlar veriyordu. Ben bunu ilgili makamlara ilettim ve o adam hemen görevden alındı. Paşa'nın "o adam" diye andığı polis şefi kim? Sabri Uzun. Devam edelim: Paşa'yı hedef alan mihraklar arasında savcılığın Ergenekon adını verdiği darbeci çetenin bulunduğu da belli. O zaman Sabri Uzun o çeteden mi? Kesinlikle hayır... Tam tersine, kellesi alınana kadar darbecilerin hedefinde olduğu aşikâr. Hatta Yaşar Paşa kusura bakmasın ama... Şemdinli'nin sadece bardağı taşıran son damla ve bahane olduğunu düşünüyorum.
>
> Sabri Uzun'un –tabii ki darbecilere göre– günahı çok daha büyük. 1 Ekim 2003 günü polis ve jandarma, bir masanın etrafında toplandı, sorunlarını ve çözümleri tartıştı. Ardından topluca öğle yemeği yenildi. Sabri Uzun, Jandarma kayıtlarına "sakıncalı" sıfatıyla bu yemek vesilesiyle geçti. Çünkü Sabri Uzun o yemekte dedi ki: "Siyasi otoritenin temsil edilmediği bu tür toplantılardan bir sonuç çıkmaz. Yüksekokul mezunu birinci sınıf emniyet müdürü, bir başçavuş kadar bile maaş almıyor."
>
> Cumhuriyet döneminde rejimin kesintiye uğramasının sebebi, polis ve Jandarma'nın işini yapamamasıdır. Ama kimse hesap sormuyor. Bu durum demokrasi ile bağdaşmıyor.
>
> 180 bin çalışanı bulunan Emniyet, hâlâ genel müdürlük olarak faaliyet veriyor. Müsteşarlık olmalı, Jandarma, Sahil Güvenlik, Gümrük Muhafaza bu müsteşarlığa bağlanmalı. Böylece aynı işin birden fazla kurum tarafından tekrarı önlenmeli. Çoğunuzun zararsız

---

1 *Hürriyet*, 9 Mayıs 2009.

bulduğu veya en azından yadırgamayacağı bu masa sohbeti Jandarma kayıtlarına "...sonuç olarak anılan şahsın Jandarma teşkilatı ve askere bakışının olumsuz olduğu..." notuyla geçti. Yetmedi, Levent Ersöz, dönemin Emniyet Genel Müdürü Gökhan Aydıner'le yaptığı 5 Aralık 2003 tarihli uzun görüşmede Sabri Uzun'u şikâyet etti, görevden alınması telkininde bulundu. O yüzden diyorum ki, Sabri Uzun'un suyu Şemdinli'den çok daha önce ısınmıştı.

Ersöz görevden alınmasını istedi

Hürriyet yazarı Enis Berberoğlu'nun yazısında andığı, Levent Ersöz ile Gökhan Aydıner arasında geçen konuşmanın kayıtları Ergenekon soruşturmaları sırasında Şener Eruygur'un ofisinde ele geçirilmişti. 5 Aralık 2003 tarihini taşıyan ses kaydının çözümleri Ergenekon'un ikinci iddianamesinin 41 no'lu ek klasörlerinin içinde yer alıyordu.

Görüşmede dönemin Jandarma İstihbarat Daire Başkanı Tuğgeneral Levent Ersöz, o zaman emniyet genel müdürü olan Gökhan Aydıner'den İstihbarat Daire Başkanı Sabri Uzun'un görevden alınmasını istiyordu. Ersöz, terörle ilgili görüşmenin bir bölümünde konuyu Sabri Uzun'a getirdikten sonra açık açık Sabri Uzun'dan şikâyetçi olduklarını anlatıyordu. Uzun'un Jandarma hakkında çeşitli ortamlarda ileri geri konuştuğunu savunan Ersöz, Uzun'la ilgili söylentileri kendisine Ankara'da çalışan bazı gazetecilerin ilettiğini de ifade etmişti.

AKP getirdi, AKP aldı

Emniyet ile Jandarma arasındaki kopuk ilişkileri düzeltmesi, gidermesi için çaba göstermesi gerekenlerin başında gelmesi gereken Emniyet Genel Müdürü Gökhan Aydıner her zaman "Aman beni bu işlere bulaştırmayın," deyip kenarda durmayı daha uygun buldu. Haliyle Uzun'u da görevden almadı. AKP iktidarıyla İDB koltuğuna oturan Uzun, 9 Kasım 2005 günü yaşanan Şemdinli olaylarından sonra kopan Emniyet-Jandarma ilişkilerinin kurbanı olarak yine AKP eliyle görevinden alınacaktı.

Uzun'un, söylemediği sözler söylenmiş, yazmadığı raporlar yazılmış gibi askerlere iletilerek dönemin Kara Kuvvetleri komutanı olan müstakbel Genelkurmay Başkanı Büyükanıt'ın Başbakan'a şikâyetiyle görevden alınması sağlanmıştı.

Kafa koparan bilgi notu

Peki, Şemdinli olaylarıyla ilgili hazırlanan ve Sabri Uzun'un imzasını taşıdığı spekülasyonu ortaya atılan bilgi notunda neler vardı? Altı sayfadan oluşan ve Emniyet istihbaratınca yazılarak Başbakan'a ulaştırıldığı söylenen imzasız bilgi notu, Şemdinli olaylarını konu alıyor ve Büyükanıt dahil askerleri suçluyordu. Daha sonra olayla ilgili Van Cumhuriyet Savcısı Ferhat Sarıkaya tarafından yazılan iddianame de tıpkı bu bilgi notunu andırıyordu. Hatta Kara Kuvvetleri Komutanı Orgeneral Yaşar Büyükanıt ile öteki komutanlar hakkında suç duyurusunda bulunulan iddianameye de bu bilgi notunun temel oluşturduğu söyleniyordu.

İddianame ortaya çıktıktan hemen sonra Genelkurmay Başkanlığı tarafından yapılan ve Van Savcısı Ferhat Sarıkaya'yı hedef alan "sert" açıklamada da söz konusu bilgi notundan duyulan rahatsızlığın izleri vardı.

Açıklamada yer alan, "Türk Silahlı Kuvvetleri'ne yapılan bu haksız ve maksatlı suçlamalar karşısında öncelikle anayasal sorumluluğu olanların tavır almaları, bu saldırıyı bütün yönleriyle ortaya çıkarmaları ve arkasındaki çarpık zihniyetin temsilcilerini makam, statü ve konumları ne olursa olsun kamuoyuna açıklamaları ve haklarında işlem yapmaları gerekmektedir," cümlesi askerlerin "bilgi notu"nun faillerinin cezalandırılmasını istedikleri şeklinde yorumlanacaktı.

Zaten Uzun görevinden alınarak, Sarıkaya da HSYK tarafından meslekten çıkarılarak cezalandırılacaktı.

(Şemdinli bilgi notunun içeriğini kitabın 343. sayfasındaki EK-4 bölümünde okuyabilirsiniz.)

Meclis Komisyonu'na da konuştu

Sabri Uzun'u askerlerin hedefine koyan etkenler elbette bu bilgi notuyla sınırlı değildi. Şemdinli olaylarıyla ilgili kurulan TBMM Araştırma Komisyonu'na verdiği ifadede Uzun, "Hırsız evin içindeyse kilit işe yaramaz," diyerek olaylardan askerleri sorumlu tutmuştu. 2 Şubat 2006 günü verdiği ifadede Uzun, "Şemdinli'ye patlayıcıların nasıl girdiği" sorusu üzerine... "Şimdi efendim, bu buraya girer. Yani, kilit bozulmuş efendim. Evin içinden olursa her şey girer... Örgütün amacı güvenlik kuvvetlerine zarar vermek. Eğer halka zarar vermişse ve örgüt bunu üstlenmemişse, işte o zaman şüpheli bir durum vardır. Yani başka bir güç, bu anormalliği yapıyor demektir," demişti.

Uzun, komisyonda Jandarma Genel Komutanı Orgeneral Fevzi Türkeri döneminde çeteleşme faaliyetlerinin tamamen durduğunu da söylemişti. Komisyona verdiği ifadelerin basına yansımasından sonra dönemin Adalet Bakanı Cemil Çiçek, Sabri Uzun'u sert dille eleştirmişti. Çiçek, Sabri Uzun hakkında, "Açıklama yapacaksa bağlı olduğu birime ya da bakana yapması lazım. TBMM'ye giden kişi bilgi vermeye gider, yorum yapmaya değil," diye konuşmuştu.

Cemaatçi bilinirken Cemaat'in kurbanı oldu

Sabri Uzun, Büyükanıt'ın şikâyetiyle görevinden alınmış gibi göründüğü için o dönem medyanın liberal demokrat görünümlü kalemleri tarafından AKP iktidarı ve Başbakan Recep Tayyip Erdoğan askerin sözünden çıkamadığı için eleştirilmişti.

Asker nezdinde de "sakıncalı bir dindar" ve hatta Fethullahçı olarak bilinen Sabri Uzun, dönemin kudretli Kara Kuvvetleri Komutanı Büyükanıt'ın girişimleriyle görevinden alınmış gibi görünse de işin aslı öyle değildi. Daha önce Uzun ve arkadaşlarının sohbet konusu olan bu görevden el çektirilmesi Hanefi Avcı'nın Eskişehir emniyet müdürüyken yazıp yayımlattığı kitapla kamuoyu tarafından öğrenildi. Avcı'nın garip iddialarla tutuklanarak cezaevine girmesi sürecini de başlatan *Haliç'te Yaşayan Simonlar-Dün Devlet Bugün Cemaat* adlı kitabına göre Büyükanıt, bizzat karşı çıktığı Cemaat mensuplarınca kullanılmıştı. Avcı'nın kitabında bu iddiaları şöyle anlatıyordu:

> Sabri Ağabey zaman zaman askerlerin toplumsal olaylara ve güvenlik işlerine fazla karışmalarına karşı tepki gösteriyor ve bunu her yerde alenen söylüyor, bu nedenle de askeri cephede tepki çekiyordu. Türkiye'de gerçekleştirilmiş tüm darbe ve müdahalelerle ilgili bilgileri ortaya çıkarıyor, demokrasimizin sürekli asker gölgesinde kalmasını ve bu tür girişimleri eleştiriyordu. İki astsubay ve bir itirafçının bir kitapçı dükkânına bomba attıklarının anlaşıldığı Şemdinli olayında, bu olayı araştıran TBMM Komisyonu'na tanık olarak çağrıldığında söylediği "Hırsız evin içindeyse kilit işe yaramaz," sözü literatüre girmişti. Ancak konuşmaları nedeniyle Sabri Ağabey hakkında askeri cephede olumsuzluk hep vardı ama onun

fark edemediği, kendi cephesinde de olumsuzlukların bu tarihte başlamış olmasıydı.

Şemdinli olayları hakkında 5 sayfalık rapor hazırlayıp Başbakan'a verdiği söylenmiş ve bu rapor *Sabah* gazetesinde çıkmıştı. Herkes bu raporu Sabri Ağabey'in yazdığını, söylüyordu ama onun bu rapordan haberi yoktu. Zaten Sabri Ağabey eldeki bilgiler ne ise onları veri kabul eder, askeri kişi ve faaliyetleri eleştirir, asla ekleme çıkarma yapmazdı. *Sabah* gazetesi bu bilgileri Başbakan'ın yakın çevresinde bulunan bir danışmandan aldığını söylüyordu. İşin aslı bir süre sonra anlaşıldı. İDB'de birileri beş sayfalık bir rapor hazırlamış. Bu raporu Başbakanlığa ya da Başbakan'a vermişti ama bu rapordan Daire Başkanı'nın haberi yoktu. Bu görülmüş veya alışılmış bir durum değildi...

Yaşar Büyükanıt Paşa emekli olduktan sonra yaptığı bir açıklamada Sabri Ağabey'i (İstihbarat Daire Başkanı'nı) Başbakan'a söyleyerek aldırttığını açıklamıştı. Bence o zaman Yaşar Paşa'ya Sabri Ağabey hakkında en ciddi bilgileri getirenler aslında en ciddi iğfal edicilerdi ama ne Yaşar Paşa ne de TSK bunları, bu yöntemleri asla anlayamadı. Yaşar Büyükanıt, Sabri Uzun'u görevden kendisinin aldırttığını zannetti ama aslında o sadece gerçek alınma sebebine bir perde olmuştu, hem de kendisinin en fazla karşı çıktığı gruplara hizmet eder tarzda.

"Cemaatçileri şarka gönderdi" diye

Avcı'nın kitabında anlattığına göre Uzun'un görevden aldırılmasının tek nedeni ise başkanlığını yürüttüğü İDB'de şark görevini yapmamış elemanlarını bakanın ricasına rağmen şarka göndermesiydi. Çünkü iddiaya göre şark hizmetini yapmayan bu polisler Cemaatçi'ydi ve Cemaat, İDB içindeki yapılanmasını bilmeden şark görevi için doğu ve güneydoğuya gönderen Uzun'dan perde arkasında gizlenerek intikam almıştı. Bir başka deyişle, Emniyet İDB'de örgütlenmiş Cemaat elemanları el altından Büyükanıt'a aktardıkları bilgilerle Büyükanıt'ın Uzun'u Başbakan'a şikâyet etmesini sağlamış, Erdoğan da Sabri Uzun'u görevden almıştı.

Bu iddiayı da kitabında Avcı şöyle dile getiriyordu:

Peki, tüm bunları neden yapıyorlar diye sorguladığımda tek sebep şu gibi gözüküyordu: Sabri Bey, istihbarat dairesinde şark görevini henüz yapmamış olan personeli, bazı arkadaşların hatta Bakan'ın isteğine rağmen zorla şarka tayin etmişti. İstihbarat Daire Başkanlığı'nda yıllarca çalışan bu kişilerin hiç şark illerine gitmemiş olması dışarıdan garip gözüküyordu ve teşkilatta hak ve adaleti gözetmek adına Sabri Ağabey bu tayini yapmıştı. Fakat birileri bu işten son derece rahatsız olmuştu. Nasıl olur da bu kişiler başka illere tayin edilirdi? Bu kişiler onlara lazımdı, belki de onlar Cemaat'in önemli elemanlarıydı. İşte tüm yapılanların arka planında aslında bu mesele vardı, ama sanıyorum askerler fırsat olarak çıkmış ve kullanılmıştı.

Uzun'u haklı çıkaran öngörüsü

Türkbank soruşturmasıyla ilgili asılsız bir suçlama nedeniyle hakkında yürütülen soruşturmada aklanmasından sonra Uzun, birilerinin kendisine yönelik bir komplo hazırlamaya çalıştığından kuşkuya düştü. Uzun, benzer komplo ve suçlamaların devam edeceği öngörüsüyle Emniyet Personel Daire Başkanlığı'na bir dilekçe yazdı. Uzun, Türkbank'la ilgili olayı da belirtip, hakkında asılsız ihbarlar içeren mektuplar gönderilerek kendisine komplo düzenlenmeye çalışıldığından şüphelendiğini yazdı ve dilekçesinde daha önce verdiği mal beyanını yenileyerek gönderdi.

Bundan böyle her ay mal beyanını yenileyerek vereceğini de belirtmeyi ihmal etmedi. Oynanan oyunu fark eden Uzun kendisiyle birlikte daha önce suçlanan arkadaşları İsmail Çalışkan ve Emin Arslan'ı uyarmayı da ihmal etmedi.

Ancak Arslan'ın verdiği yanıt kendisinin çok fazla komplocu düşündüğü ve teşkilat içinden kimsenin böyle kötülükler yapmayacağı oldu. Arslan'ın bu iyi niyetli yaklaşımı ise ileriki bölümlerde anlatacağımız gibi kendisini cezaevine kadar götürecekti.

Uzun'un haklı çıktığı öngörüsü ise haberi dahi olmadan yürütülen bir soruşturma sonunda hakkında dava açılmasından da kendisini kurtaracaktı.

Başbakan Erdoğan: "Biz getirdik biz aldık"

O zamanlar bu tezgâhların arkasında, kuvvetli bir Cemaat örgütlenmesinin olacağına ihtimal vermeyen Uzun, Şemdinli olaylarından bir süre sonra 22 Mart 2006'da görevinden alındı. Gazeteci Nazlı Ilıcak, o günlerde Kanal 7 televizyonunda yaptığı "Sözün Özü" programına konuk aldığı Başbakan Erdoğan'a bu görevden alınmanın nedenini sordu.

Erdoğan, "Bu siyasi bir karardır. Biz göreve getirdik biz aldık," demekle yetindi. Erdoğan "Biz getirdik, biz aldık," dese de Şemdinli olaylarıyla ilgili bilgi notunun kopardığı fırtına sonrasında Uzun'un, bizzat dönemin Kara Kuvvetleri Komutanı Büyükanıt tarafından görevden aldırıldığı kesindi. Zaten kendisi de bunu bir televizyon programında anlatınca Uzun, söz konusu bilgi notuyla ilgisi olmadığının anlaşılması için Büyükanıt hakkında 7 Ağustos 2010'da manevi tazminat davası açtı. Büyükanıt'ın "Uydurma beyanatlar veriyor," ifadesiyle Uzun'un kastedildiği ifade edilen dava dilekçesinde, bu yolla Uzun'un manevi kişiliğine yönelik saldırıda bulunulduğu, bu beyanla Uzun'un uydurma beyanatlar verebilecek bir kişilikte olduğunun iddia edildiğinin anlaşıldığı ifade edildi.

Kadıköy 4. Sulh Hukuk Mahkemesi'nde görülen dava kitap yazıldığı sırada halen bitmemişti.

İfade alınmadan yürütülen soruşturma

Sabri Uzun, görevden alındıktan yaklaşık iki ay sonra 6 Haziran 2006'da Ankara Cumhuriyet Başsavcı Yardımcısı Abdullah Ayhan Şen tarafından hakkında yürütülen bir tahkikat nedeniyle adliyeye çağrıldı. Başsavcı yardımcısı, Uzun'a hakkında bir suç duyurusu olduğunu söyledi. Uzun neyle ilgili olduğunu sorduğunda mal varlığında aşırı ve usulsüz artış tespit edildiği ve bunları haksız biçimde elde etmekle suçlandığını öğrendi. İçişleri Bakanlığı müfettişlerince bir ihbar mektubuna dayanılarak yürütülen soruşturmanın ardından kaynağı belirsiz mal edindiği gerekçesiyle Uzun hakkında cumhuriyet başsavcılığına suç duyurusunda bulunulmuştu. Suç duyurusuna kaynaklık eden ihbar mektubu ise Uzun görevden alınmadan kısa bir süre önce, 17 Şubat 2006'da gönderilmişti. Yani Uzun'un, beş yıl aradan sonra yeniden önüne konan, Ergenekon'la ilgili oldukları öne sürülen 25 generalin adının bulunduğu şemayla ilgili soruşturma talebine olumsuz yanıt vermesinin hemen ertesinde.

İhbar mektubu hemen işleme konulmuş ve konuyu soruşturmak üzere, Hrant Dink suikastı sonrasında İstanbul Emniyeti'yle ilgili yürütülen soruşturmada da karşımıza çıkacak olan Mülkiye Müfettişi Mehmet Ali Özkılıç görevlendirilmişti. Mal varlığı, banka hesapları hakkında geniş ve detaylı bilgiler bulunan suçlamayı içeren bir ihbar mektubu gönderilmesi üzerine mülkiye müfettişi Özkılıç tek sözcük ifadesini bile almadığı Uzun hakkında idari soruşturma yürütüp suçlu bulmuştu. Ancak bu süreçten Uzun'un haberi dahi yoktu. Müfettiş suç duyurusunda bulunduğu Uzun'un zamanında mal bildiriminde bulunmadığını ve bazı mallarının gelirleriyle orantılı olmadığını iddia ediyordu.

30 bin lira nasıl 90 bin oldu?

Uzun'la ilgili ihbar mektubunda ve düzenlenen soruşturma evrakında birkaç bankayı ve tapu kayıtlarını içeren bilgiler, Uzun'un banka hesap numaralarını, çeşitli bankalarda kendi ve eşi adına açılmış hesaplarda büyük meblağlardaki paraların olduğuna ilişkin sıradan birinin bilemeyeceği zenginlikte detaylar içeriyordu. Hatta kapanmış bankalardaki hesap numaraları ve bu hesaplardaki para miktarları hakkında abartılı bilgiler vardı. Müfettiş Özkılıç'ın raporunda da yer verilen kayıtlarda tahrifat yapılarak banka hesapları, hesaplardaki paraların miktarları birkaç defa yazılarak sanki çok fazla para varmış havası yaratılmıştı.

Yazılanları kontrol eden Uzun, bilgilerin doğru olmadığını bir raporla sunacağını beyan etti. Hemen ardından da Personel Daire Başkanlığı'na düzenli olarak verdiği mal beyanlarının dökümüyle hesaplarının bulunduğu banka kayıtlarını savcılığa teslim etti. Uzun'un, savcılığa sunduğu rapor ile Müfettiş Özkılıç'ın suç duyurusunda yer alanların karşılaştırılması sonunda 30 bin TL'yi 90 bin, 32 bin 800 TL'yi 98 bin 400 ve 8 bin 922 TL'yi de 88 bin TL, 13 bin dolar olan banka hesabının da 18 bin dolar olarak gösterildiği belirlendi. Bu belgeli savunma üzerine müfettişlerin "yanlış" rapor düzenlediği ortaya çıkınca, Ankara Cumhuriyet Savcılığı Sabri Uzun'un geliriyle orantısız bir mal varlığı olmadığı gerekçesiyle soruşturma hakkında kovuşturmaya yer olmadığı gerekçesiyle takipsizlik kararı verecekti.

Hanefi Avcı kitabında[1] anlatılan bu olayın kaynağının istihbarat dairesindeki Fethullahçı polisler olduğunu da iddia ediyordu. Uzun'un mal varlığıyla ilgili ihbar mektubunun İstihbarat Dairesi'ndeki amirler ve/veya onlarla sıkı irtibatlı birileri tarafından yazıldığından şüphesi olmadığını belirten Avcı, "Çünkü içeriği ancak Sabri Ağabey'e en yakın kişilerin, İstihbarat Dairesi müdür ve amirlerinin bileceği cinsten şeylerdi. Bugün o ihbar

1 Hanefi Avcı, *Haliç'te Yaşayan Simonlar-Dün Devlet Bugün Cemaat*, Angora Yay., 2010.

mektuplarını İstihbarat Dairesi'ndeki Cemaat yapısının hep birlikte yazdığından şüphe yoktur," diye yazmıştı.

Sabri Uzun Fethullahçı mı?

Sabri Uzun'la ilgili faslı kapatmadan önce merak edilen bir sorunun yanıtını da burada verelim. Uzun, 28 Şubat sürecinin karanlık günlerinde Cemaat ya da tarikat bağlantılı olanlardan ziyade sadece dini inançları gereği namaz kıldığı için baskıya maruz kalan bazı personelini korumuştu. Her tarikatçılık soruşturmasında bu yüzden adı geçiyordu. Bu yanıtı merak edilen soruyu, "Sabri Uzun tarikatçı, Cemaatçi ya da Fethullahçı mıdır?" sorusunu, Uzun'u yakından tanıyan İstanbul'da görevli emniyet müdürlerine sorduk. İşte yanıtı:

> Sabri Uzun'a göre cemaatçi olan devlet memuru şerefsizdir. Bir insan hem devlette memur, hem cemaatteyse o kişi fahişedir. Devletle nikâhı olan bir kişi, eğer cemaatle yatağa giriyorsa o kişi fahişedir. Cumhuriyet rejiminde bireyin özgürlüğü esastır. Bireysel özgürlüğünü cemaatlere teslim etmiş olan ve biat kültürünü benimsemiş insan bir bağ ot için yük taşıyan eşeğe benzer. Özgür olmayan insan, devletin memuru da olamaz. Devlet memuru 657 sayılı yasaya tabidir, ama cemaatin memurunun kanunu, kitabı ve kuralı yoktur.
>
> Allah'ın kitabı Kuran üstüne cemaatin kitabını oturtmuş insanlara, cemaat memuru denir. Birçok cemaat mensubu cemaatin emriyle birbirlerinin kız kardeşiyle evlenmiştir. Ortaçağ Avrupası'ndaki kilise papazlarının yönetimi bile, Türkiye'deki cemaat yönetiminden daha namusludur. İslamiyet'teki ilk terör faaliyeti kabul edilen "Hasan Sabbah"[1] modeli terörizm bir merkezden yönetiliyordu. Bugün Türkiye'deki cemaat yönetim modelini kıyaslarsak Hasan Sabbah'ınkinin daha namuslu olduğu anlaşılır.

---

1 Büyük Selçuklu Devleti zamanında yaşayan Hasan Sabbah (1034-1124), batıni örgütü Haşhaşileri kurmuş ve ölene kadar liderliğini yapmıştır. Şii İsmailiye tarikatına mensup bir İranlı olan Sabbah, dini bir arka plan sayesinde halkın desteğini kazanarak silahlı bir örgüt kurmuş, taraftarlarıyla birlikte Alamut Kalesi'ni ele geçirip burada üslenmiştir. Hakkında birçok efsane üretilen Sabbah'ın önderliğini yaptığı ve haşhaşla uyuşturduğu fedailerine sahte bir cennet vaat ederek, sonunda kendilerinin de öleceklerini bildikleri suikastlar yaptırmasıyla nam salmıştı. Suikastın İngilizce karşılığı olan *Assasination* kelimesi de, bu tarikatın Arapça ismi olan Haşhaşilikten çevrilerek İngilizceye geçmiştir. Tarikat Moğol istilası yıllarına kadar ayakta kalmıştır. Alamut Kalesi ise 1256 yılında Moğol komutan Hülagû Han tarafından savaşmadan alınmış ve sonrasında da yakılıp yıkılmıştır.

Devrimci sol bu ülkede bilinen en kanlı olayları gerçekleştirmiştir. Hatta bir başbakanı bile öldürmüştür.1 Ancak bu örgüt bile karışmadığı hiçbir olayı üstlenmediği gibi, yaptığı eylemler bunca kanlı olmasına karşın hepsini sahiplenmiş, üstlenmiştir. Üstlendikleri olaylarla ilgili açıkladıkları bildirilerin hepsi yüzde 100 doğrudur.

2002'de Nuh Mete Yüksel'in ortaya çıkan gizli çekilmiş seks kasetleri olan Cemaat örgütlenmesi, kişiler hakkında düzmece elektronik postalar, asılsız ihbar mektupları, DVD çekimleri, sahte raporlar ya da Hanefi Avcı'nın bürosunda bulunduğunu söyledikleri telefon dinleme kayıtları gibi entrikalarla yargıyı kirletmiştir. Dürüstlük bağlamında bakarsak, terör örgütü dediğimiz Devrimci Sol, Cemaat'ten daha namusludur, dürüsttür.

Hedefteki müdürlerin tasfiyesi

Sabri Uzun'un İDB'den başka bir göreve çekilmesinin ardından, öncelikli hedef olan birkaç emniyet müdürünün daha tasfiye edilmesi gerekiyordu. Çok sürmeden bu da gerçekleşti. Emniyet genel müdür yardımcıları Emin Arslan, Mustafa Gülcü ve Celal Uzunkaya, Sakarya Emniyet Müdürü Faruk Ünsal ile Ankara Emniyet Müdürü Orhan Özdemir garip olaylar zinciriyle art arda hem görevlerinden oldu hem de bir süre tutuklu kaldılar. Hepsi de benzer suçlamalarla cezaevine girmişti.

Emin Arslan bir uyuşturucu çetesine ilişkin yürütülen soruşturmada, Mustafa Gülcü ve Celal Uzunkaya karanlık geçmişi olan bir muhbirin iddialarıyla, Faruk Ünsal da bir çeteye yardımcı olmakla suçlandı.

Bu listenin sonuna ekleyeceğimiz son isim elbette Hanefi Avcı. Cemaat'in örgütlenmesine ve tehlikesine ilişkin yazdığı ve

---

1 Nihat Erim (1912-1980), hukuk profesörü. 1945 yılından itibaren çeşitli dönemlerde CHP milletvekili olarak TBMM'de bulundu. Bakanlık ve başbakan yardımcılığı görevlerinde bulundu. Bir dönem gazetecilik de yaptı. 12 Mart 1971 Muhtırası'nın ardından CHP'den ayrılması koşuluyla hükümeti kurmakla görevlendirildi. 26 Mart 1971'de kurduğu partilerüstü hükümet 3 Aralık 1971'de istifa etti. Yeniden hükümeti kurmakla görevlendirildi; kurduğu II. Erim Hükümeti 22 Mayıs 1972'ye kadar işbaşında kaldı. "Gerekirse demokrasilerin üstüne şal örtmeli," sözü nedeniyle Aziz Nesin tarafından kendisine Şalcı Nihat denilen Erim; Deniz Gezmiş, Hüseyin İnan ve Yusuf Aslan'ın idam edilmesine kadar varmış, Balyoz Harekâtı olarak bilinen uygulamaları başlatması nedeniyle Balyoz lakabıyla da anılırdı. 1977'ye kadar Cumhuriyet Senatosu'nda kontenjan senatörü olarak görev yapan Erim, 12 Mart dönemindeki uygulamaların sorumlusu olarak görüldüğü için 19 Temmuz 1980'de Dev-Sol tarafından İstanbul'da silahlı saldırı sonucu öldürüldü.

çok gürültü koparan kitabından sonra Stalinist bir örgüte yardım ve yataklık ettiği iddiasıyla kendini cezaevinde buldu. İddialara göre hepsi de farklı nedenlerden dolayı Cemaat'in hedefindeydi.

2) EMİN ARSLAN

Sabri Uzun'un İstihbarat Daire Başkanlığı'ndan alınarak kızak bir göreve çekilmesinden sonra Fethullah Gülen Cemaati'nin, Emniyet içinde önlerinde set olacağını düşündüğü isimlerden ilki Emniyet Genel Müdür Yardımcısı Emin Arslan'dı.

Yıllarca İstihbarat ve KOM daire başkanlığı yapmış ciddi yolsuzluk operasyonlarında, uyuşturucu ve çete olaylarının deşifre edilmesinde büyük katkısı olan Arslan, daha önce Türkbank soruşturmasıyla ilgili Sabri Uzun'la birlikte hakkında ihbar mektubu gönderilenler arasında da vardı.

Türkiye kamuoyunun yakından bildiği Hüseyin Baybaşin ve Urfi Çetinkaya'nın uyuşturucu şebekelerinin çökertildiği operasyonlar ile Paraşüt, Balina, Örümcek Ağı, Serhat, Sis, Puro ve Kasırga gibi isimler verilen yolsuzluk operasyonlarını yapan ekibin başında olan Emin Arslan, Etibank Davası sanığı Cavit Çağlar'ın ABD'de yakalanıp Türkiye'ye getirilmesindeki çabasının ardından KOM daire başkanlığından terfi ettirilerek Emniyet Genel Müdür Yardımcısı olmuştu.

İşte Sabri Uzun ve Hanefi Avcı'yla birlikte görev yaptıkları dönemde siyasetçilerin de içinde olduğu ciddi yolsuzluk operasyonlarına imza atan bu ekip haliyle birçok kişi tarafından da istenmiyordu.

Nihayetinde amaç hasıl oldu ve Emin Arslan adının karıştığı bir uyuşturucu operasyonuyla hem görevinden alındı hem de dokuz ay tutuklu kaldı. Neredeyse medyanın tamamında, savcılık ve polis kaynaklı soruşturma dosyasından sızdırılan fotoğraflarla Emin Arslan adeta linç edildi.

Bu tür soruşturmalarda yaygın bir yöntem olan dinlenen telefon kayıtlarının medyaya sızdırılması ise Emin Arslan için yapılmadı. Çünkü Arslan'la Habib Kanat arasında yapılan telefon konuşmalarında genel olarak sağlık problemleri hakkında konuşuluyordu ve suç olarak değerlendirmeye alınmamıştı. Arslan ve kendisiyle birlikte aynı soruşturmada tutuklanan KOM Daire Başkanlığı'na bağlı Köpek Eğitim Merkezi'nde görevli polis müdürü Murat Nemutlu ile Koruma Daire Başkanlığı'na bağlı

Deniz Limanları Şube Müdür Vekili Mustafa Aral isimli polislerle ilgili baştan aşağı gariplikler ve çelişkilerle dolu olan uyuşturucu operasyonunun sürecini daha anlaşılır kılmak için biraz geriye, Emin Arslan'ın neden hedef haline geldiğini görmemiz gereken olaylara gitmemiz gerekiyor.

İrticacı raporu olanlar terfi ettirildi

Emniyet içinde terfilerde ve dolayısıyla kadrolaşmada her zaman siyasi etkiler ön plandaydı. Özellikle terfilerin siyasetin gölgesinden kurtarılması için önerilenlerin başında ise, askerlerin terfilerini düzenleyen Yüksek Askeri Şûra sistemine benzer bir model geliyordu. Buradan yola çıkarak polis şûrası olarak nitelendirilen Merkez Değerlendirme Kurulu (MDK) ve Yüksek Değerlendirme Kurulları (YDK) oluşturuldu. MDK bir üst rütbeye terfi edecek komiser yardımcısı, komiser ve başkomiserlerin; YDK ise Emniyet'teki yüksek rütbeli personelin terfilerini yapılan toplantılarla karara bağlıyordu. 3 Kasım 2002 seçimlerinden sonra ezici bir çoğunlukla iktidara AKP gelmiş, İçişleri Bakanlığı koltuğu da Abdülkadir Aksu'ya verilmişti. İktidar değişiminden altı ay sonra 8-9 Mayıs 2003'te yüksek rütbeli polislerin terfilerinin görüşüleceği YDK toplandı. Emniyet Genel Müdürü Gökhan Aydıner başkanlığında bir araya gelen YDK'nın diğer üyeleri genel müdür yardımcıları Ramazan Er, Feyzullah Arslan, Abdullah Bolcu, Emin Arslan ve Necati Altıntaş ile Teftiş Kurulu Başkanı Naciye Ekmekçibaşı, Polis Akademisi Başkanı Tuncay Yılmaz, APK uzmanları emniyet eski genel müdür yardımcıları Kâmil Tecirlioğlu, Şevket Ayaz ve Adnan Eser'di.

Kurul emniyet amirliğinden emniyet müdürlüğüne terfi edecek 508; dördüncü sınıf emniyet müdürlüğünden üçüncü sınıfa terfi sırası gelen 97; üçüncü sınıftan ikinci sınıfa terfi sırası gelen 238; ikinci sınıf emniyet müdürlüğünden birinci sınıfa terfi sırası gelen 385 personelin durumunu tek tek ele aldı.

En çok birinci sınıfa terfi edecek 385 personelin durumu görüşülürken zorlanıldı. Çünkü terfi sırasında bekleyen 385 adaya karşılık ancak 84 kadro bulunuyordu.

Terfi bekleyen adayların durumlarının görüşüldüğü toplantılarda terfiye hak kazanan personelin özlük dosyalarında yer alan cezalardan, başarılara ve aldığı ödüllere dek hepsi tek tek incelendi.

Kurul ahlaki değerlere ters ve maddi suiistimallere karışan personeli, "özel notu var" şeklinde değerlendirerek liste dışında tuttu. Kapsam dışı tutulanlar arasında, "irticai faaliyetlerde bulunmak ya da bu tür faaliyetlere göz yummak" iddiasıyla Başbakanlık Takip Kurulu'nca (BTK) haklarında "sakıncalı" notu düşülen 21 kişinin dosyaları da vardı.

9 Mayıs 2003'te çalışmalarını tamamlayan YDK, prosedür gereği atama listesini dönemin İçişleri Bakanı Abdülkadir Aksu'nun onayına gönderdi. Emniyet mensuplarının heyecan içinde sonucunu beklediği atama listesi Bakan Aksu tarafından bir türlü imzalanmıyordu. Aksu'nun Ankara dışında olduğu gerekçesiyle listenin onaylamadığı söylentisi yayılsa da bir süre sonra işin gerçeği ortaya çıktı.

BTK'nın "kırmızı dosyasında" adı bulunanların terfi ettirilmediğini gören Bakan Aksu listeyi onaylamıyor, YDK'nin yeniden toplanmasını istiyordu. Oysa listede yer alan isimlerin terfi durumu da kurulda görüşülmüş ve irticai kimlikleri nedeniyle bu Emniyet mensuplarının terfi ettirilmemesi uygun bulunmuştu.

Normalde terfi ettirilmeyenlerin, kurul kararlarına karşı İdare Mahkemesi'ne dava açma hakkı bulunuyordu. Ancak bunun yerine İçişleri Bakanı devreye sokulmuştu. Kısa süre sonra da, haklarında irticacı yazısı bulunduğu için terfi edemeyen 21 Emniyet mensubunun dosyalarının yeniden değerlendirmeye alınmasını tavsiye eden ve Başbakanlık Müsteşarı Fikret Üçcan'ın imzasıyla İçişleri Bakanlığı'na gönderilen BTK yazısı üzerine YDK 17 Mayıs 2003'te bir kez daha toplandı.

Genel Müdür Gökhan Aydıner'in bu taleple kurul üyelerini yeniden toplamasına itirazlar geldi. Gökhan Aydıner ve Genel Müdür Yardımcısı Necati Altıntaş dışındaki kurul üyelerinin tamamı ikinci kez toplantı yapmanın kanunsuz olduğunu, mevzuata uygun olarak yapılan toplantıyla da terfilerin gerçekleştirildiğini söyledi.

Aslında Genel Müdür Aydıner'in de bu ikinci toplantıdan çok rahatsız olduğu, bu nedenle İçişleri Bakanı Aksu'yla tartışarak istifa noktasına geldiği duyulmuştu. Buna rağmen toplantıya devam edildi. Ancak YDK, "yüksek yerlerden" gelen emirleri uyguladı. Kurul üyelerinden sadece Emniyet Genel Müdür Yardımcısı Emin Arslan ve APK uzmanı Kâmil Tecirlioğlu'nun ikinci toplantının kanuna aykırı olduğu gerekçesiyle muhalefet şerhi koyduğu bir kararla hakkında irticai faaliyetlerle ilgili sakıncalar bulunduğu belirtilen 21 personelden 17'sini terfi ettirdi.

Daha sonra Emniyet Genel Müdür Yardımcısı Necati Altıntaş'ın başkanlığındaki MDK'nin de iki kez toplanarak, haklarında BTK tarafından benzer raporlar bulunanlardan 37 komiser, başkomiser ve emniyet amirinin terfi ettirilerek etkili görevlere getirildiği de ortaya çıktı.[1]

Muhalefet şerhi Arslan'ı hedef yaptı

Karara muhalif kalan Kâmil Tecirlioğlu, teşkilat içinde düzgün kişiliğinin yanı sıra sorunlara pratik çözüm üreten ve siyasi dalgalanmalardan etkilenmeyen biri olarak tanınıyordu. Zaten siyasi partilere göre değil göreve ve kanunlara bağlı çizgisiyle tanındığından APK uzmanlığında sadece aybaşlarında maaşını aldığı pasif bir göreve getirilmişti.

Tecirlioğlu APK uzmanları arasında YDK'ya yapılan gizli bir seçim sonucunda terfi toplantılarına katılabiliyordu. Bu yüzden karara muhalif kalması nedeniyle zaten herhangi bir "yaptırıma" gerek bırakmayan bir görevdeydi. Fakat sonraki yıllarda bu tavrının hesabı emniyet amiri olan oğluna ödetildi. 2005-2006 yıllarında Emniyet'in pek çok hassas biriminde örneği görüldüğü gibi, kadrosuzluk ve benzeri gibi görünüşte normal olan bahanelerle başarılı bir personel olan S. Tecirlioğlu istihbarat hizmetlerinden uzaklaştırıldı. YDK'nin atamalarına muhalefet şerhi koyarak Cemaat'in hedef listesine giren Emin Arslan'la ilgili planlar ise hemen devreye sokuldu. Çünkü aktif bir görev olan genel müdür yardımcılığı makamında olduğu sürece Emniyet'te kadrolaşmaya gidecek olanların önünde engel teşkil edecekti.

1 YDK'nin bu toplantılarında terfisi yapılmayanlar arasında, Albayraklar operasyonunda gözaltına alınanlara işkence yaptığı iddia edilen ve hakkında bazı soruşturmalar yürütülen Adil Serdar Saçan da vardı. Basında çıkan haberler üzerine Saçan, 22 Eylül 2003'te hem terfi ettirilmeyip başka bir ile tayininin çıkarılması ardından da idari soruşturmada meslekten çıkarılmasına karar verilince Yargıtay Cumhuriyet Başsavcılığı, Ankara DGM Başsavcılığı ve Ankara Cumhuriyet Başsavcılığı'na suç duyurusunda bulundu. Saçan, İçişleri Bakanı Abdülkadir Aksu, Emniyet Genel Müdürü Gökhan Aydıner ile terfi kararına muhalif kalan Emin Arslan ve Kâmil Tecirlioğlu dışındaki Emniyet Genel Müdürlüğü Değerlendirme Kurulu üyelerini, "Emniyet kadroları içerisinde irticai örgütlenme yapmak, irticai kadrolaşmayı sağlamak ve irtica tandanslı olmayan müdürleri terfi ettirmemek" suçlamasıyla şikâyet ediyordu. Ancak suç duyurusuna Ankara DGM ve cumhuriyet başsavcılıkları görevsizlik kararı vererek, evrakı Yargıtay Cumhuriyet Başsavcılığı'na gönderdi. Yargıtay Başsavcısı Nuri Ok da prosedür gereği başvuruları ön inceleme için İçişleri Bakanlığı'na yolladı. Bakanlık da "suç duyurusunun soyut ve sübjektif olması" gerekçesiyle "işleme koymama kararı" verdi.

Terfi toplantısının hemen ertesinde Emniyet'in yurtdışı misyonlarında görev yapacak personelin sınavı yapılmıştı.

Dış İlişkiler Dairesi'nin bağlı olduğu genel müdür yardımcısı da Emin Arslan'dı ve mevzuat gereği sınav komisyonunun da başkanlığını yapıyordu. Arslan dışında komisyonda ilgili dairelerin başkanları ile Dışişleri Bakanlığı yetkililerinin temsilcileri vardı.

Komisyon üyelerinin vereceği oylarla kazananlar belirlenecekti ve kurulda sayısal olarak üstünlük emniyetçilerdeydi. Arslan bu sınavdan önce, dönemin İçişleri Bakanlığı Müsteşarlığı Dış İlişkiler Dairesi'nden üst düzey yönetici pozisyonunda olan R.G. tarafından gönderilen "kazanacaklar listesini" dikkate almayarak objektif bir seçim yapılmasını sağladı.

Daha önce 2002 yılında da beş yurtdışı irtibat görevi için yapılan seçimde de, bir ara geçici bakanlık da yapmış olan dönemin müsteşarı Muzaffer Ecemiş'in verdiği isimleri değil, başkalarının kazanmasını sağlayan Arslan bu nedenle soruşturma geçirmişti. O sınavı kazanan adaylar ise müsteşarken Ecemiş'in çabalarıyla yurtdışına gönderilmemişti. Bunun üzerine sınavı kazananlar, açtığı davayla idari yargı kararıyla yurtdışına gidebilmişti.

Arslan'la ilgili olarak ilk önce, ayrıntılarını geçtiğimiz bölümlerde anlattığımız ve Arslan'ın yanı sıra Sabri Uzun ve İsmail Çalışkan'ı da hedef alan ihbar mektubu gönderildi. Bu üst düzey üç emniyetçi, Alaattin Çakıcı'nın Türkbank ihalesine yaptığı müdahaleyi ilgililere zamanında haber vermeyip uyarı görevlerini yerine getirmeyerek 'görev kusuru' işlemekle suçlanıyordu. Bu soruşturmadan aklansa da Emin Arslan, 12 Temmuz 2005'te "emekliliğine iki ay kalmış olan bir genel müdür yardımcısı", mahkeme kararıyla görevine döndü gerekçesiyle kızağa alındı.

İçişleri Bakanı Abdülkadir Aksu'nun bilgisinde gerçekleşen operasyon çerçevesinde Abdullah Bolcu'nun kazandığı idari davada verilen "göreve iade kararı" yürürlüğe konuldu. Bolcu, yeniden genel müdür yardımcısı olurken, Emin Aslan ise APK uzmanı olarak kızağa çekildi. Yaklaşık on ay sonra 4 Mayıs 2006'da Emin Arslan, Ankara Bölge İdare Mahkemesi'nin oybirliğiyle verdiği kararla görevine iade edildi.

Ancak Bakanlık Arslan'ı göreve başlatmak yerine karara itiraz etti. İtirazı görüşen Bölge İdare Mahkemesi de oybirliğiyle Arslan lehine karar verince bu kez de Bakanlık Danıştay nezdinde itiraz etti. Ancak Danıştay 5. Dairesi 2008 Aralık ayında oybirliğiyle yine Emin Arslan lehine karar verdi. Danıştay'ın, "kesin iade" kararıyla görevine iade edilen Arslan'ın artık siyasi etkiyle görevden alınması imkânsız hale gelmişti. Bundan sonra Arslan'ı görevden almak için tek yol kalmıştı: tutuklanmasını sağlayacak bir suç bulmak.

2004 yılında, Emin Arslan'a komplo iddiası

Bu kızak göreve atanmasından önce, *Hürriyet* gazetesi yazarı Yalçın Bayer, Arslan'la ilgili bir başka komplonun da devreye gireceğini iddia eden bir yazı kaleme almıştı. Ancak bu konuya girmeden önce Arslan'a yönelik düzenleneceği iddia edilen komploda kimlerin görevlendirildiğini görebilmek için birkaç anımsatmaya ihtiyacımız var.

Avrupa'daki uyuşturucu pazarında hatırı sayılır bir yeri olan Türkiye mafyasında 1990'lardan itibaren bir tasfiye yaşanmıştı. Hem Türkiye içinde hem de uluslararası alanda yürütülen önemli operasyonlarla yeraltı dünyasının önemli isimleri birer birer cezaevine girmişti. Bu dönemde operasyon düzenlenen isimlerden biri de Hüseyin Baybaşin'di.

1995 yılında Akdeniz'de *Lucky-S* gemisinde yakalanan 14 ton uyuşturucunun sahibi olarak aranan Hüseyin Baybaşin, Türkiye ve Hollanda polisinin "Siyah Lale" adını verdiği ortak operasyonuyla Hollanda'da 27 Mart 1998'de yakalandı. Yargılama sonucunda 18 yıl hapis cezası alan Baybaşin ve ailesinin milyon dolarlarla ifade edilen Türkiye, Almanya ve İngiltere'deki tüm mal varlığına ve bankalardaki paralarına da el konuldu.

Kararı temyiz eden Baybaşin hakkında Hollanda Yüksek Mahkemesi bu kez de 18 yıllık hapis cezasını müebbete çevirmişti. Aynı aileden Nizamettin Baybaşin 10 Mayıs 2002'de Almanya'da 15 yıl hapis cezasına çarptırılırken Mahmut Baybaşin ise İspanya'da yakalanarak tutuklandı.

Yine 1998'in 14 Ağustos günü noktalanan "Matador" adı verilen operasyonla da, aynı zamanda Baybaşin'in en büyük rakibi olan Urfi Çetinkaya ve çetesine yönelik operasyonlar gerçekleştirilmişti. KOM Daire Başkanlığı'nın, İspanya ve Hollanda polisiyle iki yıl birlikte çalışarak yürüttüğü Türkiye ile Batı Avrupa ülkeleri arasındaki uyuşturucu trafiğini önlemeye yönelik operasyonlarda, daha önce polis içindeki bağlantıları nedeniyle bir türlü ele geçirilemeyen uluslararası uyuşturucu kaçakçısı Urfi Çetinkaya ve ortağı Cemal Nayır ile adamları yakalanarak tutuklanmışlardı.

Bu operasyon sırasında İspanya'dan bir avukat Emin Arslan ve ekibine rüşvet olarak dağıtılmak üzere 3 milyon dolar parayla Türkiye'ye gelmişti. İspanyol polisinin yaptığı telefon dinlemeleriyle de tespit edilen bu girişim, Emin Arslan'a rüşvet teklifinde bulunması halinde avukatın tutuklanacağından endişe ederek vazgeçmesi üzerine gerçekleşmemişti.

Bu tutumları ve operasyondaki başarıları nedeniyle İspanya; Arslan, operasyon savcısı ve operasyonda görev yapan iki yöneticiyi "Polis Liyakat Nişanı"yla ödüllendirmişti. Arslan tutuklandıktan sonra, çetenin ikinci adamı olan Cemal Nayır tutuklu bulunduğu Edirne cezaevinden bir mektup yazarak 3 milyon dolarlık rüşvet olayını anımsatıp dalga bile geçmişti.

Bu operasyonlardan altı yıl sonra *Hürriyet* gazetesi yazarlarından Yalçın Bayer, iki gün üst üste Emin Arslan'ın adının geçtiği iki ayrı yazı kaleme aldı. "Çakıcı'yı Yakalayan Polislerin Başına Gelenler"[1] başlıklı yazısında Bayer, Türkbank yolsuzluğuyla ilgili Mesut Yılmaz'ın Yüce Divan'da yargılanmasına başlanacağını anımsatarak, "Bu konuda hazırlanan TBMM Türkbank Soruşturma Komisyonu raporu oldukça titiz hazırlanmış, ancak yargı karşısına çıkacak Mesut Yılmaz ve Güneş Taner'den önce bazı bürokratlar hakkında mahkûmiyet kararı verilmiş gibi görünüyor," diyordu.

Bayer, birçok başarılı operasyona imza atan Emin Arslan ve ekibinin haklarında gönderilen bir ihbar mektubuna dayanılarak, Türkbank ihalesi öncesi Korkmaz Yiğit-Alaattin Çakıcı arasındaki ilişkileri bilmelerine rağmen uyarı görevlerini yerine getirmeyerek "görev kusuru" işlemekle suçlanmasını eleştiriyordu. Bayer ertesi gün de yine Arslan'la ilgili, "Baybaşin 'Arslan' Avında"[2] başlıklı bir yazıyla konuya devam etmişti.

Bayer ilginç iddialar ortaya attığı yazısında Arslan ve ekibi hakkında yıpratma kampanyasının çok önceden tezgâhlandığını gösteren önemli bir belgeye sahip olduğunu söylüyordu:

1 *Hürriyet*, 26 Ağustos 2004.
2 *Hürriyet*, 27 Ağustos 2004.

2002 yılının İçişleri Bakanı Rüştü Kazım Yücelen'e[1] ve Emniyet Genel Müdürü Kemal Önal'a 3.4.2002 tarihinde resmi bir yazı gelir; konusu Hüseyin Baybaşin'dir. "Çok gizli" damgalı B.05.1EGM.0.09.05.03/1944 numaralı yazıda uluslararası uyuşturucu kaçakçısı olan Baybaşin'in, Emin Arslan ve ekibine dönük "yıpratma" kampanyası için hazırlık yaptıkları ihbar edilir. İhbarı yapan da, Baybaşin'i "muhbir" olarak kullanan bir yabancı devletin üst düzey emniyet görevlisidir. Yazıda, ülkesinin muhbir kullanma prosedürü gereği bilgi veremediğini anlatan yetkili, Baybaşin'in avukatının (muhtemelen Berzan Ekinci) kendisine gelerek, Türkiye'nin yolsuzluklar içinde bulunan uyuşturucu trafiğini kontrol eden bir ülke olduğunu, bununla mücadele eden KOM ve başındaki Emin Arslan ile yardımcısı İsmail Çalışkan'ın da bu işlerden "pay" aldığına dair bir plan yaptıklarını aktarır. Yabancı görevlinin verdiği bilgiye göre; Hüseyin Baybaşin, 1998'de Hollanda polisiyle işbirliği sonucu kendisini 105 kilo eroin ve 5 kilo esrar, ayrıca silahlarla yakalatan ve 18 yıl (sonradan müebbete çevrildi) hapis cezası almasına neden olan Emin Arslan'dan intikam almak istemektedir. Bu oyun başarılı olursa Baybaşin hakkındaki mahkûmiyet kararının düşeceği hesap edilmektedir!..

Yabancı görevli ayrıca Baybaşin'in hedef aldığı kişilerle (Emin Arslan ve İsmail Çalışkan) ilgili olarak medya, siyaset ve bürokrasi içinde "karalama" kampanyası düzenlenebileceğini de aktarır.

Ergenekon soruşturmasına adı karıştırıldı

2007 yılında başlayıp hız kesmeden süren Ergenekon soruşturmasının, ikinci iddianamesinde de Emin Arslan'ın adına yer verilmişti. İddianame açıklandıktan bir hafta sonra *Yeni Şafak* Gazetesinde Ali Oktay imzasıyla, "Tetikçinin Silahlarını İncelemeyin Talimatı" başlıklı bir haber[2] yayımlanmıştı. Haberde, Ergenekon sanıklarından Osman Gürbüz'ün 1994'te Gebze'de polisle çatıştıktan sonra bırakıp kaçtığı çantadan çıkan silahlar için, o dönem Emniyet Özel Harekât timlerinin başında bulunan Korkut Eken'in Gebze Emniyeti'ni arayarak "Silahları incelemeyin" talimatı verdiği

1 Rüştü Kâzım Yücelen, Bayer'in köşesinde 28 Ağustos 2004'te yayımlanan açıklamasında, "Arslan'ı KOM daire başkanlığı görevinden benim aldığım doğrudur. Ancak kendisini emniyet genel müdür yardımcısı yaptım; eskisi gibi daha yetkili çalışsın diye aynı daireyi kendisine bağlattım. İsteği üzerine yardımcısı İsmail Çalışkan'ı da yerine daire başkanı yaptım. Yani kızağa alan ben değilim," dedi.

2 *Yeni Şafak*, 2 Nisan 2009.

ileri sürülüyordu. Bu iddiayı dile getiren ise ikinci iddianamenin gizli tanıklarından Yavuz isimli bir eski polisti. Haberde Emin Arslan'la ilgili iddiaların yer aldığı bölüm şöyleydi:

> Kendisinin olayın ardından ele geçirilen silahların kriminal raporlarını almak için görevlendirildiğini anlatan Yavuz, mühürlü bir poşet içersinde yazı ile birlikte silahları İstanbul'a götürmek üzere Emniyet'in merdivenlerinden inerken "Geri dön iş değişti," talimatı verdiğini belirtti. Amirlerinin elindeki poşet ve silahları geri aldıklarını söyleyen Yavuz, kendisine içinde ne olduğunu bilmediği mühürlü bir poşetin verildiğini ve bunları Ankara'ya Emniyet Genel Müdürlüğü İstihbarat Daire Başkanı Emin Arslan'a götürmesinin söylendiğini anlattı.
>
> Poşeti Ankara'da Emniyet İstihbarat Daire Başkanlığı'nın girişindeki güvenlik görevlisine Emin Arslan'a verilmek üzere teslim ettiğini söyleyen gizli tanık Yavuz, o dönemde Emniyet Genel Müdürlüğü Özel Harekât Timleri'nin başında bulunan emekli Albay Korkut Eken'in, Gebze Emniyeti'ni arayarak silahlarla ilgili inceleme yapılmamasını istediğini ileri sürdü.

Haberin yayımlanmasından iki gün sonra yine aynı gazetenin iç sayfalarında gözden kaçırılan kısacık bir haber vardı:

> Emniyet Genel Müdürü Yardımcısı Emin Arslan, gönderdiği açıklamada, söz konusu olayın Ergenekon iddianamesinde yanlış yansıdığını belirtti. Arslan, Ergenekon tutuklusu Osman Gürbüz'ün polisle girdiği çatışmada arkasında bırakılan silah ve eşyaların incelenmesi için Emniyet Genel Müdürlüğü İstihbarat Dairesi Başkanlığı'na gönderildiğini belirtti. Arslan, ilgili inceleme sonuçlarının da Gebze Adliyesi'ne teslim edildiğini kaydetti.

"Taraf"tar Hüseyin Baybaşin sahnede

Medya üzerinden yürütülen bir operasyonla adı Ergenekon soruşturmasına da bulaştırılan Emin Arslan, ayrıntılarını birazdan anlatacağımız uyuşturucu operasyonunda tutuklanmasından birkaç ay sonra *Taraf* gazetesinin manşetindeydi.

Habere konu olan iddialar ise, Yalçın Bayer'in 2004 yılında Arslan'la ilgili komplo içinde olmakla suçladığı Hüseyin Baybaşin tarafından dile getirilmişti.

Tarih 5 Ocak 2010. Emin Arslan adının karıştığı uyuşturucu operasyonu soruşturmasında, polis memurları Murat Nemutlu ve Mustafa Saral'la birlikte tutuklanarak cezaevine konulmuştu. *Taraf* gazetesinin manşetinde, "Silah Verir Eroin Alırdık"[1] başlıklı Fırat Alkaç imzasıyla bir haber yayımlandı. Haberde, uyuşturucu soruşturmasını yürüten savcı Mehmet Berk'e tutuklu bulunduğu Hollanda'daki cezaevinden sekiz sayfalık bir mektup gönderen Hüseyin Baybaşin'in, Ergenekon sanığı emekli Tuğgeneral Veli Küçük'ün, polis müdürü Emin Arslan'la ortak iş yaptığını iddia ettiği anlatılıyordu. Tutuklu bulunduğu Zootermeer Cezaevi'nden gazeteye önemli açıklamalar yaptığı belirtilen haberde Baybaşin'in, "*Kısmetim-1* gemisi boş halde batırıldı", "Şehmuz Daş konuşmasın diye öldürüldü", "İki ton uyuşturucuyu devlet pazarladı" iddialarında bulunduğu da aktarılıyordu.

Ergenekon'un işaret fişeği sayılan Tuncay Güney'in 2001 yılında verdiği ifadeyle[2] Baybaşin'in anlattıklarının örtüştüğü vurgulanan haberde iddialar şöyle sıralandı:

> *Lucky-S* gemisi uyuşturucu dolu halde yakalandı bunlar piyasaya satıldı. Böylece Türkiye ve dünya kamuoyuyla dalga geçildi. Gemideki uyuşturucunun her gramının nereye teslim edildiğini Mestan Şenel ve Emin Arslan bilir. Şeyhmuz Daş konuşmasın diye öldürüldü. Ben Necdet Menzir'i de olayın içinde biliyordum. Menzir yaptığı açıklamada "Ben pay almadım," demiş. Ama olayı A'dan Z'ye iyi biliyor. Basında *Lucky-S* gemisinin içindeki uyuşturucunun suçlusu olduğum yazıldığı için durum hakkında araştırma yaptım. O operasyona katılan görevlilerden ve o uyuşturucunun sonradan tekrar yakalanmasında adı geçen kişilerden öğrendim. Uyuşturucuyu yakalatan bir şahıs ile de görüştüm.

---

1 *Taraf*, 5 Ocak 2010.

2 Ergenekon firarisi Tuncay Güney, 2001 yılında polise verdiği ifadede, "*Kısmetim-1* gemisindeki eroinin sahibi, uyuşturucu kaçakçısı Nejat Daş ve Ergenekon örgütüydü. Bir senaryo hazırlandı. Gemi Akdeniz'in ortasında boş batırılacak ve eroin yurtdışına satılacaktı. O günlerde Daş polisin elindeydi. Üst düzey iki kamu görevlisi gemideki mala ortak olmak istiyordu. Pazarlıklara dahil edildiler. Ergenekon adına pazarlığı JİTEM'ci yüzbaşı yürütüyordu. Geminin delilleri yok etmek için kaçakçılar tarafından nasıl batırıldığı, İstanbul'dan götürülen gazeteciler tarafından kare kare görüntülendi. İki kamu görevlisinin ortak olduğu eroinin yerine ulaştırıldığını biliyorum. Ergenekon o yıllarda tamamen yeraltına inerek uyuşturucuya bulaştı. Doğu'dan gelen eroinin Türkiye üzerinden geçişini organize ediyordu," demişti.

Hiçbir şüpheye yer kalmayacak kadar doğruluğuna inandım ve kamuoyuna açıkladım. Bu bilgi Emniyet Genel Müdürlüğü, Jandarma Merkez Komutanlığı ve MİT'in arşivlerinde de vardır. *Lucky-S* gemisinde yakalanmış olan uyuşturucunun iki tonluk kısmı sonradan Türkiye'de yakalandı. Yakalanan madde gemideki uyuşturucuyla aynıydı. *Kısmetim-1* ve *Lucky-S* gemileri şov için kullanıldı. Afganistan'a para değil, silah gider uyuşturucu gelirdi. Bu pislikleri vatanı PKK'dan kurtarmak bahanesiyle yapıyorlardı.

"Arslan, Küçük'e yeşil pasaport verdi" iddiası

Kısmetim-1 adlı geminin de, içinde uyuşturucu varmış gibi gösterildikten sonra boş haldeyken kasıtlı olarak batırıldığını öne süren Baybaşin, "*Kısmetim-1* yakalanmadan yedi-sekiz ay önce Emniyet ve İstihbarat birimleri bu gemiyi konuşuyorlardı. Gemi Dubai Ajman limanındayken bir personelinde 12 kilogram eroin yakalandı. Bundan ötürü *Kısmetim-1* limanda bir yıl bekletildi. ABD, İngiliz, Interpol ve Dubai görevlileri *Kısmetim-1* gemisini didik didik aradı. Bir gram uyuşturucu yoktu gemide. Ancak o dönemde, Türkiye'ye gemilerle uyuşturucu geldiği, bunların Avrupa ve dünyaya satılmak üzere hazırlandığı konuşuluyordu. Yahya Demirel, Emin Arslan ve Mestan Şenel'le bu gemi konusunu çok kez konuştum. Ayrıca, bu gemi gibi o yıllarda onlarca uyuşturucu yüklü gemi ülkeye gelerek, pazarlandı. Aynı şekilde Azerbaycan üzerinden araçlar da uyuşturucu madde getiriyordu," diyordu.

JİTEM kurucularından Ergenekon sanığı emekli Tuğgeneral Veli Küçük ile Mehmet Emin Arslan'ın birçok ortak iş yaptığını anlatan Baybaşin, "1991 yılında Emin Arslan, Veli Küçük'e verilmek üzere altı adet sahte yeşil pasaport ve aynı pasaportlar için kimlik ve silah ruhsatı ile birlikte silah götürüp Üsküdar'da bir oto galerisinde bırakmışlardı. Veli Küçük para yerine Mehmet Emin Arslan'a bir Mercedes araba teklif etmişti. Arslan, Küçük'ün onlara vermek istediği arabayı Vatan Caddesi'ndeki benim oto alım-satım yerime getirdiler. Arslan değerinden fazla para istiyordu. Beyaz bir Mercedes'ti. Mestan Şenel de İstanbul Narkotik şube müdürüydü," diye iddialarda bulundu.

Baybaşin'in mektubuna birçok ismi de dahil ederek Emin Arslan'ı suçluyordu. Ancak iddialarına konu olan tarihlerde Arslan, henüz KOM Dairesi'nde değil, İstihbarat Dairesi'nde görevli olduğu gibi karaciğer rahatsızlığı nedeniyle de yurtdışında tedavi görüyordu.

Üst düzey polislerin adının karıştığı uyuşturucu operasyonu

Tarihler 15 Eylül 2009'u gösterdiğinde birçok gazetede ya manşetten ya da ilk sayfadan büyükçe verilen haber, İstanbul Emniyet Müdürlüğü polislerinin yaptığı bir uyuşturucu operasyonuyla ilgiliydi. Haberlere göre İstanbul Narkotik Şube Müdürlüğü ekipleri, işadamı Habib Kanat'ın uyuşturucu imalatı yapılan depolarını basmış ve piyasa değeri 2 milyar TL olan uyuşturucu amfetamin hammaddesi ele geçirilmişti.

Haberlerde uzun süredir uyuşturucu ticareti yaptığının bilindiği ancak aleyhinde yeterli delil bulunamadığı için suçlanamadığı iddia edilen Kanat'ın 1,5 yıl sürdürülen teknik takip sonucu yakalandığı anlatılıyordu. İddiaya göre teknik takipler sonucu Kanat'ın Pendik ve Tuzla'da olduğu belirlenen üç imalathanesi ve bir deposuna baskın düzenlenmiş ve uyuşturucu hammaddesi olan 3 ton amfetamin ile 30 ton kimyasal madde ele geçirilmişti.

Operasyonda Kanat'la birlikte yüksek kimya mühendisi Doçent Hüseyin Rıza Işık'ın da aralarında bulunduğu 11 kişinin gözaltına alındığına da yer veriliyordu. Haberde, Kanat'ın ortağı olduğu ve üretilen uyuşturucuyu Ortadoğu'ya sevk ettiği öne sürülen zanlılar işadamı Şevket Hidayet ve oğlu Şıh Mehmet Hidayet'in isimleri ise rumuzlanarak verilmişti. Kimi gazeteler çetenin lideri olduğu öne sürülen Habib Kanat'ın uyuşturucu paralarıyla cami yaptırdığını anlatırken, kimisi de zanlılar arasında bulunan eski kimyager akademisyen Hüseyin Rıza Işık'ın, polise uyuşturucu operasyonlarında bilirkişilik yaparken uyuşturucu satıcısına dönüşünün hikâyesini anlatıyordu.

İddialar ilginçti ve haberler ertesi gün de devam etti. Hatta İstanbul Valisi Muammer Güler yanında İstanbul Emniyet Müdürü Hüseyin Çapkın'la beraber televizyonlarda basın açıklaması yaparak Türkiye tarihinin en büyük uyuşturucu operasyonlarından birinin yapıldığını söylüyor ve ele geçirilen 400 kilo uyuşturucunun piyasa değerinin 2 milyar lira olduğundan bahsediyordu. Ancak televizyonlar ve gazetelerde yapılan haberlerde bu kez öne çıkan unsur, uyuşturucu çetesinin polisten yardım aldığı iddialarıydı.

İddiaların ortasındaki isim ise Emniyet Genel Müdür Yardımcısı Emin Arslan'dı. Yine narkotikçi kökenli iki polis müdürü Murat Nemutlu ile Mustafa Aral'ın da çeteyle bağlantılı olduğunu anlatan, kaynağı da yine polis teşkilatı olan haberler, iddiaların Emniyet'te "deprem" yarattığını ifade ediyordu.

Doğan grubu medyasının daha itidalli yaklaştığı iddialar Cemaat medyasının manşetlerindeydi. Hatta *Yeni Şafak* gazetesi, "İki No'lu İsim Uyuşturucu Trafiğinde" manşetinin içinde, daha önce yayımladıkları ve tekzip de edilen Arslan'ın Ergenekon'la bağı olduğu yolundaki haberini de yeniden anımsatmıştı.

Arslan nihayet görevinden alındı

Haliyle konuyla ilgili tüm haberler, geçmişte yaptığı başarılı operasyonlarla birçok uyuşturucu çetesi liderini cezaevine gönderen Emin Arslan üzerinden anlatılmaya başlanmıştı. Arslan, uyuşturucu çetesinin lideri olduğu öne sürülen Habib Kanat'la, telefon dinlemeleri sırasında ortaya çıkan ilişkisi nedeniyle soruşturma kapsamında soruşturmayı yürüten İstanbul Cumhuriyet savcısı Mehmet Berk'e 17 Eylül 2009 günü ifade vermişti.

Yine telefon dinlemelerine takılan, operasyonu yapan KOM Daire Başkanlığı'na bağlı Köpek Eğitim Merkezi'nde görevli polis müdürü Murat Nemutlu ile Koruma Daire Başkanlığı'na bağlı Deniz Limanları Şube Müdür Vekili Mustafa Aral da ifade verenler arasındaydı. Arslan ve iki emniyet müdürü ifadelerinin ardından tutuklanma talebiyle sevk edildikleri mahkemeden tutuksuz yargılanmak üzere serbest bırakılsa da, savcılığın hakkında "gizlilik kararı" aldığı dosyayla ilgili tüm bilgiler devam eden günlerde önce gazetelerin sonra da televizyonların vazgeçilmez haberleri oldu.

Telefon dinleme kayıtları, fiziki takip tutanakları, BDDK raporları ve tanık anlatımları gibi delillerden yola çıkarak Arslan ve emniyet müdürleri Nemutlu ile Aral, "Habib Kanat'ı korumak ve kollamak; Kanat'ın yakalanmasının ertesinde aklanmasını sağlamaya yönelik girişimlerde bulunarak bu amaçla bilgi, belge ve delil toplamaya çalışmak; delilleri karartmak ve bilgi sızdırmak; Kanat ve Hüseyin Rıza Işık'la irtibat kurmak ve şahsi maddi çıkar sağlamak"la suçlanıyordu.

Emin Arslan ve Habib Kanat'ın oğullarının bir dönem ortak şirket kurduğu da iddialar arasındaydı. Sonradan gerçekten de ikilinin oğullarının bir dönem şirket ortaklıkları olduğu belirlendi. İddianamede, menfaat temini kanıt gösterilen olaylar arasında sayılsa da bu ortaklıkla ilgili Emin Arslan'ın oğlunun ne tanık ne de sanık olarak ifadesi alınmamıştı.

Arslan ve diğer iki polis müdürü iddiaları reddetseler de, savcı Mehmet Berk'in tutuksuz yargılanmaya yaptığı itiraz üzerine İstanbul 13. Ağır Ceza Mahkemesi heyeti üst düzey üç polis hakkında 24 Eylül 2009'da tutuklama kararı verdi. Arslan ile emniyet müdürleri Nemutlu ve Aral kendiliklerinden geldikleri İstanbul Beşiktaş Adliyesi'nde ertesi gün tutuklandı. Savcı Mehmet Berk tarafından polis müdürleri hakkında düzenlenen iddianame yaklaşık 4,5 ay sonra, 25 Ocak 2010'da İstanbul 9. Ağır Ceza Mahkemesi tarafından kabul edildi.

İlk duruşma tarihi de dört ay sonraya 27 Mayıs 2010 tarihine verilmişti. Aradan geçen dokuz aylık dönemde avukatlarının tüm tahliye talepleri reddedilen emniyet müdürleri hâkim karşısına çıktıkları ilk duruşmada tahliye oldular.

Ancak Arslan hakkında 24 Eylül'de verilen tutuklama kararının aynı gün İçişleri Bakanlığı'na ulaşmasının ardından görevden alınması için de hemen üçlü kararname hazırlandı. İçişleri Bakanlığı ile Başbakanlık'ta imzalanan kararname vakit kaybetmeden onay için Çankaya Köşkü'ne gönderildi. Basında çıkan haberlerden sonra İçişleri Bakanlığı'nın görevlendirdiği iki mülkiye müfettişinin hazırladığı ilk inceleme raporunda yer alan "olayın medyada yer alması, kamuoyunda büyük yankılara sebep olması ve Emniyet teşkilatı hakkında kamuoyunda yanlış düşüncelere yol açması sebebiyle..." şeklindeki gerekçeler ve tutuklu yargılanıyor olmaları nedeniyle de Arslan ve iki emniyet müdürü 4 Kasım 2009'da açığa alındı. Cumhurbaşkanı Abdullah Gül'ün onayıyla da Emin Arslan 13 Ocak 2010'da merkeze çekildi.

"Habib Kanat muhbirmiş"

Avukatlarının tahliye talepleri reddedilen polis müdürleri ise haklarında düzenlenen iddianamenin dört ay sonra açıklanmasının ardından başlayan yargılamaların beşinci ayında, dokuz ay tutukluluktan sonra tahliye oldular. Süreç içinde Habib Kanat'ın aslında Emin Arslan ve diğer iki müdür için bir dönem çalışan uyuşturucu muhbiri olduğu ve KOM Daire Başkanlığı'nda, kimliğini gizli tutmak için "X" muhbir diye kaydının bulunduğu ortaya çıkacaktı. Kanat'ın aynı zamanda, o dönemde KOM Daire

Başkanlığı'nda çalışan görevlilerin de aralarında olduğu birçok amir ve müdürle geçmişte görüşerek KOM Daire Başkanlığı için bir dönem çalışan uyuşturucu muhbiri olduğu ve vermiş olduğu bilgilerle ilgili birçok muhbir görüşme tutanağı düzenlendiği de ortaya çıkacaktı.

İstihbarat entrikaları

Emniyet müdürlerini cezaevine gönderen sürecin miladı Kaçakçılık ve Organize Suçlarla Mücadele Daire Başkanlığı (KOM) Narkotik Şube Müdürlüğü'nün 2006'da başlattığı bir soruşturmaydı.

"Erivan" adı verilen uyuşturucu kaçakçılığı soruşturması kapsamında, 2008 yılının Temmuz ayına kadar Ankara 11. Ağır Ceza Mahkemesi'nin verdiği izinle 148'inin kimliği hakkında bilgi verilmeyerek "X şahıs" olarak tanımlanan 335 kişiye ait telefon numarasıyla ilgili izleme ve dinleme kararı alınmıştı. 30 Temmuz 2008'de, operasyondaki görevi telefon dinlemeleri yapmak olan KOM Daire Başkanlığı Narkotik Şube Müdürlüğü'nde görevli bir polis memuru tarafından bir rapor tanzim edilmişti.

Bu raporda "Erivan kod adlı teknik takip destekli planlı projeli çalışmada yapmış olduğum teknik takip ve 'harici çalışmalar' neticesinde Hebo lakaplı, Miço lakaplı ve Şeto lakaplı şahısların sürekli görüştükleri şahısların daha çok yüz yüze görüştükleri ve bu şahısların bahse konu organizasyona katıldıkları ve üyeleriyle birlikte hareket ettikleri ve yakın bir zamanda uyuşturucu madde sevkıyatını gerçekleştirecekleri tarafımdan değerlendirilmektedir," yazıyordu. Bu rapordan yola çıkılarak 30 Temmuz 2008 tarihinde Ankara 11. Ağır Ceza Mahkemesi'nden raporda adları geçen kişilerin telefonları için dinleme kararı alınmıştı. Raporda Hebo lakabıyla tanıtılan kişi Habib Kanat, Miço da oğlu Mustafa Kanat'tı.

2001-2005 yılları arasında Emniyet'e bilgi taşıyan, dinleme kararı çıkartılan, yıllardır adına kayıtlı telefonu da dahil olmak üzere hakkındaki tüm bilgiler KOM Dairesi'nde "X muhbir" sıfatıyla kaydedilen Habib Kanat, haliyle bu daireye bağlı Narkotik Şube'de görev yapan polislerce de iyi tanınan biriydi. Daha sonra davanın sanıkları olan Murat Nemutlu ve Mustafa Aral dahil daha önce KOM Dairesi Narkotik Şube'de görev yapmış, halen de aynı birimlerde görev yapan, hatta bu operasyonda görev alan birçok amir ve müdür Habib Kanat'la muhbir sıfatıyla görüşmüştü. Buna rağmen adli makamlardan dinleme kararı alınırken Habib Kanat'ın adı ve Emniyet'le olan muhbir ilişkisi bilinmiyormuş gibi davranılmış, karar "Hebo" lakaplı bir kişiyi dinlemek için çıkarılmıştı.

Telefon dinleme izninin alınmasını sağlayan raporda dikkat çeken bir başka konu da "harici çalışmalar" sonucu birtakım bilgiler elde edildiğinin öne sürülmesiydi.

KOM Dairesi Narkotik Şube'de 2005 yılına kadar görev yapan davanın sanıkları olan polis müdürleri Nemutlu ve Aral, özellikle Ergenekon soruşturmalarında da sıklıkla başvurulan bu konuyu savunmalarında şöyle açıklıyordu:

> Raporda geçen "harici çalışmalar"dan kasıt İDB tarafından isimsiz, imzasız bilgi notu başlığı altında operasyonel birimlere gönderilen istihbarat notlarını içermektedir. Söz konusu istihbarat notlarına Emniyet'te sadece İstihbarat Daire Başkanlığı'nda mevcut teknik imkânlar sayesinde kişilerin geriye dönük telefon trafiğinden ve arşiv bilgilerinden yola çıkarak hukuken hiçbir geçerliliği olmayan ve hazırlayan açısından da hiçbir sorumluluk yüklenmeyen bilgiler bulunmaktadır.
>
> Bu sayede hedef olarak seçilen kişiler art niyetli olunması halinde istenilen her olaya, bir mizansen dahilinde hiçbir somut bilgi ve belgeye ihtiyaç duyulmadan rahatça bağlanabilmekte, şüpheli kişiler ve hayali örgütler yaratılabilmektedir.
>
> Ülkemizde son dönemde yaşanan hukuk karmaşası ve kaotik ortamın oluşmasında yukarıda anlatılan hiçbir hukuki değeri olmayan, görevlilerin insafına kalmış istihbari çalışmaların Emniyet birimlerince art niyetli bir şekilde soruşturma aşamalarında kullanılmasının çok önemli bir paya sahip olduğu yadsınamaz bir gerçektir.

Polis polisi dinledi, savcıdan gizledi

Nemutlu ve Aral'ın bizzat kendilerinin kaleme alarak mahkemeye sunduğu savunmalarında önemli bir ayrıntı daha vardı. Soruşturmayı yürüten KOM Daire Başkanlığı Narkotik Şube Müdürlüğü, bırakın elindeki muhbir görüşme tutanaklarını, bilgi ve belgeleri Kanat'ın telefonunun geriye dönük telefon kayıtlarını incelendiğinde dahi Emin Arslan, Murat Nemutlu ve Mustafa Aral'la ilişki içinde olduğunu bilmekteydi. Nitekim Habib Kanat'ın teknik takibe başlandığı günün ertesi, yani bir gün sonra dava dosyasında da bulunan Mustafa Aral'la telefon görüşmesi mevcuttu. Buna rağmen adli makamlardan Habib Kanat'ın dinleme kararı alınırken bu bilgi ve belgeler bildirilmemiş, gizlenmişti. Yani Habib Kanat'ın dava dosyasına da giren, telefonunun geriye dönük HTS kayıtlarının incelenmesinden üç polis müdürüyle yıllardır süren bir ilişkisi olduğu da zaten operasyonu yöneten birimlerce biliniyordu. Zanlı polis müdürlerinin savunmalarındaki iddialarına göre mahkemeden telefon dinleme izniyle Habib Kanat üzerinden kendileri dinlenip, takip altında bulundurulacaklardı.

Kanat'la ilgili alınan yasal takip kararı üzerinden polis müdürlerinin illegal takibi 30 Temmuz 2008'de başladı. Bu takibin illegal olduğu da polis müdürleri hakkında kamuoyu gözünde suçlu algısı yaratmak için kullanılan medyaya sızdırılan fotoğraflarla ortaya çıkacaktı.

Hedef uyuşturucu değil polislerdi

Operasyon süresince hakkında hiçbir dinleme ve izleme kararı olmayan Emin Arslan'ı, Habib Kanat'la çeşitli yerlerde birlikteyken gösteren fotoğraflar, Habib Kanat'ın yasal olarak takibine başlanıldığı 30 temmuz 2008'den 24 gün önce 7 ve 8 Temmuz 2008 günü çekilmişti. Başta Emin Arslan olmak üzere polis müdürlerinin tutuklanmasını ve görevden alınmasını sağlayabilmek için bu fotoğraflar medyaya sansasyonel bir şekilde servis edilmişti. İstenilen amaca da ulaşıldı. *Star* gazetesinde, Zafer Kütük imzalı, "Emniyet Müdürünü Yakan Fotoğraflar" başlıklı haberde[1], Arslan ve Kanat'ın birlikte olduğu fotoğraflara yer verilip, "Emniyet Genel Müdür Yardımcısı Emin Arslan'ın uyuşturucu baronu olduğu iddia edilen Habib Kanat ile irtibatını kanıtlayan adli delil niteliğindeki fotoğraflara *Star* ulaştı. Emin Arslan ile birlikte emniyet müdürleri Mustafa Aral ve Murat Nemutlu'nun, Kanat ve ekibiyle ortak planlamalar yaptığı buluşmalar, savcılık talimatıyla yapılan gizli izleme sonucu tespit edildi. Soruşturmayı yürüten cumhuriyet savcıları, tutuklama istemiyle İstanbul 13. Ağır Ceza Mahkemesi'ne yaptıkları başvuruda bu fotoğrafları dayanak gösterdi," deniliyordu.

Avukatlarının savunmasında Emin Arslan'ın bu fotoğraflarının çekildiği tarihte hakkında yasal takip izni olmadığı belirtilerek, polislerin bu durumu savcıdan gizlediğine vurgu yapıldı.

---

1 *Star*, 26 Eylül 2009.

Zaten, "Önleme dinlemesi adı altında ismim yazılmadan telefonumun İMEİ numarası üzerinden kanunsuz bir şekilde dinlenip eksiğim aranmıştır. Ben bu operasyondan önce herhangi bir operasyona monte edilmek için izleniyordum," iddiasında bulunan Emin Arslan'ın doğru söylediği de büyük sansasyon yaratan fotoğrafların dava dosyasının delilleri arasında olmadığı görülünce ortaya çıktı.

Zanlı polis müdürleri bu konuyu mahkemeye sunmuş oldukları savunmalarında şöyle izah ediyorlardı:

> Dava dosyasındaki tutanaklar ve fotoğraflar toplumda yaşayan tüm insanların yaptığı, arkadaşlar arasında sıradan, olağan, umuma açık restoranlarda 2-3 saat süren sıradan akşam yemeklerini içermektedir. Bu hayatın olağan akışı içerisinde, sosyal ilişkiler bağlamında gayet normal tavır ve davranışlardır. Ancak operasyonu yürüten birimler art niyetli olduğundan, hasmane bir tutum sergilenerek, bu olağan görüşme ve yemeklere ellerinde hiçbir somut bilgi, belge olmadan, dava dosyasına konu iddialarla hiç alakası olmamasına rağmen örgütsel görüşmeler olarak niteleyip adli makamları etkileme, kuvvetli suç şüphesi yaratılarak yanıltma amacıyla kullanmışlardır. Bununla da yetinmemiş, görüntüleri kasten basına sızdırıp medya ile paralel yargılama sağlanmıştır. Bu konu çok önemlidir. Zira Emin Arslan, Murat Nemutlu ve Mustafa Aral'ın tutuklanma gerekçelerinden biri fotoğraflı takip tutanaklarıdır. Dava dosyası incelendiğinde görüleceği üzere dava dosyamızda bulunan görüntülenmiş 8 tane fiziki takip tutanağının 7'si Nemutlu ve Aral'a aittir. Oysa uyuşturucu imalathanesinin sahibi olduğu iddia edilen Hüseyin Rıza Işık, bu imalathanede çalıştığı iddia edilen onlarca insan ve üretilen uyuşturucuyu yurtdışına ihraç edeceği iddia edilen Hidayet ailesinden bile kimsenin fotoğraflı fiziki takip görüntüleri dava dosyasında bulunmamaktadır. Tek başına bu konu bile soruşturmayı yürütenlerin nihai hedefinin uyuşturucu ile mücadele etmek veya iddia olunan örgüt üyelerinin suça ilişkin faaliyetlerini tespit etmek yerine Arslan, Nemutlu ve Aral'ı anılan soruşturmanın içerisinde olduğu izlenimini vererek, suça monte edebilmek olduğunu ortaya koymaktadır. İşte bu sebeple hiçbir somut bilgi ve belge olmamasına rağmen, art niyet ve hasmane bir tutumla bu akşam yemekleri örgütsel görüşmeler olarak lanse edilmiş bir suçmuş gibi gösterilmiş ve medya ile yürütülen paralel yargılamada bu fotoğraflar kullanılmıştır. Zaten bu yemekler gizli saklı değil aleni, umuma açık yerde yapılmış

ve telefonlar da takip edildiğinden operasyonu yürüten birimlerce bilinmektedir. İlgili birimlerin bunun yerine uyuşturucu imal ettiği ve ticaretini yaptığı iddia edilen şahısları takip edip tüm faaliyetlerini ve ilişkilerini deşifre etmesi gerekmez miydi? Böyle yapılsaydı dava dosyamızda çok önemli bir konumda olduğu iddia edilen Hidayet ailesinden şaibeli bir şekilde firar olmazdı. İddia olunan uyuşturucunun kime, nasıl, ne şekilde gittiği, gideceği tespit edilebilirdi. Bu yapılmamıştır. Çünkü bu operasyonda asıl amaç ve hedef emniyet görevlileridir. Bu dava dosyası incelendiğinde açıkça görülmektedir.

Ayrıca görüntüler ve takipler sadece restoranlarla sınırlı kalmıştır. Buna da bir anlam verememekteyiz. Acaba yemeğe katılanlar yemekten sonra nereye gidiyorlar? Bu nasıl izlemedir? Amaç uyuşturucuya yönelik faaliyetleri izlemek midir? Yoksa fotoğraf çekmek midir?

Ancak amaç hasıl olmuş, medyanın yaptığı yargısız infazla Arslan, Nemutlu ve Aral hakkında hüküm verilmişti. Fotoğrafların yayımlanmasından bir gün sonra *Hürriyet* gazetesinde Toygun Atilla imzalı, "Emin Abi'yi Çok Severim" başlıklı haberde de,[1] Arslan'ı cezaevine yollayan operasyonun arkasındaki isim, KOM Daire Başkanı Ahmet Pek, "Soruşturmanın gizliliği bizim namusumuzdur. Operasyon sürdüğü sırada ve şahıslar adliyeye gidene kadar Emniyet'ten en ufak bir sızma olmamıştır," diyerek fotoğrafların sızdırıldığı adresin savcılık veya başka bir Emniyet birimi olduğunu işaret ediyordu.

Emniyet müdürleri neden hedef oldu?

Zanlı emniyet müdürleri mahkemeye sundukları yazılı ve sözlü savunmalarında, KOM Dairesinin operasyondaki hedefinin uyuşturucu ticaretinden ziyade Emin Arslan'ın emniyet genel müdür yardımcılığı görevinden alınarak yerine atama yapılmasını sağlamak olduğunu öne sürüyordu. Nemutlu ve Aral'ın da, KOM Dairesi'nde örgütlü olduğunu öne sürdükleri Fethullah Gülen yanlısı polislerin içinde yer almamaları nedeniyle hedef haline geldiği de savunmada belirtiliyordu.

Bu polis müdürlerinin bir diğer ortak noktası ise üçünün de çalıştıkları görevlerinden haksız bir şekilde alınmaları üzerine yargı kararıyla görev yerlerine geri dönmeleriydi. Emin Arslan

1 *Hürriyet*, 27 Eylül 2009.

2006 yılında görevinden alınmış ancak Danıştay'ın göreve kesin iade kararıyla dönmüştü. Murat Nemutlu 2007'de KOM Dairesi'nden Ankara Emniyeti'ne, 2008'de ise Afyon Emniyet Müdürlüğü'ne tayin edilmişti. Mustafa Aral da 2005'te KOM Dairesi'nden Kastamonu Emniyeti'ne gönderilmişti.

2005'ten beri KOM daire başkanı olan ve polis müdürlerinin tutuklandığı uyuşturucu operasyonunu da bizzat yürüten Ahmet Pek tarafından tayinleri çıkarılan Nemutlu ve Aral da, tıpkı Emin Arslan gibi mahkeme kararıyla görevlerine iade edilmişti. Ancak yargı kararına rağmen görevlendirilmeleri yapılmayınca Nemutlu ve Aral, KOM Daire Başkanı Ahmet Pek ve diğer yöneticileri hakkında şikâyet dilekçesi de vermişti.

Cemaatçi akademisyen Önder Aytaç'ın yorumu

Polis Akademisi öğretim üyesi olmasının yanı sıra kamuoyunda daha çok Cemaatçi kimliğiyle bilinen Önder Aytaç, bir dönem yazarı olduğu *Taraf* gazetesinde "Emin Arslan Arlansa 'Semiz Kuş' da Ne?" başlıklı bir yazı kaleme almıştı.[1] Polis müdürlerinin adının karıştırıldığı olayı analiz eden Aytaç, emniyet camiasında Emin Arslan'ın nasıl tanındığıyla ilgili önemli tespitler yapıyordu. Gerçi sonradan, özellikle Hanefi Avcı'nın yazdığı kitaptan sonra bu yazısındaki tespitlere aykırı birçok başka yazı kaleme alsa da Arslan'la ilgili bölümünde Aytaç şöyle demişti:

> Emin Arslan'ın devrimci kişiliği ve özellikle de onun hakkında medyada yer alan iddiaların sunuluşu, benim de bu söylenenlere "inanmama" hakkımı kullanmama neden oluyor. Arslan; tabu kıran, kendisi ile çalışanları satmayan, yeniliklere açık, monşer ve dürüst birisidir.
>
> O "korkak ve pusucu" değil, risk alabilen cesur birisidir. Yıllar önce *Hürriyet*'ten Kadir Ercan'ın 1. sayfadan sürmanşet olan "İşte 5. Kat Çetesi" haberinden sonra; hakkında açılan soruşturmalarda bile; 'Ben, siz istiyorsunuz diye insanları harcayamam, dediklerinizi ispatlayın, hukuk tartsın ve değerlendirsin' deme yürekliliğini göstermiştir. Aynı direnci, "Emniyet'te Alevi yapılanma var," diyenlere karşı da ifade etmiştir.

1 *Taraf*, 21 Eylül 2009.

28 Şubat sürecindeki Polis Yüksek Şûrası'nda, Hanefi Avcı'nın 1. sınıf emniyet müdürü olmasına karşı çıkan "tatlı su demokratlarına" karşı da, onu savunup hakkını koruyan birisidir.

Arslan, ne "Semiz Kuş"a, ne "Hacı Müdür"e, ne Karanlık derginin bile kendisinden özür dilediği "özel güvenlik milyonerine", ne de AK Parti iktidarında "hidayete eren müdürlere" benzer. İşte bu nedenle de Başbakan Erdoğan'ın da, Bakan Atalay'ın da adamıymış gibi davrananlara inat, kişilikli ve karakterli bir duruş sergiler.

Ergenekon yanlısı yayınlara bilgiler servis eden "Semiz Kuş"lara bile dokunulmayan bir yerde, Arslan hakkında sa(v)lananlara karşı ben, yargı son sözü söyleyene kadar, inanmama hakkımı kullanıyorum.

Tolga Şardan, Saygı Öztürk haberlerinde gözlemlediğimiz şekliyle, muhabirler, haber olacak Emniyetçi ile ilgili bilgileri önceden alıyorsa, burada bilin ki –bu dönemin– "Semiz Kuş"u sayesinde medya üzerinden operasyon yapılıyordur. Emin Arslan'a karşı yapılan bu operasyonu, onun bu görevde kalması ile serbestçe at koşturamayan "Semiz Kuş(lar)"da ve uzantısı menfaat çetesinde aramakta yarar vardır.

3) HANEFİ AVCI

Ergenekon operasyonları sırasında "harcanan" emniyet personeli içinde en popüler olan hiç şüphesiz Hanefi Avcı'ydı. Avcı tutuklanmasından kısa süre önce yazdığı ve "Emniyet'i Cemaat'in nasıl ele geçirdiğini" anlatan kitabı *Haliç'te Yaşayan Simonlar-Dün Devlet, Bugün Cemaat* nedeniyle hedefe konulmuştu.

İkinci bölümde *Fethullah'ın Copları* isimli kitabından yararlandığımız Zübeyir Kındıra'yla *Birgün* gazetesinden Onurkan Avcı, Hanefi Avcı'nın kitabının çıkmasından hemen sonra bir söyleşi yapmıştı. 26 Ağustos 2010'da yayımlanan söyleşide Kındıra, öğrenci olduğu dönemde temelleri atılan Emniyet'teki Fethullahçı kadrolaşmanın geldiği noktayı, "Cemaat'in siyasi iktidardan da güçlü bir konumda bulunan, siyasi iktidara etki eden, yönlendiren bir güçte oldukları konuşuluyorken, Cemaat'in Emniyet'ten güçlü olup olmadığını tartışmak, abesle iştigal etmektir,"[1] diye açıklıyordu. Avcı'nın Cemaat'in avı olmaya mahkûm olacağını vurgulayan Kındıra şöyle devam ediyordu:

"Cemaatçi polisler, kendi kadrolaşmalarını tamamlayabilmek için önce Atatürkçü, demokrat, ulusalcı kesime yönelik operasyonlar

1 *Birgün,* 26 Ağustos 2010.

yaptılar. Daha okul sıralarında başlayan bu ayrıştırma, kendilerinden olmayanları karalama ve yok etme sistemlerini, aktif birimlerde daha da katı bir şekilde sürdürdüler. Dahası güçlendikçe, önce kendi yanlarında ve yakınlarında tuttukları ülkücü kökenli polisleri de safdışı etmek için aynı karalama yöntemleriyle suçlamaya başladılar. Ülkücü kökenli polisler de bunu tıpkı Hanefi Avcı gibi, yıllar sonra fark ettiler. Hanefi Avcı gibi "devletçi" polisleri de bir süre kızdırmadılar ama güçlenince pasifize etmeye başladılar. Avcı da bu nedenle bir müddet cemaate yakın gibi algılanmış, Cemaat'le kol kola görünmüş hatta Cemaat'in hedefine hizmet eden operasyonlara imza atmış olabilir. Telekulak operasyonu da buna örnek gösterilebilir. Bu bağlamda Hanefi Avcı'nın son çıkışı ve 2010 Ağustosu'nda yayımlanan kitabı, senelerdir gücü hakkında yayınlar yapılan Cemaat'in artık dış desteğe ihtiyaç duymayacak bir güce ulaştığını ve kendisinden olmayanların tamamını tasfiye etmeye yönelmesine bir karşı duruşu da simgeliyor. Ama bildiğim bir şey var ki, Cemaat'e dokunan yanar. Cemaat arkasına aldığı ABD desteği, CIA koruması ve katkılarıyla, devlet ve iktidar içindeki kadrolaşmasıyla önemli bir güçtür ve önceki örneklerinde olduğu gibi Avcı da, Cemaat'in avı olmaya mahkûmdur. Sadece bürokratik yaşamına son vermek zorunda kalması gibi bir fatura ile kurtulabilirse sevinmelidir. Fethullah Gülen hakkında dava açılmasına rağmen, örgütü hakkındaki soruşturmanın "soruşturmaksızın" takipsizlikle sonuçlanması ve bu takipsizlik kararı gerekçe gösterilerek Gülen hakkında beraat kararının Emniyet tarafından verilen belgeye dayandırılması unutulmamalıdır."[1]

Kındıra çok kısa süre sonra haklı çıkacaktı.

Hanefi Avcı'ya eleştiriler

Kitabın çıktığı ilk günlerde Avcı'yla telefonla konuşanlardan biri de bendim. Kendisini tanıyordum. Bu tanışmayı sağlayan da yıllar önce, Susurluk yıldızı olarak parladığı dönemde, hakkında işkenceci olduğuna dair yaptığım bir haberdi. Aslında iki haber demek daha doğru olur. *Radikal* gazetesinde yayımlanan bu haberlerden ilki Hanefi Avcı'nın işkencelerinin mağduru olan Şaban Dayanan'ın yaşadıklarını, diğeri de işkenceci Avcı ile mağduru Dayanan'ın yüzleşmesini konu ediniyordu.

O günden bu yana da zaman zaman telefonla hal hatır sorulan bir ilişki bağlamında sürdü bu tanışıklık. Elbette ki kitabı

1 *Birgün*, 26 Ağustos 2010 .

piyasaya çıktıktan sonra aramalarımız sıklaştı. Yazılanlara ilişkin fikir alışverişinde bulunuldu. Konuşmaları uzun uzun anlatmaya gerek yok elbet. Ama TV ekranlarından, gazete sayfalarından, internet üzerinden Hanefi Avcı'yı tanıyan ya da görüşen gazetecilere ilişkin estirilen fırtınaya bakınca, üstelik yasal ve yasadışı yollarla dinlenen telefon konuşmalarının tam da Avcı'nın işaret ettiği gibi Cemaat güdümlü medya organlarına servis edildiği bir ortamda ister istemez bir açıklama yapma gereği doğuyor.

Avcı'yla yaptığımız telefon konuşmasında da kendisine söylediğim üzere kitabının eksik kısmı kanımca işkenceciliğiyle yüzleşememesiydi. Evet, Hanefi Avcı, meslek yaşamının bir döneminde işkenceciydi. Her ne kadar kendisi daha sonra bununla yüzleşmeye çalışıp ve hatta kimi mağdurlarını bularak, biri de bu satırların yazarının tanıklığında olmak üzere, özür dilemiş olsa da bu bir dönem işkenceci olduğunu değiştirmeyecektir. Avcı yakasına, rahatlatmaya çalıştığı vicdanına yapışıp kalan bu insanlık suçunu, NTV'de katıldığı bir programda da, "1990'lı yılların sonuna kadar devletin tek sorgu tekniği işkenceydi, bir insanı alarak sorgulamaktı. Burada şahısları suçlamak kolay, bugün Türkiye'nin hiçbir yerinde işkence yapılmıyor ancak 1999'a kadar her yerde yapılıyordu," diyerek geçiştirmeyi tercih etti.

Her ne kadar mağdurlarını bulup kendisiyle görüşmeyi kabul edenlerinden özür dilese de, işkencenin öyle mahcup bir nedamet gösterisiyle geçiştirilemeyecek kadar ağır bir insanlık suçu olduğunu hukuk eğitimi almış Avcı da en az bizler kadar biliyordur. Ama hem kitabında yer vermemiş olmasından hem de sorulan soruları "devlet politikası buydu" diye geçiştirmesinden Avcı'nın kamuoyu nezdinde kendisinin aynı zamanda eski bir işkenceci olarak anımsanmak istemediğini söylemek mümkündü ki kendisi de sonradan bunu ifade etti zaten.

İşkenceci Avcı'nın hem de gazetecilerin tanıklığında özür dilemiş olması, Türkiye gibi insanlık suçu karnesinin her daim kırık olduğu bir ülkede o dönem için elbette olumlu ve beklenmedik bir adımdı. Şu ana dek başka bir örneğini de anımsıyor değilim. Ancak keşke, aradan neredeyse 15 yıl geçtikten sonra yazdığı ve özellikle işlenen konusu itibarıyla kamuoyunun gündeminden düşmeyeceğini bildiği tuğla gibi kitabının üçte ikisini ayırdığı meslek anılarının arasında da bu konuyla hesaplaşabilseydi.

Hem de bunu kimlerle yaptığını, kimlerin kendilerini görevlendirdiğini, ne hissettiğini neden pişman olduğunu anlatarak, bu suça dahil olan herkesin ismini de vererek yapabilseydi. Yapsaydı ve insanlar kendisini gördüğünde bir işkenceciyle karşılaşmanın ürpertisini de hissetseydi ne kaybedecekti? Belki kendisinin ya da özrünü ve dostluğunu kabul edenlerin değil ama başta bizzat kendi tezgâhından geçen diğerleri olmak üzere tüm işkence mağdurlarının ve işkencenin zaman aşımı işlemeyecek bir insanlık suçu olduğunu düşünenlerin umurunda olacaktı bu hesaplaşma. Yapmadı.

Eksiği olduğunu söylediğimiz kitapta suçlananlar yanında suçlanmayanlar da var elbet. Avcı, tıpkı Susurluk döneminde olduğu gibi yine bir devlet ya da sistem eleştirisi sonucunda kendisini demir parmaklıklar ardında buldu. Avcı'nın kitabının en çok tartışma yaratan bölümünü oluşturan ve en az destekçileri kadar da karşıtını bulan Fethullah Gülen Cemaati'ne ilişkin eleştirileri ve suçlamalarının dayanak noktasını kendisine yönelik bir komployu fark etmesinin yanı sıra Ergenekon soruşturmasının da oluşturduğunu söylemek yanlış bir tespit olmaz.

Ancak Avcı'nın, Susurluk'tan sonra Türkiye'nin derin devleti paçasından yakalayabildiği ikinci önemli milat kabul edilen Ergenekon soruşturmasının yürütülüş biçimi ve içeriğindeki kimi hukuksuzlukları sergilemek için seçtiği örnekler, en büyük yanlışları olarak önümüzde duruyordu. Bunlar, Hrant Dink suikastı ile kanlı Danıştay baskınıydı.

Avcı kitabında, Hrant Dink suikastını "milliyetçi arkadaş çevresinin" gerçekleştirdiği bir tepki olarak gördüğünü ve çözüldüğünü öne sürüyor. Tetiği çekenin, silahı ve hatta mermileri temin edenin bile bulunarak yargı önüne çıkarılarak cinayetin faillerinin ortaya çıktığını anlatıyor. Eğer sıradan bir sokak kavgasında işlenen bir cinayet olsaydı, Dink'in öldürülmesini sıradan bir polisiye olay gibi ele alan Avcı'ya hak verilebilirdi. Ancak söz konusu kişi devletin, kimi ulusalcı ve milliyetçi çevrelerin hedefinde olan, tehdit alan bir kişiyse bunu söylemek nasıl mümkün olabilirdi? Dink'i ölüme götüren olaylar zincirinde yer alan polis ve asker kamu görevlilerinin en hafifinden ihmal boyutuyla bu suikasta olan katkıları ya da iştiraklerini görmek istemiyordu Avcı. Bunun açıklamasını da, tıpkı kitabında eleştirdiği "kol kırılır yen içinde kalır" mantığı üzerinden yaptığını iddia etmemiz de mümkün.

Avcı, kendisinin de Gülen Cemaati'ne mensup olduğu öne sürülmesine karşın bizzat Cemaatçiler tarafından yerinden edilmek istenen eski İstanbul Emniyeti İstihbarat Şube Müdürü Ahmet İlhan Güler'i korumaya çalışırken bilerek ya da bilmeyerek tam da bu tuzağın içine düşüyor aslında. Avcı'nın benzer bir yanlışını da Danıştay suikastı bağlamında Ergenekon soruşturmalarının bütününe yönelik getirdiği eleştiride görmek de mümkün. "Acaba Avcı gerçekten kimi hukuksuzlukların yaşandığı, yürütülüş biçimi, içeriği ve sanıklarıyla gerçekten sorgulanmaya muhtaç yanları bulunan Ergenekon soruşturmasını zayıf göstermek için bu örnekler üzerinden mi yola çıktı?" diye bir kuşku düşüyor insanın içine. Kitabın devlet ve Cemaat diye ayrılmış iki ayrı bölümünde de ele alınan Ergenekon soruşturmaları ilk bölümde Türkiye'yi demokratikleşmeye götürecek bir adım olarak görünürken sonradan ciddi kuşkular barındıran bir dava haline dönmüş durumda. Ancak şu sorunun yanıtını özellikle AKP yandaşı ve Cemaat medyasının vermesi şart: "Hanefi Avcı'nın kitabında yazılanlarda Cemaat yerine Ergenekon sözcüğünü koysak acaba neler yazarlardı?"

Bir kitap yazdım, hayatım...

Susurluk'taki kazayla ortaya dökülen kirli ilişkiler ağının, Emniyet İstihbarat Daire Başkanı olarak TBMM'de kurulan Susurluk Araştırma Komisyonu'na verdiği ifadelerle kısmen aydınlatılmasını sağlayan Avcı o dönem kamuoyunun gözbebeğiydi. Basına kaynağı belirsiz bilgiler sızdırmakla da suçlanan Avcı'nın bir dönemin işkencecilerinden olduğu da kısa zamanda ortaya çıktı. Ancak yaptığı işkencelerin kurbanlarının bazılarından özür dileyerek kendisinden hayli söz ettiren Avcı daha sonraki süreçte de yapılan bir dizi yolsuzluk operasyonunda önemli rol üstlenmişti. Ancak Hanefi Avcı, KOM Daire Başkanlığı'nın ardından kızak sayılacak bir görevle önce Edirne'ye ardından da Eskişehir'e emniyet müdürü olarak atanmıştı.

"İl emniyet müdürlüğü nasıl kızak görev olur?" diye soranlara Avcı'nın görevlendirildiği Edirne ve Eskişehir'in AKP'nin iktidar olamadığı kentler olduğunu anımsatmakta fayda var. Yolsuzluklar konusunda dürüstlüğünden hükümet dahil kimsenin kuşku duymadığı Avcı'nın, AKP'li bir yönetimin olmadığı kentlerde kazara da olsa bir yolsuzluk tespit etmesi istenen bir durumdu çünkü.

Ancak özellikle Eskişehir için bu söz konusu olmadı. Avcı'nın uzun süren sessizlik dönemini bozan ise çarpıcı iddialar ortaya attığı yazdığı kitabı oldu. 20 Ağustos 2010'da piyasaya çıkan *Haliçte Yaşayan Simonlar-Dün Devlet Bugün Cemaat* adını verdiği kitabında Avcı, Fethullah Gülen Cemaati'nin devleti ele geçirdiğini iddia ediyordu.

Kitabında telefonlarının dinlemeye alındığını, komployu fark edince de İçişleri Bakanı'na şikâyette bulunduğunu anlatan Avcı, tüm yaşananları Başbakan'ın başdanışmanına anlattığını, aradan aylar geçmesine rağmen herhangi bir gelişme olmayınca da kitap yazmaya karar verdiğini söylüyordu. 28 Şubat sürecinde takındığı tutum nedeniyle de Fethullahçılar başta olmak üzere İslamcı cenahın adeta "taptığı" bu isim, 13 yıl sonra yazdığı bir kitapla baş düşman ilan edilmiş oldu.

Başta Cemaat medyası ve bu gruba angaje gazeteci ve yazarlardan Avcı'ya yönelik organize bir saldırı başladı. Önce kitabın, Avcı'nın terfi edememesine yönelik öfkeyle yazıldığı ve manipülasyon amaçlı olduğu söyleniyordu. Bu yorumun nedeni ise Hanefi Avcı'nın, inandırıcı bir belge ortaya koyamadığı gibi anlattığı olayları sübjektif yorumlayarak ortalığı bulandırması diye açıklanıyordu. En önemlisi ve bizce de haklı duran bir eleştiri ise Avcı'nın Ergenekon soruşturmalarını ciddiye almayarak, Hrant Dink suikastı ve Danıştay saldırılarının çözüldüğünü iddia etmesiydi.

"Cemaat devleti ele geçirdi"

600 sayfalık kitabın ilk kısmında Avcı, polislik görevindeki anılarından ve Kürt sorununa ilişkin birtakım siyasi çözüm önerilerinden bahsediyordu. Fırtına koparan ise Fethullahçıların Emniyet başta olmak üzere bürokrasideki örgütlülüklerinin artık devleti ele geçirme düzeyine vardığı iddialarını işleyen "Cemaat" başlıklı bölüm oldu.

Özellikle AKP taraftarları ile Cemaat medyası tarafından Avcı'nın, Anayasa'da kısmi değişiklikler öngören 12 Eylül 2010 referandumundan önce piyasaya çıkan kitabın ısmarlama olduğu ve zihinleri bulandırarak referandumda "hayır"cı kanadın önünü açma saikiyle hareket edilmesini sağlamak, Ergenekon ve Balyoz soruşturmaları ile yakın arkadaşı olan Emniyet Genel Müdür Yardımcısı Emin Arslan hakkında yürütülen soruşturmayı akamete uğratmak için kitabını yazdığı öne sürülüyordu.

Bu iddiaları kanıtlamak için de "yandaş" diye anılan medyada adeta bir savaş başlatılmıştı.

Avcı kitabında Emniyet, yargı ve TSK içindeki Fethullahçı yapılanma sorununun çözülmesi gerektiğini, aksi halde insanların özgürlüğü ve hayatı ile özel sektör ile holdinglerin tehlike altında olduğunu dile getiriyordu. Avcı, Cemaat'e bağlı polislerin, savcıların Cemaat'in amaçlarına göre davrandığını belirtirken Emniyet'in de Cemaat'e bağlı imamlar tarafından yönetildiğini söylüyordu.

Özellikle büyük illerde görevli polislerin bir kısmının sorumluları olan emniyet müdürleri ve valileri değil Cemaat imamını amirleri olarak kabul ettiklerini belirten Avcı şunları yazmıştı:

> Hatta etrafları Cemaat mensubu müdür ve amirler tarafından sarılmış durumda. Bu durumun farkındalar ve kısmen biliyorlar ama bilmiyor gibi davranıyorlar. Bazı operasyonları kendileri değil, Cemaat yanlısı polisler ile Cemaat yanlısı savcılar Cemaat imamlarının talimatları ile yürütüyorlar... Olay bir örgütün, cemaatin devlet içerisindeki elemanları vasıtasıyla yürüttüğü örgütsel bir faaliyettir, karşımızdaki kişiler polis, hâkim ve savcı değil, örgütün Cemaat'in elemanlarıdır. Devletin hukukunu değil, Cemaat'in talimatlarını yerine getirmektedirler. İstanbul, Ankara, Erzurum ve İzmir'deki bazı özel yetkili savcılar ile bu iller dışındaki bazı polis birimleri arasında illegal bir ilişkinin varlığı açıkça gözükmektedir... Gördüğüm manzara korkunç, kadrolu devlet adamları devleti yönetemiyor. Emniyet genel müdürü, hatta içişleri bakanı haklı olduğunu bildiği bir kişiyi, doğruluğundan emin olduğu bir olayı ya da davayı savunamıyor, güvendiği ve inandığı adamları tuzağa düşürülüyor, haysiyetleriyle oynanıyor ama onlar bu kişilere sahip çıkamıyorlar. Kozanlı Ömer kod adlı O.H.Ö. mü yoksa emniyet genel müdürü, daire başkanları mı polis teşkilatını yönetiyor?"

Emin Arslan'a kefil olunca dinlendi

Hanefi Avcı kitabında, Emin Arslan'a "Ben yaparım o yapmaz," şeklinde kefil olduktan sonra İstanbul Emniyeti'ndeki Cemaat lideri konumundaki polis şeflerinin, kendisinin toplumdaki saygınlığını sarsmak için kendisine komplo kurduğunu ve telefonlarını dinlemeye aldığını anlatıyordu. Kendisine bizzat Cemaat içinden üst düzey bir polisin dinlendiğini söylediğini belirten Avcı, bunun üzerine İçişleri Bakanı Beşir Atalay'a giderek Emniyet İstihbarat Dairesi'nin kanunsuz dinleme yaptığını, yalnızca kendisini değil birçok kişiyi dinlediğini, özellikle Emniyet ve İçişleri Bakanlığı yöneticilerini isim vererek dinlediklerini anlattığını da kitabında yazdı.

Avcı, Cemaat'le ilgisi bulunmayan ancak bu durumu kanıksamış görünen Emniyet Genel Müdürü Oğuz Kağan Köksal'a da gitti, durumu ve temaslarını bir de ona anlattı. Başına gelen hukuksuzluğu çözmek için yasal haklarını sonuna kadar kullanmaya çalışan Avcı, kendisi de Ergenekon savcıları tarafından, hem de mahkeme kararıyla dinlendiği ortaya çıkan İstanbul Cumhuriyet Başsavcısı Aykut Cengiz Engin'e de gitti. Başsavcı, Fatih Savcılığı'na suç duyurusunda bulunmasını istedi. Adli yollardan denetim yolu bulmak ve dinleme kararı veren hâkimlerle ilgili işlem yaptırmayı amaçlayan Hanefi Avcı Başsavcıvekili Turan Çolakkadı'ya da durumu anlattı. Sonra da Ergenekon üyesi olmakla itham edilen Ankara Başsavcısı'nı da bilgilendirdi.

Hazırladığı şikâyet ve ihbar dilekçelerini de Adalet ve İçişleri bakanlıkları, İstanbul ve Ankara başsavcılıkları, Ankara ve İstanbul Özel Yetkili başsavcıvekillikleri, Fatih Cumhuriyet Başsavcılığı ve Başbakanlığa iletti.

Hanefi Avcı dilekçeleri kurumlara ulaştırdıktan sonra Adalet Bakanı Sadullah Ergin'e giderek "Hâkimler isimsiz çok sayıda dinleme kararı alıyor," diye ihbarda bulunmuştu.

"Dinlemeler konusuna hâkim" durumdaki Bakan Ergin, isimsiz dinleme olamayacağını söylemişti. Teyit için dinleme ve teknik takibin merkezi Telekomünikasyon İletişim Başkanlığı'nın başkanını aradı. Başkan Fethi Bey ne yazık ki Bakan Ergin'i teyit etmemişti, "istihbari dinlemelerde çok sayıda isimsiz dinleme bulunduğunu" söylemişti.

Kitaptan anlaşılana göre Adalet Bakanı Ergin, dinleme mağduru Avcı'yı, "Dilekçe vermene gerek yok. Dilekçe olmadan da denetleme yapılabilir. Sen dilekçeyi geri çek," diye ikna etmeye de çalışmıştı. Ama Hanefi Avcı, hem de hukuksuz dinlemelerin nasıl ortaya çıkarılacağını anlattığı bir not ilave ederek şikâyet dilekçesini vermekten geri durmadı.

İçişleri ve Adalet Bakanlığı'na şikâyet dilekçesi vererek yaşananları Başbakan'ın başdanışmanına anlattığını belirten Hanefi Avcı kitabında bu süreci şöyle anlattı:

Başbakan'ın Başdanışmanı'na (Efkan Ala) olayı anlattım. Cemaat'in nerelere kadar sızdığını, neler yaptığını, ülkenin güvenliğini ve insanların özgürlüklerinin tehlikede olduğunu anlatmaya çalıştım. Aradan zaman geçmesine rağmen hareket görmeyince bu kitabın bir an önce yazılması gerektiğine inanıp yazmaya karar verdim.

Hanefi Avcı'nın bu kararını tetikleyen olay ise Ankara'da 28 Ocak 2010'da yapılan İl Emniyet Müdürleri Toplantısı'nda yaşandı. Toplantıya ara verildiğinde özel olarak görüştüğü Emniyet Genel Müdürü Oğuz Kaan Köksal, Avcı'ya, "Dilekçeni iade ediyoruz, müfettiş incelemesi yaptıramıyoruz çünkü bir defa müfettişler görevlendirilirse kontrol edilemeyebilir, her şeyi araştırabilirler. Bundan dolayı bakan dilekçenin iadesini istedi, ben de geri veriyorum," diyerek şikâyet zarfını geri verdi. Kitabında bu olayı anlattıktan sonra, "İçişleri Bakanı denetim yapmıyordu. Bakanı durduran kim ve ne olabilirdi? Başbakan'dan başka kim olabilirdi ki?" diye soran Avcı, "Kozmik odalarda birkaç gün süren aramalar yapıldı. Burada hangi şüphe ve delil vardı, hangi iddialar üzerine buralar arandı? Şimdi ben açıkça adres veriyorum, hukuksuz dinleme ve izlemeler var, bunları dilekçemde belirttim. İstihbarat Dairesi'nde Cemaat'in özel cihazları, elde ettikleri her türlü kanunsuz dinleme materyalleri mevcuttur, buralar neden aranmaz? Kozmik odanın aranmasında kimliği belli olmayan bir ihbarcı vardı, burada da ben açıkça ihbar ediyorum. Bulunacak yerleri de söylüyorum. İstanbul Emniyet Müdürlüğü İstihbarat Şubesi neden denetlenemez? İstihbarat Daire Başkanlığı'nda arama yapılsa, demirbaşa kayıtlı olmayan Cemaat'in kendine ait özel dinleme ve izleme aletleri bulunacağından hiç tereddüdüm yoktur," iddialarında da bulunuyordu.

AKP'lileri kızdırdı

Hanefi Avcı'nın iddiaları bunlarla bitmek bilmedi. Deniz Baykal'ın sevişme görüntülerinin yer aldığı gizli kamerayla çekilen video kasedin de Cemaatçiler tarafından kayda alınarak servis edildiğini öne süren Avcı benzer bir komplonun eski Ankara DGM savcısı Nuh Mete Yüksel'e de yapıldığını anlatıp, "Baykal başbakan olsaydı ve ülke için kritik bir karar arifesinde birileri çıkıp elimizde bu görüntüler var, eğer şöyle davranmazsanız bunları kamuoyuyla paylaşacağız deseydi acaba durum ne olurdu?

Acaba kaç bakan, kaç genel müdür, kaç komutan veya onların eşleri ve çocukları hakkında da bu veya benzeri görüntüler mevcuttur?" diyordu.

Danıştay saldırısı, Hrant Dink, Rahip Santaro cinayetleri ve Malatya Zirve Yayınevi katliamının yanında Ergenekon davasıyla ilgili görüşlerini de aktaran Avcı, Danıştay saldırısının ciddi bir delile dayanmadan Ergenekon'a bağlandığını iddia ediyordu. Saldırıdan sonra polisin, saldırgan Alparslan Aslan'ın telefonuyla ilgili teknik inceleme yaptığını, görüştüğü kişiler arasında takip altındaki Muzaffer Tekin'in adının ortaya çıkmasıyla saldırıyı Ergenekon'a bağladığını belirten Avcı, "Danıştay'a silahlı saldırı, Dink'in öldürülmesi, Malatya'daki Zirve Yayınevi katliamı gibi olayların görünen bugünkü faillerinden başka Ergenekon veya benzeri gruplar tarafından yapılmış olacağına mevcut deliller ve olayların oluş biçimine bakarak kimse beni ve makul birini ikna edemez. Bu iddialar zorlamadır... Ergenekon örgütünün varlığı konusunda yazılı belge, doküman, örgütsel faaliyet sayılabilecek bazı ilişkiler varsa da eylemleri konusunda hiçbir ciddi emare yoktur. Geçmişte Türkiye'de meydana gelen pek çok olayın (Malatya'daki Zirve Yayınevi Katliamı, Rahip Santoro Cinayeti) Ergenekon tarafından gerçekleştirildiği iddia edilerek epey bir süredir uydurma tanık vs. aranmaya başlandığı net olarak görülüyor. Amacın olayları aydınlatmak değil, Ergenekon'la irtibatlandırmak olduğu açıkça ortadadır," iddialarında da bulunuyordu.

Medyada büyük sansasyona neden olan kitabın çıkmasından iki gün sonra Başbakan Yardımcısı Cemil Çiçek bir açıklama yaparak, "Kanaatler üzerinden hüküm tesis etmek ne kadar doğrudur? Biz evvela olaya hukuk açısından bakarız ve deriz ki hâkim karar verirken anayasaya, hukuka ama her şeyden önce de dosyadaki delile bakar. Delil yoksa mahkûm etmek de olmaz. Siz bir yargıya varacaksanız bunu delillendirmiş olmanız gerekir. Delillenmiyorsa bu kanaat olarak kalır," yorumu yaptı.

25 Ağustos günüyse Başbakan Erdoğan, Show TV'nin canlı yayınında Avcı'nın kitabındaki iddiaları yanıtladı. Başbakan Erdoğan kitabı okumadığını bilgilerini İçişleri Bakanı Beşir Atalay'dan aldığını belirterek, "Yaptıkları talihsiz iştir. Devlet memurunun bir şeyler yazmasını bilmesi gerekir. Bunun yasa çerçevesinde kuralları var, bakanlık da teftişini yapıyor. İddialar üzerinde durmam, durmayı da gereksiz bulurum. Hayatta

benimle bir araya gelmiş biri değil. Bunu da gereksiz bulurum. Muhatabı üstleridir, gerekirse İçişleri Bakanı'dır. Bir başbakan il emniyet müdürü ile görüşmez. Öncelikle bakanıma saygısızlıktır bu," diyecekti.

Ertesi gün de Avcı'nın, merkeze alınmasını isteyen başvuru dilekçesi hızla işleme konularak iki gün sonra da görevinden alınmıştı. 27 Ağustos günü açıklama yapan bu kez İçişleri Bakanı Beşir Atalay'dı. Avcı'yı sert bir dille eleştiren Atalay, "Yapılan etik değil. Özellikle kendi teşkilatı ile yazılar yazması... Böyle yazılar yazacak olanlar görevden ayrıldıktan sonra istedikleri gibi yazarlar. Müfettişler ne gerekiyorsa yapacak... Üç müfettiş inceliyor. Ne gerekiyorsa yapılacaktır. Emniyet teşkilatı 220 bin kişilik teşkilattır. Polis teşkilatı, kurumsal güven araştırmasında TSK'nın önünde yer alıyor. Bu konudaki suçlamaları yanlış buluyoruz. 'Polis teşkilatı ikiye ayrılmış' diye bir şey yok. Somut iddialar olursa, bunların üzerine gidilir. Kamplara ayrılmış değerlendirmesi yanlış olur. Yanlış olan varsa üzerine gidilir. Yanlış yapanı içinde kolay kolay barındırmaz," diyordu.

Hanefi Avcı'ya soruşturma

Bakan Atalay'ın bahsettiği soruşturmanın kokusu kısa zamanda çıktı. Kitaptan ziyade dile getirilen iddialarla ilgili Avcı hakkında sekiz ayrı soruşturma açılmıştı. İkisi kitapla ilgili gazetecilerle görüşmeleri nedeniyle izinsiz basın açıklaması yapmak, altısı da kitapta yer alan iddiaları nedeniyle Emniyet teşkilatını küçük düşürmek, görevini kötüye kullanmakla ilgiliydi.

Açılan soruşturmalarla ilgili yılın sonuna doğru *Zaman* gazetesinde Sedat Güneç imzasıyla yayımlanan bir haberde[1] ise Avcı'nın meslekten ihracının istendiği anlatılıyordu. Habere göre; İçişleri Bakanlığı mülkiye müfettişleri, hazırladıkları raporda, Avcı hakkında iki ayrı ceza talep etmiş, "terör örgütüne yardım ve yataklıkta bulunduğu" iddia edilen Avcı'nın polislik mesleğinden ihracı talep edilmişti. Emniyet Genel Müdürlüğü Yüksek Disiplin Kurulu'nda ele alınacak müfettiş raporlarında Avcı'nın basına verdiği demeçler nedeniyle de, ihraç cezasının bir altı olan 24 ay kıdem durdurma talep edilmişti.

---

1 *Zaman*, 29 Aralık 2010.

"Avcı tutuklansın" diye hapse atıldılar

Ergenekon soruşturmasının yürütülüş biçimi ve içeriğinden zerre kuşku duymayan bir kör inanışa sahip olanlar ağırlıkta olmak üzere medyanın Hanefi Avcı ve kitabına takındığı tutum ise ilginçti. Medya ilk birkaç günün aksine sonraki süreçte genel olarak kitaba ilgisiz kalırken, AKP ve Cemaat bağlantılı olanlar da karşısında yer alarak saldırı amaçlı haberlere imza atıyordu. Hükümete ve Avcı'nın suçladığı Gülen Cemaati'ne yakın yayın organlarını anlamak bir yere kadar mümkündü ama "merkez medya" diye adlandırılan gazete ve televizyon kanallarının takındığı tutum şaşırtıcıydı.

Ergenekon'un iddiaları kanıtlanamayan "makbul itirafçı ve gizli tanıkları" kadar bile değer verilmiyordu bir polis müdürünün söylediklerine. Sisteme yönelik tam da kalbinden gelen eleştirilere kapalı gözler ve kulaklar bu iddiaları tartışmak yerine Avcı'nın kitabını neden yazdığını ve zamanlamasını dile getirdi.

Cemaat'e karşı çıkmanın çok kolay olmadığını, Fethullah Gülen'in insafına kalındığını vurgulayan ve "Cemaat'in hayatımın bundan sonrasını zindan edeceğini biliyorum, geçmişte birçok örgütün hedefi oldum. Ama bu defa başka bir şey olduğunun da farkındayım," diyen Avcı'nın bu öngörüsünde ne kadar haklı olduğu da kısa süre sonra anlaşılacaktı.

Devrimci Karargâh operasyonu

21 Eylül 2010'da İstanbul başta olmak üzere Ankara ve Bursa'da Devrimci Karargâh örgütüne yönelik eşzamanlı yeni operasyonlar kapsamında Sosyalist Demokrasi Partisi (SDP) ve bu partiye bağlı Toplumsal Özgürlük Platformu (TÖP) ve bazı legal kuruluşlar polis tarafından basılmıştı.

SDP İstanbul il ve Kadıköy ilçe binaları ile SDP ve TÖP yöneticilerinin evlerine düzenlenen baskınlarda Bursa ve Ankara'da birer, İstanbul'da 15 olmak üzere 17 kişi gözaltına alınmıştı. Bostancı'da Devrimci Karargâh üyesi Orhan Yılmazkaya'nın polisle girdiği çatışmada öldürüldüğü evden elde edilen parmak izleri üzerine başlatıldığı öne sürülen operasyonlarda gözaltına alınanlar arasında, SDP Genel Başkanı Rıdvan Turan başta olmak üzere aralarında yöneticilerin de olduğu birçok partili vardı.

Polisten yapılan açıklamada şüphelilerle birlikte beş tüfek, biri kurusıkı yedi tabanca, 166 adet çeşitli çap ve markalarda fişek, sekiz tabanca şarjörü ile sahte kimlikler ve çok sayıda örgütsel doküman ele geçirildiği bildirilmişti. SDP olaydan sonra yaptığı açıklamada parti yöneticisi ve TÖP üyelerinin Devrimci Karargâh'la ilgisi olmadığını belirterek, "Arkadaşlarımızın siyasi köken, mücadele tarz ve anlayışı itibarı ile de Devrimci Karargâh ile en ufak bir ilgileri bulunmamaktadır," deniliyordu. Emniyet'teki sorgularının ardından 24 Eylül 2010'da adliyeye sevk edilen şüphelilerden dördü serbest bırakılırken 13'ü ise tutuklanmıştı.

"İşkenceden arkadaşlığa"

Gözaltına alınıp tutuklananlar arasında bulunan en önemli isim kuşkusuz ki, 1980 öncesinde Hanefi Avcı'nın işkence tezgâhından geçen Necdet Kılıç'tı. Çünkü Avcı'nın nedamet getirip kendisini bularak özür dilemesinden sonra Kılıç'la aralarında arkadaşlık gelişmişti. Zaten Necdet Kılıç üzerinden tüm SDP'lilerin bir komployla dahil edildikleri operasyonlarla, aslında esas hedef olan Avcı'nın Devrimci Karargâh'a monte edilerek tutuklanması da sağlanacaktı. Öyle de oldu.

Yazdığı kitabıyla Emniyet'te var olan örgütlenme üzerinden Fethullah Gülen Cemaati'ni hedef alan Hanefi Avcı birkaç gün sonra, "örgüte yardım ve yataklık" ettiği iddiasıyla tutuklandı. Avcı zaten kitabında, Necdet Kılıç üzerine kayıtlı olan ancak kendisinin kullandığı ve kimsenin bilmediği telefonunun IMEI numarası üzerinden aylardır dinlediğini yazmıştı.

Hanefi Avcı, kitabında kendisinin nasıl dinlendiğini, "Sadece iki kişinin konuştuğu bir telefonun tespit edilmesiyle dinleme başlamış. IMEI numarası üzerinden mahkeme kararı alınarak dinleme yapılmış. Yasadışı terör örgüt elemanı gibi gösterilerek dinlendim," diye anlatmıştı.

Ancak Cemaat medyasında yer alan haberlerde, Avcı'nın büyük sansasyon yaratan kitabında Kılıç'ın, isminin geçmesi Devrimci Karargâh ile Hanefi Avcı bağlantısının kanıtı olarak sunuldu.

İddialara göre Orhan Yılmazkaya'nın evinde bulunan parmak izlerinden SDP'ye, oradan da örgütle ilişkisi olduğu tespit edilen isim olan Necdet Kılıç'a ulaşılmıştı. 1980 Darbesi öncesi THKP-C Kurtuluş Örgütü içerisinde faaliyet yürüten ve cezaevinde yatan Necdet Kılıç'ın telefonları Devrimci Karargâh soruşturması kapsamında teknik takibe alınmıştı. Necdet Kılıç üzerinden Avcı'ya ulaşılması ise bir dizi "tesadüfle" gerçekleşmişti.

Basına yansıyan ve Emniyet kaynaklı olduğu belli iddialara göre Devrimci Karargâh soruşturmasını yürüten polis, Necdet Kılıç üzerinden Hanefi Avcı'ya ulaşmıştı. Avcı'yla konuşmaları belirlenen Necdet Kılıç'ın ikinci bir telefonu olabileceği ihtimalinden yola çıkan polis "inanılmaz" bir yöntemle bu kuşkusunu haklı çıkaracak bir tespitte bulunmuştu.

Necdet Kılıç'ın evinin bulunduğu Beyoğlu Galatasaray bölgesinde yapılan çalışmalarda Tuğrul Çakır adına kayıtlı, "şüpheli" olduğu değerlendirilen bir telefon numarası tespit edilmişti. Şüphenin nedeni ise sadece "Ceyhun Ünlü" adına kayıtlı telefon numarasıyla görüşülüyor olmasıydı. Çakır ve Ünlü adına kayıtlı bu iki ardışık numaralı telefonların sadece birbiriyle görüşmek için kullanılmasından kuşkulanan polis bu telefonların aynı zamanda Necdet Kılıç'ın evinin bulunduğu bölgeden sinyal verdiğini de tespit etti.

Bu telefonların evinin bulunduğu bölgeden sinyal vermesi üzerine Necdet Kılıç'ın Devrimci Karargâh örgütü adına faaliyet gösterdiğini öne süren polis hâkim kararıyla 7 Kasım 2009'da dinleme kararı almıştı.

Yapılan teknik takip sırasında telefonların Necdet Kılıç tarafından değil Hanefi Avcı ile öğretmen sevgilisi Kezban Küçük tarafından birbirleriyle konuşmak ve mesajlaşmak için kullanıldığı da belirlenecekti. Bunun üzerine Kezban Küçük'ün telefonları dinleme kapsamından çıkarılırken, Hanefi Avcı izlenmeye devam edildi. İkilinin aynı zamanda Necdet Kılıç'ın evinde buluştukları da tespit edilmişti.

Yazdığı kitapta Necdet Kılıç'ın dinlendiğini Avcı'nın açıkça yazması üzerine de polisin yürüttüğü bu "çok gizli" operasyon deşifre olmuştu. Takip altında olduklarını fark eden örgüte yönelik operasyon öne çekilmiş ve gözaltılar gerçekleşmişti.

Zaten basına sızdırılan kaydedilmiş telefon görüşmelerinde Avcı'nın izleme ve takip altında bulundurulan Necdet Kılıç'a dinlendiğini ve dikkat etmesi gerektiğini söylemesi de soruşturmanın gizliliğinin ihlal edilmesi olarak yorumlanmıştı.

Özellikle Cemaat medyasında yer alan haberlere göre polis de zaten Avcı'nın bu bilgiyi vermesi üzerine operasyonları yapmıştı.

Dediği gibi hayatı zindan oldu

Hanefi Avcı ise arkadaşım dediği Necdet Kılıç'la ilişkisi hakkında hiçbir suç delili bulunmadığını, Devrimci Karargâh operasyonu hakkında Kılıç'a bilgi sızdırmadığını, haksızlığa uğradığını iddia ediyordu.

Ancak polis ve savcılık aynı kanaatte değildi. 28 Eylül 2010'da Ankara'da Emniyet Genel Müdürlüğü'ne giden Hanefi Avcı İstanbul Özel Yetkili savcısı Kadir Altınışık'ın çıkardığı "yakalama" müzekkeresi nedeniyle gözaltına alındı. Eskişehir'de boşalttığı emniyet müdürlüğü makamı ile henüz boşaltmadığı emniyet müdürü lojmanı arandı. Bazı evrak ve elektronik malzemelere el konuldu.

İstanbul'a getirilen Hanefi Avcı, Özel Yetkili savcı Kadir Altınışık'a ifade vermeyi reddetti. Yaşadıklarını komplo olarak değerlendiren Avcı, tutuklanma talebi ile nöbetçi 14. Ağır Ceza Mahkemesi'ne çıkartıldı. Mahkemede hâkimin sorularına yanıt veren Avcı, mahkeme tarafından örgüte yardım suçlamasıyla tutuklandı.

Hanefi Avcı tutuklanmasının "Cemaat operasyonu" olduğunu ileri sürse de tutuklanmaktan kurtulamadı ve Silivri Cezaevi'ne konuldu.

Devrimci Karargâh soruşturmasıyla arasında bağ kurulmasından sonra da, AKP yandaşı ve Cemaat'e angaje medyada Avcı'nın işkenceciliğiyle başlayan linç kampanyası bu garip örgütle arasında ne tür bir ilişkinin olduğuna yönelik sorgulamaya dönüştü.

Zaten Devrimci Karargâh'ın da "Ergenekon'un güdümünde" diye ilan edilmesi de işleri kolaylaştırdı.

(Devrimci Karargâh örgütü hakkında detaylı değerlendirmeyi kitabın 346. sayfasındaki "Bir garip örgüt: Devrimci Karargâh" başlıklı EK-5 bölümünde okuyabilirsiniz.)

Soruşturmada gizlilik kararı vardı ama dosyadaki polis tarafından kaydedilmiş telefon konuşmalarından, Hanefi Avcı'nın kime ne dediğine, sevgilisiyle nerede nasıl buluştuğuna kadar bir dizi ayrıntı Cemaat medyası eliyle toplumun gözüne sokulmuştu. Avcı'nın sevgilisi Kezban Küçük'ün de Devrimci Karargâh örgütü üyesi olduğu iddia edildi. Hemen ardından aslında Küçük'ün örgüt üyesi olmadığı ama Devrimci Karargâh'la ilintili Necdet Kılıç'ın evinde buluşulduğunda sevişme görüntülerinin gizlice kaydedilip şantaj yapıldığı ortaya atıldı. Bu da tutmayınca bu kez de ikilinin evliyken ilişkiye başladıklarından dem vurulup ahlaken ne kadar düşmüş olduklarından bahsedildi.

Avcı'ya, itibarsızlaştırmanın en büyük aracı haline gelen Ergenekoncu olmak ve "Ergenekon'un uyuyan derin hücresi" olmak suçlamaları da yöneltildi.

Sonrasındaysa Necdet Kılıç'a muhbirlik suçlaması yöneltilip Avcı'ya bilgi taşıdığı bile öne sürüldü. Ama her ne hikmetse hem muhbir hem de bilgiyi alan emniyet müdürü aynı örgütle ilişkilendirilip tutuklanmıştı.

AKP cenahı da, hem de en tepeden başlayarak, bu linç kampanyasından geri durmadı. 30 Eylül 2010'da Başbakan Yardımcısı Bülent Arınç, Emniyet Müdürü Hanefi Avcı'nın tutuklanmasına ilişkin hükümetin veya siyasi otoritelerin bir ilgisi ve dahlinin bulunmadığını belirterek şöyle diyordu:

> Kitabı ilgiyle karşılanmıştır ama şu anda devam eden başka bir soruşturma sebebiyle kendisi gözaltına alınmış ve daha sonra tutuklanmıştır. Gözaltına alanlar adli makamlardır, tutuklama isteminde bulunan savcıdır, tutuklayan hâkimdir. Yargı sürecinde cereyan eden bir olayla karşı karşıyayız. Bu tür olaylar da ilk değil. Soruşturma geçirmekte olan bir kişi hakkında söyleyecek başka bir söz bulamıyorum. Ancak kamuoyunda "Kitabı yazdığı için mutlaka bu tutuklama olmuştur," diye düşünenler var. Bu, yargıya inanmamak anlamına gelir. Yargısal sürecin işlediği bir yerde mutlaka hukuki tüm yardımlar, olanaklar, imkânlar ortaya konulacaktır. Hükümetin veya siyasi otoritelerin bu olayla bir ilgisi, bir dahli, bir katkısı olduğu kanaatinde değilim. "Kitap dolayısıyla gözaltına alındı," diyenlerin karşısında "Gözaltına alınacağını, böyle bir soruşturmayla karşılaşacağını biliyordu, onun için bu kitabı alelacele piyasaya çıkardı," diyenler de var. Ben onların yalancısıyım. Ama bir gerçek var. Ortada bir yargı süreci var, o yargı sürecini hepimiz büyük bir dikkatle takip etmeliyiz.

Aynı gün Adalet Bakanı Sadullah Ergin soruşturma sürecinin devam ettiğine işaret ederek, "İhtiyatlı yaklaşmak, beklemek lazım," diyordu. Avcı'nın kitabı yüzünden tutuklandığı yönünde yorumlar bulunduğunu ve iddialarıyla ilgili ne yapıldığını soran gazetecilere de Ergin, "Bu yorum Avcı hakkındaki iddialardan sadece bir tanesi, başka iddia ve yorumlar da bulunuyor. İddialarıyla ilgili de bakanlık soruşturmasında belli bir mesafe aldık. Avcı'nın müşteki sıfatıyla ifadesine başvuracağız," diye açıklama yapmıştı.

1 Ekim 2010 günü de Başbakan Tayyip Erdoğan, Meclis'teki yeni yasama yılı açılış resepsiyonunda BDP'li Akın Birdal'ın konuyu gündeme getirmesi üzerine, yürütmenin yargının talimatının gereğini yaptığını belirterek, "Burada Avcı'yla ilgili bir şey varsa bunun intisapları, bağlantıları nelerdir? Yürütme hepsini araştırmak durumundadır. Şimdi durup dururken yoldan geçen birini almıyorlar, değil mi?" diye tavrını ortaya koyuyordu.

Soruşturma avukata gizli, basına açık

Tüm bu hengâme arasında gürültüye giden ise Avcı'nın tutuklanması için kendilerine yönelik operasyon yapıldığını öne süren SDP ve TÖP'lülerdi. SDP Genel Başkanı Rıdvan Turan da dahil 17 kişinin gözaltına alındığı günlerde henüz ifadeler dahi alınmamışken özellikle Samanyolu TV ve *Zaman* gazetesinde "Emniyet'ten şok görüntüler" ve "Soruşturma derinleştirildiğinde örgütün illegal faaliyetlerini legal platformda maskelemek için SDP çatısı altında faaliyet yürüttüğü tespit edildi" gibi iddialar yer almıştı.

Haberlerde, gözaltına alınanlar AKP il binasına düzenlenen bombalı saldırıyla ilişkilendirilmekten de geri durulmuyordu. Rıdvan Turan'la birlikte 13 kişi aynı iddiayla tutuklanırken, soruşturmada "illegal faaliyet" diye yöneltilen soruların tamamının SDP'nin eylem ve etkinlikleri olduğu, söz konusu Devrimci Karargâh örgütüyle ilgili tek bir soru yöneltilmediği de birkaç gün sonra ortaya çıktı. Dosya hakkında "gizlilik" kararı varken ve zanlıların avukatları dahi bilgilere erişemezken "yandaş" diye anılan Cemaat medyasının yargıdan daha fazla bilgiye sahip olması eleştiriliyordu.

Soruşturma dosyasını avukatlar görmeden televizyonların yayınladığını belirten Rıdvan Turan'ın avukatı Gülizar Tuncer yapılan haberlerin gerçekten tamamen uzak ve kirli bir propaganda amaçlı yapıldığını belirterek, "Bazı basın kuruluşlarının misyonunun da bu olduğunu düşünüyorum. Soruşturma dosyasında gizlilik kararı bulunmasına rağmen basının bu haberleri nasıl servis ettiği ise düşündürücüdür. Bugüne kadar hiçbir evrak elimize geçmedi. Hatta hazır bulunduğumuz Emniyet ifadelerinin tutanakları dahi bize verilmedi. Gizlilik kararı bize verilmedi. Yani tarih ve karar numarasını bilemediğimiz bir gizlilik kararına itiraz etmek durumunda kaldık. Fakat daha operasyon başlar başlamaz basına bu gerçekdışı bilgiler niye verildi ona bakmak lazım," diyordu.

Necdet Kılıç'ın SDP üyesi olmadığını da belirten Gülizar Tuncer, "Kılıç ve Avcı'nın tanışıklığı üzerinden senaryo hazırlamıştır. Basın aracılığıyla Kılıç'ın Devrimci Karargâh üyesi olduğu ve Avcı ile tanışıklığından hareketle derin devletle ilişkide bulunduğu ve bunun üzerinden SDP'nin de benzer ilişkilerin içinde olduğu izlenimi yaratılmaktadır. Ancak bunlar maddi temeli olmayan kara propaganda. Devrimci Karargâh ilişkisini temellendirecek hiçbir somut delil yok. Toplumsal muhalefeti 'terör örgütü' ilan etme amacı da taşıyan bu tür haberlerin bir diğer hedefi de toplumda kendisini devrimci, sosyalist olarak tanımlayanları 'güvenilmez' ve 'derin devlet'le ilişkili gibi göstermektir. Hedeflenen, hiçbir aleyhe somut delil olmaksızın bütün bu toplumsal muhalefeti tek bir örgüt çatısı altında toparlayıp hepsine 'terör örgütü' diye suçlamayı amaçlayan bir yaklaşımdır," diye konuşuyordu.

Boşaltılan makam odasında dinleme kasetleri

Derken, Hanefi Avcı'nın haftalar önce boşalttığı Eskişehir Emniyet Müdürlüğü'ndeki makam odası aranmış ve iddiaya göre kamuoyunun yakından tanıdığı birçok ismin 24 ayrı kasede kaydedilen telefon dinleme kayıtları bulunmuştu. Kayıtlarda kamuoyunun yakından tanıdığı gazeteciler, siyasetçiler, kimisi Ergenekon sanıkları arasında bulunan askerler, mafya liderleri, MİT'çilerin de bulunduğu çok sayıda kişinin telefon görüşmeleri yer alıyordu. 22 sanıklı Devrimci Karargâh iddianamesinin en popüler şüphelisi durumunda olan Hanefi Avcı'nın tutuklanması üzerine AKP'ye yakınlığıyla bilinen kimi gazeteci ve yazarların da itirazlarını dile getirdiği yazılar kaleme almasından kısa süre sonra Avcı'nın odasında telefon dinleme kayıtları bulunduğu haberleri medyaya servis edilmişti.

İlginç olan ise dinleme kayıtlarının arasında Avcı'ya destek veren yazarların da bulunmasıydı. Öte yandan Avcı da cezaevinden yaptığı açıklamada Eskişehir'deki makam odasından çıktığı öne sürülen telefon dinleme kayıtlarının mağdurlarının basına yaptıkları açıklamalarda dinlemelerin 1994-1999 yılları arasında olduğunu söylediklerini belirterek, kendisinin bu tarihleri kapsayan dönemde istihbarat biriminde görevli olmadığını vurgulamıştı.

Avcı makam odasında adli zabıta görevi olmayan Emniyet Genel Müdürlüğü Terörle Mücadele Daire Başkanlığı görevlisi polis memurlarına arama yaptırılmasını anlamadığını belirterek kendisine komplo kuran Cemaat'e mensup polislerin arşivinde bulunduğunu belirttiği kasetlerin iftira amacıyla, sahte delil yaratmak için boşalttığı makam odasına konulduğunu söyledi.

Avcı, makam odasını aramalardan 28 gün önce boşalttığını ve tutanak da tutturduğunu belirterek hakkında düzenlenen komplonun parçası olarak dinleme kasetlerinin odasında bulunmuş gibi gösterildiğini söylüyordu. 4 Şubat 2011 günü İstanbul 12. Ağır Ceza Mahkemesi tarafından kabul edilen Devrimci Karargâh soruşturması iddianamesinde yer alan bilgiler de, iddianamenin 20 numaralı sanığı olan Avcı'nın açıklamalarını doğruluyordu. Konuyla ilgili yürütülen soruşturmada ifadesi alınan Eskişehir Emniyet Müdürlüğü'nde görevli polis ve idari büro çalışanları Hanefi Avcı'nın, makam odasından çıktığı öne sürülen telefon dinleme kayıtlarının bulunduğu çantayı hiç görmediklerini söylüyordu.

Avcı'nın makam odasında Emniyet Genel Müdürlüğü Terörle Mücadele Daire Başkanlığı görevlileri tarafından 28 Eylül 2010 günü yapılan aramada, dinlenme odasında bulunan gardırop üzerindeki siyah renkli laptop çantası içinde 24 adet teyp kasedi bulunduğu iddianamede belirtildi.

Kasetlerin yapılan incelemesinde aralarında gazeteciler Fatih Altaylı, Mehmet Ali Birand, Ayşe Arman, Cüneyt Özdemir, Kadir Çelik, Uğur Cebeci, Ünal İnanç, Enis Berberoğlu, Uğur Dündar, Ertuğrul Özkök, Necdet Açan ile eski başbakan Mesut Yılmaz, eski bakan Mehmet Ali Yılmaz, Sarıyer eski belediye başkanı Yusuf Tülün, eski milletvekilli Ahmet Özal, Özer Çiller, Deniz Kuvvetleri eski komutanı Güven Erkaya, Ergenekon sanığı emekli Tuğgeneral Veli Küçük, emekli Orgeneral Çevik Bir, emekli Tümgeneral Erdal Şenel, Haydarpaşa Askeri Hastanesi Başhekimi Tümgeneral Çetin Harmankaya, işadamları Erol Aksoy, Enver Ören, Korkmaz Yiğit, Jefi Kamhi, Emin Cankurtaran, MİT'çi Mehmet Eymür, eski vali Kemal Yazıcıoğlu, emniyet müdürleri Mutlu Çelik, Reşat Altay, İsmail Taşkafa, YÖK Denetleme Kurulu Başkanı Sedat Arıtürk, Bedrettin Dalan, mafya liderleri Sedat Peker, Alaattin Çakıcı, Ali Yasak, Susurluk hükümlüsü Erol Evcil ve Tuncay Güney ile açık kimlikleri tespit edilemeyen çok sayıda kişinin telefon dinleme kayıtları olduğu tespit edildi. İddianamede, diğer kasetlerin, 2000 yılından önce oluşturulduğu değerlendirilen toplam 225 adet telefon dinlemelerine ait kayıt olduğu belirtildi.

İddianamede, Hanefi Avcı'nın Eskişehir'deki makam odasında yapılan arama sırasında kayda alınan görüntülerin çözümünden de bahsedildi. Görüntülere göre dinleme kayıtlarının bulunduğu 24 teyp kasedinin yer aldığı siyah renkli laptop çantasının makam odasının dinlenme bölümünde yer alan gardırop üzerinde olduğu belirtilerek, "Kasetlerle birlikte çanta içerisinde, "Sn. Hanefi Avcı Bey'in dikkatine" diye başlayan "Hüseyin Özalp Asayiş Dairesi Başkanı" diye biten şüpheli Hanefi Avcı'ya hitaben yazılmış bir sayfadan ibaret bilgisayar çıktısı olduğu değerlendirilen belgenin bulunduğu, bu belgenin altında kırmızı naylon dosya içerisinde görüldüğü kadarıyla "Umum Emniyet Müdürlüklerine" ve "Eskişehir Cumhuriyet Başsavcılığı'na" hitaben yazılmış resmi evrakların bulunduğu, evraklar üzerinde "Müdürüm O. Evi ile ilgili... boş vaktinizde göz atarsınız diye gönderdim saygılar" içerikli elyazısıyla yazılmış küçük sarı not kâğıtlarının yapıştırıldığının görüldüğü, kasetlerin alındığı, yukarıda bahsi geçen belgelerin tekrar aynı siyah çanta içerisine konulduğu, çantanın da gardırop üzerine konulduğu anlaşılmıştır," denildi.

Parmak izleri halen inceleniyor

İddianamede yer alan bilgilere göre, Terörle Mücadele Şube Müdürlüğü'nce 24 adet teyp kasedindeki görüşmelerden bir kısmı çözümlenemedi. Çözümleri yapılamayan ve içerisinde anlaşılamayan bölümlerin bulunduğunun bildirilmesi üzerine, 7-11-12 ve 17 rakamları ile numaralandırılmış kasetlerin anlaşılamayan bölümlerinin anlaşılabilir hale getirilmesi amacıyla TÜBİTAK görevlilerine teslim edildi.

Kasetlerin ele geçirildiği çantada ve iki adet naylon poşet üzerindeki 65 adet vücut izinin de mukayese işlemlerinin devam ettiği, bittiği takdirde savcılığa gönderileceği de iddianamede belirtilerek, "Bahse konu çanta üzerinde parmak izi çalışması yapılabilmesi için İstanbul Emniyet Müdürlüğü'ne gönderilmiş, Olay Yeri İnceleme ve Kimlik Tespit Şube Müdürlüğü görevlilerince mühürlü torba içerisinden çanta ile birlikte çıkan iki adet naylon poşetlerin üzerinden (65) adet vücut izi elde edilmiştir. Mevcut izlerin mukayeseleri devam etmekte olup, ilgili raporlar gönderildiğinde dosyasına konulacaktır," denildi. Olay Yeri İnceleme ve Kimlik Tespit Şube Müdürlüğü'nün 2 Aralık 2010 tarihli yazısına da yer verilen iddianamede, "Kaset dış kapları üzerinden altı adet parmak izinin tespit edildiği, bu izlerin mukayeseye elverişsiz nitelikte oldukları bildirilmiştir," ifadeleri yer aldı.

Dinleme kayıtlarını Avcı'nın odasına kim koydu?

Ancak konuyla ilgili medyada çıkan haberler üzerine 11 Ekim 2010 günü İstanbul Cumhuriyet Başsavcılığı'na bir dilekçe yazan Avcı, 31 Ağustos 2010'da makamını boşalttığını ve tüm eşyalarını da liste halinde aldığını belirterek suçlamaları reddetmişti. Bunun üzerine İstanbul Cumhuriyet Başsavcılığı, Eskişehir Cumhuriyet Başsavcılığı'ndan konunun araştırılarak kendilerine bilgi verilmesini talep etti. Yapılan soruşturmada Eskişehir Emniyet Müdür Vekili Abdülkadir Kutlu, Özel Kalem Büro Amiri Nazmi Ayhan ile makam şoförü, koruma, büro memuru ve sekreter olarak görev yapan polisler Cengiz Ayhan Oktay, Veli Buğdaycı, Muharrem Karagür, Kemal Altınsoy, Ramazan Alpay, Şener Karadan, İlker Yıldırım, Merzuka Büyükbayram ile makam odasının temizliğini yapan Cüneyt Göktepe'nin tanık sıfatıyla ifadeleri alındı. İddianamede, söz konusu kasetlerin Avcı'ya ait olmadığını belirten ifadeler şöyle yer aldı:

Emniyet Müdür Vekili Abdülkadir Kutlu "Hanefi Avcı 31 Ağustos 2010'da Emniyet Müdürlüğü görevinden ayrıldı. İvedi olarak ilişik kesmek durumunda kaldığı ve müfettişlerin de soruşturma yapmaları nedeniyle Eskişehir'den ayrılmadı. Yaklaşık bir hafta süreyle veda ziyaretleri amacıyla zaman zaman makamına geldi. İlişik kestikten bir hafta sonra Eskişehir'den ayrıldı. Uzun süre kullanmadığı makam odasını 28 Eylül 2010'da yapılan aramadan sonra kullanmaya başladı."

Makam şoförü Cengiz Ayhan Oktay: "Hanefi Avcı'nın geliş ve gidişlerinde elinde söz konusu laptop çantasını görmedim. Evinden makamına getirmiş olduğu laptop bilgisayara ait çantasına da benzemiyor."

Makam şoförü Muharrem Karagür: "Bana gösterilen laptop çantasını hiç görmedim. Aynı zamanda Hanefi Avcı'nın elinde gördüğüm laptop çantasıyla da aynı değil."

Makam şoförü Kemal Altınsoy: "Hanefi Avcı'nın zaman zaman elinde gördüğüm laptop çantası ile bana gösterilen aynı değildir."

Makam şoförü Veli Buğdaycı: "Bana gösterilen laptop çantasını ilk kez gördüm."

Koruma polisi Ramazan Alpay: "Bana gösterilen laptop çantasını ilk kez gördüm. Hanefi Avcı zaman zaman ikametinden laptopunu bir çanta içerisinde getirirdi ancak o çanta bana gösterdiğiniz gibi deri değil kumaşımsı bir cinsteydi."

Koruma polisi Şener Karadan: "Savcılık aramasına kadar makam odası hiç kullanılmadı. Hanefi Avcı'nın elinde zaman zaman laptop çantası gördüm ama o çanta ile bana gösterilen çanta aynı değil. Avcı'nın kullandığı deri değil kumaşımsı bir cinsteydi."

Polis memuru İlker Yıldırım: "Hanefi Avcı'nın tayini çıkması nedeniyle makam odasında bulunan eşyaları Nazmi Ayhan'la birlikte topladık. Avcı kendisine ait eşyaları masanın üzerine koydu ve biz de kolilerle yerleştirip liste tanzim ettik. Dinlenme odasında bulunan gardırobun yüksekliği yaklaşık 2,5 metre, genişliği de yaklaşık 1,5 metredir. Gardırobun üzerinde herhangi bir eşya bulunması halinde girişte görülürdü. Makam odasına sık sık girip çıkardım ve bana gösterilen laptop çantasını ilk kez görüyorum. Hanefi Avcı ayrıldıktan sonra makam odasını kimse kullanmadı. Mesai bitiminden sonra kapıları kilitleyerek ayrıldık."

Özel Kalem Büro Amir Vekili Nazmi Ayhan: "Polis memuru İlker Yıldırım'la birlikte makam odasındaki eşyaları toplayarak kolilere yerleştirdik ve listesini yaptık. Hanefi Avcı'nın Eskişehir'den ayrıldıktan sonra aramaya kadar olan süre içinde makam odasını kullanan olmadı. Ben 28 Eylül 2010'da yapılan arama başladıktan 10 dakika sonra göreve geldim. Arama sırasında el konulan CD ve kasetler bana paraflattırıldı. Dinlenme odasında bulunan gardırobun üzerinde siyah bir çanta görmedim. Eşyaları topladığımız sırada gördüğümüz her eşyanın Hanefi Avcı'ya ait olup olmadığını kendisine sorduk. Böyle bir çanta olması halinde onu da sormamız gerekirdi. Savcılık araması tamamlandıktan sonra bana paraflattırılan kasetleri görevlilere sorduğumda bana dinlenme odasında bulunan gardırobun üzerinde bulunan siyah renkli çantadan çıktığını söylediler. Ama gardırobun üzerinde çanta olması halinde de görürdük."

Temizlik görevlisi Cüneyt Göktepe: "Hanefi Avcı görevden ayrıldıktan sonra birkaç kez veda ziyareti amacıyla makam odasına geldi. Eskişehir'den ayrıldıktan sonra makam odasını kullanan olmadı ama ben her gün makam odasının temizliğini yaptım ama dikkatimi çeken herhangi bir durum yoktu. Hanefi Avcı görev yaptığı sırada ve görevden ayrıldıktan sonra dinlenme odasında bulunan gardırop üzerinde herhangi bir eşya görmedim. Olsaydı girişte gözüme çarpardı."

Sekreter Merzuka Büyükbayram: "Arama sırasında ben yoktum. Genelde sekreter odasında olduğu için makam odasındaki eşyalar hakkında bilgi sahibi değilim."

2011 Ocak ayı sonunda Ergenekon sanıklarından teğmen Mehmet Ali Çelebi'nin cep telefonunun rehberine de gözaltında tutulduğu sırada İstanbul Emniyet Müdürlüğü'nde görevli polislerce Hizbut Tahrir örgütü üyesi olduğu iddia edilen Mahmut Oğuz Kazancı'nın telefonunun rehberinin kopyalandığı da ortaya çıkmıştı.

Konu üzerine İstanbul Emniyet Müdürlüğü'nden yapılan açıklamada söz konusu işlemin "sehven" (yanlışlıkla) yapıldığı öne sürülmüştü. Ergenekon soruşturmalarının birçok şüphelisi de zaman zaman polislerin sahte delil ürettiklerini öne sürmüştü.

"Asıl Karargâh, Philadelphia'nın Ağlayan Adamının Etrafında"

Avcı'ya ve onun üzerinden sosyalist kimlikleriyle bilinenlere yönelik bu komplonun içine dahil edilenlerden biri de Mahir Sayın'dı. Hanefi Avcı'nın ulaştırdığı bilgilerle, örgütün "son anda polisin elinden kurtularak" yurtdışına kaçan lideri olarak anılan Sayın, www.bianet.org isimli internet sitesinde 01 Ekim 2010'da, "Asıl Karargâh, Philadelphia'nın Ağlayan Adamının Etrafında"[1] başlıklı bir yazı kaleme aldı. Komplonun amacının Hanefi Avcı'yı susturmak olduğunu vurgulayan Sayın yazısında özetle şunları dile getirmişti:

> Hayatımda muhtelif örgütlerin mensubu olmakla birçok kez suçlandım. Hepsinde bir ciddiyet, bir yanından gerçeğe dokunma vardı kuşkusuz. Ama 21 Eylül 2010 tarihinde SDP, TÖP, *Red*, *Dönüşüm*, *Bilim ve Gelecek* dergilerinden insanların tutuklanması sonucu benim

1 http://bianet.org/bianet/siyaset/125160-asil-karargâh-philadelphianin-aglayan-adaminin-etrafinda

de Devrimci Karargâh isimli örgütün "üst düzey yöneticisi/lideri" olarak soruşturulmam kadar tuhaf bir örgüt işiyle karşılaşmadım.

Bundan daha komik olanı zamanın Perinçekçilerinin 1971 yılında polis tarafından "oportünistler örgütü" olarak tutuklamasıydı.

14 Eylül tarihinde işlerim dolayısıyla İsviçre'ye gitmiştim. 21 Eylül'de yapılan tutuklamaların basına yansımalarını görünce şaşkınlıktan küçük dilimi yuttum. Özellikle Samanyolu TV edepsiz bir kolaj yaparak ya da polisten alıp yayınlayarak müthiş bir terör örgütünün İstanbul polisi tarafından ortaya çıkarıldığını haber veriyordu. Legal bir partinin başkanı ve yürütme kurulu üyeleri, dergi çevrelerinden insanlar yazarlar terörist diye tutuklanıyor ve benim de operasyonu önceden öğrenerek yurtdışına kaçtığım anlatılıyordu. Hem de nasıl?

Emniyetçi Hanefi Avcı'nın, Necdet Kılıç'a, onun Doğan Fırtına'ya, Fırtına'nın da bana haber vermesi sonucu ben operasyondan haberdar oluyorum ve "örgüt arkadaşlarımı durumdan haberdar etmeden" operasyondan bir hafta önce yurtdışına legal yollardan firar ediyorum! Beni adım adım izlemekte olan İstanbul polisi ise normal yollardan çıkış yaptığım Sabiha Gökçen Havaalanı'na kadar izimi süremediği için olsa gerek, üzerinde Salih Mahir Sayın yazan kimliğimle uçup gidiyorum.

Mesele neymiş? Devrimci Karargâh denilen örgütü yönetmekteymişim ve Hanefi Avcı da bu örgütle ve benimle bir biçimde ilişkili ki, beni uyarıyor. Ama "ben değişik partilere/örgütlere dağılmış" arkadaşlarımı uyarmıyorum! Ben kaçıyorum onlar tutuklanıyor. Hepsinden komik olanı da H. Avcı beni kurtarmak için (!) kendini böylesine riske atarak tutuklanmayı bekliyor? Madem kaçmak gerekli bir yol, kendisi neden kaçmıyor ve susturulmasına izin veriyor? Benden başka önemi olan hiç mi başka insan yoktu ki onlara haber verilmiyor?

Bunlar normal aklın yanıtlayabileceği sorular değil. Bu ancak telaş içerisinde senaryo hazırlayan Terörle Mücadele Dairesi görevlilerinin kendilerini ikna edebilir. Ama işin ilginç yanı bu akıl kabul etmez senaryoyu hukuk okumuş savcı ve hâkim de kabul ediyor ve 13 kişi bir çırpıda tutuklanırken dört gün sonra onlara Hanefi Avcı da ekleniyor. Demek ki, H. Avcı'nın iddiaları doğru Cemaat devlet kurumları içerisinde öylesine yan bir hiyerarşi oluşturmuş ki, en akıl almaz senaryolarla bile insan tutuklanabiliyor. H. Avcı da tutuklanmam iddialarımı doğrulamıştır.

Daha bitmedi. Benim Hanefi Avcı ile bırakalım aynı örgütün içinde veya yakınında durmayı, sanırım aynı caddeden bile geçmişliğim tartışılabilir. Kurtuluşçulara işkence yapmış eski bir emniyetçi olması dolayısıyla varlığımdan haberdar olabilir ama işkencecim bile olmamıştır!.. Bu kadar alakasız duran insanların nasıl oldu da yolları böyle bir davada kesişti?.. Nereden bakarsanız ipe sapa gelmez bir senaryo. Bütün mesele, H. Avcı'yı susturabilmek için bir örgüt bağlantısı uydurma ihtiyacından kaynaklanmaktaydı... İt iti ısırmaz derler ama bunlar ısırıyorlar... Biz de komplonun ana karargâhını deşifre edelim. Asıl Karargâh, karşı devrimci karargâh Recep Tayyip Erdoğan'ın karşısında el pençe divan durduğu, referandum başarısındaki katkıları dolayısıyla selamlar gönderdiği Philadelphia'nın ağlayan adamının etrafında kurulmuştur.

Dün polis, bugün örgüt üyesi

Yazdığı kitapla bir anda hedef haline gelen Hanefi Avcı'nın da sanıkları arasında bulunduğu Devrimci Karargâh soruşturmasının iddianamesi İstanbul 12. Ağır Ceza Mahkemesince 4 Şubat 2011 günü kabul edildi. İddianamede Avcı DK örgütüne yardım ve yataklık, SDP'lilerin de aralarında bulunduğu diğer şüpheliler de örgüt üyesi olmakla suçlandı. 14'ü tutuklu 22 kişi hakkında hazırlanan iddianamede Avcı'ya "Devrimci Karargâh terör örgütü ve mensuplarına yardım", "Terörle mücadelede görev almış kişileri hedef gösterme", "Soruşturmanın gizliliğini ihlal" gibi suçlamalar yöneltildi. İddianamede, Avcı'nın mahkemelerce verilen dinleme kararlarına ve uygulamalarına ulaşarak bunları Devrimci Karargâh terör örgütü şüphelisi Necdet Kılıç'a bildirdiği öne sürülerek, 'Hanefi Avcı'nın, Devrimci Karargâh terör örgütüne ve şüphelilerine yardımda bulunduğu anlaşılmıştır' denildi.

22 sanıklı iddianamede, "Hanefi Avcı'nın, mahkeme tarafından verilmiş gizli belge niteliğini taşıyan mahkeme kararını usulsüz olarak elde ettiği ve Devrimci Karargâh terör örgütü şüphelisi Necdet Kılıç ile bunları paylaştığı anlaşılmıştır. Dolayısıyla Emniyet Müdürü Hanefi Avcı'nın Devrimci Karargâh Örgütü ve şüphelilerine yardımda bulunduğu tespit edilmiştir," denildi.

Soruşturmanın gizliliğini ihlal iddiası

Necdet Kılıç'ın Beyoğlu'ndaki evine yönelik aramada elde edilen elyazımı dokümanların içerisinde, Avcı'nın deşifre ettiği öne sürülen soruşturma dosyasının tarih ve sayısını içeren notların ele geçirildiği belirtilen iddianamede, "Hanefi Avcı, Necdet Kılıç ile yaptığı telefon görüşmelerinde, 'Necdet'in, savcılığa dilekçe vermesi gerektiğini, hakkında eski dinleme kararı bulunduğunu, dinleme ile ilgili yeni bir karara ulaştığını, telefonun Necdet Kılıç'ın üzerine olmasına rağmen dinlemenin başkasının adına alındığını, bunu yapanların İstanbul İstihbarat Şubesi olduğunu, dinleme harici takip de yaptıklarını, takibi yapanların normal polis olmadığını, Cemaat'in adamları olduğunu, bunu da dilekçesinde belirtmesi gerektiğini' söylemiş, mahkeme tarafından verilmiş gizli belge niteliğini taşıyan mahkeme kararını usulsüz olarak elde ettiği ve Devrimci Karargâh terör örgütü şüphelisi Necdet Kılıç ile bunları paylaştığı anlaşılmıştır. Dolayısıyla Emniyet Müdürü Hanefi Avcı'nın Devrimci Karargâh Örgütü ve şüphelilerine yardımda bulunduğu tespit edilmiştir," deniliyordu.

Ergenekon soruşturmalarını eleştirmek de suç

Hanefi Avcı'nın yazmış olduğu kitabında "Ergenekon soruşturması ile ilgili gizli tanık ifadelerinin basit ve uydurma olup maddi delillere aykırı olduğunun yazdığı' belirtilen iddianamede, "Böylece okuyan kişilerin kafasında, soruşturmanın ciddiyeti ve doğruluğu hakkında şüpheler meydana getirilmeye çalışıldığı görülmüştür. Kitapta, istihbarat, terörle mücadele şube müdürlükleri personelinin de terör örgütlerinin Ergenekon terör örgütü ile irtibatlarının olduğu ve yönetildiği hususlarına inanmadıkları iddia edilmektedir. 'İstihbarat Daire Başkanlığında, Cemaat'in özel cihazları ve kanunsuz dinleme materyalleri mevcuttur' denilerek, Emniyet içerisinde hizipleşme varmış algısı uyandırılmış, İstihbarat Daire Başkanlığı kanunsuz dinlemeler yapmakla itham edilmiştir. Ergenekon, Balyoz, Erzincan ve emniyet genel müdür yardımcılarının davalarının şaibe altında olduğu, bu davaların temelinin çürük olduğu, hâkim ve savcıların hukuku hiçe sayan kararlar verdiği, soruşturmalarda görev alan polis, savcı ve hâkimlerin kişilere tuzak kurdukları, bu görevlilerin örgütsel bir yapı içerisinde oldukları iddia edilmiş, soruşturmada görev alan adliye ve Emniyet mensupları şaibe altında bırakılmaya, yargı etki altına alınmaya çalışılmıştır," iddialarında bulunuldu.

Sahte kimlikler görev için verilmemiş

Avcı'nın yine kitabında bazı emniyet müdürlerinin görevlerinden alınmalarıyla ilgili yazdığı bölümlerde soruşturmayı yürüten adli personelin hedef gösterildiği, yargılamayı etkilemeye çalıştığı iddia edildi. Avcı'nın ikametinden ele geçirilen ve kendi fotoğrafıyla başkası adına düzenlenmiş pasaport, sürücü belgesi ve nüfus cüzdanlarının da herhangi bir görev ve resmi amaçla kendisine verilmediği ve bu nedenle sahte olarak Avcı tarafından kullanıldığı ve saklandığı kanaatine varıldığı da belirtildi. Hanefi Avcı'nın yazdığı kitapta, kamuoyunda, "Ergenekon" ve "Balyoz Planı" adıyla bilinen önemli soruşturma ve kovuşturmaların kesin hükümle sonuçlanmadan önce süreç içerisinde savcı, hâkim, mahkeme, bilirkişi veya tanıkları etkilemek amacıyla yazılmış bölümlerin mevcut olduğu belirtilen iddianamede, yine kitapta, terörle mücadele eden savcı, hâkim ve kolluk kuvvetlerine suç isnadının yapıldığı, yetkilileri hedef gösteren bölümlerin olduğu kaydedildi.

Eşi de sanık oldu

İddianamede, Avcı'nın eşi Şenay Avcı'nın da "ikametinde bulunan birden fazla ruhsat süreleri dolmuş silahı bulundurma" suçundan 7 yıl 6 aydan 12 yıla kadar hapis cezasına çarptırılması isteniyordu. Avcı'nın evinde yapılan aramada bulunan kendi ve eşi üzerine kayıtlı iki tabanca ve bir Kalaşnikof tüfeğin incelemesinde Emniyet Genel Müdürlüğü kuvvesine kayıtlı olmadıkları tespit edilmişti. Şenay Avcı'nın üzerine kayıtlı kalaşnikof silahın ruhsatının da iptal edildiği ve Emniyet Genel Müdürlüğü'ne teslim edilmesi gerektiği iddianamede yer aldı.

SDP'lilere örgüt üyeliği suçlaması

Aralarında Sosyalist Demokrasi Partisi (SDP) üyelerinin de bulunduğu diğer 20 sanıktan 13'üne ise örgüt üyeliği suçlaması yöneltildi. Hanefi Avcı'nın arkadaşı olan eski işkence mağduru Necdet Kılıç da, "Devrimci Karargâh terör örgütü üyesi olmak"-la suçlanıyordu. 129 sayfalık iddianamede, tutuklu sanıklar arasında bulunan Emniyet eski müdürü Hanefi Avcı'nın, "Devrimci Karargâh terör örgütü ve mensuplarına yardım" suçundan 7.5 ila 15, "yargı görevini yapanı etkileme" suçundan 3 ila 6 yıl, "soruşturmanın gizliliğini ihlal" suçundan 1,5 ila 4,5 yıl "terörle mücadelede görev almış kişileri hedef gösterme" suçundan 1 ila 3 yıl, "ikametinde ele geçirilen ruhsatsız silahlar nedeniyle 6136 sayılı yasaya muhalefet" suçundan 7,5 ila 12 yıl ve "zincirleme şekilde kişisel verileri hukuka aykırı olarak ele geçirme" suçundan da 2 yıl 10 ay ila 11 yıl 3 ay olmak üzere toplam 23 yıl 1 ay ila 51 yıl 9 ay arasında değişen hapisle cezalandırılması talep edildi.

Aynı zamanda Hanefi Avcı'nın arkadaşı olan yine tutuklu sanıklardan Necdet Kılıç'ın, "Devrimci Karargâh terör örgütü üyesi olmak" suçundan 7,5 ila 15 ve "6136 sayılı yasada belirlenen bıçakları izinsiz bulundurmak" suçundan 1,5 ile 3 yıl olmak üzere toplam 9 ila 18 yıl arasında hapisle cezalandırılması talep edilen iddianamede, sanıklar SDP Genel Başkanı Rıdvan Turan ve Mahir Sayın, Osman Baha Okar, Semih Aydın, Hakan Tanrıverdi, Önder Sönmez, Oğuzhan Kayserioğlu, Özgür Aytulum, Günay Kubilay, Ecevit Piroğlu, Kemal Hamzaoğlu, Sultan Çelik Kubilay, Özgür Cafer Kalafat, Yaman Yıldız, Selda Başusta, Hakan Soytemiz ve Tuncay Yılmaz, Ulaş Bayraktaroğlu ve İbrahim Turgut'a, "Devrimci Karargâh terör örgütü üyesi olmak", "Ateşli Silahlar Kanunu'na Muhalefet", "sahte kimlik bulundurmak", "izinsiz toplantı ve gösteri yürüyüşüne katılmak", "izinsiz toplantı ve gösteri yürüyüşünde molotofkokteyli taşıma ve atma" gibi suçlamalar yöneltildi.

(Cezaevine konuldukları günden bu yana medyada çıkan haberlerle ilgili kendilerini savunmalarına olanak olmayan bu kişilerle ilgili iddiaların ne kadarının doğru olduğu eğer adil bir yargılama süreci yaşanırsa ortaya çıkacak. Bu süreçte hakkında en çok haber yapılan kişi elbette ki Hanefi Avcı'ydı. Avukatları ya da cezaevinden gönderdiği mektuplarla kendisine yönelik suçlamalara yanıt vermeye çalışan Avcı'nın sesi duyulmadı ya da duyurulmak istenmedi. Avcı'nın hem hakkındaki iddialara yanıt vermesi hem de kafalarımıza takılan soru işaretlerini giderebilmek için tutuklu bulunduğu Silivri Cezaevi'ne gönderdiğim bir mektupla kendisine bazı sorular yöneltmiştim. Kendisini görme olanağı bulunan aracılar vasıtasıyla sorularımı yanıtlayacağını söylemişti. Elinizde tuttuğunuz bu kitap Avcı'nın sorularıma verdiği yanıtlarla sona erecekti. Ancak kitap henüz bitmeden Soner Yalçın ve iş arkadaşlarına yönelik yürütülen soruşturma kapsamında kamuoyu bu çalışmadan haberdar edildi. Arama yapılan Odatv'nin bilgisayarlarında henüz tamamlanmamış bu kitabın da bulunduğu ortaya çıktı.

Ergenekon'un yazdırdığı ima edilerek bir itibarsızlaştırma kampanyası yürütülen bu kitap anlaşılan birilerini ürkütmüştü. Başlangıçta da söylediğim gibi üzerime atılan şaibeleri gidermek adına kitap tamamlanmadan baskıya verildi. Haliyle Hanefi Avcı'ya yönelttiğim soruların yanıtı da kitabın içinde yer alamadı. Bu satırlar yazılırken yanıtlar halen de gelmemişti. Eğer ki beklediğim yanıtlar gelirse sonraki baskılarda bu yanıtlara da yer vererek kitap tamamlanmış olacak.)

SONSÖZ

Adalet ve Kalkınma Partisi'nin 2002 yılında iktidara gelmesinden sonra bürokraside ve özellikle de Emniyet camiasındaki Fethullahçı örgütlenme daha sık dillendirilir oldu. Zanlıları ağırlıklı olarak askerlerden oluşan Ergenekon operasyonlarının başlamasıyla birlikte, bu soruşturmaları yürüten polis teşkilatı, eleştirilerin hedefinde yer almaya başladı. Ucundan kıyısından da olsa bir şekilde Ergenekon'la doğrudan ya da dolaylı ilintisi olan çevrelerde ve giderek neredeyse toplumun tüm katmanlarında soruşturmaların başladığı 2007 yılı ortalarından itibaren, eskiden bu yana konuşulan Emniyet içindeki Fethullahçı örgütlenme iddialarını daha fazla duyduk. Kimisi Ergenekon soruşturmalarının ilk etapta şüphelisi sonradan da sanığı olarak lanse edilenlerin toplumsal ya da siyasi kimlikleri nedeniyle, kimisi de sadece iktidarda olan AKP karşıtı "kökten laik" ya da şu sıraların moda deyimiyle "endişeli modern" oldukları için yürütülen operasyonları eleştirdi. Zaten tüm bu süreç boyunca operasyonun kolluk kuvveti olan polislere ve soruşturmayı yürüten başta Zekeriya Öz olmak üzere tüm savcılara hep aynı eleştiri yöneltildi: Fethullahçılık.

Elbette suçlamaların odağında yer alan isim, kişi ve kurumların Fethullahçı olup olmadığını bilmiyoruz. Ancak var olan duruma bakarak söylersek, Ergenekon soruşturması ve davasının, AKP'nin özgürlükleri kısıtlamak için kullandığı bir araç olduğu tespiti yanlış olmaz. Bu soruşturma ve dava süreci aynı zamanda Emniyet teşkilatını kontrol altında bulunduran Gülen Cemaati'nin gücünü, soruşturmaya dahil edilmeye çalışılarak bertaraf edilmeye çalışan kimi rakiplerine (ÇYDD, ÇEV) bakarak kurs ve bursların da dahil olduğu eğitim pazarındaki tekelini koruma iradesini ve pastadan aldığı dilim giderek daha da büyüyen mali gücünü de yansıtması bakımından önem taşıyor.

Cemaatlerin, dini sivil toplum örgütleri olduğunu öne sürenler olsa da Gülen hareketi için bu tespiti yapmanın ne kadar doğru olduğu tartışmalı bir konu. 1970'lerden başlayarak özellikle eğitim alanında yaptığı yatırımlarla, geleceğin yönetici kadroları olacağını düşündükleri "Altın Nesil", tam da hesaplandığı gibi 2000'li yıllarla birlikte artık bürokrasiye yerleşmiş durumda. O zaman başta polis teşkilatında olmak üzere bürokrasinin her kademesinde ve henüz ne kadar yaygın olduğunu bilmesek de TSK içinde de örgütlendiği bilinen bu Cemaat'in gerçekten sivil olduğunu söyleyebilir miyiz? Ya da devleti kendi inançları doğrultusunda yönetmeyi arzu etmediğine, böyle bir niyeti olmadığına inanabilir miyiz? Hele ki ülkenin en önemli hesaplaşmalarından birine sahne olan Ergenekon soruşturmaları ve davalarının üzerindeki en büyük gölgenin, polis ve yargıdaki örgütlenmesi nedeniyle Gülen Cemaati olduğunu kimse inkâr edemezken. Ve işte tam da bu nedenle ideolojik hesapları olanların da var olduğu gerçeğini gözardı etmeyerek, yaratılan bu korku ikliminden beslenenlerin, bel bağladığı tek umut kapısının darbe yapacak bir ordu olmasının bize anımsattığı tek şey, "iki ucu pis değnek" sözü oluyor.

Elinizde tuttuğunuz kitabın çıkış noktasını da bu durum oluşturuyordu. Bunun yanı sıra, Türkiye'nin tanınmış polis müdürlerinden Hanefi Avcı'nın, yazdığı ve Emniyet'teki Cemaat örgütlenmesini anlatarak birtakım suçlamalarda bulunduğu kitabını yayımladıktan sonra kendisini demir parmaklıklar arkasında bulması da nedenlerden biriydi. Aslında Hanefi Avcı'ya gelene dek birçok tanınmış etkili ve önemli isim benzer oyunlarla artık "Cemaat'in kalesi" diye adlandırılan Emniyet teşkilatından uzaklaştırılmıştı.

Altı yıl İstihbarat Daire Başkanlığı yapan Sabri Uzun, Atatürkçü laik olarak tanınan Emin Arslan, tarikatlara yakınlıklarıyla bilinen Faruk Ünsal, Orhan Özdemir, Mustafa Gülcü ve Celal Uzunkaya en sonunda da siyaseten ülkücü geçmişe sahip ve Fethullah Gülen Cemaati'ne de çok yakın durmuş bir isim olan Hanefi Avcı ardı ardına görevlerinden olmuştu. Farklı kutuplarda yer alan bu isimlerin ortak noktası ise Emniyet İstihbarat ve KOM daire başkanlıklarında görev yapmaları ya da bu birimlerden sorumlu emniyet genel müdür yardımcıları olmalarıydı. Bu isimlerin kızak görevlere çekilmesinin nedeni Avcı'nın, tutuklanmasına da neden olan meşhur kitabıyla kısmen anlaşıldı. Kitapta yazılan iddialar doğru ya da yanlış diye bir hükme varmak en azından şu aşamada bilemeyeceğimiz bir gerçek. Ama bu iddiaların ne kadar doğruyu yansıttığını anlamak için elinizde tuttuğunuz bu kitap bir rehber niteliğinde. Daha da önemlisi özelde Ergenekon soruşturmaları ve bununla birlikte başlayan süreci de bu kitabı okuduktan sonra değerlendirmek için önemli bir kaynak.

Susurluk'tan sonra derin devletin bir kez daha paçasından yakalandığını düşündüğümüz Ergenekon soruşturmaları kanımızca gelinen süreçte toplumun hemen her kesimi için yaratılmış bir illüzyon olmaktan öteye gidemedi. İstisnasız hepsi askerin tokadını yemiş ya da kurbanı olmuş Kürtler, İslamcılar, sosyalist sol biraz zorlarsak ulusalcılığı reddeden sosyal demokratlar ya da birazcık vicdan sahibi olan kesimler bu illüzyondan kendilerine gösterilmek istenenle karşılaşınca sesini de çıkarmaz oldu.

Adlarını saydığımız bu grupların her biri için bir soruşturma dosyasına eklenen, akıl ve vicdanlarda suçla anılan kimi sanıklarla da bu illüzyonun gerçek olduğuna inanmamız istendi. Oysa ki ne derin devlet sorgulanıyordu ne de onunla bir hesaplaşma niyeti vardı. Kimisinin suçluluğundan emin olduğumuz bu sanıkların hiçbiri maalesef gerçek suçlarından yargı önüne çıkarılmış değil. Mesela Arif Doğan'dan çıkan ve içlerinde devlet adına yapılan hukuksuz faaliyetleri anlatan sekiz çuval dolusu JİTEM belgesi "devletin âli çıkarları" gerekçesiyle sansürlenerek kamuoyunun görmesi engellendi.

İşin kötüsü Cemaat ya da AKP karşıtı herkes için soruşturma açarak Ergenekon, KCK ya da Devrimci Karargâh torbalarına dolduran savcılar, Güneydoğudaki savaş bölgesinde yaşanan hukuksuzlukların delili olan bu belgelerde anlatılan resmi yazışmalar için şu ana kadar herhangi bir işlem yapmadılar. Ya da Ergenekon'un her iddianamesinde Hrant Dink'in herkesin bildiği bir cinayetle öldürülmesine atıf yapılırken, ilginçtir bu soruşturma ne Ergenekon kapsamına alındı ne de eldeki sanıklardan bir adım ötesine giden bir gelişme gösterildi. Cemaat'e dokunan yargı mensuplarının her birine Erzincan Başsavcısı İlhan Cihaner'e yapıldığı gibi medyanın tetikçiliği eşliğinde en âlâsından haddi bildirildi. Adeta tek merkezden çıktığı izlenimi veren basit senaryolar isimsiz ihbar mektupları, makbul sayılan itirafçı ve gizli tanık ifadeleriyle hayata geçirildi.

Bu senaryolar Cemaat medyasında soruşturma yapılmasının önünü açacak haberler servis edilerek de at izinin it izine karıştırılmasının önünü açtı. Bu sürecin böyle olduğunu dile getiren en önemli isimlerden biri de Hanefi Avcı'ydı. Ancak o da her cemaat karşıtı gibi kendini cezaevinde buldu. Avcı'nın iddiaları mecrasından kaydırılarak, neden bu iddiaların dile getirildiği tartışmasına dönünce medyanın geneline hâkim olan tutum büyük bir sessizlik oldu. Bu sessizliği bozanlarsa konuyu odağından saptırmakta pek bir mahir davrandılar.

Ergenekon soruşturmalarında "En cevval haberlere imza atan" bir kısım medyanın Hanefi Avcı'nın iddialarına ilişkin takındığı tutum bunun en bariz örneğiydi. Kitapta Avcı'nın iddialarında geçen "Cemaat" sözcüğünün yerinde "Ergenekon" yazsaydı acaba bu "meslektaşlarımız" neler yazardı merak içindeyim.

Bir dönemin mağdurlarının, zulmedenlerle hesaplaşmasına dönen bu sürecin de bir gün hesaplaşılan bir dönem olup olmayacağını bize yine zaman gösterecek.

Bu kitapla amacımız, elbet birtakım suçlamalara maruz kalan emniyetçileri ve elbette Ergenekon sanıklarını aklamaya çalışmak değildi. Kısaca, "Kral çıplak," diyenlerin başlarına ne geldiğini göstermek istedik.

Çünkü maalesef bunu yapan medya organları ya da gazeteciler yok denecek kadar az. Var olanlar da ekonomik ya da ideolojik gerekçelerle türlü biçimlerde sansürlenerek susturulmuş durumda.

Bu yüzdendir ki son dönemde Ergenekon ve benzeri soruşturmalara ilişkin yazılan kitapların sayısında ciddi bir artış görülüyor. Haber yazamadığı için kitap yazanların yanı sıra, yazılan yanlı ve "rıza üretimi" gerçekleştirmek maksadıyla yapılan haberlerin derlendiği kitaplar da mevcut elbette. Ancak görünen o ki, kravatlı vesayet iddiaları artarsa haber yapılamayan ülkede belki kitap yazmak değil ama okuyucuya ulaştırmak hayli zor olacakmış gibi görünüyor.

EKLER

EK-1
2000 YILINDAN CEMAAT'E BİR POLİS BAKIŞI

2000 yılında Emniyet'in Gülen ve cemaatine nasıl baktığını gösteren raporda şunlar yazmaktaydı:

Kuruluşu:

Erzurum ili Pasinler ilçesi Korucuk köyü nüfusuna kayıtlıdır. Ramiz-Rabia oğlu, 27.04.1941 (tashihli aslı 1942) Erzurum Hasankale doğumlu Fethullah Gülen'in 1968 yılında İzmir ilinde Kestane Pazarı Kuran Kursu'nda hoca olarak göreve başladığı, yoğunlukla Bornova ilçesi olmak üzere İzmir, Edirne, Kırklareli, Balıkesir, Manisa ve Çanakkale gibi illerimizde bulunan çeşitli camilerde imam ve vaiz olarak görev yaptığı, verdiği vaaz ve etkili konuşması ile kısa süre içerisinde çeşitli kesimlerden etrafında bir kitlenin oluştuğu, Başlangıçta Nur cemaati içerisindeki en büyük yelpazede yer alan *Yeni Asya* grubu içerisinde faaliyet gösteren Fethullah Gülen özellikle verdiği vaazlar ile tanındığı, gündelik politikalarla uğraşılmasının her şeyin önüne koyulmasının yanlış olduğu, bunun Kendilerini asıl amaçlarından gittikçe uzaklaştırdığı, amaçlarının topluma imanın hakikatlerini anlatmak fikrini savunduğu, bu yaklaşımının çevresindeki iş adamlarından destek bulması üzerine 1970 yılında *Yeni Asya* grubundan ayrılarak kendi adıyla anılan grubu oluşturduğu, Grubu'nu maddi olarak güçlendirmek ve geliştirmek için yakın çevresindeki işadamlarına vakıf kurma ve sermayelerini birleştirerek genç kuşağa yatırım yapmaları şeklinde telkinlerde bulunduğu, 1978 yılında Türkiye Öğretmenler Vakfı (TÖV-İzmir) tarafından *Sızıntı* dergisini çıkararak dergide madde ile mana, ruh ile beden, iman ile hakikat konularını işlediği, 1980'li yılların gelmesiyle "HURUÇ" harekâtı adı altında büyük bir atılımı yaptığı, yayınlanan kasetleri ve çeşitli illerimizdeki konuşmaları ile Said-i Nursi talebelerinin gönüllü reklamları sayesinde tanınmaya başladığı, Fethullah Gülen'in Nurculuk kavramının oluşturmuş olduğu olumsuz imajdan dolayı Nurcu olduğunu hiçbir zaman söylemediği, Said-i

Nursi'den aldığı alıntılarında da onun isminden hiç bahsetmediği, öğrenim çağındaki gençlere önem vermesi sebebiyle çevresindeki işadamlarına kurdurduğu çok sayıdaki şirketler ve vakıflar vasıtasıyla yurt çapında okullar, yurtlar ve dershaneler açtırdığı grubun işadamlarına yönelik bu örgütlenmesinin ardında, yoğun bir ticari faaliyetin bulunduğu gözlenmektedir.

Stratejisi:

F. Gülen grubunun gençlik kesimini hedef alan ağırlıklı kuruluşları, geniş kitlelere ulaşma hedefi doğrultusunda oluşturduğu medya yapılanması ve kamuoyunun dikkatini çeken propaganda amaçlı etkilerinin temelinde, grubun doğal lideri olan Said-i Nursi tarafından belirlenip formüle edilen "iman, hayat ve iktidar" görüşü bulunmaktadır.

Grubun görüşlerine göre Said-i Nursi, fikirleri ve eserleri ile imani manada dirilmeyi sağlamıştır. Halihazırdaki safha imanı hayata geçirme ve yaşama safhasıdır. Bu aşamada F. Gülen'in, "İslam dini, hayata hayat olmalıdır," sözü esas alınarak "Altın Nesil" yetiştirilecektir ve Altın Nesil ise iktidarı sağlayacaktır.

Bu stratejinin uygulanmasında, lider F. Gülen'e rabıta (bağlılık) esastır. Cemaat içerisinde ana liderin Hz. Muhammed, fikir liderinin Said-i NURSİ, görünürdeki liderin ise F. Gülen olduğu empoze edilmektedir. Cemaat bireylerinin büyük bölümünün gözünde F. Gülen, "Mehdi" (son kurtarıcı) konumundadır. F. Gülen, Cemaat'in birliği ve devamı için çok önemli bir unsur olarak ortaya çıkmaktadır. Bu bağlamda anılan şahıs Cemaat'in birliğini sağlamada, Cemaat dışı hayatın cehennem olduğu, Cemaat'ten çıkanın bir daha iflah olmayarak cehenneme sürükleneceği temasını sık sık işlediği, ülke içerisinde ve dışında cemaat mensuplarının kamuoyunun dikkati çekmemek ve kamuoyunda "Nurcu" kelimesinin bıraktığı olumsuz izlenimden dolayı aralarında "Nurcu" kelimesinin yerine "Işık" (Nur) kullandıkları, Cemaat'e itaatin çok önemli olduğu, kurallara uymayanların Cemaat'in idari kadrosuna rapor edildiği anlaşılmıştır.

Grubun eğitimden medyaya, vakıf ve derneklerden ticari işletmelere kadar birçok alana yayılan kuruluşlarının ve tüm insanları kucaklayan, diyalog ve uzlaşma arayışı olarak kamuoyuna lanse edilme etkinliklerinin, gerçekte Said-i Nursi'nin belirlediği stratejinin peyderpey uygulamaya geçirilmesine yönelik altyapı ve propaganda çalışmaları olduğu değerlendirilmektedir.

Amacı:

F. Gülen grubunun amacı, Türkiye'deki siyasal ve ekonomik güç dengesinde söz sahibi olmaktır. Ancak yeterince güçlü olunmadığına inandığı süre zarfında, ülkedeki güç dengesine direkt temas etmekten veya açıkça siyasi tavır almaktan kaçınan bir hareket tarzı izlenmektedir. Bunda Said-i Nursi'nin "Türkiye'de İslamın hâkim olması için, ülke nüfusunun yüzde 50-60'ının dindar olması gerektiği" yönündeki tespiti esas alınmaktadır.

Cemaat tarafından amaç, büyümek olarak belirlenmiştir. Bu amaç doğrultusunda insan kaynağı olarak "gençler", para ve lojistik kaynağı olarak "esnaflar" hedef alınmıştır. Cemaat'in hedef aldığı gençlik kitlesi, idealizmin en güçlü olduğu 13-18 yaş arasındaki kesimdir.

Bu amacın gerçekleştirilmesi için askeriye, mülkiye, hukuk ve eğitim branşları, Cemaat'in öncelikle kadrolaşmak istediği müesseseler olarak ortaya çıkmaktadır. F. Gülen grubu belli bir süre sonra Türk toplumunun tamamını ifade eden cemiyete dönüşmeyi gaye edinmektedir. Bunda Said-i Nursi'nin "çekirdekten bir ağacın ortaya çıkabileceği" benzetmesiyle, cemiyet sözüne atfettiği önem etken olmaktadır.

Yapılanması:

Burada Said-i Nursi'nin Nur talebelerinin yaptığı "Talebe-Arkadaş-Sempatizan" şeklindeki sıralama önemli bir husus olarak ortaya çıkmaktadır.

Talebe: Bizzat Cemaat'in içerisinde olan kişi,

Arkadaş: Cemaat çıkarları doğrultusunda irtibat kurulan kişiler,

Sempatizan: Cemaat'e müspet bakan kişileri tanımlamaktadır.

Sempatizan kitle, stratejinin iktidar aşamasında ortaya çıkabilecek muhtemel halk reaksiyonuna sağlayacağı katkı itibariyle Cemaat çalışmalarında önemli konumdadır.

Öğrencilerin halledemeyeceği sorunları "semt imamları" olarak tabir edilen kişilere ilettiği, "semt imamları"nın halledemediği sorunları "il imamı" olarak bilinen kişilere ilettiği, onların da halledemediği sorunları "bölge imamları"na ileterek belli bir hiyerarşi içerisinde sorunları çözmeye çalıştıkları, Cemaat içerisinde alttan yukarıya doğru yetki bakımından yükselen hiyerarşik bir yapı olduğu, Türkiye ve diğer ülkelerde; eğitim kurumları başta olmak üzere açılan kurum ve kuruluşların koordinesini sağlamak ve bütün faaliyetlerini sürdürmek amacıyla hiyerarşik olarak ülke, bölge, il semt, ev sorumlularının bulunduğu, bazı büyük şirket ve vakıflara bağlı bölge ve il başkanlarının da yapılanmada etkili oldukları anlaşılmaktadır.

Faaliyetleri:

- Faaliyetlerin ağırlıklı olarak legal kuruluş ve kurumlar vasıtasıyla yürütüldüğü,

- Dershaneler, özel kolejler, yurt ve öğrenci evleri ile gençliğe yönelik eğitim faaliyetleri içerisinde bulundukları,

- Hem yurtiçi hem de yurtdışında eğitim kurumları vasıtasıyla çeşitli dallarda (ulusal-uluslararası) başarılar sağlamak suretiyle eğitim alanlarında kendi propagandalarını yaptıkları, bu şekilde eğitim kurumlarına halkın rağbet etmesini sağladıkları,

- Ülke genelinde çeşitli vakıflar-dernekler kurmak suretiyle faaliyetlerini yasal zeminlerde ve kuruluşlarda toplamaya gayret ettikleri görülmektedir (Türkiye Öğretmenler Vakfı, Akyazılı Orta ve Yüksek Öğretim Vakfı, Büyük Koyuncu Hizmet Vakfı gibi),

- TV, radyo, dergi, gazete gibi iletişim alanındaki faaliyetlere ağırlık verildiği, uluslararası ve ulusal bazda bu alanda birçok yayının bulunduğu (Samanyolu TV, *Zaman*, *Aksiyon*, *The Fountain*, Burç-Dünya Radyo gibi),

- Finansal kaynakların ise gruba mensup şirketler ile basansı yayın alanında elde edilen gelirler, okul, yurt ve pansiyonlardan istifade eden öğrencilerden alınan paralar, toplanan kurban derileri ve gruba ilgi duyan zengin işadamlarının desteklerinden sağladıkları,

- Anılan gruba mensup öğrencilerin çoğunlukla yurtlarda, yurt bulunmayan veya yurt kapasitesi yeterli olmayan illerde ise öğrenci evi, dershane, ışık evi gibi isimlerle anılan evlerde kaldıkları, bu yerlerde Kuran ve ilmihal kitaplarının yanında Said-i Nursi'nin ve Fethullah Gülen'in kitaplarını okudukları ve kasetlerini izleyerek grubun görüşleri doğrultusunda eğitim aldıkları,

- Son yıllarda ise Gazeteciler ve Yazarlar Vakfı tarafından organize edilen çeşitli platformlarda "Din-Devlet İlişkileri", "Demokratik Hukuk Devleti", "Birlikte Yaşama Sanatı", "Kültürlerarası Diyalog", "İslam ve Laiklik" gibi konuların işlendiği ve platform sonrası hazırlanan sonuç bilgilerinin kamuoyuna sunulduğu anlaşılmaktadır.

- Cemaat'in, öğrenci faaliyetleri ve ticari faaliyetler olmak üzere iki tür faaliyeti bulunmaktadır.

Öğrenci faaliyetleri

Öğrencilerin yiyecek, giyecek ve barınma ihtiyacını karşılama şeklinde özetlenebilecek bu faaliyette Cemaat'e mensup maddi durumu zayıf ve uzak illerden gelen öğrencilerin, kamuoyunda "Işık Evleri" diye nitelendirilen öğrenci evlerinde barındıkları, bu öğrencilerin ihtiyaçlarının maddi durumu iyi olan Cemaat mensupları veya Cemaat'e sıcak bakan kişilerce karşılandığı,

Ticari faaliyetler:

Esnaf kesimi diye adlandırabileceğimiz ticari alandaki faaliyetlerinin vakıflar, şirketler, basın-yayın ve finans alanında ağırlık kazandığı, bu amaçla çeşitli meslek gruplarına hitap eden Hür, Aktif, Müteşebbis gibi isimlerle çeşitli illerimizde dernekler kurulduğu, işadamlarına yönelik diğer yapılanmanın da merkezi İstanbul'da bulanan İş Hayatı Dayanışma Derneği (İŞHAD) olduğu, bu vakıf ve şirketlerin çoğunun ortaöğrenim okulları, üniversite ve dershane açmak amacıyla kuruldukları tespit edilmiştir.

Işık Evleri:

Cemaat'e mensup ve maddi durumu zayıf, uzak illerden gelen öğrencilerin yiyecek, giyecek ve barınma ihtiyaçlarının karşılandığı evlerdir.

Kamuoyunda "Işık Evleri" diye nitelendirilen öğrenci evlerinde barınan öğrencilerin ihtiyaçları, maddi durumu iyi olan Cemaat mensupları veya Cemaat'e sıcak bakan kişilerce karşılanmaktadır. Bu evlerdeki çalışmalar bir disiplin içerisinde sürdürülmekte ve barınanlara gizliliğe azami derecede riayet etmeleri ve çevrelerini rahatsız edecek hareketlerden kaçınmaları öğütlenmektedir.

Şakird: Işık Evleri'nde kalan ve talebe-öğrenci manasına gelen erkek öğrenci,

Şakirde: Işık Evleri'nde kalan ve talebe-öğrenci manasına gelen bayan öğrenci,

Abi: Cemaate daha önceden katılan ve Işık Evleri'nde daha eski olan öğrenci,

Öğrenci evi sorumlusu (imam): Öğrenci evinde "abi" diye bilinen en eski, yaşça en büyük olan ve bu evlerde kalan öğrencilerin tüm maddi ve manevi sorunları ile ilgilenen ve "abi" diye adlandırılan kişilerdir.

Öğrenci evlerinde Kuran-ı Kerim, Fethullah Gülen'e ait kitaplar ile Said-i Nursi'nin Nur Külliyatı olarak bilinen kitaplarının okunduğu yine Fethullah Gülen'e ait sesli ve görüntülü vaiz kasetlerinin dinlendiği, Bu evlerde barınan öğrencilerin ihtiyaçlarının özellikle o bölgede bulunan Cemaat mensubu esnaf tarafından (himmetli, bağışlayan, hayırsever kişi anlamına gelen) "Himmet" adı altında ayni ve nakdi yardımlarla karşılandığı anlaşılmaktadır.

Dershaneler:

Her kesimden öğrenciye hizmet veren hazırlık dershanelerinde her sınıfın rehber öğretmeninin bulunduğu, rehber öğretmenin "serrehber" (rehberlerin başı, baş rehber) kişilere bağlı olarak faaliyet gösterdiği, rehber ve serrehber öğretmenlerin diğer devlet okullarında olduğu gibi öğrencilerin dersleri ve üniversitede branş seçimi gibi sorunlarıyla ilgilendiği, ayrıca Cemaat'in görüşlerini benimseyen kişilerin kurduğu vakıflar ve şirketler vasıtasıyla dünyanın değişik ülkelerinde açılan okullarda "imam" olarak adlandırılan kişilerin bulunduğu, bu kişilerin öğrencilerin barınmadan beslenmeye, İslam dininin, Türk örf, âdet, gelenek ve göreneklerinin öğretilmesine kadar tüm sorunlarıyla ilgilendikleri, bu kişilerin Türkiye içinde olduğu gibi hiyerarşik bir sistem içerisinde ülke imamına bağlı oldukları anlaşılmıştır.

Grubun, tüm ülke çapında faaliyet gösterdiği gibi ülkemiz dışında da Orta Asya'daki Türk cumhuriyetleri başta olmak üzere Kore'den ABD'ye kadar birçok ülkeye eğitim temelindeki faaliyetlerini taşıdığı tespit edilmiştir.

Diğer yandan anılan grubun, 1990'lı yıllarda kendileri tarafından şeffaflaşma olarak nitelenen kamuoyuna açılma çabaları doğrultusunda, aynı döneme rastlayan siyasi radikal İslamcı unsurların söylemlerinin, laik-demokrat kitlede yarattığı olumsuz İslami imajı değiştirmeye yönelik olarak, uzlaşma ve diyalog motiflerini sıkça kullanarak, bu kesimlerden farklı, "ılımlı bir İslami görüşü" temsil ettiği izlenimini vermeye çalıştığı gözlemlenmekte olup, söz konusu grubun günümüze kadar silahlı herhangi bir faaliyetine rastlanılmamıştır.

EK-2
DOKUNAN SAVCI DA YANAR

Nuh Mete Yüksel'in dışında Cemaat'i soruşturan savcıların da başı beladan kurtulmadı. Fethullah Gülen'in ilkin 1990'daki af kapsamına alınan daha sonra da AB uyum sürecinde TMK'de yapılan yasal değişikliklerden sonra avukatların "beraat kararı verilmesi gerektiği" talebiyle yeniden yargılandığı davanın savcısıydı Salim Demirci. Aynı zamanda Atabeyler Soruşturması'nda da tüm sanıkların delil yetersizliğinden beraatlerine karar verilmesini talep etmişti. Ankara 11. Ağır Ceza Mahkemesi'nde görülen Gülen davasının 5 Mayıs 2006'daki karar duruşmasında mahkeme heyeti beraat kararı verirken Savcı Salim Demirci ise Fethullah Gülen'in "şeriat devleti kurmak amacıyla terör örgütü oluşturmak" suçundan cezalandırılmasını istemişti. Bunun üzerine savcı Demirci, ceza verilmesinde ısrar ederek mahkemenin verdiği beraat kararını temyiz için Yargıtay'a başvurdu.

Demirci, temyiz dilekçesinde Gülen'in savunması alınmadan hüküm kurulmasının usul ve yasalara aykırı olduğunu söylüyor, Emniyet'in son raporunun ise daha önce sunulan bilgilerle çelişkili olduğunu vurguluyordu. Derken 6 Mart 2008 günü, savcı Salim Demirci'ye ait olduğu öne sürülen bir ses kaydı önce internette sonra da Cemaat bağlantılı olanlar başta olmak üzere İslamcı cenahın yayın organlarında yayınlandı.

Ses kayıtlarında Demirci olduğu öne sürülen kişi Emniyet güçlerinin Diyarbakır'da valilik binasını dahi koruyamadıklarını söyleyip Başbakan Tayyip Erdoğan ve Başbakanlık Müsteşarı Efkan Ala'ya küfürler ediyordu. Bu yasadışı dinleme de, yine ilginç bir tesadüf Fethullah Gülen'in yeniden yargılandığı dönemde 2006 yılının Nisan ve Mayıs aylarında kaydedilmiş, iki yıl sonra da tedavüle sürülmüştü.

Youtube'da yayınlanan ve "Demirci'nin 2006 Mart, Nisan ve Mayıs Aylarında Önemli Bir Devlet Kurumunda Yaptığı

Konuşmalar" başlığıyla verilen savcı Salim Demirci'ye ait olduğu iddia edilen ses kaydındaki ifadeler şöyleydi:

> Diyarbakır'da ne oluyor? Siirt'te güzel oluyor ama. Başbakan'ın memleketi. Salak anlamıyor ya halen daha anlamıyor. Ama en sonunda tövbeye geldi. Ulusa sesleniş mi nedir, tek millet tek devlet, ulan... Bundan iki ay önce Türkiyelilik ha. TC vatandaşlığı ha. Hayır olacağı belliydi. Askerin dur demesiyle, müdahalesiyle duruyordu. Asker çekildi şimdi kenara...
>
> Emniyet güçleri Diyarbakır'da valilik binasını dahi koruyamıyor. Az bile vallahi. Şimdi polis de insan evladı da, şöyle beş-on tane gitse abi. Sadece sapan kullanabiliyormuş, bizim DHKP-C'li çocuklar gibi ha... Ben tavan yaptırmazsam bu olayları. Ha onu söylüyorum ukalalık değil, beni üç aşağı beş yukarı tanıyorsunuz... Diyarbakır'a Ankara 11. Ağır Ceza Mahkemesi üyesi Hasan Şatır tayin edilse, üç ayda Diyarbakır'ı mum gibi yapar. Asker, Diyarbakır'daki olayları kenara çekilerek izliyor. Şemdinli'de terör örgütü üyesinin cenazesindeki gibi Hava Kuvvetleri, olaylar sırasında alçaktan uçuş yaparak gözdağı verebilir. Asker göz yumuyordur yaptırmıyordur. Yaptırabilse ne âlâ, göz yumuyor. Ne yapıyor, bir tek valiliğin Diyarbakır etrafını bir tabur asker sarıyor. Çünkü bir ilde vilayet düşerse o il düşmüş demektir abi. O il işgalcilerin, isyancıların eline geçmiş demektir. Ben valiliği korurum çekilirim kenara... YÖK'ü harcadılar. Tek tek bitti... Yargıyı bitirdiler. Yargıyı sağ olsun bizim Ömer Süha Aldan Neşter 2 operasyonunda... Şimdi bizim HSYK üyeleri yeğenlerinin çocuklarının işlerini bitirdiler, yeğenlerinin kuzenlerinin işleri ile filan uğraşıyorlar. Onları iyi etkin aktif yerlere getirmeye uğraşıyorlar. Nasıl TBMM'ye her gelen Meclis başkanı der ki Meclis'i dağıtacağım tasfiye edeceğim diye. Şimdi bu mantıkla bakınca HSYK bu işlerle uğraşıyor, tayin döneminde abi... Yargı çokbaşlı. Anayasa Mahkemesi, Yargıtay, Danıştay başkanları bir tek maaş zammı için bir araya geliyor. 85 yıllık Cumhuriyet tarihinde abi ilk defa Yargıtay'ın başında bir İslamcı var. Bu kadar basit. Vatandaş Salim ve bir asker çocuğu olarak bu konulardan onları haberdar ederek görevimi yapıyorum...
>
> Ben karşımda devlet göremiyorum. Devlet bir sizi biliyorum biraz MİT'i biliyorum biraz jandarmayı biliyorum işinize gelirse.

Hürriyet gazetesinde 8 Mart 2008 günü yayımlanan konuyla ilgili bir haberde Salim Demirci, "O kişi ben değilim. Başbakana küfredecek kadar aklımı peynir ekmekle yemedim. Bu senaryolar yakın dönemde sıkça oldu, olacaktır. Adımın karıştırılmasına şaşırmadım. Bir Cemaat lideri için mahkemenin kararını temyize gönderdim. Ancak bunlar bende yılgınlık yaratmaz," diyordu.

Demirci'nin ses kaydı, yasal yollardan elde edilmediği için hukuki bir değer taşımamasına rağmen Adalet Bakanlığı, bu illegal ses kaydına dayanarak savcı Demirci hakkında soruşturma başlattı. Hatta hakkında iddianame hazırlanarak dava açılması istendi. İddianame, Başbakan Erdoğan'ın ölen askerlere "kelle" ve Abdullah Öcalan'a da "sayın" demesi sebebiyle yargılanmasına karar verdiği Osman Kaçmaz'ın başkanı olduğu Sincan 1. Ağır Ceza Mahkemesi'ne geldi. "Şüpheli" sıfatını kullanarak Cumhurbaşkanı Abdullah Gül'ün de kayıp trilyon davasından yargılanması gerektiği yönünde karar veren Kaçmaz hakkında "yandaş/candaş" basın organlarında çıkan haberlerle hakkında inceleme başlatılarak Ergenekon soruşturmasına dahil edilmişti. Demirci, kendine ait olduğu öne sürülen ses kaydının yanı sıra, "zincirleme şekilde görevi ihmal, kül halinde görevi kötüye kullanmak" iddialarıyla da suçlandı ve Adalet Bakanlığı Teftiş Kurulu, hakkında soruşturma başlattı. Demirci, 2004-2007 yılları arasında toplam 64 dosyayı 3 aydan 4 yıla kadar, bir kısmını ise zamanaşımı süreleri dolana kadar sürüncemede bırakmakla suçlandı. Demirci hakkındaki ihmal suçlamalarından biri de bir uyuşturucu davası içindi. Sincan 1. Ağır Ceza Mahkemesi, Salim Demirci hakkında "soruşturma açılması için yeterli delil bulunduğu" kararına varınca Demirci hakkında Yargıtay'da yargılanma yolu da açıldı. Mahkemenin kararına Başkan Osman Kaçmaz muhalefet şerhi düşmüştü. Muhalefet şerhinde Demirci'ye yönelik hakaret suçlamasının tek delilinin illegal bir ses kaydı olduğunu belirten Kaçmaz, görevi kötüye kullanma ve ihmal konusunda da yasada "kişinin mağduriyeti veya kamu zararına neden olan ya da kişilere haksız bir kazanç sağlayan kamu görevlilerinin cezalandırılacağını" hatırlatarak söz konusu dosyada bu koşulların olmadığını belirtti. Demirci kitap yazılırken Yargıtay'da yargılanmayı bekliyordu.

Sen misin Cemaat'i soruşturan?

Gülen Cemaati'ne yönelik soruşturma yapan ve bunun bedelini ödeyenlerden biri de Erzincan Cumhuriyet Başsavcısı İlhan Cihaner'di. İsmailağa Cemaati'ne yönelik başlattığı soruşturma dalavereyle elinden alınan Cihaner, bunun hemen ardından başlattığı Gülen Cemaati'ne yönelik soruşturma nedeniyle de kendini demir parmaklıkların arkasında buldu. Suçu ise, Cemaat'e dokunan herkese yöneltildiği gibi Ergenekoncu olmaktı. Tüm Türkiye'yi örümcek ağı gibi kuşatan Ergenekon adı verilen soruşturma, Temmuz 2007'de Ümraniye'de bir gecekondunun çatı katında bulunan el bombalarıyla başlamıştı. Dalga dalga yayılan operasyonlarda insana, "Hadi canım sen de," dedirtecek birbirinden farklı kutuplarda birçok isim gözaltına alınıyor, darbe ve suikast planlarının içinde oldukları öne sürülüyordu. Ardı ardına iddianameler yazıldı, davalar açıldı. Soruşturmalar ve davalar ise halen sürüyor.

Ergenekon soruşturmasının başladığı ve daha adının dahi konmadığı günlerde Erzincan'da göreve henüz başlamış başsavcı İlhan Cihaner, İsmailağa Cemaati'ne ilişkin 2 Kasım 2007'de başlattığı bir soruşturmayı yürütüyordu. Soruşturma, Cihaner'in katıldığı il güvenlik toplantılarında asker ve polis yetkililerinin, "İsmailağa Cemaati'nin ilimizde yürüttüğü irticai faaliyetler izlenmeye devam edilmektedir," şeklindeki değerlendirmeleri nedeniyle başlatılmıştı. Kendisi dışında vali, il emniyet müdürü ile il jandarma alay komutanının da bulunduğu ikinci toplantıda da, "İlimizdeki İsmailağa Cemaati'nin irticai faaliyetleri sürmektedir. Evlerde medrese eğitimi verilmekte, kız çocukları okula gönderilmemektedir," şeklinde bir istihbarat dile getirilmiş, iddialara konu bazı evlerin adresleri de konuşulmuştu. Toplantı sonrasında Cihaner, Erzincan polisinden söz konusu adreslerle ilgili çalışma yapıp rapor vermesini istedi. Birkaç gün sonra raporda, belirlenen adreslerde iddia konusu olayın geçmediği yazıyordu.

Bunun üzerine başsavcı, aynı araştırmayı İl Jandarma Alay Komutanlığı'ndan istedi. Jandarmadan gelen rapor ise emniyeti yalanlıyordu; medrese eğitimi verilen evlerin tespit edildiği belirtiliyordu.

Bakanlar, vekiller, işadamları dinlemelerde

İki kurumun farklı raporlar vermesi üzerine Cihaner, Jandarma'dan konuyu takip etmesini talep etti. Jandarma'nın yaptığı çalışmalar bir süre sonra detaylı bir araştırma raporu olarak Cihaner'in önüne geldi. Raporda, İsmailağa Cemaati'nin Erzincan içindeki örgütlenmesi, cemaat içinde kimin ne tür görevlerle bulunduğu, cemaatin hangi vakıf ve derneklerle ilişkisi olduğu, mali yapısı, 4-6 yaş arası çocuklara medrese eğitimi verilen ev adresleri gibi konular birer birer anlatılmıştı. Bu rapor üzerine konuyla ilgili soruşturma açan İlhan Cihaner, mahkemeden de dinleme kararı aldırdı. Telefon dinlemelerine takılan konuşmalardan, cemaatin Erzurum ve İstanbul'daki yöneticilerine ulaşıldı. Sonraki süreçte tam bir kaos yaratan olaylar dizisinin fitili de tam o günlerde ateşlendi.

Kapsamı genişletilen dinlemelere, isimlerini zikretmeyeceğimiz hükümet partisi AKP'ye mensup bakanlar, milletvekilleri, belediye başkanları, partiyle ilişkili işadamları ya da bürokratlar da takılmıştı. İddialara göre konuşmalarda cemaat faaliyetlerinin yanı sıra rüşvet pazarlıkları, ihaleler, komisyonlar, usulsüzlükler ve tehditler dile getiriliyordu.

Polisin ilginç zamanlaması

Soruşturma operasyon aşamasına gelince savcılık, Jandarma'yla birlikte düğmeye basma kararı alıp tarih belirledi. İsmailağa Cemaati'nin lideri Mahmut Ustaosmanoğlu'nun yaşadığı İstanbul başta olmak üzere Erzurum, Gümüşhane, Kars, Bayburt, Kayseri, Van, Trabzon, Bursa, Çankırı, Sakarya, Konya, Ağrı, Iğdır, Tokat ve Ordu'da operasyon yapılması için hazırlığa başlansa da operasyondan bir gün önce, yürütülen soruşturmanın gizlendiği Erzincan ve Erzurum Emniyeti ilginç bir şekilde, kendi illerinde İsmailağa Cemaati'ne operasyon düzenledi. Erzincan'da arama ve gözaltı işlemleri için hazırlık yapılırken gerçekleşen bu operasyonda bazı şüpheliler gözaltına alındıysa da ertesi gün salıverildi. Bu aramalardan önce, Cemaat mensuplarına hazırlıklı olabilmeleri için haber verildiği iddia edildi ve bir emniyet müdürü tarafından ekiplere "Ayrıntıya girmeyin, üstünkörü bakıp çıkın," talimatı verdiği tutanakla tespit edildi. Bu gelişmeler üzerine savcı Cihaner'in planladığı operasyon mecburen ertelendi ve bir süre sonra yeni bir tarih belirlendi. Ancak iki ilin Emniyet'i, bu ikinci operasyondan yine bir gün önce Erzincan Savcılığı'nın belirlediği adreslere "şok" baskınlar yapıverdi. Bu gelişmeler üzerine "Acaba köstebek mi var?" sorularının yanıtı kısa zamanda ortaya çıktı; başsavcı Cihaner'in telefonu dinleniyordu.

Polisten gizlenen operasyon

Emniyet'in yaptığı operasyonlar iddiaya göre Erzincan Başsavcılığı'nın, Jandarma'yla birlikte yürüttüğü soruşturmayı baltalamak için yapılmıştı. Bu iddianın delili de, dinlemelere takılan telefon kayıtlarında cemaat üyesi bir kadının baskın yapılacağını önceden haber vermesiydi. Bir başka telefon dinleme kaydında ise cemaat üyeleri, "Bizim soruşturma dosyası Erzurum'a alınacak," bile diyordu.

Nihayetinde, telefon kullanılmadan, polisten gizlenerek yüz yüze yapılan haberleşmeler sonucunda, 23 Şubat 2009 tarihinde İsmailağa Cemaati'ne yönelik operasyon gerçekleştirilebildi. Cemaate bağlı vakıfların Erzincan ve bazı ilçelerinde 4 ila 6 yaşındaki çocuklara yatılı dini eğitim verdiği tespit edilmişti. "Bir şekilde engellenmeye çalışıldığının" hissedilmesi nedeniyle sadece Erzincan'la sınırlı tutulan operasyonda ilk aşamada 30'a yakın kişi gözaltına alındı. Zanlılardan dokuzu "suç işlemek amacıyla örgüt kurmak" ve "örgüte üye olmak" suçlamalarıyla tutuklandı. Operasyonda yatılı din eğitimi alan 60'a yakın çocuk tespit edildi.

Cihaner'in daha sonra Adalet Bakanlığı'na gönderdiği savunmasında, dönemin Adalet Bakanı Cemil Çiçek'in bu dönemde kendisini arayarak "Seçimler yaklaşıyor, bu soruşturma bizi zora sokuyor," dediği yer aldı. Cihaner savunmasında ayrıca Ceza İşleri Genel Müdür Yardımcısı Çetin Şen tarafından arandığını ve böyle soruşturmaların insanın başını derde sokacağını, Ankara'da ortalığın toz duman olduğunu, yaptığı soruşturmanın Ergenekon soruşturmasına misilleme olarak algılanacağını söylediğini de belirtti.

"İrticayla Mücadele Eylem Planı"

Bu olaylardan birkaç ay sonra, Ergenekon soruşturması sırasında basına sızan belgeler, eylem planları, andıçlar nedeniyle başı dertten kurtulmayan Genelkurmay, bir kez daha manşetlere yerleşti. 12 Haziran 2009'da, *Taraf* gazetesinde "İrticayla Mücadele Eylem Planı" olarak kamuoyuna mal olan bir belgeyi manşetten yayımlandı. Altında imzası olan Albay Dursun Çiçek tarafından hazırlandığı öne sürülen planda, AKP ve Fethullah Gülen Cemaati'ni yıpratmayı amaçlayan bazı planlardan bahsediliyordu. Belgenin sahte mi gerçek mi olduğuna ilişkin tartışmalar halen sürerken, bir ay sonra Erzincan Başsavcısı İlhan Cihaner hakkında, cemaatlerle ilişkili ve hükümet yanlısı olarak bilinen bazı basın organlarında haberler çıkmaya başladı. Abdülkadir Selvi ve Bayram Tazan imzalarıyla *Yeni Şafak* gazetesinde 20 Temmuz 2009'da yayımlanan ilk haberde, İrticayla Mücadele Eylem Planı'nın Erzincan'da uygulamaya konulduğu öne sürülüyordu. Bu iddiaya konu olan olay ise İsmailağa Cemaati'yle ilgili soruşturmaydı. Haberde, Jandarma ekiplerinin görev alanı dışında olmasına rağmen şehir merkezinde 17 vakıf, dernek ve işyerine baskın yaparak gözaltına aldığı 26 kişiye, planda anlatıldığı gibi üst düzey politikacı, gazete sahipleri ve vakıf yöneticileri hakkında baskıyla ithamda bulunmaları sağlandığı öne sürülüyordu. Erzincan'da 23 Şubat 2009'da yapılan operasyon öncesi bazı sivil toplum kuruluşu yöneticileri, Ankara'da üst düzey politikacılar ve İstanbul'da bir gazete sahibinin de aralarında bulunduğu birçok ismin 2-3 ay süreyle dinlendiği, bu teknik takip için mahkemeden gerekli olan iznin ise dinlemeden sonra alındığı anlatılıyordu. "Operasyonda 'Darbe Andıcı'nda anlatılan psikolojik harekâtın uygulandığı belirlendi," denilen haberde gözaltına alınanlardan önce dokuzunun tutuklandığı, avukatların itirazları üzerine tutuklananların yedisinin tahliye edildiği de belirtildi. Ancak haberde, yürütülen soruşturmanın ne gerekçeyle yapıldığı, gözaltına alınanlara ya da tutuklananlara yönelik iddia edilen suçlamaların ne olduğu ya da Dursun Çiçek imzalı Genelkurmay'a ait olduğu öne sürülen belge ile söz konusu operasyon arasında ne tür benzerlikler olduğuna ilişkin hiçbir detay yer almadı. Bu eksikliklerine karşın *Yeni Şafak*'ın haberi benzer görüşteki yayın organları tarafından büyütülerek verildi. Bu arada, İrticayla Mücadele Eylem Planı'nı kamuoyuna duyuran *Taraf* gazetesindeki haberde, planın 2009 Nisanı'nda hazırlandığını belirtmekte fayda var. Bu planla ilgili yürütüldüğü öne sürülen İsmailağa Cemaati soruşturması ise 2007 Kasımı'nda başlatılmıştı.

Başsavcıya soruşturma

Bu arada savcı Cihaner, cemaat lideri Mahmut Ustaosmanoğlu ile İstanbul Büyükşehir Belediye Başkanı Kadir Topbaş'ın da aralarında bulunduğu 235 kişiyi kapsayan bir "şüpheliler" listesi hazırladı. Şüpheliler arasında eski Orman Bakanı Osman Pepe, Enerji ve Tabii Kaynaklar eski bakanı Hilmi Güler, *Yeni Şafak* gazetesi sahibi Ahmet Albayrak, Cüppeli Ahmet Hoca olarak bilinen

Ahmet Mahmut Ünlü de vardı. AKP'ye yakın cemaatler ve bu kadar çok ismin bir arada geçtiği bir soruşturma yürütülünce Adalet Bakanlığı da devreye girmekte gecikmedi ve Erzincan Cumhuriyet Başsavcısı İlhan Cihaner hakkında idari soruşturma başlattı. Adalet Bakanlığı Teftiş Kurulu Başkanlığı'nın yürüttüğü soruşturmanın gerekçesi; basında çıkan ve ihbar kabul edilen haberlerdi.

Müfettişlerin talebiyle telefonları dinlemeye alınan Cihaner'in diğer savcılarla yaptığı özel nitelikli telefon görüşmelerinin bile soruşturma konusu yapıldığı da ortaya çıktı. Hatta Cihaner'in imza attığı cemaat soruşturması da soruşturma konusu yapılmıştı. Konuyla ilgili basında haberler çıkması üzerine Adalet Bakanlığı da bir açıklama yaparak soruşturmayı doğruladı. "Bakanlığın bağımsız yargı tarafından yürütülen yargılama faaliyetine hiçbir şekilde müdahalede bulunması söz konusu olmadığı" vurgulanan açıklamada, "Erzincan Adliyesi'nde görev yapan hâkim ve cumhuriyet savcılarıyla ilgili olarak Bakanlığımıza intikal eden ihbar ve şikâyet dilekçeleri, olağan denetim sebebiyle Erzincan'da bulunan Adalet müfettişlerine gönderilmiştir. Adalet müfettişlerince yapılan olağan incelemeler sırasında Cumhuriyet Başsavcısı İlhan Cihaner hakkında başlatılan soruşturma devam etmektedir," denildi. Açıklamada, başlatılan inceleme ve soruşturmaların Cihaner'in yürüttüğü İsmailağa Cemaati hakkındaki soruşturmayla ilgisi bulunmadığı, yetkili mahkemeler ve hâkimler tarafından verilmiş yasal kararlar gereğince de telefonlarının dinlemeye alındığı öne sürülüyordu.

Dosya elinden alındı

Bu arada Fethullah Gülen Cemaati'ne yönelik bir soruşturma daha başlatan Cihaner'in İsmailağa soruşturmasında zanlı listesinde yer alan ve 16 ile yayılacak operasyonlara başlanacağı aşamada, Erzurum Cumhuriyet Başsavcılığı devreye girerek, soruşturmanın kendi yetki alanında olduğunu belirtip dosyayı Erzincan'dan almak istedi. İki zanlının dinlenen telefon görüşmesinde dosyanın Erzurum'a gideceğine yönelik konuşmalar yapıldığı da çok önceden tespit edilmişti. Savcı Cihaner bu girişime karşı çıktı. Birdenbire iki savcının karşı karşıya kaldığı bir durum ortaya çıkmıştı. Özel Yetkili Erzurum Başsavcısı Osman Şanal'ın dosyayı istemesine neden olan "şey" ise İsmailağa Cemaati'nin "silahlı bir örgüt" olduğunu öne süren imzasız bir ihbar mektubuydu. Osman Şanal, bu imzasız mektuptan yola çıkarak soruşturmanın kendi yetkisi alanına girdiği iddiasıyla, dosyayı istiyordu. Erzincan Başsavcısı İlhan Cihaner ise grubun silahlı olmadığını savunarak soruşturmayı kendisinin yürüteceğini belirtiyordu.

İhbar mektuplarını zanlılar mı gönderdi?

Cihaner'in dosyayı vermek istememesinin nedeni, "ihbar mektubunun, dosyanın Erzurum'a gönderilmesini isteyen şüphelilerce gönderildiği" iddiasıydı. Çünkü İsmailağa Cemaati soruşturmasının zanlılarından Mehmet Turan, daha dosya Erzurum Özel Yetkili Savcılığı'nca istenmemişken, 10 Mart 2009'da yaptığı görüşmede "Dosya Erzurum'a gidiyor," demişti. Ancak Cihaner, soruşturduğu dosyanın Erzurum'a gitmesini engelleyemedi. Erzurum Savcılığı 235 sanık hakkında soruşturma yürütülmesine rağmen sadece 13 kişi hakkında dava açmakla yetindi. Üstelik işin daha da ilginci, cemaatin "silahlı örgüt" olduğunu ihbar eden bir imzasız mektuba dayanarak dosyayı isteyen Erzurum Özel Yetkili Ağır Ceza savcısı Osman Şanal'ın açtığı davada silahlı örgüt iddiası yer almadı. Tesadüf bu ya; Erzincan Başsavcısı İlhan Cihaner'in 2009 yılı başında açtığı Fethulah Gülen Cemaati'yle ilgili soruşturmada da yine aynı gelişme yaşandı. Gülen Cemaati'yle ilgili soruşturma sürerken yine bir ihbar mektubu gönderildi ve bu grubun da "silahlı faaliyet yürüttüğü" öne sürüldü. Bunun üzerine Erzurum Savcılığı bu kez de Gülen dosyasını istedi. Erzincan Başsavcısı Cihaner, Erzurum'un ısrarına rağmen dosyayı göndermeyerek ordu içinde ve yurt çapında Gülen grubunu soruşturmaya devam etti. Cihaner, yürüttüğü Fethullah Gülen Cemaati soruşturması kapsamında MİT'e, Hava Kuvvetleri Komutanlığı ile İstanbul ve Ankara savcılıklarına yazı yazarak bilgi de istedi.

Başsavcıya dava

Bu gelişmelerden sonra devreye yine ihbar mektupları girdi... "Sağduyulu Bir Grup Erzincanlı, Duyarlı ve Mağdur Bir Vatandaş, İkram Çamur ve Hakan Vural" imzalarıyla gönderilen ihbar mektuplarına dayanılarak başlatılan soruşturma sonunda İlhan Cihaner hakkında dava açıldı. Yürüttüğü Fethullah Gülen soruşturmasını gizlemek, kullandığı iki günlük iznini kullanmamış gibi göstermek ve adliye lojmanlarının bahçesinde imara aykırı kameriye yaptırmak gibi suçlamalarla Cihaner'e, "görevi kötüye kullanmak, imar kirliliğine neden olmak, resmi belgede sahtecilik yapmak" iddialarıyla 26 yıla kadar hapis istemiyle dava açılmış oldu. Anımsatmakta fayda var: Erzincan Cumhuriyet Başsavcısı İlhan Cihaner'in adı HSYK ile hükümetin karşı karşıya geldiği, 2009 Temmuz ayındaki kararname krizinde de gündeme gelmişti. Adalet Bakanlığı'nın Başsavcı Cihaner'in görev yerinin değiştirilmesi istemi kurul tarafından yerinde görülmemiş ve Cihaner Erzincan Başsavcılığı'nda kalmıştı. Ve elbette Ergenekon soruşturmalarını yürüten hâkim ve savcılar üzerinden kıyamet koparan hükümet yanlısı medya organlarında Cihaner'le ilgili herhangi bir bilgi kırıntısı bile yer almamıştı.

Silahın yanına sim kart da atılmış!!!

Bu gelişmeler olurken 27 Ekim 2009 günü Erzincan Emniyeti'ne Çatalarmut köyü mevkiindeki Göyne Baraj Gölü'nde silah ve mühimmat olduğuna dair ihbar yapıldı.

İddiaya göre ihbarı yapan kişi, İsmailağa Cemaati soruşturmasının zanlılarından biriydi. Ve ilginç bir şekilde ihbarı alan kişi de, adı Emniyet içinde Fethullahçı cemaatle birlikte anılan polislerden biriydi. Barajın bulunduğu yer, askerin yetki alanında olmasına karşın, Erzincan Emniyet Amirliği'ne mensup polisler, bizzat Erzurum Özel Yetkili Başsavcısı Osman Şanal'ın nezaretinde aramalara başlamıştı.

Aramalarda gerçekten de silah ve mühimmat bulundu. 10 el bombası, 1 adet kimyasal el bombası, 3 adet el bombası fünyesi, 2 adet 40 milimetrelik bombaatar mühimmatı, 310 adet 5 milimetre uzunluğunda uzun namlulu silah fişeği, 5 adet Bixi silahına ait çelik çekirdekli yangın fişeği, 1 adet uçaksavar fişeği, 6 adet Commet aydınlatma fişeği, 1 adet renkli küçük sis kutusunun yanı sıra bir cep telefonu ile telefondan ayrı vaziyette bir de sim kartı ve hafıza kartı da bulunmuştu.

Göl sularının çekilmesiyle bulunduğu öne sürülen silah ve mühimmatı atanlar, her nedense kendilerine ulaşılacak bilgiyi barındıran "cep telefonu ve sim kartı da olay yerine atınca", yapılan teknik inceleme sonucu zanlılara ulaşılmıştı.

Cemaat soruşturmasını yürütenler tutuklandı

Tesadüfe bakın ki, ulaşılan zanlılar Erzincan Başsavcısı İlhan Cihaner'in yürüttüğü İsmailağa Cemaati'ne yönelik soruşturmada kolluk kuvveti olarak görev alan askerlerden başkası değildi. 20 Kasım 2009'da Erzincan İl Jandarma Komutanlığı İstihbarat Şube Müdür Yardımcısı Üsteğmen Ersin Ergut ile bu birimde görevli Astsubay Orhan Esirger, 28 Kasım 2009'da ise İstihbarat Şube Müdürü Binbaşı Nedim Ertan baraj gölünde bulunan silah ve mühimmatla ilgileri olduğu iddiasıyla tutuklandı. Ancak konu burada kapanmadı. Gülen Cemaati soruşturması kapsamında bilgi talep edilen kurumlar arasında olan MİT'in çalışanları da bir gizli tanık ifadesiyle zanlı haline geldi. 1 Temmuz 2009'da göreve başlayan Erzincan Bölge Müdürü'nün de aralarında bulunduğu üç MİT çalışanı, 4 Aralık 2009'da, Erzurum savcısı Osman Şanal'ın talimatıyla gözaltına alınıp birkaç gün sonra da tutuklandı. Başbakanlığa bağlı MİT'e yönelik gözaltı işlemlerinde Başbakanlık ve MİT Müsteşarlığı'nın izni olması gerekirken, savcılığın bu kurallara uymaması da ayrı bir sorun yarattı. MİT tarafından yapılan açıklamada çalışanlarına yönelik gözaltı işleminin hukuksuz olduğu vurgulandı. Başsavcı Cihaner de, "Ergenekon terör örgütü üyesi olmak", "görevi kötüye kullanmak" ve "tehdit ve iftira" suçlamalarıyla gözaltına alındıktan sonra sorgusunun ardından tutuklanarak cezaevine gönderilenler arasındaydı.

800 bin TL'lik komplo iddiası

Bu arada Cemaat yanlısı yayın organlarında Cihaner ve yürüttüğü soruşturmayla ilgili usulsüzlükler olduğuna yönelik haberlerin ardı arkası kesilmedi. İddialara göre Cihaner ve soruşturmayı yürüten askerler, zanlılara hakaret edip kötü muamelede bulunmuş, tehdit etmişlerdi. Hatta baraj gölünde bulunan bombaları polise mal etmek için de gizli tanık kiralamışlardı. Osman Şanal'a ifade veren "gizli tanıklar", Üçüncü Ordu Komutanı Saldıray Berk, Erzincan Başsavcısı İlhan Cihaner, İl Jandarma Komutanı Ali Tapan, Jandarma İstihbarat Şube Müdürü Nedim Ertan, Jandarma Üsteğmen Ersin Ergut ve Jandarma Kıdemli Başçavuş Orhan Esirger'in İsmailağa Cemaati, Nurcu Kurdoğlu Cemaati ve Fethullah Gülen Cemaati'nin terör örgütü kapsamına alınması için komplo hazırlamak ve Erzincan'da Ekim ayında bulunan silah ve mühimmatlarla ilgili olarak malzemelerin polis tarafından konulduğu yönünde gizli tanıklık yapmaya zorlandıklarını öne sürüyorlardı. Bir yıl boyunca Jandarma'ya muhbirlik yaptığını belirten "Erzincan" adı verilen gizli tanık, kendisinden kaldığı cemaatlere ait ev, yurt ve eğitim kurumlarına silah, mühimmat ve benzeri suç unsurlarını yerleştirmesi istendiğini, karşılığında da 800 bin TL para önerildiğini söylüyordu. İfadeler üzerine Erzurum savcısı Şanal, Erzincan İl Jandarma Alay Komutanı Ali Tapan'ın sanık olarak ifadesini alırken, Üçüncü Ordu Komutanı Orgeneral Saldıray Berk'i de ifade vermeye çağırdı.

MİT'çilerle görüşme

Bu arada CHP İzmir milletvekili ve TBMM İnsan Hakları Komisyonu üyesi Ahmet Ersin, tutuklanan üç MİT görevlisi ve askerlerle tutuklu bulundukları cezaevlerinde görüşmeler yaptı. *Radikal* gazetesinde 21 ve 22 Aralık 2009'da günleri manşetten yayımlanan haberlerde MİT görevlilerinin ifadeleri şöyle yer aldı:

> Mayıs ayında Kurdoğlu Cemaati içinde bulunan "Erzincan" kodlu öğrenci MİT'in internet sitesine, cemaatin faaliyetlerine ilişkin bilgi vermek istemiş.
>
> MİT ana karargâhı da gelen mesaj üzerine öğrenciyle görüşülmesi talimatı verdi. 5 ay boyunca görüşme sürdü. Verdiği bilgilerin tutarsızlığı nedeniyle Ekim ayında ilişki kesildi. Erzincan kodlu öğrenci Erzurum savcısı Osman Şanal'a MİT görevlileri hakkında suç duyurusunda bulunmuş. Savcı Şanal da MİT görevlilerini Erzincan'da Albay Dursun Çiçek tarafından hazırlandığı iddia edilen İrticayla Mücadele Eylem Planı'nı uygulamakla suçladı.

Askerlere tuhaf sorular

Milletvekili Ersin'in görüştüğü askerlerin anlattıkları ise daha ilginçti. Askerler savcılık sorgusunda kendilerine 2008'de Erzincan'ın Kemah ilçesinde dokuz askerin mayın patlaması sonucu şehit olmasıyla ilgileri olup olmadığı yönünde sorular sorulduğunu söylüyordu. Polisin komplo kurduğunu öne süren askerler, "Bombaları polisin koyduğunu düşünüyoruz. Bize açık bir komplo var. Biz istihbarat birimi olarak polisin bu komplosunu açığa çıkarmak üzereydik. Zaten Jandarma bölgesinde bir polis aracının dolaştığını tespit etmiştik. Hemen ertesi gün adamın biri 'Bomba buldum' diye ihbarda bulundu. Erzincan Cumhuriyet Başsavcılığı'nın sürdürdüğü Fethullah Gülen Cemaati'ne yönelik soruşturmanın etkisizleştirilmek için tutuklandık. İstihbarat birimi cemaatler üzerinde uzmanlaşmıştı. İsmailağa Cemaati'nin ardından Gülen Cemaati soruşturması genişleyebileceğinden çekindiler. Ve bunu engellemek adına böyle bir komplo kurmuş olabilirler. Savcılık sorgusunda bize 2008 Ağustosu'nda Erzincan Kemah'ta terör saldırısı sonucu dokuz askerin şehit edildiği olayda sorumluluklarımızın olup olmadığını da sordular," dedi.

Tutuklayan ile tutuklananı buluşturan olay

Ergenekon üyesi olmakla suçlanıp tutuklanan askerlere sorulan dokuz askerin öldüğü olay, 11 Ağustos 2008'de Kemah'a bağlı Sarıyazı köyü yakınlarında olmuştu. Bir askeri aracın, uzaktan kumandalı mayınla patlatılması sonucu dokuz asker ölmüş, ikisi de yaralanmıştı. Yapılan incelemelerde üzerlerinde parmak izi olmayan, bombalı düzeneğe bağlı beyaz kabloyla altı pil bulundu. Soruşturmayı yürütense İrticayla Mücadele Eylem Planı'nı Erzincan'da hayata geçirmek suçlamasıyla iki askeriyle birlikte tutuklanan Binbaşı Nedim Ertan ve sorumluluğunda bulunan Erzincan Jandarma İstihbaratı'ydı. Olayın savcısı ise Binbaşı Ertan ve askerlerini tutuklayan Erzurum Özel Yetkili ağır ceza savcısı Osman Şanal'dı.

Asker öldü, köylü tutuklandı

Soruşturma kapsamında ifade veren gizli tanıkların anlattıkları doğrultusunda Zeki Algül, Mızrap Işık ve Metin İnce isimli köylüler 26 Ocak 2009'da tutuklandı. Şanal'ın hazırladığı iddianameye göre olaydan bir önceki gece üç PKK'lı Metin İnce ve Mızrap Işık'ın çadırına girmiş, bu beş kişi daha sonra beraber köye inmişti.

Hayvancılık yapan köylülerden İnce ve Işık savunmalarında 2008 yılında PKK'lıların gelip tehditle hayvan başına vergi ve pil istediklerini, kendilerinin de 15 Temmuz 2008'de bu isteği yerine getirdiklerini söyledi. Ancak köylüler Kemah Alp Jandarma Karakolu'na giderek konuyu anlatıp şikâyette de bulunduklarını ve PKK'lılarla birlikte köye inmediklerini de söylediler. Muhtar Zeki Algül ise saldırıdan bir gün önce üç PKK'lının Sarıyazı'daki evlerine geldiğini belirterek, "Bunun üzerine Nedim Yüzbaşı ile Murat Başçavuş ile görüştüm. Ertesi gün de Jandarma'ya uğrayıp olayı anlattım. Yanımda Metin İnce de vardı," dedi. Ancak savcı Şanal, tutuklanan köylülerin PKK'lılara verdikleri pillerle olay yerinde üzerinde parmak izi bulunmayan pillerin aynı marka olmasından yola çıkarak, "tasarlayarak adam öldürmek, adam öldürmeye teşebbüs, terör örgütüne üyelik, devletin birliğini ve ülke bütünlüğünü bozmak" iddiasıyla dava açtı. Köylüler müebbet hapis istemiyle yargılanmalarına karşın 3 Kasım 2009'daki ilk duruşmada, Metin İnce ile Jandarma'ya PKK'lıların köye geldiği ihbarını yaptığını söyleyen muhtar Zeki Algül tahliye edildi. Mızrap Işık ise jandarma baskısı sonucu pilleri PKK'lılara verdikleri yönünde ve Algül ile İnce aleyhinde ifade verdiğini söyledi.

Savcı haftalar sonra uyandı!

Köylülerin avukatlığını yapan Hüseyin Aygün, duruşmada saldırıdan bir gün önce üç PKK'lının köye geldiğini Binbaşı Ertan ve Jandarma'ya bildirdiklerini anımsatarak askerler hakkında bir idari soruşturma yürütülüp yürütülmediğini sormuştu. Yargılama sırasında Aygün'ün, "olay yerine yakın iki gözetleme noktası olmasına ve yol görünmesine rağmen mayınların döşenebildiği, köylülerin yaptığı ihbarın neden değerlendirilmediği, askeri cemsenin önünde giden mayın tarama aracının Sarıyazı'ya uzanan toprak yolu neden taramadığı ve neden zırhlı araç kullanılmadığına" yönelik askeri yetkililerin yanıtlamasını istediği soruları "hukuki olmadığı" gerekçesiyle mahkemece geri çevrildi.

Savcı Osman Şanal'ın soruşturma sürecinde dikkate almadığı ve Erzurum 2. Ağır Ceza Mahkemesi'nin de "hukuki bulmadığı", kuşkular içeren bu sorular haftalar sonra Ergenekon kapsamında tutuklu bulunan Binbaşı Nedim Ertan'a, "Askerleri siz mi öldürdünüz?" diye soruldu. CHP'li Ahmet Ersin'in kamuoyuyla paylaştığı bu soru, avukat Hüseyin Aygün'ü de hayli kuşkulandırmış. Saldırının gerçekleşmesinde güvenlik önlemlerinin yeterince alınmadığını öne süren Aygün, "Ancak biz bu iddialarımızı 3 Kasım 2009'daki duruşmada yinelediğimiz halde neden Cemaat-Ergenekon kapışması başladıktan sonra ciddiye alındı? Bu araştırmada neden bu kadar geciktiler? Bizim soruşturmamız, Emniyet-Jandarma kapışmasına malzeme yapılmasın," diyerek şu iki can alıcı soruya yanıt arıyor:

"Binbaşı Ertan neden o istihbaratı değerlendirmedi? Savcı Şanal, neden ihmal iddialarını sormak için İrticayla Mücadele Eylem Planı'nı bekledi?"

İlk JİTEM soruşturmasını açmıştı

Yürüttüğü soruşturmayla ilgili yetki kavgasına girdiği Erzurum Özel Yetkili Cumhuriyet Başsavcısı Osman Şanal'ın öncülüğünde, polisler ve savcı denetiminde adliyedeki odasında ve evinde arama yapılıp gözaltına alınan, ardından tutuklanan Cihaner, "Ergenekon Örgütü üyesi" olmakla suçlanıyordu. Ancak Cihaner'in daha önce yürüttüğü ve özellikle Ergenekon soruşturmasından yana taraf alan medya organları için önem arz eden bir soruşturma ise es geçilmişti. Cihaner, Şırnak'ın İdil ilçesinde görev yaptığı 1999'da kamuoyunda ilk JİTEM davası olarak bilinen ve Ergenekon'un asker kökenli ünlü isimlerinin de geçtiği soruşturmayı yürüten isimdi. JİTEM görevlisi itirafçı İbrahim Babat'ın Başbakanlık Teftiş Kurulu'nun hazırladığı Susurluk Raporu'nda yer verilen, 16 Eylül 1989'da kaçırılarak infaz edilen Tahsin Sevim, Hasan Utanç ve Hasan Caner adlı üç köylünün öldürülmeleriyle ilgili anlatımları üzerine Cihaner aralarında Arif Doğan'ın da bulunduğu bazı şüphelilerle ilgili yeniden soruşturma açmıştı. Türlü engellerle karşılaşan Cihaner bu soruşturma dosyasını sonlandıramadan da tayin edilmişti.

Başsavcı İlhan Cihaner, tutuklanmasına yol açan gelişmeleri üç ay önce Hâkimler ve Savcılar Yüksek Kurulu'na (HSYK) verdiği "yazılı savunma" metninde soruşturmanın nasıl başladığını anlatarak, iletişim tespit tutanakları çerçevesinde Fethullah Gülen, Süleymancılar ve Menzil grubunun da soruşturmaya dahil edildiğini belirtmişti. Aramaların yapılacağı sırada Erzurum yetkili savcılığının dosyayı kendisinden istediğini belirten Cihaner savunmasında, bazı Adalet Bakanlığı müfettişlerinin de dosyayı Erzurum'a göndermesi yönünde telkinde bulunduklarını öne sürüyordu. Soruşturmanın kendisinden alınmasına anlam veremediği için Erzurum başsavcısını aradığını belirten Cihaner, "Bana, 'Böyle bir soruşturma yapılıyor, benim niye haberim yok' diye çıkıştı. Ben de böyle bir yükümlülüğüm olmadığını belirttim. Soruşturmayı sürdürmem halinde 'gizliliğin ortadan kalkacağı, bu tartışmanın duyulmasıyla yargının yıpranacağı ve en önemlisi de delillerin karartılacağı' endişesiyle dosyayı göndermeye karar verdim.

Bu arada adliyemize teftişe gelen başmüfettiş de dosyayı göndermemin iyi olacağını ima etti," dedi. Cihaner, Erzincan jandarmasının kendisini Cemaat soruşturması nedeniyle iftira ve komployla karşı karşıya kalabileceği konusunda uyardığını da anlattığı savunmasında, dosya Erzurum'a gittikten sonra Cemaat üyelerinin deliller toplanmadan salıverildiğini belirterek, "İsmailağa Cemaati soruşturmasında tutuklanan kişiler haklarında anayasal düzeni zorla değiştirmeye teşebbüs suçundan ağırlaştırılmış müebbet hapis cezası istendiği halde birkaç ay sonra salıverildiler. Deliller toplanmadı, soruşturma çok sınırlı tutuldu," iddialarında bulunuyordu.

Cihaner'in dediği çıktı

"Ergenekon terör örgütüne üye olmak" suçlamasıyla cezaevine konulan ve Erzurum 2. Ağır Ceza Mahkemesi'nde yargılanan Cihaner'in davası, "görevi kötüye kullanmak, evrakta sahtecilik ve imar kirliliğine neden olmak" suçlamasıyla yargılandığı davalar hakkında Yargıtay 11. Ceza Dairesi tarafından birleştirme kararı verilince savcı özgürlüğüne de kavuştu. Yargıtay, Cihaner'le birlikte tutuklu 10 sanığın "koşulsuz" olarak tahliyesine ve "derhal" salıverilmelerine de oybirliğiyle karar verince Cihaner tahliye edildi. Kararda sanıklar hakkında "isnat edilen suçlamaların tutuklama için tek başına yeterli olup olmayacağı gözetilmeden" tutuklama kararı verildiği belirtilerek, "dosyadaki hukuki bulgu ve belgeler gereği koşulları oluşmayan tutuklama kararının kaldırıldığı" belirtiliyordu.

Görevine de dönen Cihaner ilk HSYK kararnamesiyle birlikte Adana'ya düz savcı olarak atanırken Yargıtay'daki davası ise bu satırlar yazıldığı sırada halen bitmemişti.

İsmailağa tarikatına ilişkin soruşturmayı, bu grubun 'silahlı örgüt' olduğunu ileri süren eski Erzurum Özel Yetkili Savcısı Osman Şanal'a göndermediği için "görevini kötüye kullandığı" iddiasıyla hakkında dava açılmasından bir yıl sonra görevden alınan Şanal'ın halefi olan savcı Ender Karadeniz, mütalaasında "İsmailağa, terör örgütü değil," diyerek Cihaner'le aynı noktada buluştu. Özel Yetkili Cumhuriyet savcısı Ender Karadeniz, davanın görüldüğü Erzurum Özel Yetkili 2. Ağır Ceza Mahkemesi'ne verdiği mütalaada, cemaatle ilgili olarak yakalananların cebir ve şiddet kullanarak anayasal düzeni değiştirmeye yönelik inandırıcı delil bulunamadığını belirtti. Karadeniz, İsmailağa Cemaati'yle ilgili olarak yargılanan 11 sanığın, izinsiz eğitim kurumu açmak suçuyla cezalandırılmaları yolunda görüş bildirdi.

Erzurum Özel Yetkili 2. Ağır Ceza Mahkemesi'nde görülen İsmailağa Cemaati'yle ilgili davada, cumhuriyet savcısı Ender Karadeniz, 26 Ekim 2010'da verdiği mütalaada, sanıklar hakkında TCK'nın 309/1. maddesine muhalefet eylemleri bakımından cezalandırılması için kamu davası açıldığını hatırlattı. Sanıkların "cebir ve şiddet kullanarak anayasal düzeni ortadan kaldırmaya veya bu düzen yerine başka bir düzen getirmeye teşebbüs ettiklerine dair yapılan yargılama neticesinde cezalandırılmaları için yeterli her türlü şüpheden uzak kesin inandırıcı deliller elde edilemediğine" dikkati çeken savcı Karadeniz, bu nedenle sanıkların sabit olmayan atılı suç yönünden ayrı ayrı beraatlerini uygun gördü. Sanıkların Erzincan'da Medine ve Vuslat vakıfları adı altında açtıkları kurslarda yasalara aykırı öğrenci eğitimi yaptıkları anlaşıldığına işaret eden Ender Karadeniz, sanıkların eylemlerine uyan TCK'nın 263/1. maddesi uyarınca 6 aydan 3 yıla kadar hapisle cezalandırılmalarını istedi. Karadeniz, aralarında kadınların da bulunduğu beş kişinin ise yeterli delil elde edilemediğinden beraatlerine karar verilmesini talep etti.

Böylece, Erzincan'daki İsmailağa Cemaati soruşturmasının dönemin Başsavcısı İlhan Cihaner'in elinden alınmasındaki "silahlı terör örgütü" gerekçesi de geçersiz olarak Cihaner'in haklılığını ortaya koymuş oluyordu. Cihaner, HSYK kararıyla Adana'ya düz savcı olarak atandıktan birkaç ay sonra da 12 Haziran 2011 seçimlerinde milletvekili adayı olmak için istifa etti. Cihaner, yaptığı açıklamada "Artık hukukun işlemediği bir ülkede işimi yapabileceğimi düşünmüyorum," diyecekti.

EK-3
TÜRKBANK OLAYI

Hükümet düşüren ihale

Çalışanlarının ve emeklilerinin yüzde 85'lik hissesine sahip olduğu Türkbank çökme aşamasındaydı. Hazine, Türkbank'a Tasarruf Mevduat Sigorta Fonu (TMSF) vasıtasıyla el koyar ve hemen ardından bankaya 485 milyon dolar nakit para pompalanır. Daha sonra da banka, 1998'de Mesut Yılmaz'ın Başbakanlığı döneminde kasası dolu halde satış için ihaleye çıkarıldı. İhaleyi, 605 milyon dolara işadamı Korkmaz Yiğit kazandı. Ancak, yeraltı dünyasının ünlü isimlerinden Alaattin Çakıcı'nın bu satışta Korkmaz Yiğit lehine devrede olduğu anlaşılınca ihale iptal edildi. Yiğit lehine devrede olan sadece Çakıcı değildi. Dönemin Mesut Yılmaz iktidarının da Çakıcı'nın girişimleriyle Yiğit'e iltimas geçtiği anlaşıldı.

Bunları ortaya çıkaran da dönemin CHP İçel Milletvekili Fikri Sağlar'ın açıkladığı Korkmaz Yiğit ile mafya lideri Alaattin Çakıcı arasındaki telefon konuşması kayıtlarıydı. Bankalar, gazeteler, televizyon kanallarıyla hızlı bir yükselişe geçen Yiğit'in, Çakıcı'yla yaptığı konuşmalar *Milliyet* gazetesini satın almasından altı gün sonra 13 Ekim 1998'de Sağlar tarafından açıklandı. Konuşmalarda, Çakıcı'nın ihaleye girecek diğer işadamlarını tehdit ettiğinden ve hükümetin geçtiği iltimaslardan bahsediliyordu. Kasedin şalvarlı bir kişi tarafından kendisine elden verildiğini belirten Sağlar'ın açıklamaları üzerine Yiğit, Türkbank ihalesine katılmasının nedeninin Alaattin Çakıcı değil, Merkez Bankası Başkanı Gazi Erçel ve daha sonra da Güneş Taner'in yönlendirmesiyle olduğunu söyledi.

Türkbank'la kendisi ilgilenmeden önce devletin iki defa bankayı satma teşebbüsünde bulunduğunu ve Çakıcı'nın her iki satış teşebbüsüne de müdahale ettiğini hatırlatan Yiğit, Mesut Yılmaz'ı kastederek, "En büyük hatam devletin Başbakanı'na inanmamdı," dedi. "İhaleye fesat karıştırmak" suçlamasıyla açılan soruşturmayla tutuklanan Yiğit, gözaltında verdiği ifadede,

Türkbank ihalesiyle ilgili kendisine komplo kurulduğunu öne sürerek, dönemin Başbakanı Mesut Yılmaz ve Devlet Bakanı Güneş Taner'in bankanın satışı ile gelişmelerden önceden haberdar olduğunu iddia etti.

Skandalla birlikte Yılmaz Hükümeti de sarsıldı. CHP, verdiği güvenoyunu çekti ve 25 Kasım 1998'de hükümet düştü.

Yılmaz, Devlet Bakanı Güneş Taner'le birlikte Cumhuriyet tarihinde Yüce Divan'da yargılanan ilk başbakan da oldu. Yüce Divan, 23 Haziran 2006'da davanın kesin hükme bağlanmasını kendisinin de başbakan yardımcısı olarak görev aldığı DSP-MHP-ANAP hükümeti zamanında 22 Aralık 2000'de çıkarılan ve Rahşan Affı olarak bilinen 4616 sayılı Şartla Salıverilme Yasası uyarınca erteledi.

Yılmaz'ın suçladığı polis

Mesut Yılmaz, daha sonra ANAP-DSP-DTP koalisyonunu bitiren Türkbank Skandalı'yla ilgili istihbaratçı Âdem Demir'i suçladı.[1] Dönemin Başbakanı Yılmaz, Demir'in Çakıcı-Yiğit kasetlerini, kendilerine değil de muhalefete ulaştırarak krizi ateşlediğini söyledi. ANAP lideri olarak Başbakanlığını yaptığı ANAP-DSP-DTP koalisyonunun gensoruyla düşürülmesine neden olan Türkbank Skandalı'ndaki kaset karambolünün izini süren Mesut Yılmaz'ın karşısına polis istihbaratının kilit bir ismi çıktı: İstanbul İstihbarat eski Şube Müdürü ve DYP milletvekili aday adayı Âdem Demir. Yılmaz bu iddialarını 11 Haziran 1999 günü bir grup gazeteciyle yaptığı sohbette dile getirdi. İlk kez isim vererek Alaattin Çakıcı ile Korkmaz Yiğit arasında geçen konuşmaların kaydedildiği bandın CHP'li Fikri Sağlar'a ulaşmasını sağlayan kişinin Âdem Demir olduğunu söyledi. ANAP lideri, bu konudaki ilk ipucunu hafta içinde ANAP grubunda yaptığı konuşmada vermiş ve şunları söylemişti:

---

1 İstihbarat Dairesi Başkan Yardımcısı olan Âdem Demir, Türkbank'ın satışıyla ilgili olarak işadamı Korkmaz Yiğit ile mafya babası Alaattin Çakıcı arasındaki telefon konuşmaları kasedini CHP'li Fikri Sağlar'a sızdırdığı bilgisinin dönemin Başbakanı Mesut Yılmaz'a bildirilmesi üzerine bu görevden alındı. Bu işle ilgisi olmayan Demir'i görevden aldıranlarsa aslında bizzat kasedi sızdıran Cemaatçi polislerdi. Demir, başını yakanın ise "Ne zaman 'Bu sümüklü hocanın peşinden gidiyorsunuz?' sözü ağzımdan çıktı, ondan sonra olanlar oldu," diye konuşmak olduğunu 21 Haziran 1999'da *Star* gazetesinden Saygı Öztürk'e açıklamıştı.

55'inci hükümetin zamansız görevden uzaklaştırılmasının en önemli nedeni Emniyet'teki hizmet yetersizliğidir. Eğer belli birimler görevlerinin gereğini yapıp sahip oldukları bilgileri bize zamanında aktarmış olsalardı, o siyasi kriz yaşanmayacaktı. Ama bazı görevliler yasadışı olarak ulaştıkları bilgileri amirlerine ve bize değil de muhalefet milletvekiline verince Türkiye siyasi krize girdi.

Yılmaz konuşmasında suçlama yönelttiği Emniyet görevlilerinin adını bilip bilmediğini açıklamasını isteyen gazetecilere, tereddüt etmeden Âdem Demir'in adını vererek şöyle konuştu: Âdem Demir, İstanbul polisinde istihbarat şube müdürüydü. Bize kendisiyle ilgili bazı bilgiler ulaşınca oradan alınmasını istedik. Merkeze alındı. Ancak bizim sakıncalı diye merkeze aldığımız bu kişiyi tutup istihbarat başkanlığında en kritik yer olan teknik servisin başına koymuşlar. Bunun üzerine yine uyardık. Bu kez geri hizmete çekildi. Sonra da zaten DYP'den milletvekili adayı oldu.[1]

İlginç bir ihbar mektubu

Konunun üst düzey polis müdürleri Sabri Uzun, İsmail Çalışkan ve Emin Arslan'la olan ilgisi ise Fikri Sağlar'ın açıkladığı telefon dinleme kayıtlarıydı. Yılmaz'ın Yüce Divan'da yargılandığı o günlerde Ahmet Büyükkaya adını kullanan ihbarcının gönderdiği mektubunda söz konusu üç müdür ile o tarihte Kaçakçılık ile İstihbarat Dairesi'nde önemli görevlerde bulunmuş pek çok emniyet görevlisini; Alaattin Çakıcı'nın Türkbank ihalesine yaptığı müdahaleyi ilgililere zamanında haber vermeyip uyarı görevlerini yerine getirmeyerek "görev kusuru" işlemekle suçluyordu mektubunda.

Burada ilginç bir hatırlatmayı yapmakta fayda var. İhbar mektubunda suçlananlar arasındaki Emin Arslan o dönemde KOM Başkanı olarak hazırladığı yazıda Korkmaz Yiğit ile Alaattin Çakıcı arasında bağlantı olduğunun tespit edildiğini anlatan kişiydi.

Merkez Bankası'nın talebi

Türkbank ihalesi öncesinde Merkez Bankası, EGM'ye gönderdiği bir yazıda, ihaleye katılacak işadamlarına suikast yapılacağına ilişkin gazetelerde haberler çıktığından hareketle iddiaların gerçek olup olmadığına ilişkin bilgi istiyordu.

1 *Hürriyet*, 11 Haziran 1999.

Talep üzerine İstanbul polisiyle yapılan görüşmeler üzerine TMSF'nin yazısında sözü edilen konuyla ilgili bilgi ve ifadeler "yakalanan silahlar ve eylemlerin türü nedeniyle" ilgili birim olan Terörle Mücadele Dairesi'ne gönderildi.

Buradan da araştırma yapılmak üzere 14 Temmuz 1998'de KOM Dairesi'ne aktarıldı. KOM da aynı gün konuyu İDB'ye bildirdi. Çünkü TMSF'nin talep yazısıyla 14 Temmuz 1998'de İstanbul Emniyeti'nden gelen üst yazıda ve sanık ifadelerinde Türkbank adı geçmiyordu. Dönemin İstanbul Emniyet Müdür Yardımcısı Atilla Çınar imzasıyla İstanbul DGM'ye gönderilen yazıda da, ne Türkbank adı geçiyor, ne de Yiğit-Çakıcı bağlantısıyla ihaleye dayalı işadamlarına baskı yapıldığına ilişkin bir ifade bulunuyordu.

Skandalı kanıtladı mağdur oldu

KOM Başkanı Arslan'ın 14 Temmuz 1998'de gönderdiği yazının yanıtı, başında Sabri Uzun'un bulunduğu İDB'den 23 Temmuz 1998'de KOM'a geldi. Notta ne tehdit eden, ne edilen bir isim ve ne de bir menfaat grubundan söz ediliyordu.

Çünkü Çakıcı-Korkmaz Yiğit arasındaki konuşmaların bandı ortaya çıkmamıştı henüz. Oysa ihale zarfı alan 20'ye yakın grup ile ihaleye katılan beş grup vardı. Bunlardan hangisinin kiminle ilişki kurarak, kimleri tehdit ettiğine dair açık bir bilgi de yoktu yazışmalarda. Yani Merkez Bankası'nın, talep ettiği bilgiler gelen bilgi notlarında bulunmuyordu. Ama konu Emin Arslan'ın Emniyet Genel Müdür Yardımcısı olarak sorumlusu olduğu, başında Sabri Uzun'un bulunduğu İstihbarat Daire Başkanlığı'nın çabalarıyla çözüme kavuşuyordu. Yapılan çalışmalar sonunda ihaleden bir gün önce İDB, Başbakan ve İçişleri Bakanı'na Çakıcı-Türkbank- Korkmaz Yiğit bağlantısının ayrıntılı olarak anlatıldığı, isim isim tehdit eden ve edilen ile işbirliği yapılan işadamlarının belirlendiği bir bilgi notu gönderiyordu.

Ancak resmi bir yazı olmayan bu bilgi notuyla ihalenin iptali söz konusu değildi.

İhalenin iptal edilmesini gerektirecek, Emin Arslan ve Sabri Uzun tarafından hazırlanan resmi yazı ancak ihale günü olan 4 Ağustos 1998'de Başbakanlık ve Merkez Bankası'na, İçişleri Bakanlığı Müsteşarı Yahya Gür imzasıyla gönderildi. Altı imzanın bulunduğu zimmetli yazı Merkez Bankası'na saat 17.45 sularında;

Başbakanlığa da 18.00'de ulaşabilecekti. Merkez Bankası o saatte bir girişim yapmazken Başbakan Mesut Yılmaz ise "Ben yazıyı almadım," diyecekti. Hem de özel kaleminin "Ben gönderdim," şeklindeki açıklamalarına rağmen. Anlaşılan yazı "ortadan kaybolmuştu". Emin Arslan, dönemin İstihbarat Daire Başkanı Sabri Uzun ve kendi yardımcısı İsmail Çalışkan Türkbank soruşturmasındaki rollerine rağmen ismi kusurlu gösterilmeye çalışılanların arasına monte edildi.

Henüz Alaattin Çakıcı yakalanmamıştı. İstanbul İstihbarat Şubesi, İstanbul Cumhuriyet Savcılığı'ndan aldığı dinleme kararıyla Çakıcı'yı dinliyordu. Asıl amaç, Çakıcı'yı yakalamaktı. Bunun için 1996 yılında Amerika'ya gönderilen polis ekibi, siyasetçi vekiller tarafından Çakıcı'ya bildirilerek kaçması sağlanmıştı. Adli bir görev yapıldığından, yargı sahası yetkisi gereğince, İstanbul'da dinlemesi yapılan Çakıcı'nın hiçbir ses kaydı İstihbarat Dairesi'ne getirilmemişti. Bu arada, Türkbank İhalesiyle ilgili bilgi talebine verilecek cevapta da, hem yapılan yakalama operasyonunun ortaya çıkmaması gerekiyordu hem de ilgililere kapalı cümlelerle bilgi verilmesi gerekiyordu.

Ayrıca, 5 Mayıs 1998 günü, İstanbul Valisi Kutlu Aktaş tarafından, Başbakan Mesut Yılmaz'a yazılı bilgi notu verilmişti. Yılmaz, bu bilgi notunu, İçişleri Bakanı Murat Başesgioğlu'na vermiş, o da, Emniyet Genel Müdürü Necati Bilican'a ulaştırmıştı.

Bilican da, İstanbul Emniyet Müdürü Hasan Özdemir'e telefon açarak, "Bu bilgiler, İstihbarat Daire Başkanlığı'na gelip, Emniyet Genel Müdürlüğü tarafından, İçişleri Bakanı'na ve Başbakan'a dağıtım yapılması gerekirken, siz, tersini yapmışsınız; bir daha böyle bir şey olmasın," şeklinde ikaz etmişti. Yani Mesut Yılmaz'ın, Çakıcı-Korkmaz Yiğit ilişkisinden önceden bilgisi vardı. Ancak, Korkmaz Yiğit-Mesut Yılmaz görüşmesinden, Emniyet Genel Müdürlüğü'nün bilgisi yoktu. Üstelik, 170 milyon dolar değer belirlenen Türkbank'a 485 milyon dolar ek para aktarıldığını hiç bilmiyorlardı.

Polis, 170 milyon doların üstünde yapılacak her satış işlemini, devlet adına bir başarı olarak değerlendiriyordu. Hele de 605 milyon dolara satılmış olmasını, büyük bir başarı olarak anlıyordu.

Başbakan Mesut Yılmaz, MİT Müsteşarı ve Emniyet Genel Müdürü'yle toplantı yaparak, ellerinde Türkbank'ın satışına engel olacak herhangi bir belge olup olmadığını sormuş, karşılığında da herhangi bir bilgi ve belgenin bulunmadığı yanıtını vermişti. Çünkü Başbakan Yılmaz, 1998 Mayısı'nda Yiğit-Çakıcı ilişkisi konusunda bilgilendirilmiş olması sebebiyle, bu toplantıyı yapma ihtiyacını duymuştu.

Görev kusuru

Türkbank ihalesinde Alaattin Çakıcı'nın rolü konusunda Meclis'te üç defa soruşturma komisyonu kurulmuş ve Başbakanlık Teftiş Kurulu pek çok soruşturma yapmıştı. Aynı zamanda İçişleri Bakanlığı'nın dört müfettişi de ayrı bir soruşturma yürütmüştü. Türkbank olayıyla ilgili açılan dava da İstanbul 7. Ağır Ceza Mahkemesi'nde ve Yargıtay'da noktalanmıştı. Sadece daha önce tutuklu bulunduğu Fransa'da hükümet izin vermediği için yargılanamamış olan Alaattin Çakıcı daha sonra İstanbul'da, dönemin başbakanı Mesut Yılmaz ile devlet bakanı Güneş Taner'in ise Yüce Divan'da yargılanması sonraya kalmıştı. Söz konusu ihbar mektubu da eski başbakan Yılmaz ile bakan Taner'in Yüce Divan'da yargılanmasına neden olan süreci başlatan mafya lideri Çakıcı ve işadamı Korkmaz Yiğit arasında geçen telefon konuşmalarının bu üç Emniyet yetkilisi tarafından bilindiği ancak yetkililere iletilmediği öne sürülüyordu.

Hanefi Avcı, kitabında yer verdi

Hanefi Avcı da, "ağabey" dediği Uzun'un bu başına gelenleri kitabında şöyle anlatıyordu:

> ...Bu arada Sabri ağabey, Emin ağabey (Arslan) ve Güvenlik Dairesi Başkanı İsmail Çalışkan'ı kapsayan bir ihbar mektubu Mesut Yılmaz ve arkadaşlarının yargılandığı Anayasa Mahkemesi'ne gönderilmişti. Mektupta Mesut Yılmaz'ın yargılandığı Türkbank olayında, Alaaddin Çakıcı-Korkmaz Yiğit arasında geçen konuşmalardan haberdar olmalarına rağmen hükümete bilgi vermemekle suçlanıyorlardı. Bu suretle çeteye yardım ettikleri iddia ediliyordu.
>
> Mektubun içeriği ve yazım dili itibarıyla İstihbarat ve Kom Dairesi arşivlerinden faydalanılarak resmi birileri tarafından yazıldığı anlaşılıyordu. Telefonla kendileriyle görüştüğümde bir mülkiye müfettişi ya da onları sevmeyen Emniyet'te yönetici konumunda bulunan birilerinin yazmış olabileceğini düşünüyorlardı.
>
> Mektubu bana da okuttuklarında, benim izlenimim de mektubun kesinlikle Emniyet içerisinden birileri veya onlarla yakın ilişki içinde olan ve desteğini alan kişiler tarafından yazıldığı yönündeydi.

Mektubun Mesut Yılmaz'ı korumak için suçu bürokratlara atma amacıyla yazıldığı gösterilmeye çalışılmışsa da gizli ipuçlarıyia hedef olarak Emin ve Sabri ağabeyler ile İsmail Çalışkan'ı kapsayan, onları kötüleyen ve görevden aldırmaya yönelik çok planlı bir tasarıydı. Bu olaydaki tüm bilgilere sahip olunduğu ama bilgilerin istenildiği gibi kullanılıp çarpıtılarak olumsuz bir kanaat oluşturulmak istendiği açıkça anlaşılıyordu.

Uzun kimi işaret etti?

Türkbank soruşturmasıyla ilgili sekiz yıllık süreç boyunca haklarında ihbar mektubu gönderilen üç emniyet yetkilisine hiçbir somut suçlama yöneltilmediği halde Uzun ve diğer Emniyet müdürleri hakkında soruşturma açılmıştı. Yürütülen idari soruşturma sonunda Uzun, Aslan ve Çalışkan aklandı. Hatta Uzun, Yüce Divan'da Yılmaz ve Taner'in yargılamaları sırasında tanık olarak ifade bile verdi.

15 Nisan 2005'te yapılan duruşmada dinlenen Uzun, mafya lideri Çakıcı'nın telefon konuşmalarıyla ilgili kendilerine gelen bilgilerin İçişleri Bakanlığı ve Başbakanlığa gönderildiğini anlattı. O dönemde her şeyin çetelerin emrine girdiğini ve herkese korku salındığını belirten Uzun, en korkulan kişinin de Çakıcı olduğunu söyledi. Tanık ifadesinde, o dönemde KOM Dairesi'nden bu kişilerin Türkbank konusunda aktif duruma geldiğine ilişkin yazı gönderildiğini ve bilgilerinin sorulduğunu anlatan Uzun, "Biz de bir organize suç grubunun bu ihaleyle ilgilendiğini ve etki etmek istediklerini bildirdik. Mevcut çalışmamızın zedelenmemesi için isim bildirmedik," dedi. Uzun, mahkemece yöneltilen "Sağlar ile Emniyet'in kasedi aynı mıydı?" sorusunu da, "Kaset yayınlandıktan sonra üzerine çok düştüm. Sağlar'ın kasedi ile emniyetin kasedini mukayese ettim. Aynısı olduğu kanaatine vardım. Sağlar'a bu kaset Çakıcı ya da bizim görevliler tarafından verildi. Bundan hâlâ üzüntü duyarım," diye yanıt verecekti.

EK-4
ŞEMDİNLİ BİLGİ NOTU

"Şemdinli Olayları Hakkında Bilgi Notu" başlığını taşıyan altı sayfalık belgede çarpıcı ifadelere yer veriliyordu. Belgenin ilk iki sayfasında Şemdinli'deki olayların ardından askerlerin soruşturmayı engellemeye çalıştıklarını anlatan maddeler bulunuyordu:

Hakkâri İl Jandarma İstihbarat görevlilerince kullanılan 30 AK 933 plakalı araç savcının tespiti sonrasında polis tarafından ilçe emniyet müdürlüğü binasına çekilmiş, aracın içerisinde bulunan 2 adet el bombası askeri birimlerin talebi üzerine ilçenin Cumhuriyet Savcısı Harun Ayık tarafından askerlere teslim edilmiştir. Ancak aracın bagajındaki 3 Kalaşnikof hemen teslim alınmamıştır...

Askerler Kalaşnikof silahlar da kendi personelinin aracından çıktığı halde onları neden teslim almamıştır da, aracın bagajındaki 2 el bombasını araç Emniyet'e çekilir çekilmez teslim almıştır.

İlçe cumhuriyet savcısı Harun Ayık soruşturmayı yürütmede yetersiz kalmıştır.

Olayın cereyan ettiği yer polis bölgesi olmasına ve askeri bir tahkikat olmamasına rağmen Ali Kaya ve Özcan İldeniz'in tahkikatları Şemdinli İlçe Jandarma Komutanlığı'nca yürütülmüş, Veysel Ateş'le birlikte olmalarına rağmen her ne hikmetse Veysel Ateş tutuklanmış, Ali Kaya ve Özcan İldeniz serbest bırakılmışlardır. Yine savcı tarafından ifadeleri alınmak üzere adliyeye getirilen Veysel Ateş, Ali Kaya ve Özcan İldeniz'in ifadeleri alınmadan önce beraber oturup saatlerce konuşmalarına imkân tanınmış, bu şekilde çelişkili ifade vermemeleri sağlanmıştır.

Olay sonrasında ismi açığa çıkan askeri personel hakkında Sayın Genelkurmay Başkanımız "Yargı süreci sonuçlanmadan onları ne korurum ne de suçlarım," derken Kara Kuvvetleri Komutanı Büyükanıt'ın, "Ali Kaya'yı tanırım, benim askerimdi o böyle bir şey yapmaz. İyi çocuktur," demesi yargılama sürecinde adli makamları nasıl etkilemiştir? Yaşar Büyükanıt Diyarbakır'da 7. Kolordu Komutanlığı yaparken o tarihte Diyarbakır'da uzman çavuş olarak görev yapan Ali Kaya gibi kaç tane uzman çavuşu hatırlamaktadır.

Şemdinli olayı ile ortaya çıkan devlet içerisindeki illegal yapılanmanın izleri iyi takip edilirse Jandarma Genel Komutanı Fevzi Türkeri ve Kara Kuvvetleri Komutanı Yaşar Büyükanıt'a kadar uzandığı görülecektir.

28.10.2005'te Yüksekova'da bir iş merkezi saldırıya uğradı. Roketli saldırıya uğrayan yerde Fethullah Gülen yakın kişilerce üniversite hazırlık kursu açılması için girişimde bulunulduğu öğrenilmiştir.

Askerin etki alanı daraltılsın

Bilgi notunda ayrıca Jandarma'nın bölgedeki çalışmasıyla ilgili tespit ve öneriler de yer alıyordu:

Jandarma'yı polis bölgesi dışındaki asıl görev alanı olan kırsal kesime döndürmek için gerekli mevzuat değişiklikleri yapılmalı.

Jandarma bölgesinde polis operasyon düzenleyemezken, Jandarma istihbarat görevlilerinin polis bölgelerinde yaptıkları operasyonlar devam etmektedir.

Jandarma teşkilatına verilen ödeneklerle kanunsuz olarak dinleme yapılmasına imkân tanıyan birçok araç satın alınmıştır. Jandarma'nın kimleri ne amaçla dinlediği bilinmemekte, denetimi de yapılmamaktadır.

Jandarma'nın envanterinde hangi dinleme aletleri bulunmakta, örtülü ödeneği nerelerde kullanılmaktadır? Bu hususlar aydınlatılmadığı takdirde ülkemizde hukuk düzeni oturtulamayacaktır.

Temmuz 2005'te yasayla Jandarma'ya da önleyici dinleme yetkisi getirilmiş, ancak yasa koyucu bunu Jandarma'nın kendi sorumluluk sahasıyla sınırlandırmıştır.

Ancak bu da denetlenmemekte ve JİT, polis-Jandarma sorumluluk sahası ayrımı yapmaksızın illegal dinlenmelerini sürdürmektedir. 5397 sayılı kanun çıktığından bu yana Jandarma birimlerince kaç dinleme kararı alınmış, bunun da soruşturulması gerekmektedir.

TBMM Jandarma İstihbarat (JİT)'in çalışmalarıyla ilgili bir araştırma komisyonu kurmak suretiyle konuyu detayları ile öğrenmeli, devletin güvenlik gücünü kendi emelleri için kullanan art niyetli kişiler ortaya çıkarılmalı ve bunlardan hesap sorulmalıdır.

Sayın Başbakan olayın soğumasına fırsat vermeden iradesini ortaya koymalı, Sayın Genel Kurmay Başkanı'nın yardımıyla Türk

Silahlı Kuvvetleri bünyesinde çeteleşme eğilimindeki kişilerin ayıklanmasını sağlamalı ve yöre halkını da rahatlatmalıdır. Zaman geçirilmeden olayın üzerine gidildiği takdirde vatandaşın devletimize olan güveni kesinlikle artacaktır.

EK-5
BİR GARİP ÖRGÜT: DEVRİMCİ KARARGÂH

Devrimci Karargâh (DK) adı, Türkiye'nin siyasi çizgisini değiştiren Ergenekon soruşturmalarından sonra girdi ülke gündemine. Başta pek adını duyuramadığı iki eylem yaptı. Ama Bostancı'da yaşanan ve televizyon ekranlarından ilginç bir şekilde naklen yayınlanan saatler süren çatışma görüntüleriyle belleklerde yer etti.

Bir emniyet müdürünün, Hanefi Avcı'nın Fethullah Cemaati'ni hedef alan bir kitap yazmasından sonra bu örgüte yardım ve yataklık ettiği iddiasıyla tutuklanmasıyla da örgütün adı herkesin hafızasına kazındı adeta. Ama bir o kadar da soru işareti doğurmuştu. "Var mı yok mu?", "Kim bunlar?, "Devletin örgütü", "Ergenekon'un örgütü" ya da az da olsa "gerçek devrimciler" olduklarına yönelik şehir efsaneleri aldı yürüdü. Bu efsanelerin hangisi gerçek bilmiyoruz. Ama özellikle sol çevrelerde, pek açık dillendirilmese de ortada şaibeli bir durum olduğu da herkesin ortak fikri neredeyse. Gazeteci Gürkan Hacır da, "Tuhaf Bir Örgüt; Devrimci Karargâh"[1] başlıklı yazısında, "Türkiye'nin 40 yıllık silahlı sol örgüt tarihine tepeden paraşütle iniverdi. 2008'de ilk eylemleriyle duyduk. Şimdi en çok konuştuğumuz örgüt oldu. Ne bir gelenekten geliyorlar ne de bir tabanları var. Sosyalist solun içinde dostları yok. Bir yığın komplo ve dedikoduyla beraber solun alışık olmadığı bir yığın tuhaflıkla devrim yolunda (!) ilerliyorlar. Emniyet Müdürü Hanefi Avcı'nın tutuklanmasıyla beraber gözler bir anda DK örgütüne çevrildi. Peki, nereden çıktı bu örgüt?" diyerek bu kuşkuları dile getiriyordu. Bir dönem Sky Türk televizyonunda da program yapan Hacır, cezaevine girmeden önce konuk ettiği Sarp Kuray'ın[2] televizyon ekranlarından söylediklerini anımsatıyordu:

1 *Akşam*, 3 Ekim 2010.
2 Sky Türk, "Gürkan Hacır ile Şimdiki Zaman", 10 Temmuz 2008.

Kuray, Devrimci Karargâh'ın öncülü sayılan 16 Haziran örgütünün lideri olmakla suçlanıyordu. TV ekranından bu örgütle yollarının nasıl ayrıldığını anlatmıştı. "Örgütün 1990'lı yıllardaki bütün eylemlerinden beni sorumlu tuttular. Oysa eylemleri benim talimatım dışında yapanlar şu an dışarıda rahatça geziyor. Bense tek suçlu olarak müebbet hapis aldım. Örgüt benim kontrolümden daha başında çıkmıştı. Beni hainlikle suçlayıp attılar. Örgüte bu kadar istihbarat nasıl geliyordu, ben de anlamadım zaten" demişti.

Gazeteci Ayça Söylemez de, bir internet sitesinde yayınlanan ve daha sonra bazı gazetelerin de kullandığı DK operasyonlarını irdeleyen, "Devrimci mi Karargâh mı?" başlıklı[1] analitik bir yazı kaleme almıştı. Söylemez, yazısında Sarp Kuray'ın o dönemki bazı yol arkadaşlarını *İsyan ve Tevekkül* adlı kitabında, "1988 yılından sonra oluşturulan 16 Haziran Hareketi süreci ile başlayan tartışma 1991 yılında bir ayrışma ile noktalanmıştır. Bu tartışma sürecini en açık biçimde takip edebileceğiniz belge, yargılandığım mahkeme dosyalarındaki polise teslim edilen bantların çözümlenmeleriyle ortaya çıkan 480 sayfalık konuşma dokümanlarıdır. 1988'den 1991'e kadar aşağı yukarı günbegün, ülkedeki sorumlu kişiler (Serdar Kaya) tarafından bilgim dışında banda alınmış konuşmalarım kasetler halinde polisin eline geçmiştir" diye anlattıktan sonra Kuray'ın bu kişilerin bir yıl sonra da tahliye olduklarını yazdığını da belirtti.

Devrimci tedrisattan geçmiş kahvehane üslubu

DK'nin internet sitesinde yer verilen bir yazıda örgütün nereden çıktığı, "2005 yılının yaz aylarında, Bedreddini Hareket ve 16 Haziran Hareketi kadrolarının Türkiye devrimci hareketinin dibe vurmuş konumu ve bundan çıkış yolları üzerine yaptıkları ilk tartışmalar, hızla savaşkan bir sosyalizm çizgisini devrimci bir direniş merkezi olan Kürt özgürlük çizgisiyle yoldaşlaştırarak Türkiye sosyalizminde egemenliğini sürdüren oportünizme ve reformizme alternatif devrimci bir yol çizme görevinde birleşik bir örgütsel yapı oluşturma kararına vardı,"[2] diye özetleniyordu. Ancak ne yaptıkları eylemler ne de internet sitesi üzerinden haklarında çıkan haberlerle ilgili girdiği polemikler özellikle sosyalist

1 http://baskahaber.blogspot.com/2010/09/devrimci-mi-karargâh-mi.html
2 http://www.devrimciKarargâh.com/09nolu.html

sol ve hatta illegal örgütler gözünde dahi DK hakkındaki şaibeleri gidermeye yetmedi. Hele ki kullandığı üslup sosyalist solun alışıldık dilinden ve jargonundan hayli uzaktı. Bildirilerinde, açıklamalarında politik bir dilden ziyade, bol sloganla süslenmiş daha çok devrimci tedrisattan geçmiş bir kahvehane üslubunu barındıran söylemler bulunuyordu. Hanefi Avcı'nın da DK ile ilişkilendirilerek tutuklanmasıyla ilgili operasyonlardan sonra 24 Eylül 2010'da internet sitesinde yapılan açıklamada[1] bu çok açık görülüyordu. Mesela, Hanefi Avcı'yla DK arasındaki ilişkiyi kuran köprü vaziyetteki kişi olan Necdet Kılıç'la ilgili, "Bu kişinin yapımızla herhangi bir bilinen ilişkisi ya da kaydı yoktur. Hele ki iddia edildiği gibi finansörümüz ise, yaşadığımız mali sıkıntılarımız üzerinden kolayca diyebiliriz ki, Allah onu nasıl biliyorsa öyle yapsın!" yazılmıştı. Sosyalist ya da devrimci sol çevrelerin kullandığı dilin aksine, hem yukarıda verilen örnekte hem de aynı açıklamada daha öncekilerde olduğu gibi Fethullah Gülen'in yine hedefte olduğu, "Fethullahçı gericiliğin militan devrimciliği en ilkel yalanlarla kirletme çabası, sağdakileri geçtik, demokratından solcusuna tüm Türkiye liberallerinin devrim karşıtlıklarının ve korkularının doğal bir algısı olarak kolayca kabul gördüğü sürece, AKP'nin tasfiye etmeye niyetlendiği kim varsa DK yapılanmamıza dahil edileceği ortadadır. Asıl korkumuz bu gidişle örgütte bize yer kalmayacağı üzerinedir," denilen satırlara bakarak DK'de ince bir mizah anlayışı olduğunu da söylemek mümkün.

Kendileri dışında kalan sol yapıların da eleştirildiği aynı açıklamada, diğer sosyalist solun, üzerlerindeki şaibe nedeniyle kendilerini dışlamalarına ilişkin yazdıkları da hiç yabana atılır gibi değildi. Açıklamada Ankara, İstanbul ve İzmir'de operasyona yönelik yapılan protesto açıklamalarında Sosyalist Demokrasi Partisi (SDP) ve Toplumsal Özgürlük Platformu (TÖP) ile *Red* dergisi ile *Bilim ve Gelecek* dergisi çalışanları anılırken DK'nin yayını olduğu öne sürülen *Demokratik Dönüşüm* dergisi çalışanlarıyla ilgili herhangi bir şey söylenmemesi, örgütün dışlanıyor olması eleştiriliyordu. Derginin, Türkiye'de uzun yıllardır unutulan ve unutturulmaya çalışılan "savaşkan sosyalizm anlayışını" ve bu anlayışın Kürt özgürlükçülüğü ile yoldaşlaşmasını

1 http://www.devrimciKarargâh.com/09nolu.html

savunduğu için "düşman" diye adlandırılan devlet tarafından hedef seçildiği belirtilen açıklamada şöyle deniyordu:

> Sosyalist ortam, sırf bu dergi düşmanın gözünde Devrimci Karargâh'la ilişkilendiği için bu dergiyi savunan bir açıklama yapmaktan özellikle kaçınıyor. Demokratik Dönüşüm'ün yasaklanmış olmasına gerici iktidarın demokratik alanlara tecavüzüne karşı çıkma sorumluluğu ile tavır alınacağına, bunu böyle bir otosansüre gerekçe kılmak ya da başka sözlerle salonlarda su gibi okudukları Brecht'in ilgili şiirini mücadele alanlarında bir anda unutuvermek ise tam da statüko sosyalizminin meşrebine uygun bir tavır oluyor. Bu tavırla düşmana verilen mesaj açıktır: "Bizim Devrimci Karargâh'ın gündemleştirmeye çalıştığı çizgi ile alakamız yoktur, biz cici sosyalistleriz." Hayrını görsünler.
>
> Devrim karşıtı, özü Laz İsmail'in "ilerlemeci" TKP'sinde mayalanan Veysi Sarısözen, Devrimci Karargâh yapılanmasını "varsa" parantezine alarak hakkımızda şaibe yaratmaya çalışan bir üslup kullanıyor. Oluşmasıyla ve eylemleriyle artık dost-düşman herkesin bilgisi dahilinde olan Devrimci Karargâh yapılanmasının varlığı, hele ki kurucu komutanının ağzından şehadetinin hemen öncesinde de ilan edilmişse bu harekete ve varlığına saygısızlık kimsenin haddi değildir... Doğrudur, hareketimiz çıkış momentine uygun bir yeniden üretim sürecini henüz oluşturamamıştır. Türkiye devrimci hareketinin bugününde bu durumda olan; geçmiş militan çizgilerini sürdürmekten uzun süredir uzak düşmüş birçok örgüt mevcuttur... Devrimin savaşkan bir sosyalizm anlayışıyla gelişeceğini ideolojik ve politik olarak inkâr edenler açısından bu, onların kendi sağ çizgilerinin doğruluğuna bir kanıt olarak değerlendirilebilir. Ama hiçbir öznel doğruluk iddiası, devrimci hareketlerin varlıklarını inkâr ve çizgilerini şaibe altına alma hakkını kimseye vermez.

DK: Bedreddini Hareket+16 Haziran+Devrimci Sol

Örgütün, tanınan ismini almadan önce sol çevrelerde Bedreddini Hareket diye bilindiğini söylemek mümkün. Ancak tarihsel geçmiş bağlamında değerlendirilirse 1980 öncesindeki Partizan Yolu hareketine kadar inilebilir. Zaten Partizan Yolu'nun kurucusu olan Serdar Kaya da şu anda DK'nin lideri olarak anılıyor.

Ancak DK'nin 30 yıllık geçmişe sahip örgütsel ve ideolojik bir birikimin sonucu çıkmış bir yapılanma olduğunu söylemek zor. Ergenekon soruşturmalarının "Amirallere Suikast" iddianamesi diye bilinen dosyasındaki ek delil klasörleri arasında yer alan, İstanbul Terörle Mücadele Şube Müdürlüğü'nce hazırlanan 9 Aralık 2009 tarihli rapor, DK'nin kuruluşuyla ilgili bilgiler içeriyordu. Rapora göre DK'nin kökeni Partizan Yolu'nun içinden çıkma, Sarp Kuray'ın[1] liderliğindeki 16 Haziran Hareketi'ydi. 1988'de Paris'te yapılan bir toplantıyla kuruluşunu ilan eden bu örgütün darbede deşifre olmamış kadroları Lübnan'da Bekaa kamplarında silahlı eğitim alıp Türkiye'de birçok silahlı ve bombalı saldırı gerçekleştirse de 1990 yılındaki operasyonlarla çökertilmişti. Örgütün Türkiye'deki lideri Serdar Kaya ve eylemleri gerçekleştiren askeri kadrosu da tutuklanmıştı. Serdar Kaya'nın cezaevinden, Paris'te bulunan Sarp Kuray'a gönderdiği mektupta ağır eleştiriler yöneltmesi sonucu dağılma yaşandı. Yunanistan'da 1991'de yapılan kongreyle de Kuray ve bir grup arkadaşı örgütten ayrıldı. Kuray, örgütün o dönem Türkiye'de bulunan lideri Serdar Kaya'nın kendisine gönderdiği örgütsel raporlar yüzünden yargılandığı davada verilen müebbet hapis cezasını Yargıtay'ın da onaylamasından sonra 2010 yılında, Fransa'dan Türkiye'ye döndükten on yıl sonra tutuklanarak cezaevine konuldu. Bu arada Serdar Kaya tutuksuz yargılanmak üzere serbest bırakılınca Hollanda'ya kaçtı.

Bu arada 1999'da Sosyalist İktidar Partisi'nden (SİP) ayrılan ve Sosyalist Birlik Hareketi (SBH) diye anılan grup, aralarında Bostancı çatışmasında öldürülen Orhan Yılmazkaya'nın da bulunduğu yapıyla bir araya gelip Gerçek Çevresi adıyla faaliyet yürütmeye

1 Ankara eski valisi Enver Kuray'ın oğlu olan Sarp Kuray'ın dayısı da Yassıada duruşmalarının savcısı Ömer Egesel'di. Hukuk Fakültesi ve Deniz Harp Okulu'nu bitirse de sol sosyalist faaliyetlerinden ötürü 1965'te ordudan atıldı. Fikirlerinden etkilendiği Doktor Hikmet Kıvılcımlı çizgisini savunan bir taraftar grubu oluşturdu. 1969'da Fikir Kulüpleri Federasyonu (FKF) ve Dev-Genç içerisindeki faaliyetleri yürüten Kuray, 1971 darbesinden sonra tutuklandı. İdam istemiyle yargılanıp 24 yıl ceza alsa da 4 yıl tutukluluğun ardından 1975 yılında çıkan özel afla serbest bırakıldı. Daha sonra da yurtdışına çıktı. Kuray ve arkadaşları yurtdışındayken kurduğu Partizan Yolu isimli örgüt 1988'de yapılan toplantıyla kendini feshettiğini duyurdu. Örgüt 15-16 Haziran işçi hareketlerinden esinlenerek 16 Haziran Hareketi adıyla yoluna devam etti. 1990'da çökertilirken örgütten ertesi yıl da Kuray tasfiye edildi. Daha sonra Türkiye'ye dönen ve bir finans şirketi kurup yöneten ancak iflas eden Kuray, 30 Ekim 2008'de SHP'ye katılmış ve Parti Meclisi üyeliğine seçilmişti. Ancak Kuray 16 Haziran örgütünü kurup yönettiği ve örgüt adına öldürme, yaralama ve bombalama gibi çok sayıda eylemin talimatını verdiği gerekçesiyle çarptırıldığı müebbet hapis cezasının Yargıtay'da onaylanmasından sonra 4 Şubat 2009'da tutuklandı.

başlamıştı. 2004'te Bedreddini Hareket adını alarak aynı isimle bir de dergi çıkaran grup kısa süre sonra silahlı mücadele yürütülüp yürütülmeyeceği konusundaki fikir ayrılığı nedeniyle yılın sonuna doğru kendini feshetti. Silahlı mücadele yanlısı olmayanlar Özgürlük ve Dayanışma Partisi (ÖDP) içinden ayrılan bir grubun 2002 yılında kurduğu Sosyalist Demokrasi Partisi (SDP) içinde faaliyet göstermeye devam etti. Zaten, Hanefi Avcı'nın da dahil olduğu operasyonlarda SDP'li grupla Devrimci Karargâh arasındaki ilişki de buradan yola çıkılarak kurulmuştu. Orhan Yılmazkaya'nın bilgisayarında Bedreddin Hareket'e ilişkin yazıların arasında, "SDP içinde faaliyet yürüten arkadaşların bulunduğuna" dair ibareler üzerine de her haliyle komplo olduğu belli olan bir operasyonla SDP'liler bu örgüt soruşturmasına dahil edilmiş oldu.

Bedreddini Hareket içinde Orhan Yılmazkaya'yla birlikte silahlı mücadeleyi savunanlar kendilerine lojistik destek sağlayan PKK'nın önce İran sonra da Kuzey Irak'taki kamplarında askeri ve teorik eğitim aldı. Bedreddini Hareket kadroları, 16 Haziran örgütünün yeniden canlandırılması için faaliyete geçen ekiple bir araya gelerek 2005 yazında DK adını aldı. Örgüt üyeleri 2008 yılında tekrar Türkiye'ye döndü. Aynı yılın sonunda da DK'ye, Devrimci Sol[1] Bedri Yağan grubu da katıldı. Polis raporlarına göre de sonradan TKP/K (SODAP) ve DSİH (Kaldıraç) örgütleri ile TİKKO ve PKK'dan ayrılan kimi militanlar da bu örgüte katıldı.

Örgütün silahlı eylemler yapan askeri kadrosu Bekaa'da bulunan kamplarda askeri eğitim gördüğü için PKK'nın üst düzey kadrosu ile kurdukları ilişkiyi günümüze kadar sürdürdü. Siyaseten de PKK çizgisine yakın duran DK, bildirilerinde Kürt mücadelesine verdiği desteği de hiçbir zaman gizlemedi.

Örgütün, kendi adına açtığı internet sitesi İngilizcede şirket anlamına gelen *company* sözcüğünün kısaltması olan "com"

1 1978 yılında kurulan ve Dev-Sol olarak da bilinen Devrimci Sol, 12 Eylül 1980 öncesinde pek çok saldırı olayına karıştı. 1989'dan itibaren tekrar saldırılarını artıran Dev-Sol içerisinde Bedri Yağan ile Dursun Karataş arasında başlayan liderlik mücadelesi içsavaşa dönüştü. İki tarafın yanlıları arasında ölümlerle ve yaralanmalarla sonuçlanan çatışmalar oldu. Örgüt içindeki bölünmeyi değerlendiren güvenlik güçleri 1992 yılından itibaren peş peşe yaptıkları operasyonlarla başta Yağan olmak üzere pek çok örgüt liderinin öldürüldüğü operasyonlara imza attı. Yargısız infazların yapıldığı iddia edilen operasyonlardan sağ kurtulanlar da cezaevine konuldu. Örgüt içinde devam eden ayrışma sonunda Dursun Karataş ve taraftarları 1994 yılında DHKP-C adını alarak yoluna devam etti. Az sayıdaki Yağan'cı kadrolar da Dev-Sol adını kullanmaya devam etti.

uzantılıydı. Basit bir ayrıntı gibi görünse de antikapitalist, emekçi sınıfın mücadelesini verdiğini iddia eden bir örgütün, benzer siyasetleri savunanların yaptığı gibi "net, info, org" yerine "com" şeklinde bir adresi alması hayli garipti. Hollanda Amsterdam'dan sunucu hizmeti sağlayan bir şirketten alınan www.devrimcikarargâh.com adresini Mahir Çayan ve Deniz Gezmiş'ten türetildiği anlaşılan Mahir Deniz ismiyle alan kişi adres olarak da İstanbul Emniyet Müdürlüğü'ne komşu olan Vatan Caddesi No: 121 adresini vermişti. Ergenekon'la bağlantılı olduğu öne sürülen örgütün internet sitesinin faaliyete başladığı tarih de Ergenekon'un ilk iddianamesinin açıklandığı 14 Temmuz 2008'den bir ay öncesine 12 Haziran 2008'e aitti. Herhangi bir siyasi geçmişi, örgütsel altyapısı, kadrosu, kendini tanımladığı ideolojik bir belge bulunmayan örgütle ilgili bu kuşkular polis tarafından hazırlanan bir raporda da dile getirilmişti. İnternet sitesini açmasından iki ay sonra da ilk eylemini yapan DK örgütüyle ilgili İstanbul Emniyeti Terörle Mücadele Şube Müdürlüğü tarafından hazırlanan 9 Aralık 2009 tarihli, "Devrimci Karargâh Terör Örgütü Ergenekon Bağlantısı Değerlendirme Raporu"nda internet sitesinde ve yapılan operasyonlarda ele geçirilen dijital malzemelerde örgütün herhangi bir tüzük, mali yapısı, özeleştiri, görevlendirme türü belge ya da bulgulara rastlanmadığı belirtiliyordu. Tüzük ve programının bulunmamasının örgüt hakkında şüphe uyandırdığı vurgulanan raporda şöyle deniliyordu:

> Özellikle sol örgütler, fikir birliği içindeki yandaşları ile bir araya gelerek kuracakları örgüt hakkında geniş tahliller ve stratejiler ortaya koyarlar. Tartışmalar ve öneriler getirirler. Anlaşma halinde örgütün ismini, bayrağını belirleyerek tüzük üzerinde çalışma yaparlar. Tüzük neticelenince kongre yapılarak genel sekreter, MK (merkez komite) üyeleri ve görevlendirmelerle örgütün yapısı belirlenir. Legal-illegal kuruluşlar, yayın kurulu oluşturulur, mali yapısı ele alınarak kongre sonuçlandırılır. Yapılan bu aşamalar örgütün tarihi açısından raporlanarak arşivlenir. İnternet ortamında da örgütün programı, amacı ve tüzüğü ile illegal yayınlarına yer verildiği hep görülmüştür. Oysaki DK herhangi bir kongre yapmayarak tüzük ve programları ile organlarını oluşturmadan büyük çaplı eylemlere başlamıştır. Ayrıca bünyesinde bulunan 16 Haziran Hareketi ile Bedreddini Hareket'in 2005 yılının yaz aylarında birleşmesinde ve DK

ismi ile ortaya çıktıktan sonra Devrimci Sol örgütü ile birleşmesinde herhangi bir kongre emareleri bulunamamıştır. Yine örgütün kuruluş aşamasında yapmış olduğu açıklamalarda amacının "Türkiye'de devrimci yapıyı bir araya getirme ve birleştirme" olduğunu açıklamasında da büyük çelişki vardır. Bu çelişkinin başında; devrimci yapının ideolojisinin, komünizm ve komünist fikir adamlarının (Karl Marx, Lenin, Mao vb.) ideolojilerinden yola çıkarak, Türkiye'deki sol örgütleri bir araya getirmesi lazım iken, örgütün açıklamalarında bu keskin durum bulunmamaktadır. Terör örgütüne yönelik olarak yapılan operasyonlarda ele geçirilen belgeler ve örgüt mensuplarının yapılan iletişim tespitlerinde örgütün halihazırda mevcut bir altyapısının olmadığı görülmüştür. Örgütün ismini duyurduğu tarihle birlikte başlayan eylemlerinde hedeflerinin daha önce sol örgütlerde pek rastlanılmayan türde sansasyonel boyutta olduğu, sol örgütlerin genelde sivil halk ayrımı yaparken DK'nin bu ayrımı yapmadığı, eylemlerinde yüksek düzeyde patlayıcı kullanarak sivil insan kalabalığının bulunduğu hedeflere yöneldiği görülmüştür.

Selimiye Kışlası'na havan mermisi

Türkiye'de PKK dışında en çok silahlı eyleme girişen örgüt olan DHKP-C, ardı ardına yediği operasyonlar ve kadrolarının cezaevlerinde ya da birçoğunda yargısız infaz kuşkusu dile getirilen çatışmalarda ölmüştü. Özellikle batı kentlerinde silahlı ve bombalı saldırılar düzenleyen örgüt, lideri Dursun Karataş'ın da kanserden ölmesinden sonra sessizliğe gömülmüştü. Derken 2008 yılında adını ilk kez Selimiye Kışlası'na yönelik havan toplu saldırıyla duyuran bir örgüt, Devrimci Karargâh (DK) ortaya çıktı. Silahlı mücadele yürüten sol örgütler, eğer yeni kurulduysa ortaya çıkışını mutlaka sansasyonel bir eylemle yaparlardı. DK de geleneği bozmadı ama polis raporunda da dile getirildiği gibi sivil halk ayrımı yapmamıştı. 7 Ağustos 2008 günü Üsküdar Karacaahmet Mezarlığı'ndan ateşlenen el yapımı dört havan mermisi, hedeflenen yer olan Birinci Ordu Komutanlığı'nın bulunduğu Selimiye Kışlası'na değil, 300 metre uzaktaki Üsküdar Belediyesi ek hizmet binasının bahçesindeki çöp konteynırına isabet etmiş ve dört kişinin yaralanmasına neden olmuştu. Diğerleri de mezarlıktaki ağaçlara isabet edip patlamıştı. Bu olaydan dört ay sonra da örgütün hedefi AKP İstanbul İl Başkanlığı binası oldu. 1 Aralık 2008 günü, binanın giriş katında patlayan parça tesirli bomba 4'ü polis 10 kişinin yaralanmasına yol açtı. Yaralılardan polis memuru Hüsnü Uyan birkaç hafta sonra da tedavi gördüğü hastanede öldü. Bu saldırının organize ediliş biçimi ise biraz garipti. İddiaya göre DK militanları, Sütlüce'deki AKP il merkezindeki bir güvenlik görevlisinin internetten cep telefonu siparişi verdiğini tespit etmişti. Eylemden iki gün önce, deneme amaçlı olarak AKP il binasına tesadüfen tanışılan bir kurye olan İbrahim Şahin aracılığıyla kitap gönderildi. Saldırı günü de kurye Şahin'e yeniden telefon açılarak yine AKP'ye bir paket gönderileceği söylendi. İçinde bomba olan paketi, sipariş edilen cep telefonuymuş gibi görevlinin adına gönderilmişti. Kurye Şahin'in paket teslim edip ayrılmasından kısa süre sonra da patlama meydana gelmişti. Teslimat kâğıdına kendi kimlik bilgilerini yazdığı için Şahin gözaltına alınarak tutuklandı.

Antisemitik bir örgüt

12 Ocak 2009'da ise örgütün hedefinde bu kez İsrail sermayeli Bank Pozitif vardı.

Bankanın İstanbul 4. Levent şubesine gece düzenlenen bombalı saldırıda maddi hasar meydana gelmişti. Her üç saldırıyı da internet yoluyla DK üstlenmişti. Bank Pozitif'e yönelik saldırıdan sonra yayınlanan bildiride kullanılan dil ise buram buram antisemitizm kokuyordu: "Selam Olsun İstanbul'dan Gazze'ye" başlıklı bildiride,[1] *Bank Pozitif'in İsrail'in en büyük bankası olan Bank Hapoalim'in Türkiye ayağı olduğu belirtilerek,* "Siyonist finans kuruluşu Bank Hapoalim, 2005 yılında Türkiye'ye girmiş, 2008 Mart ayındaki sermaye artışıyla Bank Pozitif'teki payını yüzde 65'e yükseltmiştir. Bank Pozitif, halis muhlis Siyonist İsrail bankasıdır.

Bankanın halihazırdaki 9 kişilik yönetim kurulu üyelerinin beşi İsrail vatandaşı, birisinin adı ise Zion Kenan'dır. İlişki bu kadar nettir... Devrimci Karargâh, Siyonist İsrail devletiyle girişilen her tür askeri, ekonomik, kültürel ilişkiyi hedef alma kararlılığındadır. Bunu daha önce değişik vesilelerle dile getiren örgütümüz, bu sözünü tutmuş olmanın huzuru içindedir. Ama dahası da gelecektir. Buradan, İsrail'le ilişki geliştiren her Türkiye cumhuriyeti vatandaşını ve kurumunu, özel kamu ayrımı yapmadan uyarıyoruz. İlişkilerinize bir an önce son verin. Aynen ırkçı

1 http://www.devrimciKarargâh.com/05nolu.html

hükümet döneminde Güney Afrika'ya yapıldığı gibi, İsrail de her tür araçla boykot edilmelidir. Akademisyenler ortak bilimsel çalışma yapmamalı, işadamları üç-beş kanlı kuruş kazanıp Gazze'de çocukların katlini finanse etmekten vazgeçmeli, sporcular İsrailli sporcularla maç yapmamalıdır," deniliyordu. Türkiye solunun örgütlerinin İsrail'in Siyonizm eksenli politikalarına ve Filistin'de yaşanan insan hakları ihlallerine yönelik muhalif tutumu biliniyordu ancak ilk kez resmi-sivil ayrımı yapmadan herkesin hedef olacağını söyleyen bir örgüt ortaya çıkmıştı. Örgütün genel çizgisi ve kullandığı dilde de sürekli antisemitizm vurgusu ve İsrail düşmanlığı öne çıkarılıyordu. Hatta örgütün hemen sonra yayınladığı bir başka bildiride ise Türkiye solunun İsrail'e yönelik tutumu sert biçimde eleştiriliyordu.

DK'nin internet sitesinde yer alan, "Kahrolsun emperyalizm ve siyonizm" sloganını başlığa taşıdıkları yazı da[1] yine örgütün antisemitik tutumuna atıf yapabileceğimiz bir diğer örnek. Yazıda, "Yahudi'nin sırrını onun dininde aramayalım, dininin sırrını gerçek Yahudi'de arayalım.

Yahudiliğin seküler temeli nedir? Pratik ihtiyaç, kendi çıkarı.

Yahudi'nin dünyevi dini nedir? Tüccarlık.

Dünyevi tanrısı nedir? Para.

Tamam o halde!

Tüccarlıktan ve paradan, bunun sonucunda da pratik, gerçek Yahudilikten kurtuluş, zamanımızın öz-kurtuluşu olurdu.

Dolayısıyla Yahudiliği şimdiki zamanın genel bir toplum karşıtı unsuru olarak; tarihsel gelişimin bugünkü yüksek seviyesinde zorunlu olarak çözülmeye başlaması gereken bir unsur olarak görüyoruz.

Son tahlilde insanlığın Yahudilikten kurtuluşu, Yahudilerin de kurtuluşudur..." diye Karl Marx'ın, *Yahudi Sorunu Üzerine* adlı eserine atıf yapıldıktan sonra, "Dünyada Yahudiliği besleyip büyüten emperyalizmdir. Bu demektir ki aslında dünyada emperyalizmi yıkmak Yahudiliği yok etmekten, Yahudiliği yok etmek emperyalizmi yıkmaktan ayrı ele alınamaz. Uluslararası proletaryanın zaferi emperyalizmi ve Yahudiliği tarihe gömdüğü gün gerçekleşmiş olacaktır," deniliyordu.

---

1 http://www.devrimciKarargâh.com/filistin.html

Türkiye devrimci soluna Siyonizm eleştirisi

Art arda yaşanan bombalı saldırılardan sonra İstanbul polisinin yaptığı operasyonlarda DK örgütü üyesi olduğu öne sürülen sekiz kişi gözaltına alınmıştı. Polis 13 Ocak 2009'da yapılan operasyonlar sonucunda gözaltına aldığı kişilerin, Birinci Ordu Komutanlığı Selimiye Kışlası'na havan saldırısı ve AKP İl Merkezi'ne bombalı saldırı olaylarıyla ilgileri olduğunu öne sürüyordu.

Saldırılardan sonra yapılan çalışmalarda ise örgütle ilgili oldukları ve saldırıları koordine ettiği öne sürülen Cemal Bozkurt'la birlikte sekiz kişi gözaltına alınmıştı.

AKP il binasına bombalı paket götüren kurye İbrahim Şahin'in, paketi kendisine veren kişi olarak teşhis ettiği Bozkurt tutuklanırken, diğer zanlılar serbest bırakıldı.

Söz konusu bildiri de bu operasyonlardan sonra yayınlandı. "Tel Aviv'in Saldırısı Püskürtüldü" başlıklı bildiride söz konusu operasyonların İsrail Bankası'nın hedef olmasından sonra yapıldığı belirtilerek, "Yahudi sermayesinin merkezine saldırımız İstanbul'dan Gazze'deki direnişi selamlamak içindi, TC hükümetinin DK'ye yönelik saldırısı Tel Aviv'den İstanbul'daki Filistin halkının kurtuluş mücadelesine verilen desteği söndürmek içindi," denildikten sonra genel olarak Türkiye solu özelde de kendini devrimci diye tanımlayan sol çevreler şöyle eleştiriliyordu:

> Devrimci geçmişine öykünmelerle kattığı, uğruna şehitler verdiği Filistin direnişi için ne yaptı? Hamas'ı İslamcı olduğu için beğenmeyen Kemalizm inmeli laisist, modernist bilincinin prangalarına mı tutsaktı? Kendisini Yunanistan'daki direnişe yakın gördüğü kadar Gazze'deki direnişten uzak tutacak kertede doğu halklarına sırtını dönmüş batı hayranı, Tanzimat solcusu kimliğinden bu kadar mı hoşnuttu? Ya da emperyalist-siyonist beyaz terörün terbiyesiyle, "halkların kardeşliği" adına Yahudi devletinin bekasını tanıyacak kertede ideolojik-politik rönesanslara uğrayıp İkinci Enternasyonal solculuğuyla mı bütünleşmişti?
>
> Bununla, yakın günlerin emperyalist-siyonist saldırganlıklarını meşru göreceklerini şimdiden teyit altına mı almış oluyorlardı?.. Devrimci olmanın ahlakı sizi içinizden yakalamıyorsa, sözler yetersiz kalır.

Tartışmalı bir örgüt haline geldi

Bu üç eyleme karşın yine de DK, ilgilileri dışında kimsenin aklında yer etmedi. Ta ki 27 Nisan 2009'da Bostancı'da yaşanan ve televizyon kanallarından naklen yayınlanan çatışmaya kadar. Örgütün kurucularından Orhan Yılmazkaya adlı DK militanı, polislerle saatler süren çatışma sonunda öldürülmüştü. Yedi kişinin yaralandığı çatışmada Başkomiser Semih Balaban ile çatışmayı izleyen Mazlum Şeker isimli çocuk da hayatını kaybetmişti. Sonra seri operasyonlar yapılmış ve birçok kişi gözaltına alınmış ya da tutuklanmıştı. DK'nin adını, eğer kaldıysa duymayanlara da duyuran, elbette Hanefi Avcı'nın, bu örgüte yardım ve yataklık ettiği iddiasıyla gözaltına alınıp 28 Eylül 2010'da tutuklanması oldu. İddialara göre Hanefi Avcı, yakın arkadaşım dediği Necdet Kılıç'ın DK örgütünün yöneticisi olduğu iddiasıyla gözaltına alınmasından sonra kendisi de örgüte yardım etmek ve hazırlık soruşturmasını ihlal etmek iddiasıyla tutuklanmıştı. İşte bu iki sansasyonel olaydan sonra da adı, bildirilerinde savunduğu mücadelede izleyeceğini duyurduğu sertlik, antisemitik dili ve ortaya çıkan bağlantıları nedeniyle birçok kişinin varlığından bile şüphe ettiği ya da varsa "devlet güdümlü" olduğuna inanılan bir örgüt haline geldi Devrimci Karargâh. Liderliğini yurtdışında bulunan Serdar Kaya'nın yaptığı öne sürülen DK, sol örgütler arasında da tartışma konusuydu.

Herkes böyle bir örgütün kurulduğundan, var olduğundan, kendilerine lojistik destek veren PKK kamplarında silahlı eğitimler yaptıklarından ve yurtdışındaki örgütlenmesinden haberdardı ama soru işaretleri de vardı. Bu soru işaretlerine hem neden olan hem de artıransa örgütün Ergenekon'la ilintili olduğuna dair çıkan haberlerdi.

Cemaat medyası tedavüle soktu

Bostancı'daki çatışmadan bir süre önce DK adı, başta STV Haber olmak üzere Cemaat medyasında sıkça dile getirilmişti. Ergenekon'un birinci iddianamesinden yola çıkılarak hazırlanan ilk haber 20 Mart 2009 günü yayınlandı. "Şok İfadeler"[1] başlığıyla duyurulan haberde bazı örgütlerin Ergenekon'la bağının ortaya çıktığı öne sürülerek yeni bir örgütün, DK'nin devreye sokulduğu belirtiliyordu. "Şiddet eylemlerinde bulunan Hizbullah,

---

1 http://www.samanyoluhaber.com/h_224589_sok-ifadeler---izle.html

PKK, DHKP-C, MLKP gibi terör örgütlerinin Ergenekon bağlantıları ortaya çıktı. Terör örgütlerinden kopmalar yaşanıyor. Teröre bulaşmış kitleler kendi içlerinde sorgulamalara başladılar. Bütün bu kaçışları yeni ve adı kirlenmemiş bir örgüt etrafında toparlamak ve ülkemizde akan kanı devam ettirmek için DK diye bir örgüt çıkarılmıştır," denilen haberde örgütün uyuşturucu kaçakçıları tarafından finanse edildiği öne sürülüyordu. 1998'de Nizamettin Baybaşin'le birlikte uyuşturucu kaçakçılığı yapma suçundan Hollanda'da, 2007'de de kokain satma suçundan Türkiye'de yakalanarak tutuklanan bir uyuşturucu kaçakçısının ifadelerine dayanılarak hazırlandığı söylenen haberde, "Ben bazı devlet görevlileriyle görüşüyorum. Aldığım talimat doğrultusunda ve onların bilgisi dahilinde uyuşturucu kaçakçılığı yaparak DK terör örgütünü finanse ediyorum," diye ifade verdiği de iddia ediliyordu. Ergenekon Davası'nda gizli tanık olan uyuşturucu satıcısının ifadelerinde DK'nin eylem planlarının da geçtiği belirtilen haberde, örgütün alınan karar doğrultusunda dağda asker öldürmekle bir yere varılamayacağı ve Güngören Eylemi'ne[1] benzer şekilde şehirlerde kanlı eylemler gerçekleştirilerek kamuoyu oluşturulmak istendiği öne sürülüyordu. İfadelerde DK'nin bazı sendikalarla bağlantılı olduğu iddia edilerek, "DK terör örgütü mevcut hükümete karşı şiddet eylemlerini tırmandırırken, legal alandaki uzantıları olan sendikalar da işçileri hareketlendireceklerdi. Legal ve illegal eylemler birbirlerini destekler tarzda devam ettirilerek bu şekilde sonuç alınması amaçlanıyor," deniliyordu.

Desa direnişini de Ergenekon örgütlemiş!

Aynı haber kanalı kısa süre sonra da bu "acar gazetecilik" başarısına devam etti.

Bir gün önceki haberinin kaynağı olan "muteber gizli tanığın" ifadelerinde geçen Ergenekon bağlantılı sendika ve AKP hükümetini zor durumda bırakacak olan işçi eyleminin de adı

1 Güngören'de 27 Temmuz 2008'de bir çöp konteynırı ve yakınına konulan iki ayrı bombanın patlaması sonucu biri doğmamış bebek 18 kişi ölmüş, 54 kişi de yaralanmıştı. PKK'nin düzenlediği öne sürülen saldırıdan sonra gözaltına alınanlardan 9 kişi hakkında İstanbul 2. Ağır Ceza Mahkemesi'nde dava açılmıştı. Ancak olayla ilgileri olmadığını belirten zanlılara da bombalı saldırıdan değil, PKK örgütü üyeliğinden dava açılması soru işareti doğurmuştu. Saldırının asil failinin de yakalanamadığı açıklanmıştı.

konulmuştu: Deri-İş Sendikası ve DESA direnişi.[1] Fethullah Gülen Cemaati'ne bağlı STV Haber kanalında 22 Mart 2009 günü yayınlanan haber "ETÖ'den Akıl Almaz Oyunlar"[2] başlıklıydı. Haberde öne sürülen ve bolca Ergenekon sosuna bulanmış iddialar deyim yerindeyse deli saçması gibiydi. Her ne kadar iddia olsa da, Ergenekon'la ilgili olduğu için kesin doğrular içeriyormuş gibi sunulan haberde, "Ergenekon Terör Örgütü'nün, bazı sendikaları kullanarak işçiler üzerinden akıl almaz oyunlar tezgâhladıkları ortaya çıktı," deniliyordu.

Ergenekon'un gizli tanıklarına dayalı haberde anlatılanlara göre Ergenekon'a bağlı DK örgütü, sendikalar aracılığıyla işçileri sokağa dökecek ve kargaşa çıkaracaktı. Böylece legal eylemler illegal eylemlerle desteklenerek hükümet zor durumda bırakılacaktı. Gizli tanığa göre terör örgütü, mevcut hükümete karşı şiddet eylemlerini tırmandırırken, legal alandaki uzantıları işçileri hareketlendirecekti.

Tüm bunlar anlatılırken, ekranda ise yüzü maskeli bir kişi gösterilerek habere inandırıcılık katılmaya çalışılıyordu. Bir süre daha örgüt hakkında bilgi veren haberde, "Sendikaların desteği ile işçilerin işsiz kalmasını ve böylece krizin derinleşmesini planlayan Ergenekon'un oyunu, gizli tanık ifadelerinde ayrıntılı bir şekilde yer alıyor. Türkiye'nin en önemli deri firmalarından birinin yönetim kurulu başkanı, oynanan sendika oyununu bakın nasıl anlatıyor," denilerek söz DESA deriye getiriliyordu.

İşte bu tezgâh, Türkiye'nin en köklü tekstil firmalarından DESA Deri'de de uygulanmaya çalışılmış. Çok iyi şartlarda çalışan işçilerin bir kısmı ortada hiçbir sorun yokken iş yavaşlatmaya başlamış," denildikten sonra da söz DESA'nın patronu Melih Çelet'e veriliyordu. Çelet de sanki işçiler ve sendika Ergenekoncuymuş gibi konuşuyordu:

---

1 Deri işçisi Emine Arslan, 8 yıl boyunca çalıştığı DESA'nın İstanbul Sefaköy'deki fabrikasından Türkiye Deri-İş Sendikası'na üye olduğu ve diğer işçileri örgütlediği için 2008 Temmuzu'nda, hak ettiği alacakları da ödenmeden işten çıkarıldı. Düzce'deki fabrikadan da 41 işçi aynı gerekçelerle işten atıldı. Düzce'deki işçiler 418, direnişin sembol ismi olan Emine Arslan da Sefaköy'de 352 gün boyunca fabrikanın önünde her gün çadır kurarak eylem yaptı. Uluslararası kamuoyundan da destek gören eylemler sürerken açılan davalar işçiler lehine sonuçlandı. Yargıtay'ın işçilerin haklı bulunduğu işe iade davasını onaması üzerine de eylem sona erdi.

2 http://www.samanyoluhaber.com/ShowNews.aspx?NewsId=224717&Aspx AutoDetectCookieSupport=1

Bir anda çok iyi giden huzurlu bir iş ortamı, birtakım işi yavaşlatma işi bozmayla ilgili bazı arkadaşlarımız tarafından bu hareketler başlayınca ilk önce uyarılarımızı yaptık. Tekrar aynı huzuru ve iş etiği açısından gerekli iş ortamına tekrar dönülmesi için çaba gösterdik... İş akdi feshedilenler kapının önüne çıktılar ve bir direniş başlattılar. Bu direniş sırasında ve kendilerinin sendika mensubu olduklarını ve bundan dolayı da iş akitlerinin feshedildiği savı ile firmaya karşı dava açtılar... Bunlardan bir kısmı sendika mensubuymuş bir kısmı da iş akdi feshedildikten sonra aynı gün ve ertesi gün sendika mensubu olmuş.

Herhangi bir belgeye, resmi bir bilgiye dayanmayan bu haberle, fabrikasında çalışan işçileri sendikaya üye oldukları için işten atan Desa Deri patronu STV ekranlarından aklanmaya çalışılıyordu. Desa Deri'deki direnişin sembol ismi haline gelen ve haberde Ergenekon'la ilintili olduğu iması yapılan Emine Arslan bir basın toplantısı yaptı. Patronunun kendisine daha önce de vatan haini ve terörist dediğini aktaran Arslan, "Tamamen yalan ve uydurma bu habere göre anayasal hakkımı kullanmak suç gibi gösterilmiş. Peki, bu hakkı kullanmanın engellenmesi suç değil mi? Madem işyerinde huzur vardı neden öğlen yemeğine çıkarmıyordu, neden günlerce evimize gidemiyorduk, neden emeğimizin hakkını alamıyorduk. İşsizlik korkusundan işçiler sesini çıkarmayınca o da huzur var sanmış galiba," diyordu.

Kısa süre sonra Cemaat medyasının assolisti *Zaman* gazetesi de koroya dahil oluyordu. Fatih Uğur imzalı, "Müthiş İddia: Devrimci Karargâh'ı Ergenekon Kurdu"[1] başlıklı haber aslında STV Haber'de yayımlananla aynı içerikteydi. Cemaat'in televizyonunda görsel olarak hazırlanan haber, *Zaman* gazetesi aracılığıyla da bu kez yazılı hale getirilmiş ve DK'nin, "Ergenekon'un kullandığı PKK, Hizbullah, DHKP/C ve MLKP gibi terör örgütlerinin işlevsizleştiği gerekçesiyle kurulduğu" öne sürülmüştü. Haberdeki bir başka ayrıntı ise, *Zaman* gazetesinde de tıpkı diğer medya organlarında olduğu gibi daha önce PKK'nın yaptığı yazılan Güngören saldırısını bu kez DK'nin yaptığı öne sürülüyordu.

Gözaltına alınan gizli tanık ve sanık ifadelerine göre yazıldığı belirtilen haberde Güngören saldırısı Ergenekon'la da bağ kurularak şöyle yer aldı:

1 *Zaman*, 23 Mart 2009.

Ergenekon terör örgütü soruşturması kapsamındaki 7. dalga, 1 Temmuz 2008'de gerçekleştirildi. Emekli orgeneraller Şener Eruygur ve Hurşit Tolon'un da aralarında bulunduğu çok sayıda kişi gözaltına alındı. Söz konusu operasyondan 26 gün sonra, 27 Temmuz 2008'de İstanbul Güngören'de korkunç bir bombalı saldırı düzenlendi.

Fethullah Gülen'e Siyonist yakıştırması

STV Haber'le başlayıp *Zaman* gazetesiyle devam eden haberler Cemaat bağlantılı tüm yayınlarda ve internet sitelerinde yer almıştı. Derken, 24 Mart 2009'da Ergenekoncu olmakla suçlanan DK de bir bildiri[1] yayımlayarak hem haberi yalanlıyor hem de AKP ve Fethullah Gülen'i ağır sözlerle eleştiriyordu:

Fethullahçı medya karşı devrimin topyekûn saldırı borazanını çaldı!" başlıklı bildiride Fethullah Gülen siyonist olmakla suçlanıyordu. "İt ürüyor, demek ki kervan yürüyor," diye nitelenen haberlerle ilgili de, "Fethullahçı medyanın tipik sofu alıklığının ürünü ilkel demagoji ve yalanlardır... Ekonomik kriz Ergenekon çuvalının içine konularak örtülmeye çalışılıyor... STV Haber kanalının yayınları, işçi sınıfına yönelik saldırıların başlayacağının göstergesidir," denilerek, Fethullah Gülen ve cemaatinden "Amerikancı-Siyonist" diye bahsediliyordu. Bildiride, DESA direnişi için de, "Bizim ne yazık ki yiğit DESA işçilerinin örgütlenmesinde ve direnişinde herhangi bir katkımız olmadı. Onlara ve mücadelelerine duyduğumuz saygı, sempati ve gönül bağının dışında organik bir ilişkilenmemiz de olamadı. Keşke olabilseydi... Devrimci Karargâh, DESA işçisiyle gıyaben de olsa siper yoldaşlığını paylaşmaktan onur duymuştur, büyük güç almıştır.

Naklen yayınlanan çatışma

Bu haberlerden bir ay sonra, 27 Nisan 2009'da da meşhur Bostancı baskını ve çatışması gerçekleşti. 1977 katliamından sonra ilk kez Taksim'de kutlanması kesinleşen 1 Mayıs öncesinde yaşanan bu çatışmanın TV kanallarının naklen yayınlamasına ilginç bir şekilde izin veriliyordu. En sıradan olayda dahi çevre güvenliğini yüzlerce metre öteden alan polis, kameramanlar başta olmak üzere tüm gazetecilerin çatışma bölgesine girmesine izin

1 http://www.devrimcikarargâh.com/07nolu.html

verdiği gibi görev gereği değil meraktan çevrede biriken vatandaşlara da sesini çıkarmamıştı. Bu nedenle de olayları izleyen 16 yaşındaki bir çocuk ölürken, NTV kameramanı İlhan Kandaz hafif yaralanmıştı. Başkomiser Semih Balaban'ın öldüğü çatışmada sekiz polis de yaralanmıştı. Aylar süren Ergenekon soruşturmasının iddianamesiyle dolaşıma sokulan DK örgütü, Cemaat medyasının haberleriyle de Ergenekon'la ilintilendirilmiş, nihayetinde herkesin naklen izlediği altı saatlik bir çatışmayla belleklere kazınmıştı. Orhan Yılmazkaya'nın öldürüldüğü çatışmanın yaşandığı ev de dahil olmak üzere 60 ayrı adrese operasyon düzenlenmişti. Gözaltına alınan 40 kişiden 29'u, naklen yaşanan çatışma görüntülerinin dehşetiyle de adeta sorgusuz sualsiz tutuklanmıştı. Yapılan aramalarda ve incelemelerde, örgütün Türkiye sorumlusu olduğu belirtilen Orhan Yılmazkaya'nın gazetecilik ve editörlük yaptığı, hamamlar üzerine yazdığı kitabına tanıtım kokteyli yapıp televizyona çıktığı da belirlendi. Yılmazkaya'nın örgüt sürecinde PKK kamplarında askeri eğitim alırken yaptığı konuşmalar ve kamptaki günlerini anlatan adeta bir belgesel kıvamındaki video kayıtlarının bulunması da illegaliteye geçmiş biri için tuhaftı. Bu arada DK'nin ne kanlı bir Ergenekon bağlantılı örgüt olduğuna yönelik haberlerden de geçilmiyordu. *Vatan* gazetesi internet yayın editörü Aylin Duruoğlu da tutuklananlar arasındaydı. Tıpkı diğerleri gibi mahkeme önüne çıkabilmek için neredeyse bir yıl beklemiş ve ilk duruşmada tahliye edilmişti.

DK ile Ergenekon arasındaki bağı itirafçılar kurdu

Devrimci Karargâh, Ergenekon'un üçüncü iddianamesindeki gizli tanık ve itirafçıların ifadelerinde PKK'dan kaçanların sığındığı şehir yapılanması olarak gösteriliyordu. Bir gizli tanığa göre de DK, Ergenekon'un kullandığı Hizbullah, DHKP/C ve MLKP gibi terör örgütlerinin işlevsizleştiği gerekçesiyle kurulmuştu.

Polis raporlarında altı çizilen kuşkular, gizli tanık ve itirafçı ifadeleriyle de Ergenekon'un denetiminde olduğu izlenimi uyandırılsa da DK daha çok Ergenekon'la ilintili gibi gösterilmeye çalışılan ve bu amaçla birtakım emareler ortaya atılan devlet denetiminde bir örgüt gibi görünüyordu. Zaten itirafçı ve gizli tanıkların ifadelerini doğrulayacak delillerin bulunmasını sağlayacak ihbar 15 Temmuz 2009'da, İstanbul polisine yapıldı. Elektronik posta yoluyla gönderilen ihbarda bazı denizci askerlerin Gölcük'teki ev adresleri de verilerek uyuşturucu ticareti yaptıkları öne sürülüyordu. İhbar üzerine 17 Temmuz 2009'da polis hepsi de Deniz Kuvvetleri Komutanlığı'nda rütbeli askerlere ait olan birçok eve baskın düzenledi. Sonradan hepsi de Ergenekon sanığı olan Yiğithan Göksu, Yakut Aksoy, Ülkü Öztürk, Tarık Ayabakan, Sinan Efe Noyan, Sezgin Demirel, Oğuz Dağnık, Mehmet Orhan Yücel, Koray Kemiksiz, Halit Mehmet Ergül, Fatih Göktaş, Faruk Akın, Burak Özkan, Burak Düzalan, Burak Amaç, Barbaros Mercan, Alperen Erdoğan, Ali Seyhur Güçlü'nün evlerinde yapılan aramalarda 100 adet fişek ile 500 gram patlayıcı maddenin yanı sıra az miktarda esrar, ecstasy ve captagon hapları ile Abdulah Öcalan'ın bazı kitapları ve içlerinde çok sayıda örgütsel doküman olarak değerlendirilen belgeler ile fişleme kayıtlarının yer aldığı taşınabilir hafıza kartları bulunduğu açıklandı. Teğmenlerin yapılan Adli Tıp muayenelerinde uyuşturucu kullandıklarını gösteren bir emareye rastlanmasa da polis dijital hafıza kartıyla ilgili yaptığı incelemede denizci askerler ile Devrimci Karargâh örgütü arasında bağ kuracak delillere ulaştığını öne sürüyordu. Hafıza kartında yer alan dokümanların yapılan incelemesinde ise adeta iki ay sonra yurtdışından elektronik posta yoluyla gönderilecek olan DK ile ilgili ihbarı doğrulayacak bulgular elde edilmişti. Hafıza kartında DK örgütünün bildirileri, PKK'nin silahlı kanadı HPG Ana Karargâh Komutanlığı'nın yaptığı bazı açıklamalar, Bostancı'da polisle girdiği çatışmada öldürülen Orhan Yılmazkaya'nın konuşma kayıtları ve video görüntülerinin de bulunduğu tespit edilmişti. Ayrıca bazı fişleme kayıtları ile DK ile bağlantılı "Karargâh Evleri" diye anılan birtakım adresler ve evde kalacak kişilere ilişkin görevlendirmeler yapıldığının tespit edildiği de iddia ediliyordu. Ancak bu hafıza kartlarının, söz konusu askerlerin hiçbirinin bilgisayarında kullanılmadığı ortaya çıkacaktı.

Hafıza kartının içinde, bahriyeli subaylar ile Devrimci Karargâh örgütü arasında bağ kurulmasına neden olan "Nisan Bülteni" isimli belge de yer alıyordu. Söz konusu belgede "Başkanımızdan" başlığı altında, "Tarihte olduğu gibi yine devrimci Harbiyeliler emperyalist güçlerin oyunlarını bozacaktır. Elleri kolları bağlanmış hareketsiz hale gelmiş komutanlarına tekrar mücadele kararlılığını kazandırmak için yaratıcı motor gücü olacaklardır. Selam olsun devrimci karargâhın aydınlığını rehber edinen tüm kardeşlerime," ifadeleri yer alıyordu. Aynı belgede "Doğu Perinçek Başkanımızın Emirleri" alt başlığı altında Ergenekon sanıklarından Perinçek tarafından emir ve talimatların verilerek örgüt tabanına aktarıldığı öne sürülen şu ifadeler yer alıyordu:

> Moraller ve motivasyon zirvede tutulsun bu konuda her türlü faaliyet organize edilsin. İçerdekilere ve ailelerine yardımlar aksatılmasın ihtiyaca göre aidatlar artırılsın. Atlas güvenlik, E.A. ve diğer emekliler hainleri bulmada aktif kullanılsın. Levent Bektaş'ın ekiplerinin yerine yeni ekipler kurulsun. Yeni timlerin oluşturulmasını Mücahit Erakyol Albay organize etsin. Poyrazköy'de kalan malzemeler korunaklı bölgelere dağıtılsın.
>
> Karargâhın emri olmadan hiçbir operasyonel eylem yapılmayacak bu konuda son emir yetkisi Levent Bektaş'ındır. Genç subayların fikri altyapılarının ve ideolojilerinin sağlam temellere oturabilmesi için eğitim ve kamp çalışmaları yapılsın, bu bağlamda doküman ve materyallerin ulaştırılma kanalları kontrol edilsin. Yayınlar takip edilip çözümlemesi yapılmalı. Genç teğmenler arasında taban çalışmaları için A.Y.'nin ekibi harekete geçirilecek. İnternet yoğun bir şekilde propaganda faaliyetleri için kullanılacak. Devrimci Karargâh'taki çekirdek kadronun evleri ile Aydınlanma ve yeni adam kazanma evleri birbirinden ayrılacak, irtibatları kesilecek. (Devrim fikrinin genç subaylar arasında geniş tabana yayılması için yeni projeler geliştirilecek.) Emirlerin iletiminde köprü elemanlar kullanılacak. Deşifre olanlar derhal görevden alınacak Karargâh dışı görevler verilecek. Aydın Ortabaşı, ÇYDD'den gelen parasal kaynakların miktarlarının Perinçek'in emirleri doğrultusunda artırılması. Diğer parasal kaynak konusunda yeni satış kanalları (maddeler) oluşturulacak. Aydın Ortabaşı'nın mezun ettiği kız öğrenciler, yapının sivil tabanına, hızlı bir şekilde kazandırılması için organizasyonlar yapılacak. Devrimci teğmenlerin yeteneklerini artırıcı eğitimlerden geçirilecek, emir ve görevler yeteneklerine göre verilecek. Yandaş medya ve onları yönlendirenler Komutanlarımızı kuşatmışlardır. Devrimci Subaylar Komutanlarımıza dinamizm kazandıracak eylemleri hayata geçirecektir.

Denizci teğmenlerin evinde bulunduğu öne sürülen hafıza kartındaki "Nisan Bülteni" ile "Başkanımızdan" başlıklı dokümanlar, Yılmazkaya'nın öldürüldüğü operasyonlarla ilgili tutuklananlar hakkında 15 Ağustos 2009'da hazırlanan Devrimci

Karargâh Davası iddianamesinde de yer alıyordu. İki metin arasında farklılıkların olduğu belge, Devrimci Karargâh İddianamesi'nde ise şöyle yer alıyordu:

> Nisan Bülteni isimli bir sayfadan oluşan ve "Başkanımızdan" başlıklı belgede "Doğu Perinçek Başkanımızın Emirleri" altbaşlığı ile devam eden maddeler arasında şüpheli Aylin Duruoğlu'nun (Devrimci Karargâh soruşturmasında tutuklanan *Vatan* gazetesi çalışanı) tahliye kampanyalarına genç teğmenlerin destek vermesinin istenildiği, bu konuya ilişkin de "S.D. organize edecek" şeklinde ibarelerin bulunduğu, yine aynı belgeler içerisinde "Başkan'dan Gelen Emirler Doğrultusunda Yapılan Görevlendirmeler" başlığı altında Devrimci Karargâh terör örgütüne yönelik çalışma ve belgelerin bulunduğu anlaşılmıştır.

Denizci teğmenler Barbaros Mercan, Sinan Efe Noyan ve Faruk Akın'ın Değirmendere'deki evlerinde yapılan aramada ise iddiaya göre buzdolabının arka kısmındaki motor bölümünde siyah poşet içerisinde biri siyah, diğeri beyaz iki poşet daha bulunmuştu. Bu poşetlerin içinde ise, "Alb. Tayfun Duman'dan gelecek fizibiliteye göre Uğur ve Metin Paşa'ya yapılacak operasyonun detay ve tarihlerini Levent Bektaş, Orhan Yücel Albay üzerinden iletecek. Size teslim edilen malzemeleri korunaklı bir yerde tutunuz," yazılı bir not kâğıdı ele geçirildi. Polis Laboratuvarı'nda yapılan incelemede yazının 19 sanıktan hiçbirinin el ürünü olmadığı tespit edilse de teğmenler hakkında eski DKK Metin Ataç ile dönemin donanma komutanı ve sonradan DKK olan Eşref Uğur Yiğit'e "suikast" yapılacağı iddiasına dayalı amirallere suikast davasının sanıkları oldular. Sanık bahriyeliler tüm suçlamaları reddederken, evlerinde bulunan uyuşturucu ve içinde örgütsel dokümanlar bulunan hafıza kartlarının da aramalar sırasında polis tarafından yerleştirildiğini savunsalar da tutuklanmaktan kurtulamadılar. Ergenekon bağlantılı Poyrazköy iddianamesinde de DK ile Ergenekon arasındaki bağlantıyı Tuğamiral Levent Görgeç'in sağladığı da öne sürülmüştü. Poyrazköy İddianamesi'nde yer alan bir belgede, "Devrimci Karargâh'taki çekirdek kadronun diğerleri ile olan bağlantılarının yapıya zarar vermeyecek şekilde ayrıştırılmasını Levent Görgeç sağlayacak," deniliyordu.

Devrimci Karargâh kimin karargâhı?

Teğmenlerin evinden video görüntüleri ve konuşma kayıtları çıktığı öne sürülen Yılmazkaya'nın ölümü üzerine örgütün Türkiye'deki sorumlusunun kim olduğuna dair tevatürler dışında bir bilgi olmasa da, gözaltına alınıp tutuklandıktan sonra bu ismin Ulaş Erdoğan olduğu iddia edildi. Ulaş Erdoğan'ın polisteki kaydı hırsızlık ve resmi belgede sahteciliğin yanı sıra MLKP davasındandı. Bu örgütle ilintili olduğu gerekçesiyle 1995'te tutuklanıp yaklaşık 1,5 yıl cezaevinde kalmış ve beraat etmişti. MLKP'den de cezaevindeyken kopmuştu. Tahliye olduktan iki ay sonra da ülkücü kimliğiyle bilinen Düzceli bir Çerkez tanıdığı aracılığıyla gittiği Çeçenistan'da, Vahhabilik temelli bir bağımsızlık mücadelesi veren Çeçenlerin safında, Ruslara karşı 14 ay boyunca savaşmıştı. 1998 sonunda da illegal şekilde karayoluyla Türkiye'ye dönüp hemen askere giden Erdoğan, teskeresinin ardından ÖDP içinde faaliyet yürütmüş, sonra da DK'li oluvermişti. Bu süreçte kardeşinin kimliğiyle dolaşıp pasaport alan ve illegal yollardan Yunanistan, Azerbaycan ve Gürcistan'a gidip gelebilen ve hiçbirinde yakalanmayan Ulaş Erdoğan, gelen bir ihbar *mail*'i üzerine başlatılan çalışmalar sonunda polis tarafından gözaltına alınıp tutuklanmıştı.

Ulaş Erdoğan 2 Ekim 2009'daki polis ifadesinde, medyada yazıldığı gibi DK'nin Türkiye sorumlusu olmadığını belirterek ilginç şeyler anlattı. İşçi olduğunu belirten Erdoğan, Çeçenistan dönüşü askere gidip gelmiş sonra da babasından ötürü tanıdığı Serdar Kaya ile bağlantı kurarak DK örgütü üyesi olmuştu. Ulaş Erdoğan, Basın-İş Sendikası'nın yöneticilerinden olan ve 1980 Darbesi sonrasında sekiz yıl cezaevinde kalan babası Rüştü Erdoğan'ın, ortak bir tanıdıkları vasıtasıyla Serdar Kaya'nın elektronik posta adresini edindiğini ifadesinde anlattı. Bir süre yazışmalarının ardından Kaya'nın kendisine yeni bir oluşumdan bahsettiğini ve yüz yüze konuşmak için 2009 Ağustosu'nda, kardeşinin kimliğini kullanarak aldığı pasaportla gittiği Hırvatistan'da bir araya geldiklerini belirten Kaya, "Zagreb'de buluştuk. Yanında Rıza ve İlhan adında iki kişi daha vardı. Bana adının DK olduğu yeni oluşumu ve ne yapmak istediklerini anlattılar. Eski solun pasifize olduğunu (...) bütün bunları da DK gibi savaşçı bir yapının gerçekleştirebileceğini söylediler. Ben de beraber hareket edebileceğimizi söyledim. Ertesi gün de Türkiye'ye döndüm," dedi. (Polise verdiği ifadesinde Hırvatistan'a gittiğini söyleyen Erdoğan, ilk duruşmada Zagreb'e gittiğini, ancak pasaport kontrolünde kapıdan çevrildiğini saklamadı. Erdoğan'ın bu açıklaması, pasaportundaki girişine izin verilmediğine ilişkin ibareyle de kanıtlandı.)

Serdar Kaya tarafından İzmir, Denizli ve Aydın illerini kapsayan Ege bölgesi sorumlusu tayin edildiğini belirten Erdoğan, bu amaçla sık sık söz konusu illere giderek liseli gençleri örgütlemeye çalıştığını söyledi. Zagreb dönüşünde elektronik posta yoluyla gelen bir talimat üzerine Kartal'da buluştuğu, 70 yaşlarındaki tanımadığı bir adamın kendisine bir hafıza kartını verdiğini belirten Erdoğan, "Evde incelediğimde içinde DK konferans belgeleri; askeri milis ve legal alandaki yapılar ile çalışma şekillerinin yanında bir de şifreli yazışma ile ilgili bir anahtarın bulunduğunu gördüm. Ayrıca bomba yapımı ile ilgili bilgiler de mevcuttu. Ama ben Çeçenistan'da savaştığımdan askeri konularda kendimi yeterli görmekteydim," diye ifade verdi.

Hafıza kartının içinde yapılması gereken eylemlerden de bahsedildiğini anlatan Erdoğan kendisinden DK ve Ergenekon ilişkisi hakkındaki yayınlardan dolayı *Zaman* gazetesini, işçi ölümleri nedeniyle tersane sahiplerini hedef almasının , Kürt sorunuyla ilgili demokratik açılım konusunda da İstanbul ve Ege'deki limanlarda bulunan yatların kundaklanması ve zengin semtlerde lüks araçların yakılması eylemlerini yapmasının istendiğini söyledi. Ancak Kaya'yla yaptığı yazışmalarda bu eylemlerin yanlış olduğunu, örgütlemeye çalıştığı gençleri bu saldırılarda kullanmayacağını söylediğini belirten Erdoğan, Mehmet Ağar'ı uzun namlulu silahla vurma teklifinde bulunduğunu anlattı. Kaya'nın bu teklife, "Asla olmaz," diyerek tepki gösterdiğini belirten Erdoğan, "Benden istenen eylemleri Serdar Kaya'yı oyalayarak yapmadım. Bu eylemlerin Kürt açılım sürecinde yapılmasının istenmesi, Mehmet Ağar'a yönelik eyleme karşı çıkılması ve DK örgütü ile Ergenekon arasında bağlantı olduğuna yönelik basında yer alan haberler bende çelişki doğuruyordu. Zaten Serdar Kaya ile ilgili 1990'lı yıllardan beri derin ve karanlık bağlantıları olduğu yönünde kuşkularım vardı. Daha doğrusu net bilgilere dayanan kuşkulardı. Kaya'nın JİTEM yetkilileriyle görüşürken görüldüğünü babamdan duymuştum. Ayrıca Sarp Kuray'ın Beşiktaş'ta MİT görevlileriyle birkaç kez görüşürken görülmesi ve bu görüşmelerden birinin video kaydının derin ilişkiler kanalıyla Serdar Kaya'ya ulaşması gibi konuları bildiğimden artık midem bulanıyordu," iddialarında bulundu. Serdar Kaya'nın verdiği eylem talimatları ve DK'nin yaptıklarının da Kaya'nın JİTEM bağlantısıyla ilgili şüpheleri net olarak doğruladığını vurgulayan Erdoğan, "Serdar Kaya'nın devrime ve devrimci mücadeleye hizmet etmeyecek ancak Ergenekon çetesinin istekleri ve beklentilerini karşılayacak eylemlere bizi yöneltmeye çalışması kabul edilir değildi. Serdar Kaya'nın talimatıyla buluştuğum bir kişinin belinde, şarjörünün altında Türk bayrağı olan bir tabanca vardı. Bana , 'Türkiye kazanını karıştıracağız' diyen bu kişi derin ve karanlık ilişkilerde olan birisidir diye düşünüyorum," diyordu.

Ancak mahkeme aşamasında Ulaş Erdoğan, polis sorgusunda avukatı Rasim Öz'ün yönlendirmesiyle bu şekilde konuştuğunu belirterek verdiği ifadeyi tamamen reddetti. 3 Haziran 2010'daki bu ilk duruşmada poliste verdiği ifadelerin tümünü reddeden Erdoğan, işkence gördüğünü öne sürüyordu. Kendisinden çıkmayan birçok belge ve bilgiye ilişkin ifadeler imzalatıldığını öne süren Erdoğan, "A4 kâğıdına hazırladıkları evrakları gösterip ezberlememi istediler. Arkadaşlarımın iyi olup olmadığını bilmeden yapmayacağımı söyledim, kameralardan gösterdiler. Dört gün avukat görmedim. Üçüncü gün gözüm bağlıyken karşıma birini oturttular ve Ergenekon bağlantılarını anlattı... Serdar Kaya sadece baba dostumdur. Ne hukukumuz ne de politik birlikteliğimiz vardır... İfadelerime Sarp Kuray'ı yerleştirmişler ama bu şekilde ifade vermedim. Sarıyer'de Ergenekoncu Ayhan diye biriyle buluşmadım... Bu operasyon fiyaskodur. Suç üretilmiştir. Semih Balaban'ın intikamını alacağız diye bağırdılar," diyecekti. Mahkeme dosyasına giren elektronik posta yazışmaları, kurduğu ilişkiler, paraya karşı zaafı ve yalanlarına bakılırsa Ulaş Erdoğan devrimci faaliyet yürüten bir örgüt üyesinden ziyade, yasadışı bir örgütü dolandırmaya çalışan bir profil çiziyordu. Bunu yaparken de çevresinde kendisine selam verenleri dahi haberleri olmadan yalanlarına ortak ederek, herkesin başını yakmıştı.

Yine elektronik posta ihbarı

Ulaş Erdoğan'ın gözaltına alınıp tutuklandığı operasyon 29 Eylül 2009'da yapılmıştı. İstanbul, Ankara, Denizli, Aydın ve Diyarbakır'da 18 ayrı eve yapılan operasyonların gerekçesi ise, "devlet büyüklerine suikast hazırlığı yapıldığı" şeklindeki ihbar ve tespitler olarak açıklanmıştı. Her ne kadar Erdoğan kabul etmese de polis fezlekesinde örgütün Türkiye sorumlusu olduğu ve kendisine bağlı milis grubunun çökertildiği ifade ediliyordu. Erdoğan'ın yukarıda belirtilen sorgusunda anlattığı eylemlerin yanı sıra uçak kaçırılacağı da belirtiliyordu. Suikast düzenlenecek devlet büyükleri de Mehmet Ağar ve eski İstanbul Emniyet Müdürü Celalettin Cerrah olarak yer almıştı. Basına "11 Eylül Benzeri Saldırı Yapacaklardı" ya da "Mehmet Ağar'a Suikast Planlamışlar" diye yer alan haberlere konu olsa da ilginçtir sanıkların hiçbirine polis sorgusunda bu konuda tek bir soru yöneltilmemişti.

Polisin, suikast hazırlığında olduğuna yönelik tespitinin kaynağı ise Ergenekon soruşturmalarında sıklıkla karşımıza çıktığı şekilde, operasyondan bir ay önce 30 Ağustos 2009'da polise yine bir elektronik postayla yapılan ihbardı. Bu tür illegal yapılarda yer alanların bilgisi sorumluluk alanıyla sınırlıyken ihbarı yapan kişi ilginçtir neredeyse örgüte ilişkin tüm ayrıntıları biliyordu. Aynı zamanda ihbarında isim ve eşkal vermeden Kocaeli'nde askerlerden yardım aldıklarını da öne süren meçhul ihbarcının iddiaları ile bazı "muteber itirafçıların" DK'nin Ergenekon denetiminde olduğuna ilişkin ifadelerinin medyayla servis edilmesiyle birlikte Ergenekon soruşturmasında tutuklanan denizci subaylarla DK arasında kurulan bağ kamuoyu nezdinde de doğrulanarak "meşru" hale gelmiş oluyordu. DK örgütü içindeyken 27 Nisan 2009 operasyonu sonrası bazı asker şahıslar tarafından yurtdışına çıkarıldığını belirten ihbarcı Türkiye'den çıkışı ve Avrupa'da yaşadıklarıyla örgütün derin yapılarca kullanıldığını anladığını söylüyordu. Orhan Yılmazkaya'nın öldürüldüğü Bostancı operasyonu sırasında Emniyet, MİT ya da askeriye içinden bir yetkilinin, "Bulunduğunuz yeri terk edin," uyarısıyla kaçtıklarını belirten ihbarcı bu konuyu örgütün Avrupa'daki yöneticisine sorduğunda da Emniyet ve MİT'i ima eden doğrular nitelikte cevap aldığını söylüyordu. Örgütün elinde bulunan silah, patlayıcı ve mühimmatın Ergenekon yapılanması tarafından verildiğini öne süren ihbarcı, "Bize PKK tarafından İstanbul'da birçok silah patlayıcı verildi. Ama en son bir askeri yetkili tarafından çok miktarda askeriyeye ait silah, patlayıcı ve teçhizat verildi. Biz üslerimize neden bunlardan silah alıyoruz dediğimizde, 'Askeriye içinde solcu subaylar var, onlar bize destek sunuyorlar' denildi. Ama görüyorum ki bizi yurtdışına çıkartanlar da, bize silah mühimmat verenler de Ergenekon'un ta kendisi ve bu örgüt Ergenekon ve PKK kontrolünde ve denetiminde bir yapı," diyordu. Kürt sorununa ilişkin demokratik açılımın konuşulduğu süreçte yeni eylemliliklere girileceği anlatılan ihbarda, PKK'nın batıda yaptığı eylemlerin DK tarafından üstlenileceği de belirtiliyordu. İlk önce Mehmet Ağar'ın hedef olduğunu ancak Bostancı operasyonundan sonra bundan vazgeçilerek Celalettin Cerrah'ın öncelikli hedef haline geldiğine de yer verilen ihbarda bu konu, "Eğer Orhan Yılmazkaya öldürülmeseydi kendi timiyle birlikte Mehmet Ağar'a suikast planlıyorlardı. Ama bu Orhan Yılmazkaya'dan sonra değişti. Önceliği Celalettin Cerrah aldı. Bu eylem Orhan Yılmazkaya Müfrezesi adı altında İstanbul'da konuşlandırılan çok iyi eğitim almış DK savaşçıları tarafından gerçekleştirilecek. Bu yüzden son bir ay içerisinde İstanbul'a A4 patlayıcı gönderildi. Celalettin Cerrah'la ilgili tüm istihbarat çalışmaları MİT'ten ve askeriyenin bir kesiminden geliyor," diye anlatılıyordu. Örgütün Merter ve Bahçelievler'de bulunan hücre evi ve silahların konulduğu depolarından da bahsedilen ihbarda DK'yi Ergenekon'un yönettiği, emirlerin bazı asker şahıslar üzerinden yurtdışına ve oradaki aktif kadrolar vasıtasıyla da kuryelerle militanlara ulaştırıldığı anlatılıyordu. Bir Avrupa ülkesinde sığınmacı statüsünde olduğunu belirten ihbarcı, elektronik postasında Türkiye'deki militanlara para aktarımının da Western Union aracılığıyla yapıldığını anlatıyordu. Bu ihbardan sonra polis DK'ye yönelik ikinci en büyük operasyonunu gerçekleştirmişti. Gözaltına alınan Erdoğan da tesadüf bu ya ihbarda yer alan konulara benzer ifadeler vermişti. Mehmet Ağar'a yönelik suikast yapmak istediğinden bahseden Erdoğan, Ergenekon'un denetiminde olduğundan kuşkulandığı örgüt adına kendisine yurtdışından Western Union aracılığıyla birkaç kez para gönderildiğini de anlatmıştı.

Olmaz demeyin, size de çıkabilir

DK ile ilgili 1 Ekim 2009 tarihli ilk iddianamede 17 kişi hakkında dava açılmıştı. Ulaş Erdoğan'ın da aralarında bulunduğu 18 kişinin gözaltına alınıp sekizinin tutuklandığı operasyonlarla ilgili iddianame 11 Şubat 2010'da kabul edildi. Ulaş Erdoğan'ın ifadelerine dayalı polis fezlekesinden yola çıkılarak hazırlanan iddianamede, DK'dan Ergenekon'un taşeron yapılanması olarak söz ediliyordu. İddianamenin ek delil klasörleri arasında ise polisin HTS kayıtları üzerinden yaptığı araştırma sonucunda bazı DK sanıklarının, kimi Ergenekon sanıklarıyla "dolaylı yoldan görüştükleri" de iddia ediliyordu. Yani DK sanıklarının tanıdığı ancak Ergenekon ya da DK davalarında sanık ya da şüpheli konumunda olmayan kişilerin kimi Ergenekon sanıklarıyla da telefon irtibatları olduğu anlamına geliyordu. Ama bu ilişki ağı özellikle Cemaat medyasında, Ergenekon'la DK arasındaki irtibatı gösteren delil gibi kamuoyuna aktarıldı. İlk iddianamede özellikle gazeteci Aylin Duruoğlu'nun, üniversite döneminden arkadaşı olan Orhan Yılmazkaya'yla bir kez buluşup çay içmesi üzerine tutuklanıp sanık olması çok eleştirilmişti. İkinci iddianamenin sanıklarıyla ilgili en az bu kadar garip ilişki ağını gösteren bir haber de *Radikal* gazetesinde İsmail Saymaz imzasıyla yayımlanmıştı.

"Devrimci Karargâh'ta ikinci perde: Sevgili de Sanık, Arkadaş da"[1] başlıklı haber ilgili ilgisiz herkesin Ergenekon ya da DK soruşturmasının sanıkları arasında yer alabileceğini kanıtlıyordu adeta. "Bostancı çatışmasından sonra yeniden yapılanmaya giriştiği öne sürülen Devrimci Karargâh'ın ikinci iddianamesi de ilki gibi geniş bir sanık yelpazesinden oluşuyor: Sanığın sevgilisi, onun okul arkadaşları, onların sevgilileri, iş arkadaşları..." denilen haberde, "Bostancı'daki çatışmadan sonra yeniden yapılanmaya girişen yasadışı Devrimci Karargâh'a (DK) yönelik ikinci operasyonun iddianamesi hazırlandı. Sekizi tutuklu 18 sanıklı ikinci iddianame, 'Bir kez yemek yemek, iki kez buluşup çay içmek' gibi ilişkilerin 'örgütsel bağ' sayıldığı ilk iddianameyi aratmıyor. Bu kez de, DK'nin yeniden yapılanması için görevlendirilen Ulaş Erdoğan'ın, kendisini 'İskender' diye tanıtarak dahil olduğu ev ve iş arkadaşları, Denizli'deki sevgilisi ve onun arkadaşları 'sanık' durumuna düştü. Ayrıca örgütün legal yayın organı olduğu öne sürülen *Demokratik Dönüşüm*'ün Kartal'daki bürosuna giden bir siyasi aktivist, bu dergiye iki yazı yazan bir sendikacı, bir vicdani retçi de sanıklar arasında..." diye devam ediyordu.

1 *Radikal*, 16 Şubat 2010.

Erdoğan'ın ifadesine göre, Ocak 2009'da yasal sol grup olan İleri Gençler Derneği'nin (İGD) Taksim'deki bürosuna takıldığı ve kendisini kardeşinin adıyla İskender diye tanıttığı belirtilen haberin devamı ise şöyleydi:

İGD Genel Başkanı Zafer Kaygın ve Genel Sekreter Gökhan Aydın ile Sabiha Gökçen Havalimanı'nda uçak temizliği yapan bir şirkette işe girdi. Üçlü nisanda Pendik'te eve çıktı.

Erdoğan'ın çalışma arkadaşı Cenk Büyükkahraman da aralarına katıldı. Bu evi zaman zaman Zafer Kaygın'ın Aydın'da üniversitede okuyan kardeşi Barış Kaygın, Yeditepe Üniversitesi'nde okuyan Fırat Efe, havalimanında çalışan Ozan Eryılmaz da ziyaret ediyordu. Erdoğan, Zafer Kaygın sayesinde Denizli'de öğrenci olan Gamze Özdemir'le tanışıp sevgili oldu. Artık sık sık Denizli'ye gidiyor, Özdemir'in evinde kalıyordu. Özdemir'in ev arkadaşları da üniversite öğrencisi olan Ülkü Duran ve Banu Çıvgın'dı. Evin müdavimleri arasında Ülkü Duran'ın sevgilisi Onur Sarıefe ile arkadaşları Salih Umut Bulduk, Serkan Karabulut ve Ahmet Gülaydı vardı. Gençlerin tamamı, başka bir legal sol grup olan "Denizli Eğitim Dayanışması Derneği"ne üyeydi. Erdoğan, örgütün legal yayın organı olduğunu belirttiği *Demokratik Dönüşüm*'ün Kartal'daki bürosuna devam ediyordu. Büroda, kamuoyunda "Demokrasi için Birlik Hareketi" ya da "Çatı Partisi" adıyla bilinen yeni ve legal sol oluşumun Kartal ayağında çalışan Volkan Karakuş da vardı.

Karakuş, Erdoğan'la bu büroda tanışmıştı. Büroya gelenlerden bir diğeri de Türk asıllı İsviçre vatandaşı ve Uluslararası İnşaat İşçiler Sendikası (UNIA) uzmanı Murad Akıncılar'dı. Akıncılar üç sayı çıkabilen dergiye sendikacılıkla ilgili iki yazı yazdı. Akıncılar, Erdoğan'ı tanımadığını, Karakuş'u ise Çatı Partisi'nden bildiğini söylüyordu. İHD Vicdani Ret Komisyonu üyesi ve Vicdani Ret Platformu'ndan Kudret Köksal da Çatı Partisi girişiminde yer alıyor, Akıncılar ve Karakuş'la tanışıyordu. Köksal Kaysı da Kudret Köksal'ın arkadaşıydı.

Tüm bu 18 sanıktan Erdoğan, Zafer ve Barış Kaygın kardeşler, Cenk Büyükkahraman, Gökhan Aydın, Onur Sarıefe, Murad Akıncılar ve Volkan Karakuş tutuklandı. Bu sanıklara ilişkin şu "bağlar" gösteriliyordu:

Akıncılar'ın parmak izinin bulunduğu belirtilen bir kitabın Erdoğan'ın evinde çıkması, Karakuş'un dergi bürosuna gitmesi ve ailesinin evinde DK Tüzüğü olduğu ileri sürülen üç sayfalık yazı bulunması. Erdoğan'ın Serdar Kaya ile bir yazışmasında "Cenk arkadaş işçi örgütlenmesinde bilgi sahibi değil," demesi, Cenk Büyükkahraman'ı; "Onur, Denizli'de DGC (Denizli Gençlik Cephesi) konumunda," diye yazması, Onur Sarıefe'yi; "Yunanistan'a kaçmak istiyor," notunu düşmesi de Barış Kaygın'ı tutuklamaya yetti.

Ayrıca Erdoğan'ın ev arkadaşları olan Büyükkahraman, Zafer Kaygın ve Gökhan Aydın'la ilgili de, Sabiha Gökçen Havalimanı ile ilgili krokiler, çalıştıkları şirkete dair bilgilerin bulunması bir diğer tutuklanma nedeni oldu. Ancak hiçbir aramada, silah ya da patlayıcı bulunmadı. Ulaş Erdoğan da ifadesinde, kendisi dışında hiçbir şüphelinin DK ile ilişkili olmadığını söylemişti. İddianamede sanıklardan Erdoğan için "terör örgütü kurma ve yönetme" suçundan 15, "resmi belgede sahtecilik" suçunu iki kez işlediğinden 15 yıla, "kişisel verileri hukuka aykırı biçimde elde etme"den 4 yıla kadar hapis cezası isteniyor. Zafer Aydın, Cenk Büyükkahraman ve Gökhan Aydın için 14 yıla, diğer sanıklar için de sadece "örgüt üyeliğinden" 10 yıla kadar ceza talebi var.

ANF aracılığıyla yalanlanan iddialar

PKK'ya yakınlığıyla bilinen ANF Haber Ajansı 24 Şubat 2010'da "DK yetkilisi" diye duyurduğu Emir Adnan Demirci'yle bir röportaj yapmıştı.[1] Kendileri dışındaki sosyalist Türkiye solunu liberal statükocu olmakla eleştiren Demirci, örgütlerinin PKK'yla olan ilişkisinin devlet nezdinde yarattığı korku nedeniyle bu kadar büyük hedef olduklarını söylüyordu. Örgütlerine karşı özel bir propaganda faaliyeti yürütüldüğünü ve kendilerine yönelik saldırının kapsamlı olduğunu belirten Emir Adnan Demirci haklarında ortaya atılan iddialarla ilgili de, "Önce uyuşturucu mafyasıyla finanse edildiğimizi, ardından DESA işçisini provoke ettiğimizi söylediler. Ergenekon torbasının içine tıkıp, işini bitirmek istediler. Bir taraftan da JİTEM'le bağlantımız olduğunu söylüyorlar, diğer taraftan PKK'den beslendiğimizi. Nükleer ve biyolojik saldırı hazırlıkları yaptığımızı söylediler. Bu yetmedi KDP tarafından kurulduğumuz bu kez iddia edildi. İşçi Partisi'ne ait 'Karargâh Evleri' ile bizim adımız, çağrışımlardan yararlanarak binlerce kez tekrar edilerek DK, Ergenekon dosyalarına sokulmak istendi. Fethullahçı medya tümüyle yalana dayalı propaganda yürüttü," diye yanıtlıyordu.

1 http://www.devrimcikarargâh.com/ANF.htm

Türkiye solunun Kürt meselesi ve PKK hakkındaki tutumunu da, "Kürtlere, tamam sizinle kardeş olarak yaşarız ama siz de ayrılmak istemeyin diye propaganda yapan Türk solcusu Türk sömürgeciliğinin sözcüsüdür," diye eleştiren Demirci örgütünün PKK'yla olan ilişkisini de şöyle anlatıyordu:

> Ezen ulus devrimciliği, bu hakkını kullanıp kullanmama isteğinden bağımsız olarak, ezilen ulusun ayrılma hakkının sınırsız propagandası ve örgütlenmesi temelinde soruna yaklaşır. DK, devrimci sosyalizmin bu ilkesini, benzer başkalarıyla yüksek sesle ifade eden bir yapı olarak var oldu... Bu yüzden, Türkiye devrimci hareketinin uzun bir süredir Kürt özgürlük hareketine arkasını dönmesinden sonra, DK'nin Kürt özgürlük hareketiyle yoldaşlaşma çabaları, sömürgeci ve sömürücü Türkiye oligarşisine karşı halklarımızın özgürlüğü ve kardeşliği adına, pratik değeri küçük de olsa siyasal değeri oldukça büyük bir mana ifade etmektedir... Kendi statüko örgütlenmesindeki liberal ve yasalcı Türk solcusunun Kürt'e yakınlaşıp TC'yle başını derde sokması beklenemez... Türk solu, özellikle pratik gücünden düştükten sonra iyice doktriner oldu ve her şeyi sadece yazılan çizilen üzerinden değerlendirme kolaycılığını seçti. Devrimci hareketimiz, ne yazık ki, tarihsel süreçleri, zorunlulukları okuma yönteminden ve onu devinimi içinde izleme yeteneğinden yoksundur. Bu nedenle özellikle postmodern kavramlarla desteklenen paradigmal değişiklikler üzerinden Kürt hareketine sırtını dönmek, hem de bunu Marksizm adına yapmak onlar için kolay oldu. Biz ise, bölgede tarihin nasıl akabileceğine dair kestirimlerde bulunarak, bir devrimci iradenin bu tarihsel akışta nasıl tavır takınabileceğine dair zorunlulukları keşfetmeye çalıştık. Ve bu değerlendirmelerimiz üzerinden Kürt özgürlük hareketinin, gelgitlere bir an olsun takılmadan, devrimci tutumu konusunda bilincimizi son derece açık tuttuk... Elbette önce şunları belirlemekte yarar vardır.
>
> Kürt özgürlük hareketi ve DK iki ayrı zeminin, birisi Kürdistan'ın diğeri Türkiye devriminin örgütlenmeleridir. Dolayısıyla bir ve ortak düşmana karşı devrimci bir dayanışma içinde olmaları ne kadar doğal ve istenir bir durumsa, aynı düşmanla farklı düzeylerde ilişkilenmenin bir gereği olarak farklı hatta ters taktiksel süreçler içinde bulunmaları da mümkündür. Keşke Türkiye devrimci hareketi de Kürt özgürlük hareketi gibi güçlü bir siyasal nüfuza ve manevra etkinliğine sahip olsaydı da siyasal mücadelenin bu zenginliklerini tartışabilseydik. Ancak gerçeklik böyle değildi.

DK ile Ergenekon arasında bağ kurulmasıyla ilgili soruları da yanıtlayan Demirci, Doğu Perinçek'e yönelik ağır eleştirilerde de bulunuyor, örgütün yöneticisi olarak tutuklanan ve adeta "itirafçılık" benzeri ifadeler veren Ulaş Erdoğan'ı da "düşmüş unsur" olarak niteleyip şöyle konuşuyordu:

> Orhan yoldaşımızın Ergenekoncularla telefon konuşması yaptığı üzerinden bizi Ergenekon Davası'na katacaklarını söylüyorlardı, ardından tutuklu kimi teğmenlerin bilgisayarında yoldaşımızın resimleri çıktığı için bizi yeni Ergenekon Davası'na katacaklarını yazdılar. Hatta Doğu Perinçek'e ait olduğu iddia edilen kimi bildirileri bizim adımızla deşifre etmeye kalktılar, onların İşçi Partisi'ne ait olduğu iddia edilen Karargâh Evleri ile bizim adımız, çağrışımlardan yararlanarak ve bilerek, inatla bu yanlışlık binlerce kez tekrar edilerek DK Ergenekon dosyalarına sokulmak istendi... Oysa DK'nin Doğu Perinçek'e ve çizgisine bakışı bellidir, onları sol içinde bile görmez, burjuvazinin devrimcilere karşı bir örgütlenmesi olarak görür... Bizim PKK'ye karşı KDP tarafından kurulduğumuza dair itirafçı ifadeleri, olmadı düşürülmüş kimi unsurların "duydukları" üzerinden Ergenekon'la bağlantılanmamıza çalışıldı. Ama artık uzun zamandır bu yalanların sadece Fethullahçı medyanın kendisinin söyleyip kendisinin dinlediği bir değersizlik içine düşmekte olduğunu görmekteyiz. Çünkü Fethullahçı medya tümüyle yalana dayalı propagandasını sadece bize karşı değil, devlet içindeki muhalifleri de dahil, kendine karşıt kimi görüyorsa, o kadar yaygın kullandı ki artık yalancı çoban durumuna düşmüş durumdadır.

DK, Ergenekon'un örgütü mü yoksa buna inanmamız mı isteniyor?

Yukarıda anlatılanlar, DK'nin ne menem bir örgüt olduğuna ilişkin tevatürün bolluğunu gösteriyor. Şurası kesin ki böyle bir örgüt var. Ama bir başka kesinlik de bu örgütün bağımsız hareket etmediği. Söylemeye çalıştığımız DK'nin Ergenekoncu olduğu değil, tam aksine Ergenekon güdümünde olduğuna inanmamız istenen devlet güdümlü bir örgüt olduğu. Bu noktada, örgüt mensuplarıyla devlet arasında bir ilişki olduğuna yönelik kesin bir hükme varamıyoruz.

Ama kısa zamanda fark ederek ve yapmak istedikleri kimi eylemlere "yol vererek", var olan süreçte Ergenekon'un güdümünde bir örgüt algısı yaratılmaya çalışılmış gibi göründüğünü söylemek mümkün. Bu tespitimiz, elbette ki örgüt içinde yer alan herkesi kapsamıyor. Zaten bu türlü ilişkiler de örgütün içinde yer alan her unsurla kurulmaz. Sarp Kuray'ın, "1988'den 1991'e kadar aşağı yukarı günbegün, ülkedeki sorumlu kişiler tarafından bilgim dışında banda alınmış konuşmalarım kasetler halinde polisin eline geçmiştir," dediğini anımsatıp son sözü AKP hatta Cemaat güdümlü yazar Emre Aköz'e bırakalım. Aköz, "Devrimci Karargâh: Böyle Bir Solcu Örgüt Hakikaten Var mı?"[1] başlıklı yazısında şöyle diyordu:

> Hanefi Avcı birçok gazeteciye yolladığı mektubu bana da göndermiş. İlk cümlesi şöyle:
>
> "Hayatı terör örgütleriyle mücadelede geçmiş, 34 yıllık bir polis müdürünü bir anda sol terör örgütlerine yardım yapan bir kişiye dönüştüren hukuk sistemi adil değildir."
>
> Avcı "sol terör örgütleri" derken Devrimci Karargâh'ı kastediyor.
>
> İtirazım var: Bence Devrimci Karargâh "yapay" bir örgüt! Şu anlamda yapay... Gençler genellikle 16-17 yaşlarında halisane duygu ve ideallerle sol bir örgüte ilgi duyar...
>
> Ancak zaman insanları değiştirir. Hareket yıllar içinde teröre kayabilir. Hatta çeşitli güçlerin maşası haline gelebilir.
>
> Dursun Karataş'ın (1952-2008) yönettiği DHKP/C bu tür örgütlere iyi bir örnektir. Ben Devrimci Karargâh'ın o tip bir "çekirdekten yetişmiş yoldaşlar" örgütü olduğunu sanmıyorum. Sanki bir irade, gerek gördüğü elemanları toplamış, eğitmiş ve "Arkadaşlar sizin adınız artık Devrimci Karargâh" demiş.
>
> İstihbaratçıların tekniklerini kullanan, havayolu şirketlerine ilgi duyan, yurtdışı bağlantıları olan ve gizli servis gibi çalışan "toplama" bir örgüt bu...
>
> Nasıl yani? 34 yılın Hanefi Avcı'sı bu "teorisiz" ve "tabansız" takıma mı "sol terör örgütü" diyor?
>
> Bu grubun özelliği, sol maskesi altında, kimi odakların taşeronluğunu yapmaktan ibaret.
>
> Not: Bazı solcular ise Devrimci Karargâh'ın Emniyet tarafından "kurgulanmış" bir "hayali örgüt" olduğunu iddia ediyor. "Toplama" ya da "kurgu"... İstihbaratçı Hanefi Avcı'nın Devrimci Karargâh'ın aslında ne olduğunu bilmemesi imkânsız. Peki, niye "sol terör örgütü" diyor ısrarla?

1 *Sabah,* 13 Ekim 2010.

DİZİN

İ

J

K